新一代通信技术
新兴领域“十四五”
高等教育教材

U0816829

光纤通信

（第二版）

主编　邱昆　江宁
参编　张静　周恒
文峰　耿勇

科学出版社
北京

内 容 简 介

本书是为适应新时代教育高质量发展要求、新工科教育和战略性新兴领域创新人才培养，在 2008 年出版的第一版教材基础上编写的新形态教材，是一部充分反映新工科特色和产教融合特色的教材。全书共 10 章，前 6 章全面涵盖光纤传输所涉及的器件、系统架构，第 7～9 章主要讲述光网络相关技术，第 10 章介绍光纤通信新技术。

本书内容全面涵盖了光纤传输和光网络核心技术，配备了丰富的数字资源，可作为高等学校电子信息工程、通信工程、光电信息科学与工程等相关专业的本科生和研究生教材，也可供从事光纤通信系统研究与开发的科技人员参考。

图书在版编目(CIP)数据

光纤通信 / 邱昆, 江宁主编. -- 2 版. -- 北京 : 科学出版社, 2024. 12.
(新一代通信技术新兴领域“十四五”高等教育教材). -- ISBN 978-7-03-080254-5

Ⅰ. TN929.11

中国国家版本馆 CIP 数据核字第 20240ZQ577 号

责任编辑：潘斯斯 / 责任校对：刘　芳
责任印制：师艳茹 / 封面设计：马晓敏

科学出版社 出版
北京东黄城根北街 16 号
邮政编码：100717
http://www.sciencep.com

三河市骏杰印刷有限公司印刷
科学出版社发行　各地新华书店经销

*

2008 年 8 月电子科技大学出版社第一版
2024 年 12 月第　二　版　开本：787×1092　1/16
2024 年 12 月第一次印刷　印张：18
字数：460 000

定价：79.00 元

(如有印装质量问题，我社负责调换)

序

新一代信息通信技术以前所未有的速度蓬勃发展，深刻改变着社会的每一个角落，成为推动经济社会发展和国家竞争力提升的关键力量。本教材体系的构建，旨在落实立德树人根本任务，充分发挥教材在人才培养中的关键作用，牵引带动通信技术领域核心课程、重点实践项目、高水平教学团队的建设，着力提升该领域人才自主培养质量，为信息化数字化驱动引领中国式现代化提供强大的支撑。

本系列教材汇聚了国内通信领域知名的 8 所高校、科研机构及 2 家一流企业的最新教育改革成果以及前沿科学研究和产业技术。在中国科学院院士、国家级教学名师、国家级一流课程负责人、国家杰出青年基金获得者，以及来自光通信、5G 等一线工程师和专家的带领下，团队精心打造了“知识体系全面完备、产学研用深度融合、数字技术广泛赋能”的新一代信息技术(新一代通信技术)领域教材。本系列教材编写团队已入选教育部“战略性新兴领域‘十四五’高等教育教材体系建设团队”。

总体而言，本系列教材有以下三个鲜明的特点：

一、从基础理论到技术应用的完备体系

系列教材聚焦新一代通信技术中亟需升级的学科专业基础、通信理论和通信技术，以及亟需弥补空白的通信应用，构建了“基础-理论-技术-应用”的系统化知识框架，实现了从基础理论到技术应用的全面覆盖。学科专业基础部分涵盖电磁场与波、电子电路、信号系统等；通信理论部分涵盖通信原理、信息论与编码等；通信技术部分涵盖移动通信、通信网络、通信电子线路等；通信应用部分涵盖卫星通信、光纤通信、物联网、区块链、虚拟现实、网络安全等。

二、产学研用的深度融合

系列教材紧跟技术发展趋势，依托各建设单位在信息与通信工程等学科的优势，将国际前沿的科研成果与我国自主可控技术有机融入教材内容，确保了教材的前沿性。同时，联合华为技术有限公司、中信科移动等我国通信领域的一流企业，通过引入真实产业案例与典型解决方案，让学生紧贴行业实践，了解技术应用的最新动态。并通过项目式教学、课程设计、实验实训等多种形式，让学生在动手操作中加深对知识的理解与应用，实现理论与实践的深度融合。

三、数字化资源的广泛赋能

系列教材依托教育部虚拟教研室平台，构建了结构严谨、逻辑清晰、内容丰富的新一代信息技术领域知识图谱架构，并配套了丰富的数字化资源，包括在线课程、教学视频、工程实践案例、虚拟仿真实验等，同时广泛采用数字化教学手段，实现了对复杂知识体系的直观

展示与深入剖析。部分教材利用 AI 知识图谱驱动教学资源的优化迭代，创新性地引入生成式 AI 辅助教学新模式，充分展现了数字化资源在教育教学中的强大赋能作用。

我们希望本系列教材的推出，能全面引领和促进我国新一代信息通信技术领域核心课程与高水平教学团队的建设，为信息通信技术领域人才培养工作注入全新活力，并为推动我国信息通信技术的创新发展和产业升级提供坚实支撑与重要贡献。

电子科技大学副校长

孔令讲

2024 年 6 月

前　言

党的二十大报告指出："我们要坚持教育优先发展、科技自立自强、人才引领驱动，加快建设教育强国、科技强国、人才强国，坚持为党育人、为国育才，全面提高人才自主培养质量，着力造就拔尖创新人才，聚天下英才而用之。"在教育部战略性新兴领域"十四五"高等教育教材体系建设项目的支持下，电子科技大学和华为技术有限公司相关团队联合打造了本书。

本书第一版于 2008 年 8 月在电子科技大学出版社出版，获评普通高等教育"十一五"国家级规划教材。自出版以来，本书被全国多所高校采用为教材或研究生参考资料。

随着信息网络技术的快速发展，国内外都在大力推动数字化教育教学改革，更加注重培养学生自主学习和终身学习的能力。为适应学生学习方式的改变以及数字化教学新趋势，作者在修订过程中重新设计了教材的内容和形式，打造了"纸版教材结合数字资源"的新形态教材。在纸版教材中融入数字资源，通过数字资源补充、拓展纸版内容，方便学生自学，提升教学效果。

本次修订在内容上充分融入了光纤通信领域近 15 年发展的新技术和工程案例。全书共 10 章，包括绪论、光纤传输基础、光源与光发射机、光电二极管与光接收机、光放大器、波分复用光纤传输系统、光交换技术、光网络技术、光纤接入网，以及光纤通信新技术等。数字资源围绕课程知识点，设置了核心知识解析、概念解析、前沿视角、前沿应用案例、知识拓展等微课视频。

本书第 1～5 章由邱昆、江宁编写，第 6 章由周恒、耿勇编写，第 7～8 章由文峰编写，第 9 章由张静编写，第 10 章由周恒、耿勇、文峰、张静共同编写；其中部分内容由华为技术有限公司光产品线提供。全书由邱昆、江宁审阅统稿。数字资源由江宁完成，华为技术有限公司光产品线提供了部分数字资源素材。

向为本书辛勤付出的华为技术有限公司光产品线操日祥、宗良佳、唐晓军、何慧、卢彦兆、李德军、黄志军、马书雷、熊伟等老师，以及科学出版社的编辑们表示衷心感谢！

由于编者水平有限，书中难免存在疏漏和不妥之处，恳请广大读者批评指正。

编　者

2024 年 4 月于电子科技大学

目　录

第 1 章　绪　　论

通信，顾名思义，就是沟通信息。通信系统的功能是将信息从一处传到另一处，传输距离可以是几米(甚至更短)，也可以是上万千米(甚至更长)。光纤通信系统是指采用光纤作为传输介质进行信息传送的通信系统。自 20 世纪 80 年代以来，光纤通信系统在全球范围内得到了快速发展和广泛部署，引起了通信领域的巨大变革，被誉为 20 世纪人类社会最伟大的技术成就之一，是人类向信息化时代迈进不可替代的重要基石。目前，全球 90%以上的数据传输都是由光纤网络承载的。*Scientific American* 杂志曾评价：“光纤通信是第二次世界大战以来最有意义的四大发明之一，如果没有光纤通信，就不会有今天的互联网和通信网络。”

1.1　光纤通信发展简史

光应用于信息传递可以追溯到古代，以古代中国为代表的很多国家都曾使用烽火或狼烟来传递信息，类似的方法如信号灯、旗语等一直沿用至今。现代光通信技术的起源可追溯至 1880 年，由亚历山大・格雷厄姆・贝尔(Alexander Graham Bell)成功研制的首套光电话系统。该系统原理如图 1-1-1 所示，采用弧光灯或太阳光作为光源，大气作为传输介质，硅光电池作为接收器件。当对着话筒讲话时，振动片由于话音振动而使反射光的强弱随着话音的强弱做相应的变化，从而使话音信息“承载”在光波上(这个过程称为调制)。在接收端，装有一个抛物面接收镜，它把经过大气传送过来的载有话音信息的光波反射到硅光电池上，硅光电池将光能转换成电流(这个过程称为解调)。然而，由于大气信道对环境因素变化十分敏感，光信号在大气中的传输距离往往只有数百至数千米，且信号容易出现严重失真，因此光通信技术在此之后的近一个世纪陷入了停顿状态，模拟电通信技术在通信系统中占统治地位长达一个世纪之久。

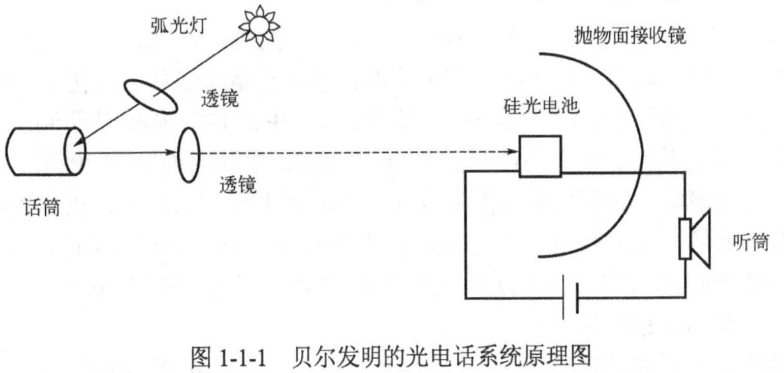

图 1-1-1　贝尔发明的光电话系统原理图

20 世纪以来，全球电话网络的发展促进了电通信系统不断推陈出新。例如，用同轴电缆代替双绞线，使系统容量大大增加。但这类通信系统的带宽受限于高频信号的严重损耗，导致了微波系统的产生。1948 年，第一个微波系统投入使用，此后同轴电缆系统和微波系统都得到了较大的发展，到 1970 年，通信系统的容量 *BL*(速率与距离的乘积)达到约

100(Mbit/s)·km。但此后，电通信系统的容量增长便趋于停滞，基本维持在这一水平。

进入20世纪后半叶，人们逐渐意识到如果采用光波作为载波，通信容量*BL*有望提高几个量级。然而，直到20世纪50年代末，寻找合适的光源和传输介质仍是亟待解决的难题。1960年，激光器的发明为这一领域带来了突破，成功解决了光源问题。1966年，华人科学家高锟博士发表文章《光频率介质纤维表面波导》，从理论上分析和证明了用光纤进行信息传输的可行性。但当时光纤的损耗非常大，高达1000dB/km，无法用于长距离信息传输；直到1970年，低损耗光纤研制取得突破，光纤损耗被降至20dB/km。与此同时，人们成功研制出室温下连续工作的GaAs半导体激光器；随着小型光源和低损耗光纤的同时出现，光纤通信系统得到了大力发展。为此，业界将1970年定义为“光纤通信元年”。图1-1-2给出了自1970年以来，光纤通信系统的发展情况。

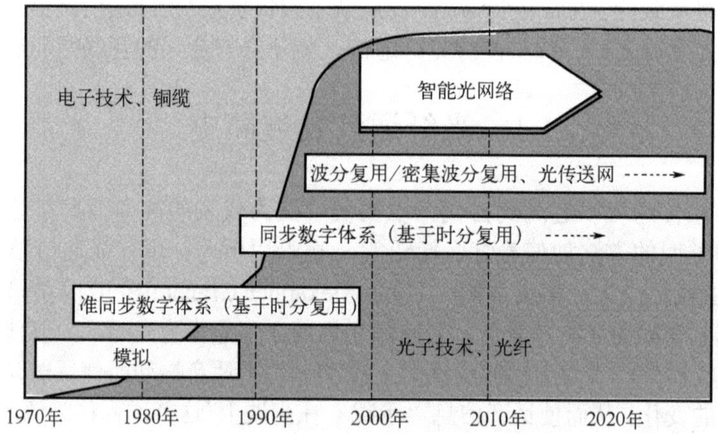

图1-1-2 五代光纤通信的发展情况

光纤通信系统的商业化紧随研究与开发的步伐，工作在0.8μm波段的第一代光纤通信系统于1978年投入使用，该系统的传输速率范围为50～100Mbit/s，中继距离约为10km。与同轴电缆相比(同轴电缆系统的中继距离约为1km)，显著增大的中继距离极大地鼓舞了系统设计者，因为可以减少对中继站的安装数量和维护费用。

如果光波系统的工作波长在光纤损耗小于1dB/km的1.3μm波段上，则中继距离可以进一步增大，而且在这个波段上，光纤具有最小的色散；于是人们从工作在1.3μm波长附近的InGaAsP半导体激光器和光电探测器方面寻找突破口，并于1977年成功研制出了这样的激光器。第二代光纤通信系统诞生于20世纪80年代初期，中继距离超过20km，但由于受多模光纤中模式色散的影响，速率仍然被限制在100Mbit/s以下。1981年，贝尔实验室成功展示了单模光纤验证系统，其传输距离达到44km，传输速率高达4Gbit/s。随后，在1987年，光纤通信技术再获突破，第二代商用化光纤传输系统问世，该系统采用1.3μm波长，实现了50km的中继距离和1.7Gbit/s的传输速率。

第二代光纤通信系统的中继距离主要受限于光纤在1.3μm波段的损耗，其典型值约为0.4dB/km。然而，光纤的最小损耗实际上位于1.55μm波长附近。1979年，科研人员成功研制出在该波长上损耗低至0.2dB/km的光纤。尽管如此，由于1.55μm波长处光纤色散较大，第三代光纤通信系统的研发进程一度受阻。针对色散问题，研究者提出了两种解决方案：一是采用在1.55μm波长附近具有最小色散的色散位移光纤；二是通过控制激光器光谱单纵模工作来降低色散影响。基于这两条思路，20 世纪 80 年代，光纤通信技术持续取得突破。1985 年，科研团队成功实现了速率高达 4Gbit/s、传输距离超过 100km 的光纤传输实验系统。随后，在 1990 年，工作在 1.55μm 波长、速率为 2.5Gbit/s 的第三代光纤通信系统终于实现商用化，标志着光纤通信技术迈入了一个新的发展阶段。

第四代光纤通信系统以密集波分复用倍增速率和使用光放大器延长中继距离为标志。至 2001 年，最高复用信道数已达到 4000 个，最高速率达到 10Tbit/s，已实现了 3Tbit/s 速率的信号沿光纤传输 7300km。20 世纪 90 年代初期被发明、中期被成功商用化的光放大器引起了光纤通信领域的一场变革。

目前，人们正涉足第五代光纤通信系统，主要围绕进一步提升传输容量与延长传输距离两大核心目标，开展各种新技术的应用研究。其中有以下几方面内容。

(1) 将传统波长窗口从 C 波段(1530～1565nm) 向 L 波段(1565～1625nm) 和 S 波段(1460～1530nm) 扩展：一方面，采用拉曼放大等新型光放大技术对 C+L+S 波段进行宽带放大；另一方面，“干”光纤的成功研制，使得光纤损耗在 1300～1650nm 整个长波长区都比较小。新型光放大技术和“干”光纤使得光纤通信系统具有传输数千个波分复用(wavelength division multiplexing，WDM) 信道的能力。

(2) 采用先进调制格式提升 WDM 系统的频谱效率：采用正交幅度调制(quadrature amplitude modulation，QAM)、正交相位调制(quadrature phase shift keying，QPSK)、多进制脉冲幅度调制(pulse amplitude modulation，PAM) 等调制格式使光纤通信系统的频谱效率显著增加。

(3) 随着数字信号处理(digital signal processing，DSP) 技术的快速发展，数字域的光纤色散补偿、偏振解复用、时钟恢复、载波恢复与相位噪声补偿等一系列数字相干解调算法的应用，为实现超大容量、超高速光纤传输提供了解决方案，成为光纤通信系统最重要的使能技术之一。

(4) 采用光孤子技术实现超长距离、超大容量传输：通过平衡自相位调制引起的啁啾与群速度色散，形成光孤子；利用光孤子脉冲在光纤传输中保持不变的特性，可以将传输容量提升 1～2 个量级。

(5) 新型复用技术的广泛应用：采用偏振复用(polarization division multiplexing，PDM)、空分复用(space division multiplexing，SDM) 等新型复用技术，使传输容量不断倍增；而且空分复用被认为是未来进一步扩展容量的重要技术手段，相关基础理论研究和技术开发目前正如火如荼地进行中。

(6) 光交换——克服电交换瓶颈。

(7) 智能化——智能光网络技术。

非常值得一提的是，我国在光纤通信领域虽然起步较国外稍晚，但 1974 年我国就开始了低损耗光纤和光通信的研究，并迅速取得重大突破。20 世纪 70 年代中期，我国成功研制了低损耗光纤和室温下可连续发光的半导体激光器，并于 1979 年成功建成市话光缆通信实验系统，仅比国际上第一条现场试验线晚两年多；1982 年，我国建成第一个实用化的国产光纤通信工程，为我国光纤通信实用化揭开了序幕；到 20 世纪 80 年代末，我国光纤通信的关键技术已达到国际先进水平。经过半个世纪的发展，我国光纤通信网络产业取得了举世瞩目的成就。我国已经建成全球规模最大的光纤通信网络，而且光纤通信网络发展水平全球领先。截至 2023 年 12 月，全国光缆线路总长超 6400 万千米，光纤接入端口近 11 亿个，全国所有行政村全面实现光纤宽带覆盖。

1.2　光纤通信系统概述

核心知识解析

1.2.1　光纤通信系统的基本组成

从原理上讲，光纤通信系统与其他通信系统的区别仅在于载波频率的不同。光载波频率为 100THz 量级，而微波载波频率的范围为 1～10GHz 量级，由于光载波频率与微波载波频率之间的巨大差别，光通信的信息容量可以比微波系统高出 10000 倍，达到 10Tbit/s 量级甚至更高。正是光通信系统具有如此巨大的传输容量，才使得人们不断地研究和开发光通信系统。

图 1-2-1 给出了光通信系统的示意图。同所有通信系统一样，光通信系统由光发射机、通信信道和光接收机三部分组成。光发射机的作用是将输入的消息信号(通常是电信号)转换成相应的光信号，并将光信号发送到通信信道中；光接收机的作用则与之相反，是将光信号转换为电信号，并恢复出原始信息。

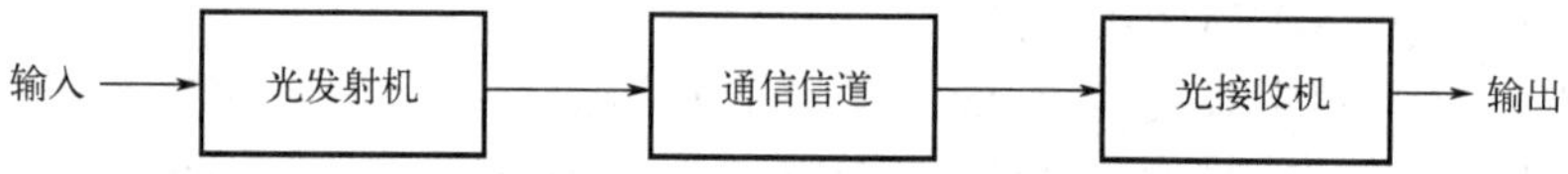

图 1-2-1　光通信系统的结构

光纤通信系统采用光纤作为通信信道，由光纤、光发射机和光接收机三部分组成。本节对这三个部分进行简要的描述，目的是使读者对光纤通信系统有初步认识，详细的内容将在第 2～4 章分别做具体介绍。

1. 光纤

在光纤通信系统中，光纤作为通信信道，它的作用是将光信号从光发射机尽可能不失真地传送到光接收机。光纤的两个重要参数是损耗和色散，它们影响光纤通信系统的传输距离和传输容量。光纤的损耗直接决定着长途光纤通信系统的中继距离，而光纤的色散使得光脉冲在光纤中传输时发生展宽，会对相邻码元产生影响，形成码间干扰。在多模光纤传输的情形下，色散尤为严重，因为多模光纤中不同模式具有不同的群速度，所以脉冲展宽很快(典型值约为 10ns/km)，因此大多数光纤通信系统采用单模光纤传输。事实上，即使在单模光纤中，由于材料色散，仍然有脉冲展宽存在(典型值小于 0.1ns/km)，但对于大多数应用场景，这种程度的展宽是可接受的，并且通过控制光源的光谱，可以进一步减小这种展宽效应的影响。尽管如此，材料色散仍然是光纤通信系统中限制码率和传输距离的因素。

2. 光发射机

光发射机的作用就是将电信号转换成光信号，并将光信号耦合进传输光纤。图 1-2-2 是光发射机结构的示意图，它主要由光源(含驱动电路)、调制器和信道耦合器等组成，其中光源是光发射机的“心脏”，在光纤通信中，普遍采用半导体激光器或发光二极管作为光源。光信号通过对光载波进行调制而获得，可以采用直接对半导体光源的注入电流进行调制的方法，也可以使用外调制器(图 1-2-2 描述的是外调制情形)。在直接调制下，输入信号直接被加载到光源的驱动电路上，与外调制方法相比，直接调制能使系统结构简化，成本降低。信道耦合器通常是一个微透镜，它最大可能地将光信号耦合进光纤中。

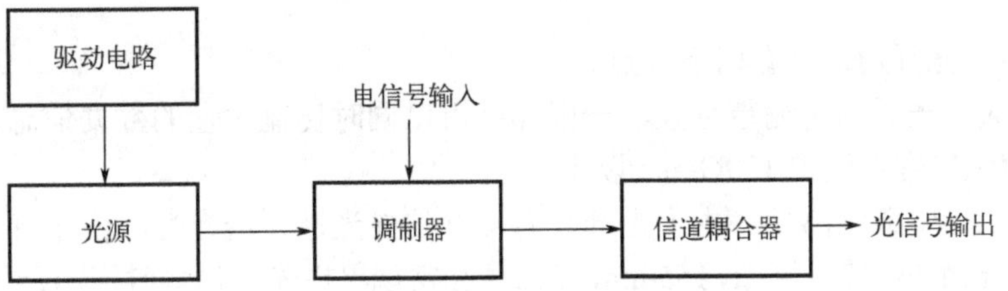

图 1-2-2 光发射机结构

光发射机的一个重要参数是发射光功率，它决定了在传输过程中可以容忍的传输损耗。发射光功率通常以 1mW 为基准，用 dBm 来表示，它定义为

$$\text{功率(dBm)} = 10\lg\frac{\text{功率(mW)}}{1\text{mW}} \tag{1-2-1}$$

发光二极管的输出光功率较低(一般小于−10dBm)，而半导体激光器的输出光功率可以达到 0～10dBm，并且由于发光二极管的调制带宽有限，因此大多数高性能光纤通信系统都采用半导体激光器作为光源。光发射机的速率一般受限于电子电路而不是半导体激光器本身，如果设计得当，一般可以达到 10～15Gbit/s，甚至更高。

3. 光接收机

光接收机在传输光纤的末端将接收光信号恢复成原始电信号。图 1-2-3 给出了光接收机结构的示意图，它主要由耦合器、光电二极管和解调器组成。耦合器的作用是将光信号耦合进光电二极管。光电二极管是光接收机的核心部件，它将接收到的已调光信号转换成相应的电信号，经放大后送入解调器进行处理。解调器的设计依赖于系统的调制方式，它的作用就是将光电二极管送来的电信号进行电域解调，恢复出原来的电信号信息。

数字光纤传输系统的可靠性通常由误码率来表征，它定义为光接收机上出现误码的概率。例如，10^{-6} 的误码率就相当于平均传输 10^6 个码元会有 1 个误码。许多系统都将误码率 $\leqslant 10^{-9}$ 作为对系统的要求，有些系统甚至要求误码率小于 10^{-14}。

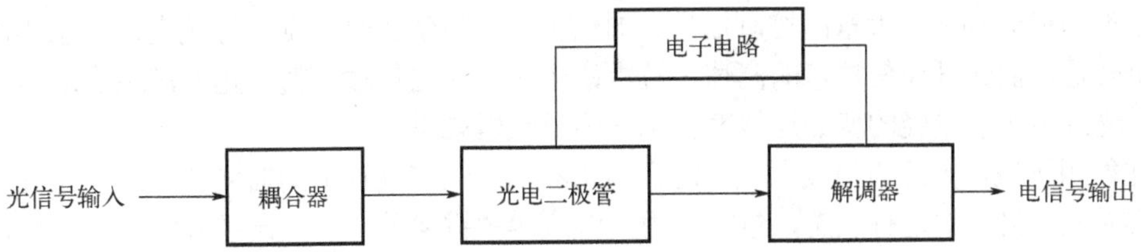

图 1-2-3 光接收机结构

接收灵敏度是光接收机的另一个重要参数，定义为在一定误码率下的最小平均接收光功率。接收灵敏度与系统的信噪比有关，而信噪比又与引起接收信号失真的各种噪声源的大小有关；噪声包括由接收机内部产生的噪声(如光电二极管的热噪声和散粒噪声、放大器噪声)、光发射机的噪声(如相对强度噪声、相位噪声)，以及光信号在光纤传输过程中引入的噪声等。

接收灵敏度由在判决电路上引起信噪比劣化的所有噪声的累加效应决定，它一般与码率有关，这是因为某些噪声(如散粒噪声)与信号的带宽有关。

1.2.2 光纤通信的特点

概括来说，光纤通信具有以下特点。

(1)容量大：光纤的传输带宽大，一根光纤可以同时传输大量的数据信息。例如，单根光纤的传输容量很容易达到100Gbit/s以上。

(2)损耗小、中继距离长：由于光纤具有良好的导光性、透光性，信号衰减慢，光信号可以在光纤中长距离传输。例如，1550nm光信号在常规单模光纤传输时，损耗约为0.2dB/km，单跨中继距离可达上百千米。

(3)抗电磁干扰：光纤通信不受电磁场干扰，光信号可以在高电压、高电流等环境中稳定传输。

(4)保密性好：光被限制在光纤纤芯中传播，不会产生电磁辐射和电磁泄漏，具有良好的保密性。

(5)传输时延小：光信号在光纤中的传播速度为10^8m/s量级(略小于真空中的光速)，因此传输时延小，有利于实时通信。

此外，光纤还具有体积小、质量轻、制备材料丰富等诸多优势。

1.2.3 光纤通信技术的应用

目前，光纤通信技术已经广泛应用于电信、军事、航空航天、能源、环境监测、金融等诸多行业领域。

在电信领域，光纤通信已成为主流的通信技术，是构建高速、大容量的通信网络的基础。光纤作为数据传输的介质，其低损耗、高带宽的特性使得数据能够更快速、更稳定地传输。光纤通信技术的应用不仅提升了通信质量，还降低了传输成本，为各种电信业务的发展提供了强大的技术支持。

在军事领域，光纤通信技术同样发挥着关键作用。军事通信对保密性、抗干扰能力和实时性要求极高，光纤通信技术以其独特的优势满足了这些需求。通过光纤通信，军事指挥系统可以实现快速、准确的信息传输，确保作战行动的顺利进行。同时，光纤通信技术的抗干扰能力强，可以有效抵御外部电磁干扰，保障通信的安全稳定。

在航空航天领域，大量的控制信息、通信数据、科学实验数据、导航定位信息等需要实时安全传输，而光纤通信技术的高速、抗电磁干扰、稳定传输等特性正好满足了这一需求；同时，光纤由于质量轻的特点还能替代电缆为航天器减重。

在能源领域，光纤通信技术被广泛应用于石油、天然气管道的监测和管理。光纤传感器可以实时监测管道的运行状态，包括压力、温度等关键参数，一旦发现异常情况，可以立即采取措施进行处理，确保能源输送的安全稳定。

在环境监测领域，光纤通信技术同样发挥着重要作用。通过光纤传感器，可以实时监测大气、水质等环境参数的变化，为环保部门提供准确的数据支持。同时，光纤通信技术还可以实现远程、实时的环境监测，提高了环境监测的效率和准确性。

在金融领域，光纤通信技术保障了金融交易数据的快速、准确传输。金融市场的运行对数据传输的速度和准确性要求极高，光纤通信技术的应用使得金融交易更加迅速、高效。同时，光纤通信技术的安全性高，可以有效保护金融交易数据的安全，为金融市场的稳定运行提供了坚实的技术保障。

随着光纤通信技术的不断发展，光纤通信的应用前景也将越来越广阔，并不断推动社会的科技进步和产业升级。

1.3 通信系统中的几个基本概念

本节将介绍通信系统中普遍使用的几个基本概念，从描述模拟信号和数字信号开始，给出将模拟信号转换成数字信号的方法，然后讨论信道复用，最后描述各种调制方式和信道容量。

1.3.1 模拟信号与数字信号

通信系统中传送的信号通常为模拟形式或者数字形式的电信号。对模拟信号而言，其信号取值(幅度、相位等参数取值)随时间连续变化。例如，麦克风和摄像机将声音和图像信息转变成连续变化的音频和视频信号。与模拟信号相比，数字信号的取值为有限个离散值。在二进制情形下，只存在两种可能的值，通过电路开启和关闭分别对应两种状态，称为“1”码和“0”码，每一个码都有一定的持续时间 T_B，即比特时间。描述数字信号的另一个参数是比特率 B，它定义为单位时间内所包含的比特数，即 $B=1/T_B$。生活中常见的计算机数据信号就是一种典型的数字信号。无论是模拟信号还是数字信号，都具有一定的信号带宽，信号带宽表征了信号在傅里叶变换下所包含的频率范围。

目前，大多数通信系统是数字通信系统，以一定时间间隔对模拟信号进行采样、量化、编码，可以将其转换成数字信号。图 1-3-1 给出了模数转换的基本过程。采样速率由模拟信号的带宽Δf决定，根据采样原理，带宽受限的信号可以完全由一系列分离采样值来表示而不丢失任何信息，只需采样频率 f_s 满足奈奎斯特定理：$f_s \geqslant 2\Delta f$。采样后，需要对采样值进行量化，从原理上讲，量化的结果可以是 $0 \leqslant A \leqslant A_{max}$ 范围内的任何值，其中 A_{max} 是给定模拟信号的最大幅值。如果将$[0, A_{max}]$划分成 M 个区间(并不一定要求等分)，每个区间对应一个输出值(量化电平)，则每个采样值就会被量化到某一个分离值上，当然这种量化过程会引起误差，即量化噪声，它会叠加在模拟信号的其他噪声上。可以通过设置量化电平数 M，使其满足 $M > A_{max}/A_N$ 来降低量化噪声，其中 A_N 是模拟信号的均方根噪声幅度，比值 A_{max}/A_N 称为动态范围，它与信噪比 SNR 具有如下关系：

$$\mathrm{SNR} = 20\lg\frac{A_{max}}{A_N} \tag{1-3-1}$$

式中，SNR 的单位为 dB。

量化值通过脉冲编码调制(pulse code modulation，PCM)转换成数字信号。通常采用一定位数的“1”或“0”二进制码来表示，所需二进制码的位数 m 与量化电平数 M 有关，即

$$M = 2^m \quad 或 \quad m = \log_2 M \tag{1-3-2}$$

这样，PCM 数字信号的比特率为

$$B = mf_s \geqslant 2\Delta f \log_2 M \tag{1-3-3}$$

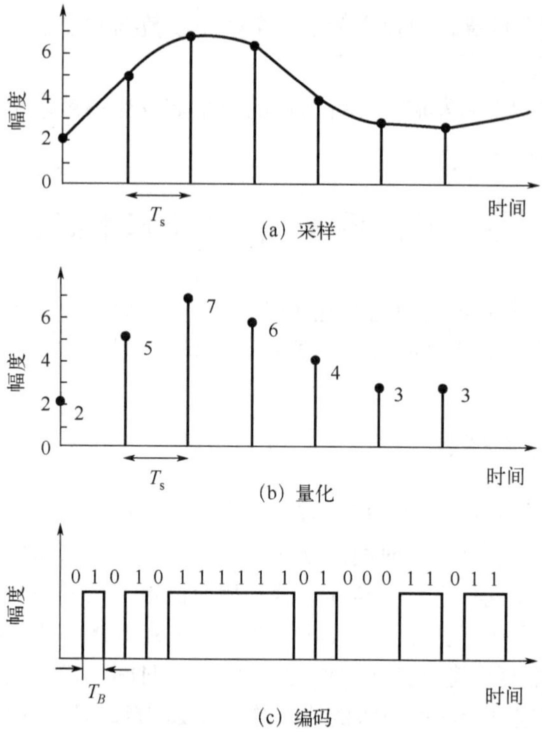

图 1-3-1　模拟信号转换成数字信号

这里考虑了奈奎斯特定理：$f_s \geqslant 2\Delta f$。若同时考虑 $M > A_{max} / A_N$，结合式(1-3-1)，则有

$$B > \frac{\Delta f(\text{SNR})}{3} \tag{1-3-4}$$

式(1-3-4)表明了模拟信号进行数字化所需的最小比特率与带宽 Δf、信噪比 SNR 的关系。若 SNR＞30dB，则要求 B＞$10\Delta f$，表明数字信号对带宽的要求大大提高。尽管如此，大多数光纤通信系统仍然采用数字方式，因为数字传输系统具有更为优越的性能，而光纤通信系统本身具有巨大的带宽潜力，带宽不是常需要考虑的问题。

一个由电话产生的音频信号的频谱范围为 0.3～3.4kHz，带宽 $\Delta f = 3.1$kHz，信噪比 SNR 约为 30dB，由式(1-3-4)可得 B＞31kbit/s。实际上，单路标准 PCM 数字音频信号的比特率为 64kbit/s。因为它对模拟信号以 1.25μs 的间隔进行采样(采样频率 $f_s = 8$kHz)，而每个采样值用 8 位二进制码来表示，所以其比特率 $B = 8f_s = 64$kbit/s。

1.3.2　信道复用

如前所述，一个标准 PCM 数字音频信道的比特率为 64kbit/s，而大多数光纤通信系统能够传送 10Gbit/s 以及更高速率的光信号，部分光纤信道的传输容量甚至高达 10Tbit/s 以上，为了充分利用光纤信道的传输容量，有必要采用信道复用的方法同时传输多路信号。光纤通信发展早期常采用的复用方法有时分复用(time division multiplexing，TDM)和频分复用(frequency division multiplexing，FDM)，后来随着技术的不断发展，逐渐出现了波分复用(WDM)、偏振复用(PDM)，以及空分复用(SDM)。

在时分复用系统中，不同信道的数据间插形成复合数据在同一信道中传输互不干扰，从而实现多路复用(各路信号分别占有不同的时隙)。光时分复用(optical time division multiplexing，OTDM)采用宽带光电器件代替电子器件，可以避免“电子瓶颈”带来的速率限制，从而很容易地实现高达几十乃至几百吉比特每秒的高速传输。采用TDM体制已形成了不同的数字系列。在北美洲和日本，人们将24路标准PCM音频信号复合在一起，形成速率为1.544Mbit/s的一次群(基群)，而在欧洲则采用30路复用，形成速率为2.048Mbit/s的一次群。在此基础上，将4路一次群信号复接可进一步得到二次群，并且采用类似方法可以获得更高次群信号。目前基于TDM体制，已经制定了准同步数字系列(plesiochronous digital hierarchy，PDH)和同步数字系列(synchronous digital hierarchy，SDH)两种标准数字体系。表1-3-1给出了不同系列等级的PDH和SDH的码率。

表1-3-1　PDH/SDH的码率

PDH		SDH	
系列等级	比特率	系列等级	比特率
1	2048 kbit/s	1	155520 kbit/s
2	8448 kbit/s	4	622080 kbit/s
3	34368 kbit/s	16	2 488320 kbit/s
4	139264 kbit/s	64	10Gbit/s
—	—	256	40Gbit/s

在频分复用系统中，信道在频域上分隔开来，每一信道采用不同的载波频率，使多路不同载波频率的信号在同一信道中传输。为了避免信道频谱交叠，载波频率的间隔应大于信道带宽。FDM对模拟信号和数字信号都适用，而TDM只适用于数字信号，几组TDM信号可以采用FDM方法复用起来以增加系统的容量。

20世纪90年代，波分复用(WDM)技术被提出并迅速取得巨大成功。波分复用本质上是光域的频分复用，即复用的载波为不同波长的光波，其具体工作原理为：将两种或多种不同波长的光载波信号(携带信息)在发送端经复用器(也称合波器)汇合在一起，并耦合到同一根光纤中进行传输；在接收端，经解复用器(也称分波器)将各种波长的光载波分离，然后由光接收机做进一步处理以恢复原信号。WDM技术是目前主流的光传输和复用技术，习惯上将光载波频率间隔较小(数十至数百吉赫兹)的WDM系统称为密集波分复用(dense wavelength division multiplexing，DWDM)系统。

21世纪以来，偏振复用逐渐得到广泛应用，成为提高传输容量的有效方法之一。偏振复用技术利用光的偏振维度，在同一波长信道中，通过光的两个相互正交偏振态同时传输两路独立数据信息，从而使光纤的信息传输能力提高一倍且不需要增加额外的带宽资源。在当前主流的相干光纤通信系统中，将偏振复用与各种先进调制格式结合，是提高光纤传输速率的重要手段之一。

此外，随着技术的发展，单模光纤WDM系统的传输容量逐渐逼近香农极限，传统复用技术遭遇到了性能瓶颈，引入空间维度进行复用传输以进一步提升光纤通信系统容量，成为当前公认的主要发展方向之一。近年来，人们提出了空分复用这一新型复用方式，通过增加空间并行度提升光纤通信系统的传输容量。在空分复用系统中，不同模式或不同纤芯用于传输不同信道信息，其通过复用器耦合进同一光纤中并行传输。近年来，随着模式复用和多芯复用等空分复用技术相继出现，单根光纤的传输容量可以达到 Pbit/s 量级或更高，为再次大幅提升光纤通信容量带来了新的机遇。目前，相关理论和技术仍处于研发阶段。

1.3.3 调制方式

在光纤通信系统的设计中，首先要考虑如何将电信号转换为光信号，通常采用直接将电信号加载到光源工作电流或采用外调制方法来获得调制光信号。对于数字信号，有归零(return to zero，RZ)码和非归零(non return to zero，NRZ)码两种不同的码型，如图 1-3-2 所示。在 RZ 码中，表示“1”的光脉冲时间小于比特时间，即在比特时间结束前，脉冲幅度将回归到零；而在 NRZ 码中，光脉冲将在整个比特时间内得到保持，所以在两个连续 NRZ“1”码之间，光脉冲幅度不会归零，因此在 NRZ 码中，脉冲的宽度可能随信号而变，而在 RZ 码中，脉冲宽度始终不变。NRZ 码的一大优点是其带宽要求比 RZ 码小，然而 NRZ 码的应用要求精确的脉宽控制技术，如果在传输过程中脉冲发生了展宽，则可能产生误码。

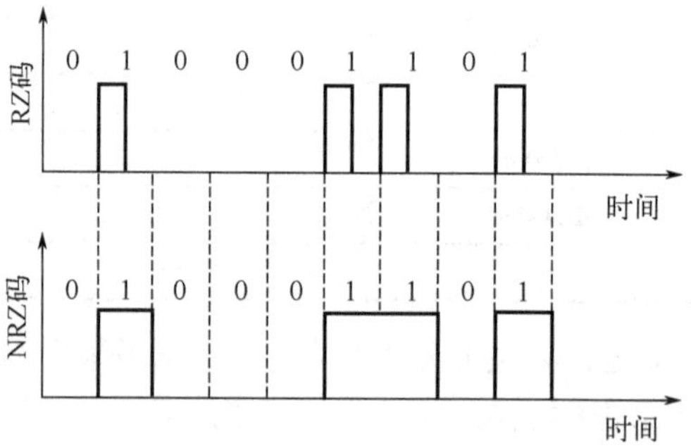

图 1-3-2　归零码与非归零码

选择光载波的哪一个物理量被调制是电光调制的关键，调制前的光载波可以表示为

$$\boldsymbol{E}(t)=\boldsymbol{e}A(t)\cos(\omega t+\phi) \tag{1-3-5}$$

式中，$\boldsymbol{E}$ 为光载波的电场矢量；$\boldsymbol{e}$ 为光偏振方向的单位矢量；A 为幅度；ω为光载波角频率；ϕ为相位。为简便起见，不考虑 $\boldsymbol{E}$ 随空间的变化，光载波的幅度 A、角频率ω和相位ϕ都可以被调制。在模拟调制中，这三个过程分别称为调幅(amplitude modulation，AM)、调频(frequency modulation，FM)和调相(phase modulation，PM)；在数字通信中，也可以采取类似的调制方法，使载波的幅度、频率和相位在两个不同的值之间变化，分别对应幅移键控(amplitude shift keying，ASK)、频移键控(frequency shift keying，FSK)和相移键控(phase shift keying，PSK)。最简单的一种 ASK 称为通断键控(on-off keying，OOK)，它以光信号的有无来分别表示“1”码和“0”码。很多数字光纤通信系统都采用 PCM 与 OOK 相结合的方法。

21 世纪以来，随着人们对光纤通信系统传输容量需求的与日俱增，各种先进调制格式被应用于光纤通信系统，以提升系统的频谱效率。这类调制方法利用光载波的振幅、相位，甚至偏振方向来承载信息；区别于简单的 OOK 调制，其核心思想可以理解为采用光载波的电场矢量的复数形式(式(1-3-5))并引入复包络 $Z=A\mathrm{e}^{\mathrm{i}\phi}$ 来理解，通过引入多个调制自由度，将星座图由 OOK 的一维线型拓展至二维平面，甚至三维空间。图 1-3-3 给出了 5 种常见调制格式的星座图，其中横轴和纵轴分别表示复包络 Z 的实部和虚部。图 1-3-3(a)表示标准的 OOK；图 1-3-3(b)表示标准的二进制 PSK(2PSK)，这两种调制格式中，电场的振幅或相位取两个不同值，分别对应比特“0”和“1”。图 1-3-3(c)表示正交 PSK(QPSK)，该格式中光场相位取 4 个值，每个符号时隙传输 2bit，占用带宽减半，频谱利用率相对于 2PSK 提升一倍。图 1-3-3(d)表示 16PSK，频谱利用率较 QPSK 进一步提升，每个符号时隙传输 4bit，采用类似方法可以进一步推广到多进制 PSK(multiple phase shift keying，MPSK)。图 1-3-3(e)表示 16QAM，QAM 是另一种典型的高阶调制格式，利用两路正交载波的多种幅度来携带信息符号，每个符号时隙传输 4bit，QAM 调制格式也可以推广到多进制 QAM(multiple quadrature amplitude modulation，MQAM)，从而获得 $\log_2 M$ 倍频谱利用率。

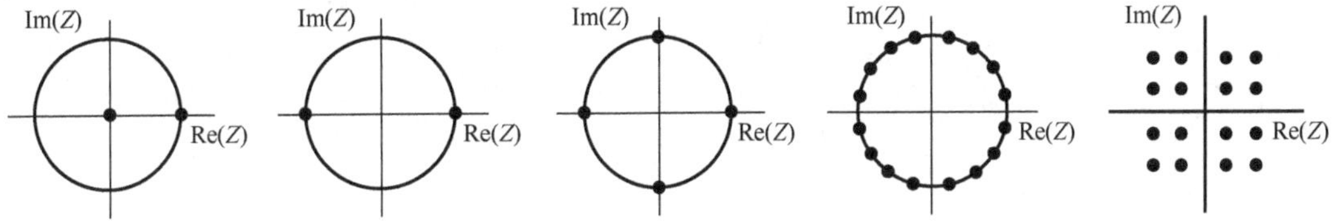

(a) OOK　(b) 2PSK　(c) QPSK　(d) 16PSK　(e) 16QAM

图 1-3-3　5 种常见调制格式的星座图

1.3.4　信道容量

任何通信系统的性能最终都受限于接收信号的 SNR。根据信息论，在高斯白噪声信道中，如果传输过程中不引入其他噪声，可得到二进制数字信号系统的最大无失真传输码率。这个码率就称为信道容量，可表示为

$$C = \Delta f_{\mathrm{ch}} \log_2\left(1+\frac{S}{N}\right) \tag{1-3-6}$$

式中，Δf_{ch} 为信道带宽；S 为信号平均功率；N 为噪声平均功率。

由式(1-3-6)可知，增大 Δf_{ch} 可以增加信道容量，但不能无限地增大 Δf_{ch}。考察一下就会更清楚这一点，高斯白噪声功率是随 Δf_{ch} 线性增加的，即 $N = N_0 \Delta f_{\mathrm{ch}}$，其中 N_0 为白噪声频谱密度。将 N 代入式(1-3-6)并对 Δf_{ch} 取极限，得

$$C \leqslant C_{\max} = \frac{S}{N_0}\log_2 \mathrm{e} \approx 1.44\frac{S}{N_0} \tag{1-3-7}$$

光纤通信系统的信道带宽 Δf_{ch} 大约是微波系统的 10000 倍，但信道容量并不是简单地增大如此多倍。不过，光纤通信系统的信道容量无疑远高于微波系统。

习　题　一

1.1　什么是光纤通信?光纤通信系统的基本构成有哪些?

1.2　为什么光波系统比微波系统具有更高的传输容量?

1.3　如果对一个信噪比为 40dB、带宽为 6.5MHz 的模拟视频信号进行数字化，则比特率至少应该达到多少?

1.4　光纤系统支持的复用方式有哪些?请简述各种复用方式的基本原理。

1.5　某光纤信道的传输波长范围为 1500～1600nm，求该光纤信道的带宽。

1.6　计算工作波长分别为 850nm、1300nm、1550nm 的光纤通信系统的载波频率。

1.7　对于损耗为 0.2dB/km、0.5dB/km、10dB/km、1000dB/km 的 4 种光纤，如果要使光功率衰减为入纤光功率的 1/100，那么传输距离分别为多少?

1.8　对于信息速率为 1Gbit/s 的 NRZ 比特流 0100101110101001，画出光功率随时间的变化，并给出最窄脉冲和最宽脉冲的宽度。

1.9　假设某数字通信系统的比特率是载波频率的 10%，试问用 5GHz 的微波载波能传多少路 64kbit/s 的 PCM 音频信号?如果换为 1550nm 的光波作载波，能传多少路?

第 2 章　光纤传输基础

本章介绍光纤作为传输信道在光纤通信系统中的作用，包括光纤的基本结构；基于几何光学方法分析光纤的导光机制；基于波动光学方法分析光纤中的波传输模式；光纤的色散、损耗，以及非线性效应；光纤光缆。

2.1　光纤的基本结构

普通的石英光纤通常由圆柱形的二氧化硅玻璃纤芯和其外的包层组成，纤芯的折射率高于包层的折射率，使得输入光能在纤芯-包层界面上不断产生全反射而传播。根据纤芯折射率分布情况可以将光纤分为阶跃折射率光纤和渐变折射率光纤两类。图 2-1-1 给出了这两种光纤的截面结构和折射率分布情况。阶跃折射率光纤的纤芯折射率是均匀分布的，在纤芯和包层的界面上有折射率的突变，简称阶跃光纤。渐变折射率光纤的纤芯折射率由轴心向外逐渐减小，简称梯度光纤。

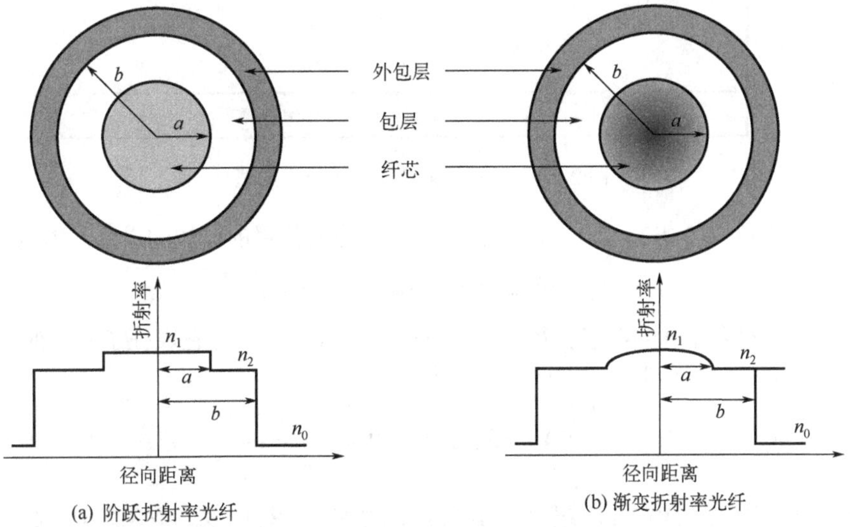

图 2-1-1　阶跃折射率光纤和渐变折射率光纤的截面结构和折射率分布

核心知识解析

2.2　光纤的几何光学分析

光纤的导光特性可以用几何光学的方法来简单直观地描述。几何光学分析具有近似性，但在光纤芯径 a 远大于光波波长λ的情况下，光波可以近似看作由一根根光线组成，这种近似分析的结果是合理的；当 a 与λ较为接近时，需要采用波动光学分析方法。

2.2.1 阶跃折射率光纤的导光特性

考虑如图 2-2-1 所示的结构，光线与光纤轴线成θ_i角入射进光纤中，由于光纤与空气界面的折射效应，光线将会向轴线偏移。根据斯涅尔定律，折射角θ_r与入射角θ_i的关系为

$$n_0 \sin\theta_i = n_1 \sin\theta_r \tag{2-2-1}$$

式中，n_1、n_0 分别为纤芯和空气的折射率。折射光线将会沿与光纤轴线成θ_r角的方向入射到纤芯与包层的界面上，如果入射角ϕ大于由式(2-2-2)定义的临界角ϕ_c(设包层的折射率为 n_2)：

$$\sin\phi_c = \frac{n_2}{n_1} \tag{2-2-2}$$

则光线将会在纤芯与包层界面上发生全反射，当全反射的光线再次入射到纤芯与包层的分界面时，它将被再次全反射回纤芯中，这样所有满足$\phi > \phi_c$的光线都会被限制在纤芯中向前传输，这就是光纤导光的基本原理。

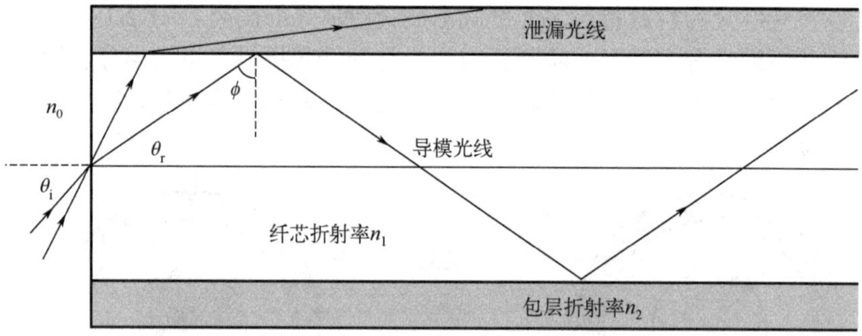

图 2-2-1　阶跃折射率光纤的导光原理

由式(2-2-1)和式(2-2-2)可以求出能够限制在纤芯内传播的光线的最大入射角θ_{imax}：

$$n_0 \sin\theta_{i\max} = n_1 \cos\phi_c = (n_1^2 - n_2^2)^{1/2} \tag{2-2-3}$$

式中，$n_0\sin\theta_{imax}$称为光纤的数值孔径(numerical aperture，NA)，它表征了光纤的收光能力。在 $n_1 \approx n_2$ 的情况下，数值孔径可以近似表示为

$$\mathrm{NA} = n_1(2\Delta)^{1/2}, \quad \Delta = \frac{n_1 - n_2}{n_1} \tag{2-2-4}$$

式中，Δ是纤芯与包层的相对折射率差。显然，Δ越大，光纤的收光效果越好，然而Δ太大的光纤不适合光纤通信应用，因为这时会产生较为严重的“模间色散”(多径色散)。

模间色散可以这样来理解，不同角度入射的光线将会沿光纤经过不同长度的路径，尽管这些光线同时进入光纤输入端，并且在光纤内具有相同的传播速度，但是它们到达光纤输出端的时间不相同。因此，如果输入一个光脉冲，其包含的光线在光纤中由于经过不同长度的路径到达光纤终端，脉冲宽度将会展宽。可以简单地通过考察最短和最长光路来估算脉冲的展宽程度。最短光路径出现在$\theta_i = 0$时，对应光程等于光纤长度 L，最长路径光线的入射角为式(2-2-3)决定的θ_{imax}，对应光程为 $L/\sin\phi_c$，考虑光在纤芯内的传播速度$v = c/n_1$，其中 c 为真空中的光速，则两条光线之间的时间延迟为

$$\Delta T=\frac{n_1}{c}\left(\frac{L}{\sin\phi_c}-L\right)=\frac{L}{c}\cdot\frac{n_1^2}{n_2}\varDelta \tag{2-2-5}$$

该公式常用于估算一个冲击脉冲经光纤传输后脉冲展宽的度量。

可以将ΔT与比特率 B 联系起来，尽管两者的精确关系与脉冲形状、调制格式等诸多因素有关，但很明显ΔT应该小于比特时间 $T_B=1/B$。于是，由式(2-2-5)可得

$$BL<\frac{n_2}{n_1^2}\cdot\frac{c}{\varDelta} \tag{2-2-6}$$

式(2-2-6)可用于粗略估算 $a\gg\lambda$ 的阶跃折射率光纤通信系统的容量。例如，考虑一条无包层的玻璃光纤，n_1=1.5、n_2=1，采用这种光纤的系统容量仅为 BL＜0.4(Mbit/s)·km；如果在纤芯外加一层折射率小于纤芯的包层，则情况大为改善。大多数通信用光纤都被设计成$\varDelta$＜0.01，如$\varDelta=2\times10^{-3}$，则 BL＜100(Mbit/s)·km，这样的光纤可以使 10Mbit/s 速率的数据传输长达 10km，适合一些局域网应用。

值得注意的是，式(2-2-6)只考虑了那些通过纤芯轴线的光线的全反射，这些光线称为子午光线。一般来说，光纤内还存在不与轴线相交的光线，称为偏斜光线，它们对式(2-2-6)没有贡献；即使同样是子午光线，不同入射角的光线在光纤内损耗也不一样，因此式(2-2-6)只是一种粗略的估算。模间色散可以通过采用梯度折射率光纤来大大减小，如果采用单模光纤，则可以完全消除模间色散。

2.2.2　渐变折射率光纤的导光特性

渐变折射率光纤又常被称为梯度折射率光纤，它的纤芯折射率不是一个常数，而是由纤芯中心的最大值 n_1，沿纤芯半径方向逐渐减小到纤芯与包层界面上的最小值 n_2，即

$$n(r)=\begin{cases}n_1\left[1-\varDelta\left(\dfrac{r}{a}\right)^x\right], & r<a\\ n_2, & r\geqslant a\end{cases} \tag{2-2-7}$$

式中，a 为纤芯半径；参数 x 为折射率渐变因子，它决定了折射率的分布情况，如果 x 取无穷大，则对应阶跃折射率光纤，x=2 对应抛物线分布折射率光纤。

采用梯度折射率光纤能减小模间色散，可以通过图 2-2-2 来定性理解。图 2-2-2 中给出了梯度折射率光纤中 3 条不同路径的光线沿光纤传播的情况，和阶跃折射率光纤的情况类似，与轴线夹角较大的光线远离纤芯轴线传播，经过的路径较长，而与轴线夹角较小的光线则靠近纤芯轴线传播，经过的路径较短；然而，由于纤芯折射率的变化，光线速度沿着传播路径也会发生变化，靠近轴线传播的光线尽管路径较短，但传播速度较慢，而远离轴线传播的光线由于大部分路径在较低折射率的区域，因此传播速度较快。因此，通过选择合适的折射率分布就可能使所有光线同时到达光纤输出端，从而减小甚至消除模间色散。

在旁轴近似的情况下，可以用几何光学的方法来解释为什么抛物线折射率分布的光纤可以使得光脉冲无模间色散地传播。旁轴光线的轨迹满足如下方程：

$$\frac{\mathrm{d}^2r}{\mathrm{d}z^2}=\frac{1}{n}\cdot\frac{\mathrm{d}n}{\mathrm{d}r} \tag{2-2-8}$$

式中，r 是光线的径向距离。在式(2-2-7)中，$r<a$，且在 $x=2$ 的情况下，方程(2-2-8)是一个谐振荡方程，具有以下通解：

$$r = r_0 \cos(Pz) + \frac{r_0'}{P}\sin(Pz) \tag{2-2-9}$$

式中，$P=(2\Delta / a^2)^{1/2}$；r_0 和 r_0' 分别为入射光线的位置和方向。式(2-2-9)表明：所有光线在传播距离 $z=2m\pi/P$（m 为整数）的位置具有与入射时完全相同的位置和方向，在这种情况下，抛物线折射率光纤不会出现模间色散。

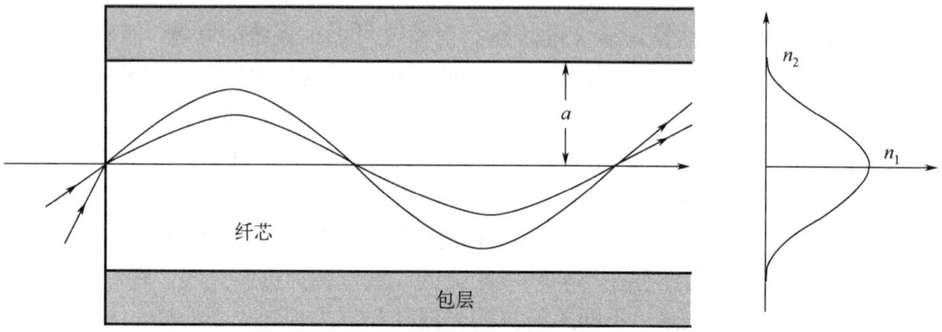

图 2-2-2　梯度折射率光纤中光线的传播情况

核心知识解析

上述结论只在旁轴近似和几何光学近似的情况下才成立，实际的光纤总是存在一定的色散，当折射率渐变因子 x 为 2 左右时，模间色散达到最小值。

2.3　光纤的波动光学分析

几何光学分析是一种近似方法，适用于分析芯径较粗的多模光纤，但难以解释光纤中的模式分布、光场分布等现象。本节将介绍一种严格的光学分析方法，即波动光学分析，从“光是一种电磁波”这一本质特性出发，通过求解电磁波所遵循的麦克斯韦方程组，导出光纤中的模式分布和光场分布特性。

2.3.1　波动方程

光是一种电磁波，它在光纤中的传播遵循麦克斯韦方程组，对于无空间电荷的非铁磁性介质，麦克斯韦方程组为

$$\nabla \times \boldsymbol{E} = -\frac{\partial \boldsymbol{B}}{\partial t} \tag{2-3-1}$$

$$\nabla \times \boldsymbol{H} = \frac{\partial \boldsymbol{D}}{\partial t} \tag{2-3-2}$$

$$\nabla \cdot \boldsymbol{D} = 0 \tag{2-3-3}$$

$$\nabla \cdot \boldsymbol{B} = 0 \tag{2-3-4}$$

式中，$\boldsymbol{E}$、$\boldsymbol{H}$ 分别为电场矢量和磁场矢量；$\boldsymbol{D}$、$\boldsymbol{B}$ 为相应的电、磁通量密度。通量密度与场矢量具有如下关系：

$$\boldsymbol{D} = \varepsilon_0 \boldsymbol{E} + \boldsymbol{P} \tag{2-3-5}$$

$$\boldsymbol{B}=\mu_0\boldsymbol{H}+\boldsymbol{M} \tag{2-3-6}$$

式中，ε_0、μ_0 分别为真空中的介电常数和磁导率；$\boldsymbol{P}$、$\boldsymbol{M}$ 为感应电极化强度和感应磁极化强度，对光纤来说，$\boldsymbol{M}=\mathbf{0}$，因为玻璃材料不具有磁性。

在只考虑 $\boldsymbol{P}$ 与 $\boldsymbol{E}$ 的线性关系时，有

$$\boldsymbol{P}(\boldsymbol{r},t)=\varepsilon_0\int_{-\infty}^{\infty}\chi(\boldsymbol{r},t-t')\boldsymbol{E}(\boldsymbol{r},t')\mathrm{d}t' \tag{2-3-7}$$

式中，χ为线性极化率，它通常是一个二阶张量，但在光纤这类各向同性介质中，它是一个标量。

式(2-3-1)～式(2-3-7)是研究光纤中光波传输的基本方程。为方便起见，只考虑电场的变化，对式(2-3-1)取旋度并将式(2-3-2)、式(2-3-5)、式(2-3-6)代入(式 2-3-1)，得

$$\nabla\times\nabla\times\boldsymbol{E}=-\frac{1}{c^2}\cdot\frac{\partial^2\boldsymbol{E}}{\partial t^2}-\mu_0\frac{\partial^2\boldsymbol{P}}{\partial t^2} \tag{2-3-8}$$

式中，$c=(\mu_0\varepsilon_0)^{-1/2}$ 为真空中的光速。引入电场矢量 $\boldsymbol{E}(\boldsymbol{r},t)$ 的傅里叶变换：

$$\tilde{\boldsymbol{E}}(\boldsymbol{r},\omega)=\int_{-\infty}^{\infty}\boldsymbol{E}(\boldsymbol{r},t)\exp(\mathrm{i}\omega t)\mathrm{d}t \tag{2-3-9}$$

以及类似的 $\boldsymbol{P}(\boldsymbol{r},t)$ 的傅里叶变换表达式，并利用式(2-3-7)，可得式(2-3-8)的频域形式为

$$\nabla\times\nabla\times\tilde{\boldsymbol{E}}=\varepsilon(\boldsymbol{r},\omega)\frac{\omega^2}{c^2}\tilde{\boldsymbol{E}} \tag{2-3-10}$$

其中，介电常数$\varepsilon(\boldsymbol{r},\omega)$的定义为

$$\varepsilon(\boldsymbol{r},\omega)=1+\overline{\chi}(\boldsymbol{r},\omega) \tag{2-3-11}$$

式中，$\overline{\chi}(\boldsymbol{r},\omega)$ 为 $\chi(\boldsymbol{r},t)$ 的傅里叶变换。一般来说，$\varepsilon(\boldsymbol{r},\omega)$ 是复数形式，其实部和虚部分别与折射率 n 和吸收系数α_0 相关，即

$$\varepsilon=\left(n+\frac{\mathrm{i}\alpha_0 c}{2\omega}\right)^2 \tag{2-3-12}$$

代入式(2-3-11)，可得

$$n=(1+\mathrm{Re}\,\overline{\chi})^{1/2} \tag{2-3-13}$$

$$\alpha_0=\frac{\omega}{nc}\mathrm{Im}\,\overline{\chi} \tag{2-3-14}$$

式中，Re 和 Im 分别表示实部和虚部。由此可见，n 和α_0 都与频率有关。n 与频率相关，代表着材料色散，是限制光纤通信系统性能的基本因素。

在求解方程(2-3-10)前，先对其进行简化。首先，由于光纤中的损耗很小，根据式(2-3-12)，可以用 n^2 来近似代替ε；其次，在阶跃折射率光纤的纤芯或包层内，$n(\boldsymbol{r},\omega)$ 都与空间坐标无关，即$\nabla\cdot\tilde{\boldsymbol{E}}=0$，于是有

$$\nabla\times\nabla\times\tilde{\boldsymbol{E}}=\nabla(\nabla\cdot\tilde{\boldsymbol{E}})-\nabla^2\tilde{\boldsymbol{E}}=-\nabla^2\tilde{\boldsymbol{E}} \tag{2-3-15}$$

即使在梯度折射率光纤中，也可以做这样的简化。只要折射率发生变化的长度远大于光波长，方程(2-3-15)就能保持良好的近似性。将式(2-3-15)代入式(2-3-10)，得

$$\nabla^2\tilde{\boldsymbol{E}} + n^2(\omega)k_0^2\tilde{\boldsymbol{E}} = 0 \tag{2-3-16}$$

其中，k_0 为真空中的波数，它定义为

$$k_0 = \frac{\omega}{c} = \frac{2\pi}{\lambda} \tag{2-3-17}$$

式中，λ是频率为ω的光波在真空中的波长。

方程(2-3-16)即为描述光纤中光波传播行为的波动方程。

2.3.2 光纤中的模式

光纤中的模式是指方程(2-3-16)的一个特定解，其具有空间分布不随传输过程而改变的特性。光纤中的模式可以分为导模、泄漏模以及辐射模，光信号在光纤中只能通过导模传输。接下来讨论阶跃折射率光纤中的导模。

结合光纤的圆柱对称性，可以将方程(2-3-16)写成圆柱坐标 r、ϕ、z 的形式：

$$\frac{\partial^2 E_z}{\partial r^2} + \frac{1}{r}\cdot\frac{\partial E_z}{\partial r} + \frac{1}{r^2}\cdot\frac{\partial^2 E_z}{\partial \phi^2} + \frac{\partial^2 E_z}{\partial z^2} + n^2k_0^2E_z = 0 \tag{2-3-18}$$

为简化起见，$\tilde{\boldsymbol{E}}$ 的上波浪符号已被去掉。对于芯径为 a 的阶跃折射率光纤，其折射率为

$$n = \begin{cases} n_1, & r \leqslant a \\ n_2, & r > a \end{cases} \tag{2-3-19}$$

在方程(2-3-18)中，只写出了电场矢量的轴向分量 E_z，可以写出类似的 $\boldsymbol{E}$ 和 $\boldsymbol{H}$ 的其他 5 个分量的方程，但由于 6 个分量中只有两个分量是独立的，因此没有必要去求解所有 6 个分量的方程。常见的方法是选取 E_z 和 H_z 作为独立分量，而 E_r、E_ϕ、H_r、H_ϕ都可以由 E_z 和 H_z 表示。

方程(2-3-18)可以采用分离变量法求解，把 E_z 写成：

$$E_z(r,\phi,z) = R(r)\varPhi(\phi)Z(z) \tag{2-3-20}$$

代入方程(2-3-18)，可以得到 3 个微分方程：

$$\frac{\mathrm{d}^2 Z}{\mathrm{d}z^2} + \beta^2 z = 0 \tag{2-3-21}$$

$$\frac{\mathrm{d}^2 \varPhi}{\mathrm{d}\phi^2} + m^2\varPhi = 0 \tag{2-3-22}$$

$$\frac{\mathrm{d}^2 R}{\mathrm{d}r^2} + \frac{1}{r}\cdot\frac{\mathrm{d}R}{\mathrm{d}r} + \left(n^2k_0^2 - \beta^2 - \frac{m^2}{r^2}\right)R = 0 \tag{2-3-23}$$

方程(2-3-21)具有 $Z = \exp(\mathrm{i}\beta z)$ 形式的解，β为一个重要的物理概念——传播常数。方程(2-3-22)的解也具有类似的形式，即$\varPhi = \exp(\mathrm{i}m\phi)$，但由于场随$\phi$必须以 2π为周期变化，因此 m 被限定为整数。

方程(2-3-23)是著名的贝塞尔微分方程，它在纤芯和包层中具有以下形式解：

$$R(r) = \begin{cases} A\mathrm{J}_m(\chi r) + A'\mathrm{Y}_m(\chi r), & r \leqslant a \\ B\mathrm{K}_m(\gamma r) + B'\mathrm{I}_m(\gamma r), & r > a \end{cases} \tag{2-3-24}$$

式中，A、A'、B、B'为常数；J_m、Y_m、K_m和I_m为不同类型的贝塞尔函数；χ、γ的定义为

$$\chi^2 = n_1^2 k_0^2 - \beta^2 \tag{2-3-25}$$

$$\gamma^2 = \beta^2 - n_2^2 k_0^2 \tag{2-3-26}$$

考虑导模在 $r=0$ 时为有限值，在 $r=\infty$时为零的边界条件，则对 $R(r)$有 $A'=0$、$B'=0$，那么方程(2-3-18)的通解为

$$E_z = \begin{cases} A\mathrm{J}_m(\chi r)\exp(\mathrm{i}m\phi)\exp(\mathrm{i}\beta z), & r \leqslant a \\ B\mathrm{K}_m(\gamma r)\exp(\mathrm{i}m\phi)\exp(\mathrm{i}\beta z), & r > a \end{cases} \tag{2-3-27}$$

同样，可以得到 H_z 的通解表达式为

$$H_z = \begin{cases} C\mathrm{J}_m(\chi r)\exp(\mathrm{i}m\phi)\exp(\mathrm{i}\beta z), & r \leqslant a \\ D\mathrm{K}_m(\gamma r)\exp(\mathrm{i}m\phi)\exp(\mathrm{i}\beta z), & r > a \end{cases} \tag{2-3-28}$$

其他 4 个分量可由麦克斯韦方程表示为 E_z、H_z 的函数：

$$E_r = \frac{\mathrm{i}}{\chi^2}\left(\beta\frac{\partial E_z}{\partial r} + \mu_0 \frac{\omega}{r}\cdot\frac{\partial H_z}{\partial \phi}\right) \tag{2-3-29}$$

$$E_\phi = \frac{\mathrm{i}}{\chi^2}\left(\frac{\beta}{r}\cdot\frac{\partial E_z}{\partial \phi} - \mu_0\omega\frac{\partial H_z}{\partial r}\right) \tag{2-3-30}$$

$$H_r = \frac{\mathrm{i}}{\chi^2}\left(\beta\frac{\partial H_z}{\partial r} - \varepsilon_0 n^2 \frac{\omega}{r}\cdot\frac{\partial E_z}{\partial \phi}\right) \tag{2-3-31}$$

$$H_\phi = \frac{\mathrm{i}}{\chi^2}\left(\frac{\beta}{r}\cdot\frac{\partial H_z}{\partial \phi} + \varepsilon_0 n^2\omega\frac{\partial E_z}{\partial r}\right) \tag{2-3-32}$$

式(2-3-27)～式(2-3-32)中的 4 个常数 A、B、C、D 表示光纤纤芯和包层两个区域的电磁场分布情况，这些常数必须满足 $\boldsymbol{E}$、$\boldsymbol{H}$ 在纤芯和包层的分界面上切向分量连续的边界条件。由此可得出 A、B、C、D 必须满足的 4 个齐次方程，这些方程只有当系数矩阵的行列式为零时才有平凡解，则可导出决定传播常数β的一个方程：

$$\left[\frac{\mathrm{J}'_m(\chi a)}{\chi\mathrm{J}_m(\chi a)} + \frac{\mathrm{K}'_m(\gamma a)}{\gamma\mathrm{K}_m(\gamma a)}\right]\left[\frac{\mathrm{J}'_m(\chi a)}{\chi\mathrm{J}_m(\chi a)} + \frac{n_2^2}{n_1^2}\cdot\frac{\mathrm{K}'_m(\gamma a)}{\gamma\mathrm{K}_m(\gamma a)}\right] = \left(\frac{m\beta}{n_1 a k_0}\right)^2\cdot\left(\frac{1}{\chi^2}+\frac{1}{\gamma^2}\right)^2 \tag{2-3-33}$$

式中，“′”表示微分，此方程称为本征方程。

对于一组给定的参数 k_0、a、n_1 和 n_2，可以对本征方程进行数值求解以确定传播常数β。通常，传播常数对每一个整数值 m 有多个解，常用β_{mn}来表示($n=1, 2,\cdots$)。每一个β_{mn}对应光场的一种由式(2-3-27)～式(2-3-32)表示的可能空间分布，称为光纤中的一个模式。在一般情况下，E_z、H_z都不为零(m=0 除外)，可以根据 H_z大于或小于 E_z而用 HE_{mn}或 EH_{mn}来表示光纤的模式，当 m=0 时，可用 TE_{0n}和 TM_{0n}来表示 HE_{0n}和 EH_{0n}，因为此时的模式分别对应横电场(E_z=0)和横磁场(H_z=0)传播模式。在弱导光纤($\Delta \ll 1$)中，E_z和 H_z都近似为零，还常用 LP_{mn}(线性极化模)来表示模式。

每一个模式都有一个唯一的传播常数β与之对应，为此，引入模折射率（或有效折射率）$\bar{n}$的概念，$\bar{n}$与β的关系为$\bar{n}=\beta/k_0$。$\bar{n}$具有很重要的物理意义，它意味着每个光纤模式以有效折射率传输，导模的$\bar{n}$应该满足条件：

$$n_1 > \bar{n} > n_2 \tag{2-3-34}$$

由于在包层中有

$$E_z \propto \mathrm{K}_m(\gamma r) \approx \left(\frac{\pi}{2\gamma r}\right)^{1/2} \exp(-\gamma r) \tag{2-3-35}$$

如果$\bar{n} < n_2$，则由式(2-3-26)可知$\gamma^2<0$，这样的模式不会存在，这种现象称为模式截止。由式(2-3-25)和式(2-3-26)可知，当$\bar{n} = n_2$时，模式刚好达到截止，有$\chi = k_0\left(n_1^2 - n_2^2\right)^{1/2}$，由此定义一个决定截止条件的关键参数$V$：

$$V = k_0 a\left(n_1^2 - n_2^2\right)^{1/2} \approx \frac{2\pi}{\lambda} a n_1 \sqrt{2\varDelta} \tag{2-3-36}$$

称为归一化频率（$V\propto\omega$）或V参数。相应地，还可以定义一个归一化传播常数b：

$$b = \frac{\dfrac{\beta}{k_0} - n_2}{n_1 - n_2} = \frac{\bar{n} - n_2}{n_1 - n_2} \tag{2-3-37}$$

图2-3-1给出了由本征方程(2-3-33)决定的几个低阶光纤模式的b与V的关系，可以看出，一方面，V值较高的光纤可以支持较多的模式，这种支持多个模式的光纤称为多模光纤；另一方面，模式数目随V值的减小而减小得很快，V=5的光纤可支持7个模式，而当V小于某个阈值时，除HE_{11}模式之外，其他所有模式都被截止，这种支持单一模式的光纤称为单模光纤，正是接下来要讨论的内容。

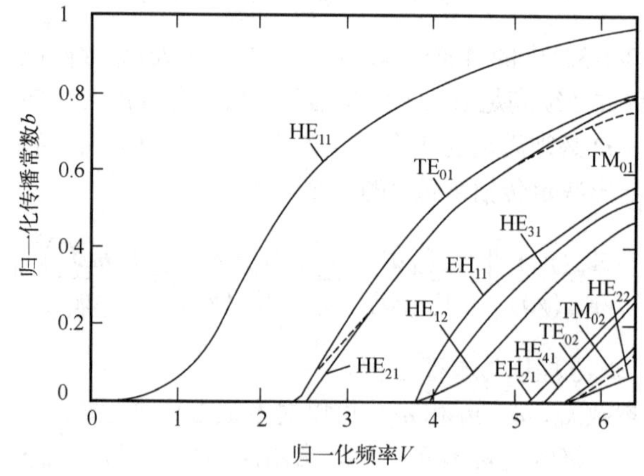

图2-3-1　几个低阶光纤模式的归一化传播常数b与光纤的归一化频率V的关系

2.3.3　单模光纤

单模光纤只支持一个被称为“基模”的模式HE_{11}，这种光纤中所有的高阶模式在工作波长上都被截止。

1. 单模条件

单模条件可以由 TE_{01}、TM_{01} 模式达到截止时的 V 值来确定，由本征方程(2-3-33)可以得出这两个模式截止的条件为

$$J_0(V) = 0 \tag{2-3-38}$$

满足式(2-3-38)的最小 V 值为 2.405。因此，只要将光纤设计成 $V<2.405$，该光纤就只支持 HE_{11} 一个模式，此即单模条件。

2. 模折射率

由式(2-3-37)可以得到工作波长处的模折射率：

$$\overline{n} = n_2 + b(n_1 - n_2) \approx n_2(1 + b\Delta) \tag{2-3-39}$$

根据图 2-3-1 中 HE_{11} 模式 b 与 V 的曲线，可以近似得到：

$$b(V) \approx \left(1.1428 - \frac{0.9960}{V}\right)^2 \tag{2-3-40}$$

当 V 值为 1.5～2.5 时，$b(V)$ 的误差在 0.2%以内。

3. 模场分布

基模的场分布可以由式(2-3-27)～式(2-3-32)得出，在弱导光纤中，场的轴向分量 E_z 和 H_z 都很小，所以 HE_{11} 模可近似为线性极化模，用 LP_{01} 来表示。对于线性极化模，可以假设场的一个轴向分量为零，如果令 $E_y=0$，则由 E_x 表示的 LP_{01} 模场分布为

$$E_x = E_0 \begin{cases} \dfrac{J_0(\chi r)}{J_0(\chi a)} \exp(i\beta z), & r \leqslant a \\ \dfrac{K_0(\chi r)}{K_0(\gamma a)} \exp(i\beta z), & r > a \end{cases} \tag{2-3-41}$$

式中，E_0 是与该模式功率相关的常数。该模式主要的磁场分量 H_y 为

$$H_y = n_2 \left(\frac{\varepsilon_0}{\mu_0}\right)^{1/2} E_x \tag{2-3-42}$$

该模式是沿 x 轴的线性极化模，同一根光纤还可以支持另一个沿 y 轴的线性极化模，所以理想单模光纤可以支持两个正交简并的偏振模式同时传输，这两个模具有相同的模折射率。

4. 双折射

如前所述，在理想圆柱截面的单模光纤中，支持两个正交简并的偏振模式同时传输。实际的光纤纤芯形状沿长度方向会发生明显变化，同时光纤也可能受到非均匀的应力而使其圆柱对称性遭到破坏。在这种情况下，两个正交偏振模式不是简并的，它们的模折射率不再相同，这种现象称为光纤双折射。双折射的大小定义为

$$B = \left|\overline{n}_x - \overline{n}_y\right| \tag{2-3-43}$$

式中，$\bar{n}_x$、$\bar{n}_y$ 分别表示两个正交偏振模式的模折射率。双折射效应将导致光功率在两模式之间周期性地发生转换，这个周期称为“拍长”，它定义为

$$L_B = \frac{\lambda}{B} \tag{2-3-44}$$

对于典型的单模光纤，$B \approx 10^{-7}$。实际的单模光纤由于纤芯芯径沿轴向的微小变化或纤芯所受的非均匀应力，其 B 值沿光纤不是常数而是随机变化的。在这种情况下，注入光纤中的线偏振光很快就变成随机偏振状态的光，在强度探测系统中，这种偏振的随机变化影响不大，但是在相干接收系统中将产生很大影响。为此，人们设计了偏振保持光纤(简称保偏光纤)，这种光纤刻意引入了较大的双折射，使小的双折射漂移不会导致明显的偏振态变化，偏振保持光纤的 B 的典型值为 10^{-4}。

5. 光斑尺寸

利用式(2-3-41)表示场分布在实际中不太方便，所以常用高斯分布来近似，即

$$E_z = A\exp\left(\frac{-r^2}{W^2}\right)\exp(\mathrm{i}\beta z) \tag{2-3-45}$$

式中，A 为常数；W 为模场半径，也称光斑尺寸，它可由如下近似关系得到：

$$\frac{W}{a} \approx 0.65 + 1.619V^{-3/2} + 2.879V^{-6} \tag{2-3-46}$$

在 $1.2 < V < 2.4$ 范围内，式(2-3-46)的误差不超过 1%。根据式(2-3-46)，可以确定光纤的有效模面积 $A_{\text{eff}} = \pi W^2$，它表征光纤将光限制在纤芯内的紧密程度。

根据式(2-3-45)，可以求得光纤纤芯内的光功率与总光功率之比：

$$\frac{P_{\text{core}}}{P_{\text{total}}} = \frac{\int_0^a |E_z|^2 \, r\mathrm{d}r}{\int_0^\infty |E_z|^2 \, r\mathrm{d}r} = 1 - \exp\left(-\frac{2a^2}{W^2}\right) \tag{2-3-47}$$

当 V=2 时，约 75%的光功率被限制在光纤纤芯内传输；当 V=1 时，该比例下降至 20%左右，所以大多数单模光纤的 V 值都设计为 2～2.4。

核心知识解析

2.4　光纤的传输特性

光纤最重要的传输特性是色散和损耗，色散导致光脉冲展宽，损耗使光信号能量损失，两者限制着光通信的传输速率和传输距离。此外，光纤中还存在另一种非常重要的现象——光纤非线性效应。在光纤通信系统中，某些场合下要避免和克服非线性，而在另外一些场合，光纤的非线性则发挥着关键作用。

2.4.1　光纤中的色散

在多模光纤中存在模间色散，它导致输入脉冲经光纤传输后发生展宽。单模光纤由于其内部只存在一个基模(LP_{01} 模)，因此不存在模间色散，但脉冲展宽现象依然存在。这是因为基模

的群速度与频率有关，光脉冲的不同频率分量具有不同的群速度，因而到达光纤输出端所需的时间将会产生差别，结果导致光脉冲发生展宽，这种现象称为群速度色散(group velocity dispersion，GVD)，也称模内色散。导致模内色散的因素有两个，即材料色散和波导色散。

1. 群速度色散

考虑一条长度为 L 的单模光纤，频率为 ω 的光谱分量将在一定的时间延迟 $T=L/\upsilon_g$ 后到达输出端，其中 υ_g 称为群速度(group velocity)，它定义为

$$\upsilon_g^{-1}=\frac{d\beta}{d\omega} \tag{2-4-1}$$

将 $\beta=\bar{n}k_0=\bar{n}\omega/c$ 代入式(2-4-1)，可得 $\upsilon_g=c/\bar{n}_g$，其中 $\bar{n}_g$ 为群折射率，它定义为

$$\bar{n}_g=\bar{n}+\omega\frac{d\bar{n}}{d\omega} \tag{2-4-2}$$

群速度与频率的相关性引起光脉冲发生展宽，如果光脉冲的谱宽为 $\Delta\omega$，则光脉冲的展宽为

$$\Delta T=\frac{dT}{d\omega}\Delta\omega=L\frac{d}{d\omega}\cdot\frac{L}{\upsilon_g}\Delta\omega=L\frac{d^2\beta}{d\omega^2}\Delta\omega=L\beta_2\Delta\omega \tag{2-4-3}$$

式中，β_2 称为群速度色散系数(dispersion coefficient)，它决定光纤对冲击脉冲展宽的程度。

式(2-4-3)也可以用光脉冲的波长范围 $\Delta\lambda$ 来表示：

$$\Delta T=-\frac{2\pi c}{\lambda^2}\beta_2 L\Delta\lambda=DL\Delta\lambda \tag{2-4-4}$$

式中，$D=\left(2\pi c/\lambda^2\right)-\beta_2$ 为光纤的色散参数，简称色散(dispersion)，单位为 ps/(km·nm)。

色散效应对系统码率的限制，可以粗略地用 $B\cdot\Delta T<1$ 来估算，从而得到：

$$BL|D|\Delta\lambda<1 \tag{2-4-5}$$

对于工作波长为 1.3μm 的标准单模光纤，其 D 值约为 1ps/(km·nm)，如果半导体激光器的 $\Delta\lambda$ 取 2～4nm，则系统的 BL 积可以超过 100(Gbit/s)·km。

当工作波长偏离 1.3μm 时，色散 D 可能大幅增加，D 与波长的关系由模折射率 $\bar{n}$ 与频率的关系确定：

$$D=-\frac{2\pi c}{\lambda^2}\beta_2=-\frac{2\pi c}{\lambda^2}\cdot\frac{d}{d\omega}\left(\frac{1}{\upsilon_g}\right)=-\frac{2n}{\lambda^2}\left(2\frac{d\bar{n}}{d\omega}+\omega\frac{d^2\bar{n}}{d\omega^2}\right) \tag{2-4-6}$$

利用式(2-3-36)和式(2-3-39)，可以将 D 写成两部分：

$$D=D_M+D_W \tag{2-4-7}$$

其中，D_M 和 D_W 分别表示材料色散和波导色散，它们的表达式为

$$D_M=-\frac{2\pi}{\lambda^2}\cdot\frac{dn_{2g}}{d\omega}=\frac{1}{c}\cdot\frac{dn_{2g}}{d\lambda} \tag{2-4-8}$$

$$D_W=-\frac{2\pi\Delta}{\lambda^2}\left[\frac{n_{2g}^2}{n_2\omega}\cdot\frac{Vd^2(Vb)}{dV^2}+\frac{dn_{2g}}{d\omega}\cdot\frac{d(Vb)}{dV}\right] \tag{2-4-9}$$

式中，n_{2g} 为包层材料的群折射率，参数 V 和 b 分别由式(2-3-36)和式(2-3-37)给出，这里假设参数 Δ 与频率无关。如果 Δ 与频率有关，式(2-4-7)中还应补充微分材料色散项，但实际应用中该项的贡献通常可以忽略。

2. 材料色散

材料色散由制造光纤的二氧化硅材料的折射率随光频的变化而引起。图 2-4-1 给出了熔融石英光纤在 0.5～1.6μm 波长范围内 n、n_g 与波长的关系曲线，材料色散的大小由 n_g-λ曲线的斜率决定，当$\lambda = 1.276\mu m$ 时，$dn_g/d\lambda = 0$，由于此时 $D_M = 0$，因此该波长称为零色散波长 λ_{ZD}。材料色散在$\lambda < \lambda_{ZD}$ 时为负值(正常色散)，而在$\lambda > \lambda_{ZD}$ 时为正值(反常色散)。在 1.25～1.66μm 波长范围内，材料色散可以近似表示为

$$D_M \approx 122\left(1 - \frac{\lambda_{ZD}}{\lambda}\right) \tag{2-4-10}$$

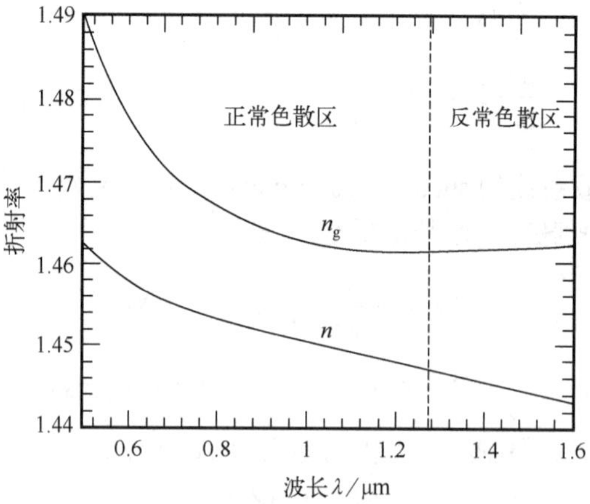

图 2-4-1　熔融石英光纤的折射率 n 及群折射率 n_g 随波长的变化曲线

3. 波导色散

波导色散取决于光纤的 V 参数，图 2-4-2 给出了 b、$d(Vb)/dV$ 和 $Vd^2(Vb)/dV^2$ 随 V 的变化情况。显然后两者都为正，所以 D_W 在 0～1.6μm 整个波长范围内都是负值。

图 2-4-3 给出了典型单模光纤的 D_M、D_W 以及总色散 $D = D_M + D_W$ 随波长的变化情况，可以看到，波导色散始终为负，使得零色散波长λ_{ZD} 向长波方向移动了 30～40nm，因而总的零色散波长位于 1.31μm 附近；波导色散还使得光纤通信感兴趣的 1.3～1.6μm 波长范围内的总色散减小，在 1.55μm 波长附近，D 的典型值为 15～18ps/(nm·km)。

由于波导色散 D_M 与芯径 a、相对折射率差 Δ 等光纤参数有关，因此可以设计出“色散移位光纤”，这种光纤的λ_{ZD} 被移至 1.55μm 波长附近，从而使光纤中的损耗(见 2.4.2 节)和色散在这个波长附近都达到最小值。此外，还可以设计出“色散平坦光纤”，这种光纤的波导色散使得总色散在整个 1.3～1.6μm 波长范围内都具有较小值。图 2-4-4 给出了普通单模光纤、色散位移光纤和色散平坦光纤的色散随波长的变化情况。

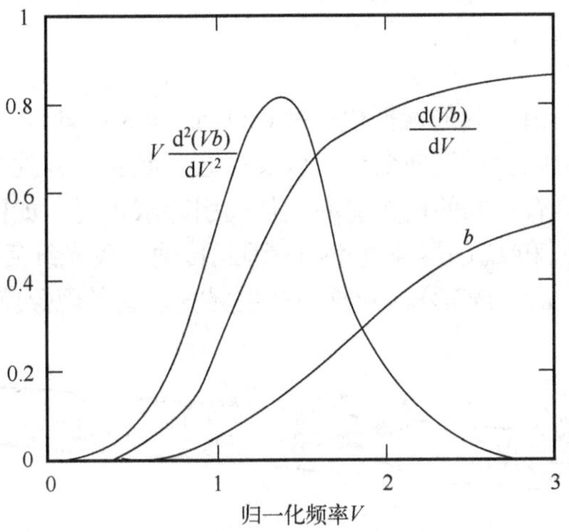

图 2-4-2　b、$\mathrm{d}(Vb)/\mathrm{d}V$ 和 $V\mathrm{d}^2(Vb)/\mathrm{d}V^2$ 随 V 的变化曲线

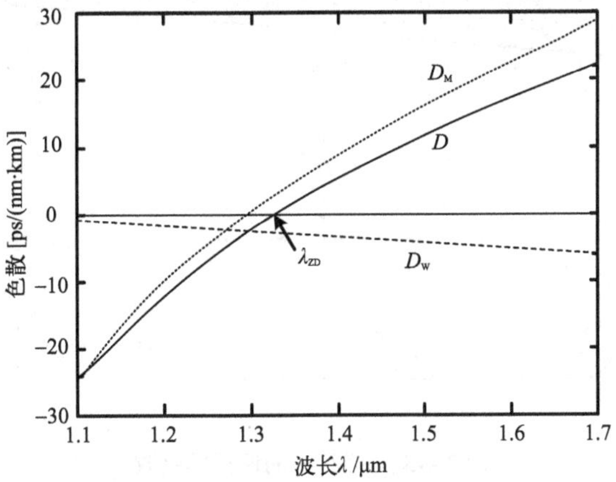

图 2-4-3　典型单模光纤中的材料色散 D_M、波导色散 D_W 及总色散随波长的变化曲线

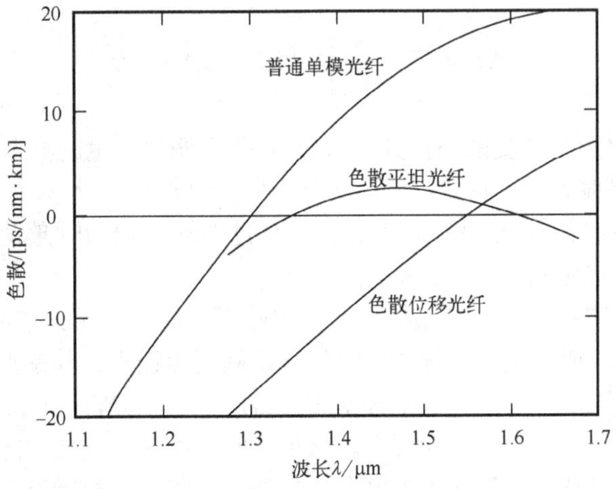

图 2-4-4　普通单模光纤、色散位移光纤及色散平坦光纤的色散随波长的变化曲线

4. 偏振模色散

光纤中还存在由双折射引起的偏振模色散(polarization mode dispersion，PMD)。实际应用中，由于光纤的纤芯形状会沿轴向变化，以及纤芯受到各向异性的应力作用等因素，基模的两个正交偏振分量将具有不同的模折射率，从而引起双折射。如图 2-4-5 所示，由于双折射，两个正交偏振分量 E_x 和 E_y 的群速度不同，因此传输一段光纤后 E_x 和 E_y 之间存在差分群时延(differential group delay，DGD)，光脉冲产生展宽，这种现象就是偏振模色散。

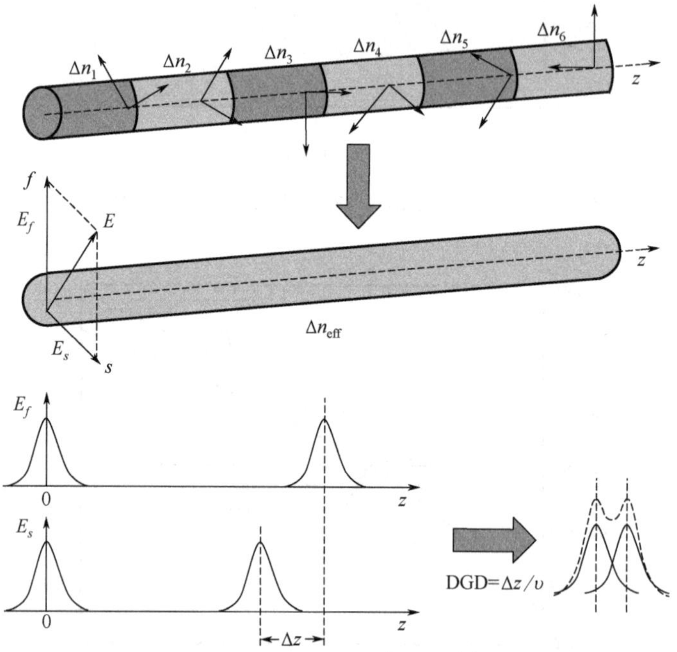

图 2-4-5　光纤中的偏振模色散

在双折射恒定的光纤(如保偏光纤)中，脉冲展宽可以通过脉冲传输过程中两个偏振分量之间的时间延迟来估计，对于长度为 L 的光纤，偏振模色散引起的脉冲展宽为

$$\Delta T=\left|\frac{L}{v_{gx}}-\frac{L}{v_{gy}}\right|=L\left|\beta_x-\beta_y\right|=\Delta\beta L \tag{2-4-11}$$

式中，下标 x、y 表示两个正交的偏振分量；$\Delta\beta$ 与两个偏振分量的群速度差有关。$\Delta T/L$ 表示 PMD 的度量，对于保偏光纤，如果光脉冲只沿一个主轴方向入射(只有一个偏振分量)，$\Delta T/L$ 可以接近 0，PMD 的影响可以忽略，但如果光脉冲在输入端同时激发两个偏振分量，PMD 的影响将非常明显，$\Delta T/L$ 可以达到 1ns/km。

在普通光纤中，双折射沿光纤随机变化，因此不能简单地用式(2-4-11)对脉冲展宽进行估计。在这种情形下，通常认为光纤中传输的光是椭圆偏振光，其偏振态在沿光纤传输过程中随机变化。对于光脉冲，其不同频率分量的偏振态也不相同，因此不同频率分量的群速度也将发生随机变化，这也将引起脉冲展宽。这种由双折射随机变化引起的偏振模色散具有随机性，解析处理非常复杂，已经成为限制高速光传输发展的重要因素。

2.4.2　光纤中的损耗

光纤损耗使到达接收端的平均光功率降低，由于接收机需要一定的最小接收光功率才能准确地恢复出原始信息，因此系统的传输距离除受限于前面讨论的光纤色散之外，还受限于光纤中的损耗。

1. 衰减系数

在普遍情况下，光纤内光功率的变化遵循以下方程：

$$\frac{\mathrm{d}P}{\mathrm{d}z}=-\alpha P \tag{2-4-12}$$

式中，P 为光功率；α 为衰减系数。α 不仅包括材料吸收，还包括其他各种功率衰减因素。如果 P_{in} 为在长度为 L 的光纤的输入端耦合进光纤的功率，则根据式(2-4-12)，输出功率 P_{out} 可表示为

$$P_{\text{out}}=P_{\text{in}}\exp(-\alpha L) \tag{2-4-13}$$

通常将 α 表示为以 dB/km 为单位的如下形式：

$$\alpha(\text{dB/km})=-\frac{10}{L}\lg\frac{P_{\text{out}}}{P_{\text{in}}}\approx 4.343\alpha(\text{km}^{-1}) \tag{2-4-14}$$

光纤的损耗与波长有关。图 2-4-6 给出了典型石英单模光纤的损耗谱 $\alpha(\lambda)$，可以看出，石英光纤存在三个低损耗传输窗口，分别位于 0.85μm、1.3μm、1.55μm 附近。在 1.55μm 波长附近(第三传输窗口)，光纤损耗达到 0.2dB/km 左右的最小值(理论极限约为 0.15dB/km)；在 1.39μm 波长附近，存在一个非常显著的强损耗尖峰，同时在其他几处也有小的损耗峰。损耗的第二极小值出现在 1.3μm 附近，约为 0.5dB/km；由于光纤色散的最小值也出现在 1.3μm 附近，因此在光纤通信系统中常使用这个低损耗窗口，如第二代光纤通信系统。在短波长区域(如第一传输窗口附近)，光纤损耗大大增加，尤其在可见光范围，损耗甚至超过 5dB/km，因此该波长主要应用于短距离光通信系统。导致光纤损耗的因素有多种，图 2-4-6 画出了各损耗因素的曲线，在这些损耗因素中，最主要的是材料吸收和瑞利散射。

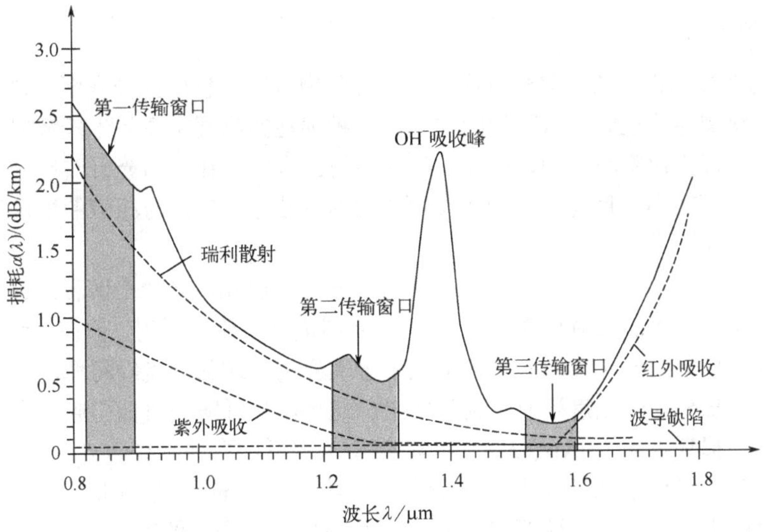

图 2-4-6　典型石英单模光纤的损耗曲线

2. 材料吸收

石英光纤的材料吸收可以分成由纯石英材料引起的本征吸收和由杂质引起的非本征吸收两种。任何材料都会在某一波长上产生吸收，这与电子和分子的谐振有关。对于石英(SiO_2)材料，电子谐振出现在紫外区域($\lambda<0.4\mu m$)，而分子谐振出现在红外区域($\lambda>7\mu m$)，熔融石英的非晶体结构使两个吸收带都拖尾至可见光区域。由图 2-4-6 可知，在 0.8～1.6μm 波长范围内，石英材料本征吸收小于 0.1dB/km。实际上，在光纤通信常用的 1.3～1.6μm 波长窗口上，本征吸收小于 0.03dB/km。

非本征吸收是由杂质的存在而导致的，Fe、Cu、Co、Ni、Mn 及 Cr 等过渡金属杂质对 0.6～1.6μm 波长范围内的光有较强的吸收，为使这些杂质引起的损耗小于 1dB/km，必须将它们的含量降低至 10^{-9} 以下。目前光纤中的非本征吸收主要是由于 OH^-的一个谐振出现在 2.73μm 波长处，其谐波与石英分子谐振的混频波使得光纤在 1.39μm、1.24μm、0.95μm 波长处都产生较强的吸收，图 2-4-6 中损耗曲线的三个损耗峰正是这个原因所致。即使 OH^-的含量只有 10^{-6}，也能在 1.39μm 波长处引起高达 50dB/km 的损耗；为使这个波长处的损耗降低至 1dB/km 以下，OH^-的含量应减小至 10^{-8} 以下。此外，光纤制造过程中用来引起折射率变化的 GeO_2、P_2O_5、B_2O_3 等掺杂剂也可能导致附加的吸收损耗。

3. 瑞利散射

瑞利散射是由光纤制造过程中形成的局部浓度微观漂移引起的一种损耗。浓度的漂移导致折射率在比波长小的尺度上发生随机变化，光波在这样的介质中发生的散射就称为瑞利散射。散射截面随λ^{-4}而变化，在短波长区域较为严重。瑞利散射引起的损耗由式(2-4-15)决定：

$$\alpha_R = \frac{C}{\lambda^4} \tag{2-4-15}$$

式中，常数 C 与光纤纤芯的成分有关，取值范围为 0.7～0.9(dB/km)·μm^4。在 1.55μm 波长处，α_R 为 0.12～0.16dB/km，如图 2-4-6 所示，在此波长处的损耗就主要由瑞利散射引起。

4. 波导缺陷

理想单模光纤具有标准的圆柱对称性，但实际中纤芯和包层的分界面上难免存在缺陷，芯径会发生随机漂移，从而导致附加的损耗。这种损耗的物理本质是米氏散射，即在大于光波长的尺度上出现折射率的非均匀性而引起的散射。因此，在制造光纤时应使芯径沿光纤长度方向的漂移尽可能小。目前，这种漂移可以控制在小于 1%，而相应的米氏散射损耗典型值小于 0.03dB/km。

光纤弯曲是光纤损耗的另一个因素，这种损耗可以由几何光学来解释。在正常情况下，导模光线以大于临界角的入射角入射到纤芯-包层界面并发生全反射，但在光纤弯曲处，入射角将减小，导致部分入射光线的入射角可能小于临界角，这部分光线将逸出纤芯；在模式理论中，这相当于部分模式能量被散射到包层中，这种由光纤宏观弯曲引起的损耗称为宏弯损耗。光纤的弯曲损耗正比于 $\exp(-R/R_c)$，其中 R 为光纤的弯曲半径，$R_c = a(n_1^2 - n_2^2)$。在单模光纤中，R_c 的典型值为 0.2～0.4mm，只要弯曲半径 R>5mm，则弯曲损耗<0.01dB/km，可以忽略。光纤中大多数宏弯半径都超过 5mm，所以实际应用中的宏弯损耗可以忽略。

光纤(特别是光缆)损耗的另一个因素是随机的轴向扰动。在光纤成缆过程中，当光纤与非光滑表面接触受压时，这种扰动就会发生，由此引起的损耗称为微弯损耗。微观弯曲使光纤的损耗增加，如果不采取有效控制措施，微弯损耗可能高达 100dB/km。对于单模光纤，通过设计 V 参数，使其尽可能接近截止值 2.405，确保模式能量大部分局限于纤芯内，从而使微弯损耗最小。在实际系统中，单模光纤在工作波长处的 V 参数通常为 2～2.4。

此外，在光纤线路上还存在许多其他引起损耗的因素，如光纤焊接点及连接器。这里讨论的损耗机理都与光功率无关，实际上，光纤中还存在着与光功率有关的非线性损耗。

5. 全波光纤

光纤的损耗与光纤材料和结构密切相关，因此可以通过对制造工艺的改进来改变如图 2-4-6 所示的典型石英单模光纤的损耗曲线。例如，美国 Lucent 公司经过努力，将光纤中 OH^- 杂质离子的含量降低到非常低的水平，使如图 2-4-6 所示曲线的三个吸收峰值消除，从而获得在 0.8～1.6μm 整个波长段上都具有较低损耗的"全波光纤"。可以利用波分复用技术，在"全波段"上使用这种光纤，从而显著提升光纤通信系统的传输容量。

核心知识解析

2.4.3　光纤中的非线性效应

尽管石英材料本身不是非线性材料，但光纤的结构使得光波能量沿光纤集聚在很小的截面上，因此形成了十分重要的非线性现象，在现代光通信中具有重要作用。本节简述光纤中几种重要的非线性效应。

1. 受激光散射

光的散射分为弹性散射和非弹性散射。在 2.4.2 节中介绍的瑞利散射是一种弹性散射。在弹性散射中，散射光的频率(或光子能量)保持不变，相反，在非弹性散射中，散射光的频率会降低。非弹性散射的两个典型例子是拉曼散射(Raman scattering)和布里渊散射(Brillouin scattering)，这两种散射都可以理解为一个高能量光子被散射成一个低能量光子，同时产生一个能量为两个光子能量差的声子。这两种散射的主要区别在于拉曼散射的剩余能量转变为光学声子，而布里渊散射转变为声学声子。

拉曼散射和布里渊散射都会导致入射光能量降低，在光纤中形成一种损耗机制。在较低功率下，拉曼散射和布里渊散射的截面很小，引起的损耗可以忽略。但在高功率下，受激拉曼散射(stimulated Raman scattering，SRS)和受激布里渊散射(stimulated Brillouin scattering，SBS)会导致较大的光损耗。在入射光功率超过一定阈值后，SRS 和 SBS 的散射光强度会随入射光功率呈指数增长。尽管 SRS 和 SBS 很类似，但由于光学声子和声学声子具有不同的色散关系，因此两者之间在某些方面存在明显差异。一方面，SBS 只在单模光纤中后向发生，而 SRS 可以双向发生；另一方面，SRS 引起的散射光的频移约为 13THz，而 SBS 散射光的频移约为 10GHz，这两种情况下的频移被称为斯托克斯(Stokes)频移。此外，SRS 的增益谱宽达 20～30THz，而 SBS 的增益谱很窄，通常小于 100MHz。

通过考察从噪声开始产生的散射光强度，可以粗略地估计 SRS 和 SBS 的阈值功率。对于 SRS，其阈值 P_{th} 定义为在长度为 L 的光纤输出端有一半功率被转移为 SRS 散射光的入射光功率，满足以下条件：

$$\frac{g_R P_{th} L_{eff}}{A_{eff}} \approx 16 \tag{2-4-16}$$

式中，g_R 为拉曼增益系数；A_{eff} 为有效横截面(通常也称有效芯区或有效模面积)；L_{eff} 为光纤有效长度，它定义为

$$L_{eff} = \frac{1-\exp(-\alpha L)}{\alpha} \tag{2-4-17}$$

其中，α为光纤的衰减系数，在光纤足够长的情况下，L_{eff} 可以由 $1/\alpha$来近似，如果用πW^2 代替 A_{eff}(W 为光斑半径)，则 P_{th} 变为

$$P_{th} \approx \frac{16\alpha(\pi W^2)}{g_R} \tag{2-4-18}$$

应该指出，由于推导过程中采用了很多近似关系，式(2-4-18)只是一个量级的估算公式。石英光纤在λ=1μm 附近的拉曼增益系数 $g_R \approx 1\times10^{-13}$m/W，并随波长成反比变化，如果取$\pi W^2$=50μm^2、$\alpha$=0.2dB/km 作为典型值，则 P_{th} 在 1.55μm 波长上大约为 570mW。在光纤通信系统中，发射光功率通常小于 10mW，所以 SRS 对光纤损耗一般没有贡献。

同样，SBS 的阈值 P_{th} 可用式(2-4-19)来估算：

$$\frac{g_B P_{th} L_{eff}}{A_{eff}} \approx 21 \tag{2-4-19}$$

式中，g_B 为布里渊增益系数。如上述一样，如果用 $1/\alpha$代替 L_{eff}，用πW^2 代替 A_{eff}，可得

$$P_{th} \approx \frac{21\alpha(\pi W^2)}{g_B} \tag{2-4-20}$$

对于石英光纤，$g_B \approx 5\times10^{-11}$m/W，它比 g_R 大两个量级，所以 SBS 的阈值功率约为 1mW 量级。显然，SBS 较低的阈值将会限制发射端的入射功率。

上面对 P_{th} 的估算没有考虑入射光的谱宽。由于石英光纤的布里渊频谱很窄(典型值＜100MHz)，所以在大多数光纤通信系统中，光脉冲具有较宽的光谱，使得 SBS 的阈值功率 P_{th} 增大到 10mW 以上。尽管如此，SBS 仍被认为是限制光发射功率的一个因素。

在光纤通信系统设计中，可以利用 SRS 和 SBS，因为可以通过它们将特定波长的泵浦光能量转变到信号光中，以实现对信号光的放大作用。其中，SRS 作用显著，因为石英光纤的拉曼增益谱具有很宽的带宽(约 10THz)。利用 SRS 和 SBS 制成的光纤放大器已成功地应用于系统中。

2. 非线性折射

在 2.2 节的讨论中，认为石英的折射率与光功率无关，这在较低功率的情况下具有很好的近似性，但在较高功率下，应该考虑非线性效应的贡献，所以需要将折射率修正为

$$n_j' = n_j + \bar{n}_2\left(\frac{P}{A_{eff}}\right), \quad j=1,2 \tag{2-4-21}$$

式中，n_1'、n_2' 分别为纤芯和包层的折射率；$\bar{n}_2$ 为非线性折射系数(对于石英光纤，$\bar{n}_2 = 2.6\times10^{-16}\text{cm}^2/\text{W}$)。一般来说，非线性项对折射率的贡献非常小(＜$10^{-7}$)。如果通过式(2-4-21)，采用一阶微扰理论求解光纤模式，将会发现传播常数变得与光功率相关，可以表示为

$$\beta' = \beta + \gamma P \tag{2-4-22}$$

式中，$\gamma = k_0 \bar{n}_2 / A_{\text{eff}}$。在这种情形下，光纤模式的相位随 z 线性变化，由于非线性折射效应，将会产生一个非线性相移 ϕ_{NL}：

$$\phi_{\text{NL}} = \int_0^L (\beta' - \beta)\text{d}z = \int_0^L \gamma P(z)\text{d}z = \gamma P_{\text{in}} L_{\text{eff}} \tag{2-4-23}$$

式中，$P(z) = P_{\text{in}} \exp(-az)$；$L_{\text{eff}}$ 由式(2-4-17)定义。

由于非线性相移 ϕ_{NL} 由光场自身引起，因此这种非线性现象称为自相位调制(self-phase modulation，SPM)。SPM 会导致光纤中传播的光脉冲的频率啁啾，使其光谱被展宽。

当两个或两个以上的信道使用不同的载波频率同时在光纤中传输时，式(2-4-21)给出的折射率与光功率的依赖关系还会导致另一种称为交叉相位调制(cross-phase modulation，XPM)的非线性现象。在这种情形下，某一信道的非线性相位移不仅与该信道自身的功率有关，而且与其他信道的功率有关，第 j 个信道的非线性相位移可以写成：

$$\phi_j^{\text{NL}} = \gamma L_{\text{eff}} \left(P_j + 2\sum_{m \neq j}^{M} P_m \right) \tag{2-4-24}$$

式中，M 为总的信道数；P_j 为第 j 个信道的功率(j=1, 2,···, M)；因子 2 表示对于相同的功率，XPM 引起的非线性相移是 SPM 的两倍。在数字光纤通信系统中，某一信道的非线性相位移不仅与所有信道的功率相关，而且与信道的码型有关。假设所有信道具有相同的功率 P，则在所有信道都是“1”码的最坏情况下，XPM 导致的非线性相位移为

$$\phi_j^{\text{NL}} = \frac{\gamma}{\alpha}(2M-1)P \tag{2-4-25}$$

在 $M = 10$ 时，每个信道的功率通常被限制在 1mW 以下。

3. *四波混频*

前面讨论的折射率与光强度相关是由三阶非线性极化系数 $\chi^{(3)}$ 引起的，石英光纤的 $\chi^{(3)}$ 不为零，还会引起另一种称为四波混频(four-wave mixing，FWM)的非线性现象。如果有三个频率分别为 ω_1、ω_2 和 ω_3 的光场同时在光纤中传输，三阶非线性极化将会产生一个新的频率为 ω_4 的光场，且满足 $\omega_4 = \omega_1 \pm \omega_2 \pm \omega_3$。从形式上看，式中“±”决定的几个光场都可能存在，但实际上大多数“±”组合的光场都不能产生，因为四波混频过程还需要相位匹配条件。在多信道复用系统中，$\omega_1 + \omega_2 - \omega_3$ 形式的组合最为不利，特别是当信道间隔相当小(约 1GHz)时，相位匹配条件很容易满足，有相当大的信道功率可能通过四波混频被转换到新的光场中，这种能量的转移不仅导致信道的功率损耗，还会产生严重的信道干扰。

2.5 光　缆

在实际应用中，为满足工程应用需求，需要通过套管、绞合、套塑、金属铠装等措施，将若干根光纤组合在一起构成光缆。光缆能满足实用条件下的抗拉、抗冲击、抗弯、抗扭曲等力学性能要求，能够保证光纤原有的传输特性，并且使光纤在各种环境下可靠工作。光缆的结构取决于用途(可根据不同需要进行设计)，在一些简单的情况下，只需在光纤外加一层

塑料外套即可，而在另外一些应用中，必须使用钢质加强芯之类的增强材料以保证光缆具有足够的机械强度。

图 2-5-1 是在第一种应用情况下的几种典型光缆结构，它们只需在光纤外加一层硬质塑料外套即可。紧包光缆可由在拉丝过程中，于聚合物外包层上再加一层 0.5～1mm 厚的塑料缓冲层而得到。松包光缆将光纤置于一个塑料套管内，由于光纤在管内能够自由移动，因此松包光缆中的微弯损耗基本上被消除。此外，采用多孔管，将多根光纤置于不同的孔内，可以制成多芯光缆。

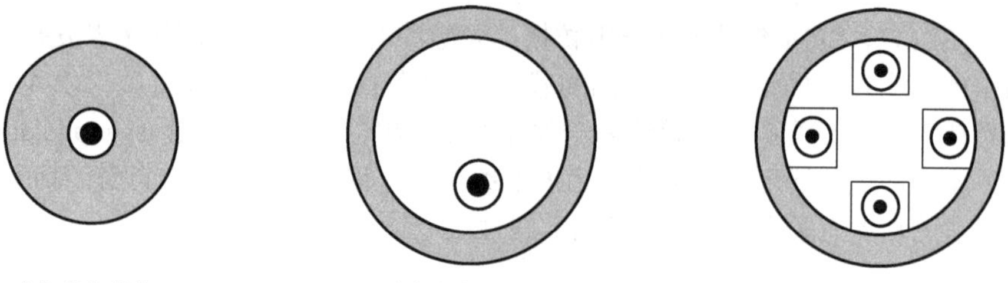

(a) 紧包结构　(b) 松包结构　(c) 松包多芯结构

图 2-5-1　三种简单的光缆结构

在大多数应用场合，需要使用钢丝或聚合物加强芯来加强光缆的机械强度，有时在光缆中还要求有一对塑料包层的铜线，以传输必要的电信号或对无电源供给的中继站进行供电。这种结构的光缆大致可分成四类，分别是层绞式、骨架式、中心束管式及带状式结构，可通过变换不同的光缆组成部件(如外护套)适应不同的应用场景。图 2-5-2 给出了这四类光缆

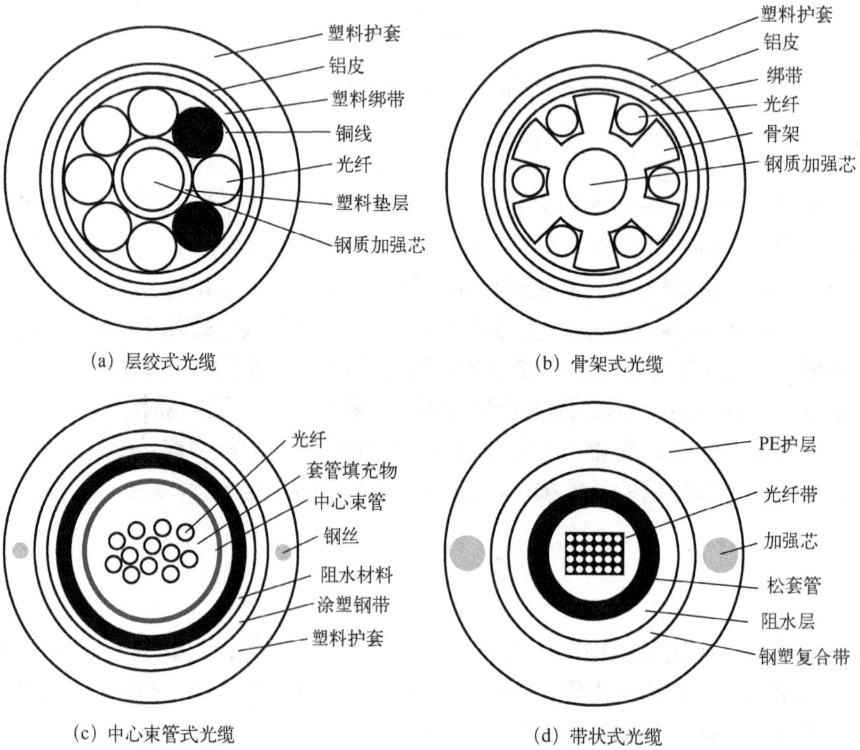

(a) 层绞式光缆　(b) 骨架式光缆

(c) 中心束管式光缆　(d) 带状式光缆

图 2-5-2　层绞式光缆、骨架式光缆、中心束管式光缆及带状式光缆

的结构示意图。层绞式光缆与电缆十分类似，只是其中增加了一根加强芯，以增大光缆的抗拉强度。骨架式光缆的性能很好，具有较大的抗侧向压力强度。中心束管式光缆采用双钢丝增强，具有良好的抗拉和抗压强度。带状式光缆将若干光纤带叠合后置于套管或骨架槽中，具有光纤密集度高的特点。

此外，根据不同应用，又可以把光缆分成简式光缆、无金属光缆(用聚合物加强芯代替钢质加强芯)、铠装光缆、海底光缆、地线光缆等。

2.6　光纤和光缆的连接

虽然光纤可以拉制得很长，但是为了制造、运输和施工的方便，光缆的出厂长度通常做成 1～5km，在实际的通信系统中存在着光纤和光缆的连接问题。

2.6.1　光纤的连接

光纤的连接分为固定连接和活动连接两种。固定连接是将两根光纤永远熔接在一起，主要用于光纤线路上的连接，这种连接的损耗可以做到小于 0.1dB。活动连接是可以拆卸的连接，需要采用可灵活插拔的光纤连接器。在光收发机与光纤的连接以及实验室中，常采用活动连接方式，好的连接器平均损耗大约为 0.2dB。

光纤的固定连接通常采用电弧熔接，如图 2-6-1 所示，先利用专用的光纤切割刀将需要熔接的两根光纤端面切成平面，并清洁干净，然后将光纤对准，利用高压在两电极间产生电弧把光纤熔化而进行熔接。熔接时，两光纤端面间先留一定空隙，以便电弧将光纤端面熔化，然后再推进光纤，使两根光纤接触而融为一体。

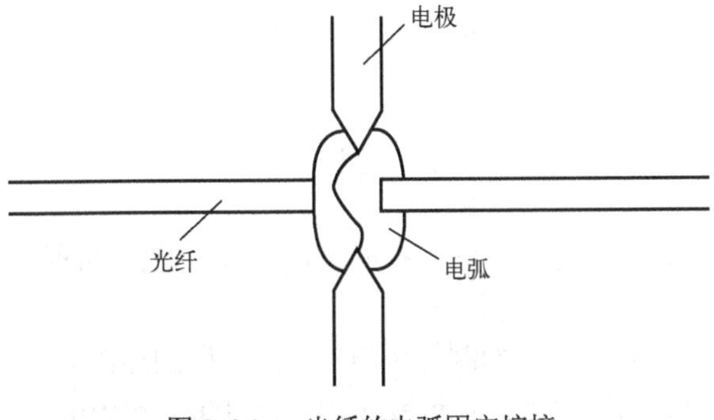

图 2-6-1　光纤的电弧固定熔接

熔接点及其附近的光纤段需要采取一定的保护措施，通常采用热收缩管，其内部含有一根起加强作用的不锈钢棒和热熔管，在加热时，热收缩管进行收缩，同时热熔管熔化成可塑状紧贴光纤，冷却后热收缩管将光纤接头及其附近的光纤段紧固在不锈钢棒上。

对于活动光纤连接器，要求其损耗尽量小(插损小)、重复性和互换性好、反射小(散射损耗小)，并且要可靠耐用。市售的各种类型(PC、ST、SC、D_4、APC 等)的活动光纤连接器都已达到相当高的水平，满足实用化的需要。无论是哪一种活动光纤连接器，其基本构造都相似，如图 2-6-2 所示，它由一个套筒和两个光纤插针组成，套筒和插针要求很高的精度，尤其是单模光纤连接，即使是微米数量的偏差也会引起相当大的损耗。

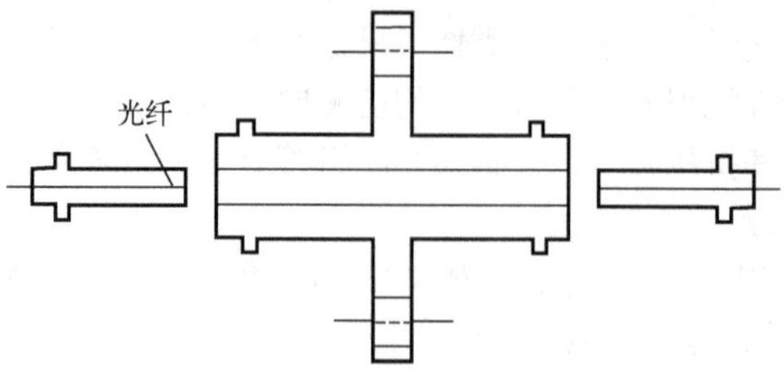

图 2-6-2 活动光纤连接器

2.6.2 光缆的连接

在实际工程中，把光缆中的光纤熔接好后，还必须把它们放在一个光缆接头盒(连接盒)中加以保护。如图 2-6-3 所示，连接盒中应有足够的空间以安放多余的光纤，这个空间不能太小，否则光纤的弯曲半径过小会引起弯曲损耗。光缆的加强芯也必须连接起来，并固定在盒上以保证光缆连接牢固，连接盒两端应与光缆的塑料护套熔接在一起并密封好。

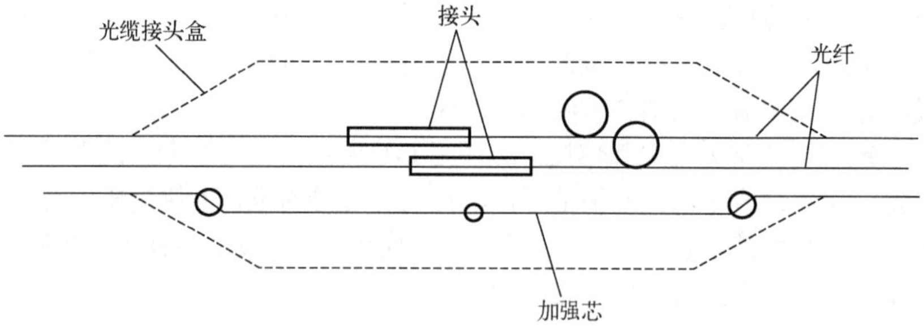

图 2-6-3 光缆的连接

习 题 二

2.1 考虑一条阶跃折射率光纤，纤芯折射率 n_1=1.51，包层折射率 n_2=1.50，求此光纤的数值孔径 NA 和采用此光纤的系统容量 *BL*。

2.2 简述渐变折射率光纤可以抑制甚至消除模间色散的原因。

2.3 如果有一条阶跃折射率光纤，n_1=1.510，Δ=0.002，a=5μm，问：

(1) 当λ_1=850nm 时，该光纤能支持多少个模式?

(2) 当λ_2=1550nm 时，该光纤能支持多少个模式?

(3) 当λ_3=11550nm 时，求光斑尺寸，以及光纤纤芯携带的光功率与总光功率的比值。

2.4 光纤的基本传输特性是什么？它们对传输信号会产生什么影响?

2.5 简述光纤中存在哪些非线性效应及其产生机理。

2.6 将半极大值全宽为 100ps 的 1550nm 无啁啾高斯光脉冲入射到单模光纤中，单模光纤的色散为 20ps/(nm·km)，传输 100km 后该脉冲的半极大值全宽为多少?

2.7 某 1310nm 光纤通信系统，光纤链路长度为 50km，光接收机接收的最小功率为 0.5μW，光纤损耗为 0.5dB/km，如果光纤每 10km 熔接一次，接头损耗为 0.2dB，光纤链路两端与发射机和接收机的连接损耗为 1dB，求光发射机的最小输出功率。

2.8　波长为 1550nm、功率为 10dBm 的连续波(CW)光入射进一段有效截面积为 $50\mu m^2$ 的光纤链路中，SPM 引起的非线性相移为 2π，光纤的非线性折射系数为 $2.6\times10^{-16}cm^2/W$，忽略光纤损耗，求这段光纤的长度。

2.9　某 1310nm 光纤通信系统，光纤链路长度为 50km，光纤损耗为 0.5dB/km，光纤有效截面积 $A_{eff}=50\mu m^2$，SBS 增益系数 $g_B=5\times10^{-11}m/W$，求该系统的 SBS 阈值功率。

2.10　某 1550nm 光纤通信系统，光纤链路长度为 50km，光纤损耗为 0.2dB/km，光纤有效截面积 $A_{eff}=50\mu m^2$，SRS 增益系数 $g_R=1\times10^{-13}m/W$，求该系统的 SRS 阈值功率。

2.11　某 1550nm 单模光纤通信系统，光纤链路长度为 40km，光纤有效截面积 $A_{eff}=50\mu m^2$，光纤损耗 $\alpha=0.2dB/km$，非线性折射率系数为 $2.6\times10^{-16}cm^2/W$，求该单模光纤中产生 180°SPM 非线性相移对应的入射光功率。

2.12　某光纤参数与习题 2.11 中相同，峰值功率为 10mW、半极大值全宽为 20ps 的高斯脉冲在该光纤中传输 100km，由 SPM 引起的频率啁啾引起的最大频移是多少?

第 3 章　光源与光发射机

光发射机是光纤通信系统的重要组成部分，其主要作用是将信息信号（通常是电信号）转换为适合光纤传输的光信号。光源为光纤传输提供载波，是光发射机的核心器件。半导体光源具有体积小、效率高、可靠性高、工作波长与光纤低损耗窗口匹配、便于光纤耦合、调制速率高等优点，因此在实用化光通信系统中被广泛采用，已经成为光纤通信系统最主要的光源。本章主要介绍光纤通信系统常用的半导体发光二极管和半导体激光器，以及光发射机的组成。

3.1　光电器件的一般工作原理

核心知识解析

3.1.1　光辐射与光吸收

在任何物质中，电子在分立的特定轨道上绕原子核运动，这些轨道称为能级。在半导体材料中，电子的能级重叠在一起形成能带。图 3-1-1 给出了一种本征半导体材料的能带结构。

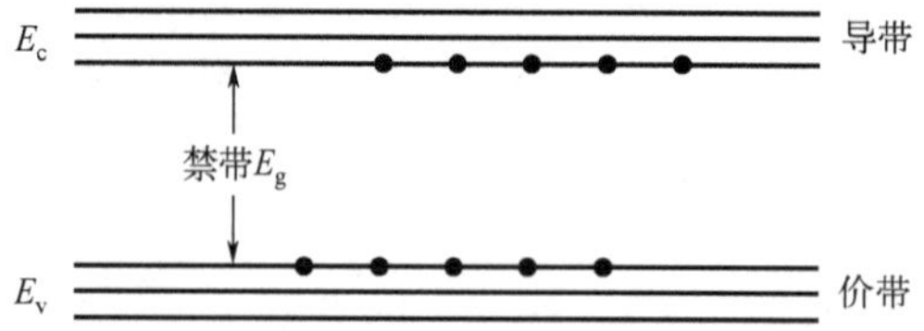

图 3-1-1　本征半导体材料的能带结构

光辐射和光吸收是半导体光电器件的一般工作原理。一般情况下，处于高能态导带的电子是不稳定的，它们会向低能态价带跃迁而将能量以光子的形式释放出来，辐射光子的能量 $h\nu$ 等于导带和价带的能量差，这就是光辐射现象。辐射光子的能量与导带和价带之间能量差的关系为

$$h\nu = E_c - E_v = E_g \tag{3-1-1}$$

式中，E_g 为禁带能量。光辐射过程分为自发辐射（spontaneous emission）和受激辐射（stimulated emission）两类。在自发辐射中，辐射的光子具有随机的方向，且它们的相位和偏振态彼此无关，所以自发辐射光是非相干光。半导体发光二极管（light-emitting diode，LED）正是利用了这种自发辐射效应而发光。在受激辐射中，处于高能态的电子受到入射光子的激发跃迁到低能态而辐射光子，辐射的光子与入射光子具有相同的频率、方向、偏振态和相位，即入射光得到了放大，因此受激辐射光为相干光。半导体激光器（laser diode，LD）的工作机理正是受激辐射效应。

正常条件下，半导体材料都是吸收光而非辐射光。处于低能态的电子，如果受到外来光的照射，当光子的能量 $h\nu$ 等于或大于禁带能量 E_g 时，光子将被吸收而使电子跃迁到高能态，

这个过程即为光吸收。跃迁到高能态(导带)的电子，如果在外加电场作用下，会形成电流，即产生光生电流，半导体光检测器正是基于这种光生电流效应制成的。

图 3-1-2 给出了自发辐射、受激辐射和光吸收这三个过程的示意图。在正常情况下，低能级上的电子比高能级上的电子多，因此表现出光吸收效应。为实现光放大效应，必须使高能级的电子数多于低能级的电子数，这就是粒子数反转条件。

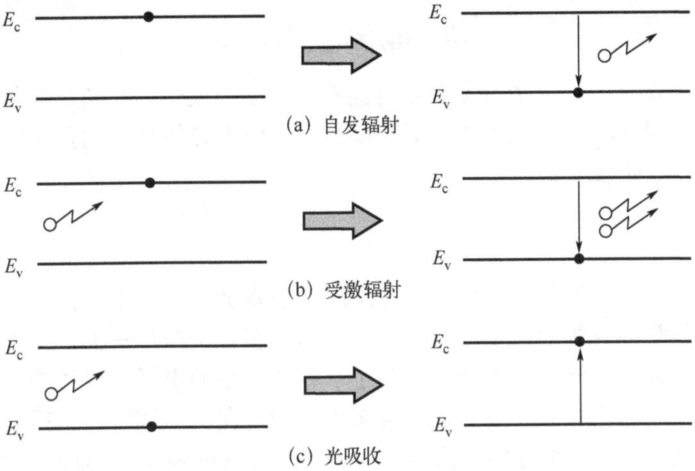

图 3-1-2　光辐射与光吸收过程

对于半导体材料中的光辐射和光吸收过程，应该考虑到其能带分布。图 3-1-3 在波矢-能量空间中给出了一个按抛物线分布的简单能带结构图，自发辐射只有当在导带上有电子而价带上有空穴时，才有可能发生。电子在导带和价带上的填充概率由费米-狄拉克分布表示，即

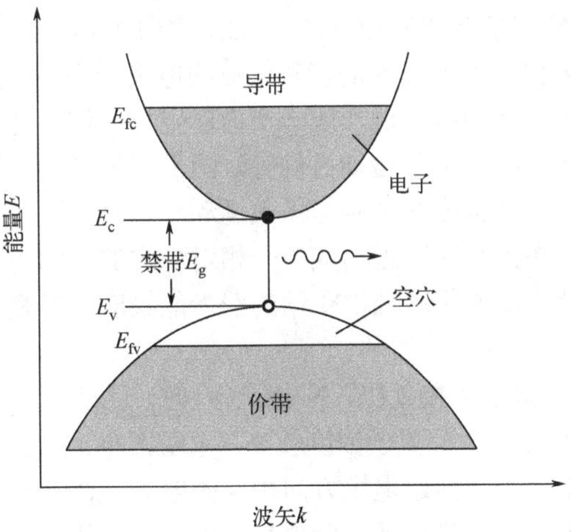

图 3-1-3　半导体材料的抛物线能带结构

$$f_c(E_2)=\left[1+\exp\left(\frac{E_2-E_{fc}}{K_BT}\right)\right]^{-1} \tag{3-1-2}$$

$$f_{\mathrm{v}}(E_1)=\left[1+\exp\left(\frac{E_1-E_{\mathrm{fv}}}{K_{\mathrm{B}}T}\right)\right]^{-1} \tag{3-1-3}$$

式中，E_{fc}、E_{fv}分别为导带和价带的费米能级；K_{B}为玻耳兹曼常数；T为热力学温度。

为了使受激辐射大于吸收(粒子数反转情况)，要求 $f_{\mathrm{c}}(E_2)>f_{\mathrm{v}}(E_1)$，根据式(3-1-2)和式(3-1-3)，此条件可表示为

$$E_{\mathrm{fc}}-E_{\mathrm{fv}}>E_2-E_1>E_{\mathrm{g}} \tag{3-1-4}$$

所以费米能级的差至少应大于禁带宽度才可能实现粒子数反转。在热平衡状态下，两个费米能级是重合的($E_{\mathrm{fc}}=E_{\mathrm{fv}}$)，可以在外加能量的作用下，使半导体材料的费米能级分开，正向偏压下的PN结正是这种情况。

3.1.2 PN结

半导体光源和光检测器的基本结构是PN结。在本征半导体中，低能量的价带上聚集着许多电子，而高能量的导带上几乎没有电子，费米能级位于禁带中央。如果在本征半导体晶格点位上加入一个原子，该原子多余一个电子，则该多余的电子就成为相邻原子相互联系的介质，它能在晶格中自由移动，并且位于导带中。如果在半导体中大量掺入这种原子，则导带中的电子就会增多，这种半导体称为N型半导体，掺入的原子称为施主杂质。在N型半导体中，费米能级向导带移近，在重掺杂的情况下，费米能级甚至可能进入导带中。相反，如果掺入的杂质原子缺少一个电子，则晶格之间的相互联系就处于缺少电子的状态，在晶体中就会出现与电子一样可以自由移动的位于价带中的空穴，这种半导体称为P型半导体，相应的杂质原子称为受主杂质。在P型半导体中，费米能级向价带移近，并在重掺杂的情况下进入价带。

当将P型半导体与N型半导体接触时，P区的空穴向N区扩散，N区的电子向P区扩散，这样在接触面附近的P区留下不能移动的带负电荷的电离受主，而在N区留下不能移动的带正电荷的电离施主，从而在接触区附近形成一个内建电场。该内建电场使载流子发生与扩散运动相反的漂移运动，在开始时扩散运动占优势，随着载流子的扩散，内建电场逐渐增强，漂移运动也增强，当漂移运动强度增加到与扩散运动相等时，则不再有净电荷流过接触面，达到一种动态平衡，此时在接触区附近形成一个相对稳定的空间电荷区，这就是PN结，空间电荷区也称势垒区。处于动态平衡的PN结的费米能级应该沿整个半导体材料都相等，如图3-1-4所示。

当PN结被施加正向偏压(P接正极，N接负极)时，由于势垒区载流子浓度很低，电阻很大，而势垒区外的P区或N区载流子浓度较高，电阻很小，外加正向偏压直接降落在势垒区内，从而在势垒区产生一个与内建电场方向相反的电场。在该电场的作用下，内建电场被削弱，结区附近的空间电荷数和势垒区宽度也相应地减小，从而打破载流子扩散运动与漂移运动之间的原有平衡，漂移运动被削弱，扩散电流大于漂移电流，形成流过PN结的净扩散电流I。该电流随外部电压V呈指数变化，即

$$I=I_{\mathrm{s}}\left[\exp\left(\frac{qV}{K_{\mathrm{B}}T}\right)-1\right] \tag{3-1-5}$$

式中，I_{s}为饱和电流密度，它与载流子的扩散系数有关。在这种情况下，N区电子向P区扩散，

在 P 区边界附近形成电子的积累，成为非平衡少数载流子；而 P 区空穴向 N 区扩散，在 N 区边界附近也形成空穴的积累，也成为非平衡少数载流子。如图 3-1-5 所示，这些非平衡载流子可以通过自发辐射或受激辐射复合而产生光子，这就是半导体光源在正向偏压下的发光原理。当然，非平衡少数载流子的复合也可能是非辐射复合，此时能量转换成其他形式(如热能)。

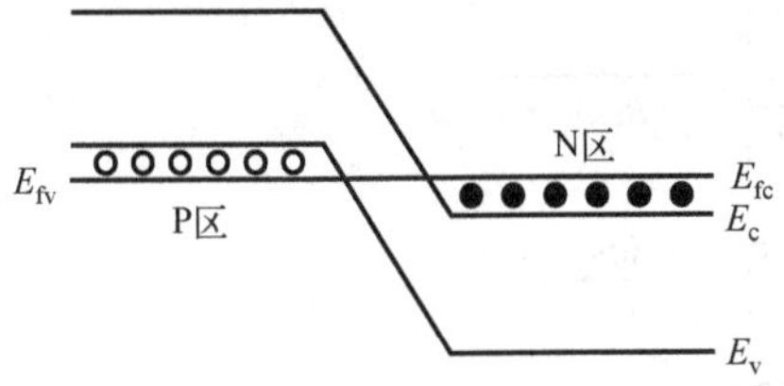

图 3-1-4　PN 结

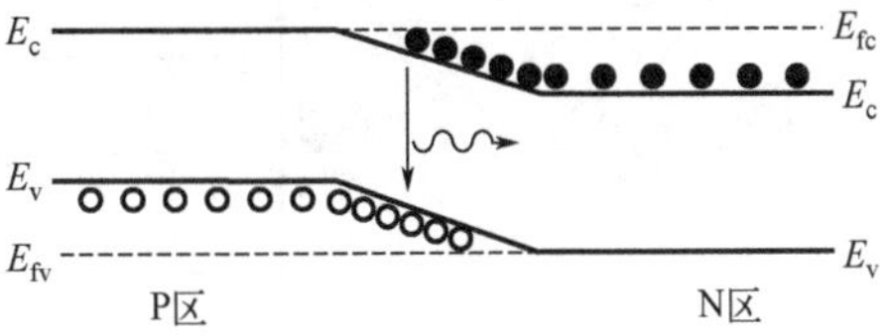

图 3-1-5　正向偏压下的 PN 结

如果对 PN 结施加一个反向偏压，反向偏压在势垒区产生的电场与内建电场方向一致，势垒区电场增强，增强了漂移运动，使漂移电流大于扩散电流，N 区边界的空穴被强电场驱向 P 区，P 区边界的电子被驱向 N 区，使边界处的少数载流子比内部还要少，与正向偏压时的情况相比，不再是非平衡少数载流子的复合，而是非平衡少数载流子的产生过程，这种情况就像少数载流子不断地被抽取出来，所以称为少数载流子的抽取。如果此时对 PN 结进行光照射，由光吸收产生的电子-空穴对在较强电场作用下，其电子将向 N 区运动，空穴向 P 区运动，从而形成光生电流，且光生电流的大小正比于入射光强，这就是半导体光检测器的基本原理。

如果 PN 结由相同的半导体材料通过不同的掺杂而构成，则称为同质结。在同质结中，载流子的复合发生在较宽的范围(1～10μm)，由载流子的扩散长度决定，因此载流子浓度较低，发光效率不高。早期的半导体激光器采用同质结结构，只能在低温下以脉冲方式工作。为了实现对载流子的限制作用，可以在 P 型和 N 型材料中间加入一层薄的、带隙比两端 P 型和 N 型半导体材料小的半导体材料，该夹层可以是本征半导体，也可以是 P 型或 N 型半导体。引入这个夹层后，载流子就可以被限制在很窄的范围内(约 0.1μm)，因而浓度很大，复合效率很高，这种结构称为双异质结。1970 年，人们正是采用这种双异质结结构，获得了室温下连续工作的半导体激光器，使半导体激光器成为一种实用化光源。图 3-1-6 给出了一种双异质结在热平衡状态和正向偏压下的能带结构。

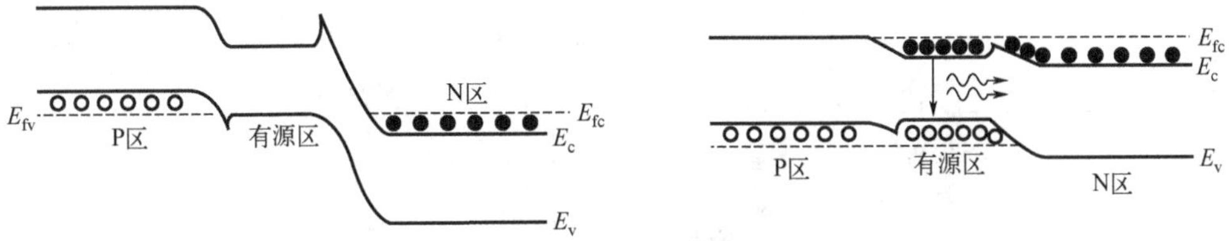

(a) 热平衡　　　　　　　　　　　　(b) 正向偏压

图 3-1-6　双异质结在热平衡状态和正向偏压下的能带结构

双异质结的另一个重要特性就是对光子的限制作用。由于中间夹层(也称有源区)的折射率比两端半导体材料的折射率稍高，因此有源区相当于一个介质波导，它起到将光场限制在有源区附近的作用，阻止光场向两边区域扩散，增强了光子与载流子之间的相互作用。因此，双异质结既起到对载流子的限制作用，又起到对光子的限制作用。图 3-1-7 展示了这两种限制作用。在实际的激光器设计中，可根据需要，采取多层结构，分别对载流子和光子进行限制。对载流子的限制通过能带结构来实现，而对光子的限制作用通过折射率分布来实现。

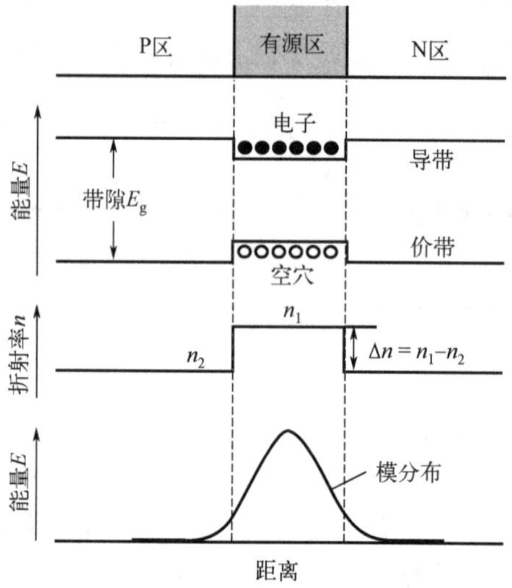

图 3-1-7　双异质结对载流子和光子的限制作用

3.1.3　半导体材料

几乎所有的直接带隙半导体材料都可以制成同质结而通过自发辐射发光；但在双异质结情况下，为避免晶格缺陷，对于两种不同带隙的半导体材料，要求它们的晶格常数差别不超过 0.1%，这样可选择的半导体材料将受到很大限制。在实际中，通过将二元半导体材料(如 GaAs、InP)的某些原子用其他原子代替而制成带隙能量不同但晶格常数基本相同的新的三元或四元半导体材料。例如，在 GaAs 材料中，用 Al 原子部分代替 Ga 原子而形成的 $Al_xGa_{1-x}As$ 材料与 GaAs 材料具有几乎相同的晶格常数，但 $Al_xGa_{1-x}As$ 的带隙随 x 而变化。

由于光辐射和光吸收的波长与材料的带隙能量相关，因此不同半导体材料构成的光源和光检测器具有不同的发光波长和检波波长。图 3-1-8 和图 3-1-9 分别给出了几种半导体材料的发光波长范围和检波波长范围。

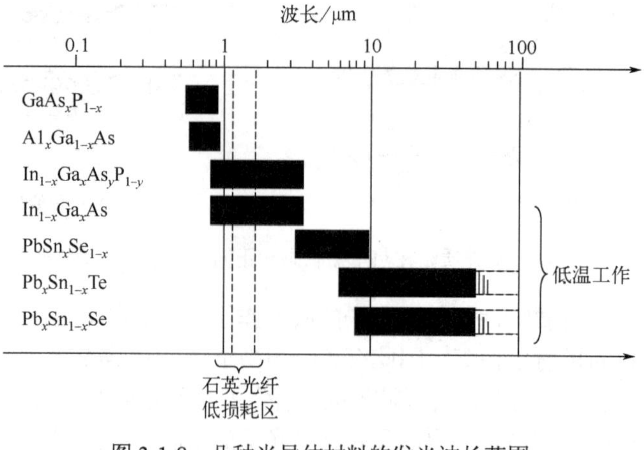

图 3-1-8　几种半导体材料的发光波长范围

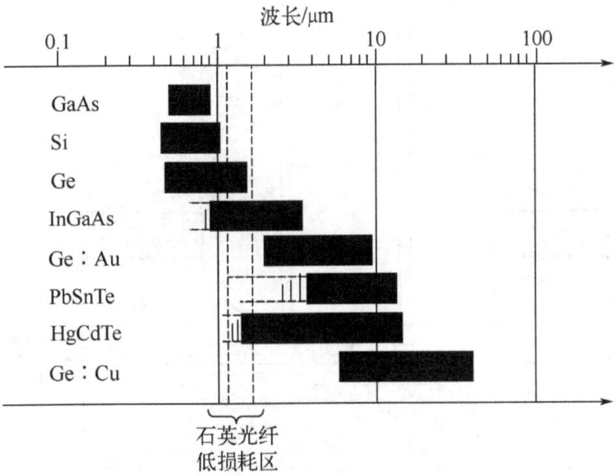

图 3-1-9　几种半导体材料的检波波长范围

核心知识解析

3.2　半导体发光二极管

发光二极管(LED)利用正向偏压下的 PN 结在有源区中载流子的复合而发出自发辐射的光，因此 LED 的输出光是一种非相干光，其谱线较宽(30～60nm)，辐射角也较大。在低速率的数字通信和较低带宽的模拟通信系统中，LED 是很好的低成本光源，与半导体激光器相比，LED 的驱动电路简单，并且产量高、成本低。

3.2.1　LED 的结构

LED 可以根据其发光面与 PN 结的结平面平行或垂直而分为面发光二极管和边发光二极管两种结构，如图 3-2-1 所示。

面发光二极管中，在器件的衬底上腐蚀一个小孔，然后用环氧树脂将插入小孔的光纤加以固定，从而将发光面积限制在与光纤芯径相当的尺寸上。光纤与 LED 的耦合效率取决于光纤的数值孔径、光纤与 LED 的距离等诸多因素。将光出射的表面和光纤端面做成球形状，以及在 LED 与光纤之间使用微透镜，可以增加耦合输出效率。

边发光二极管采用与半导体激光器类似的条形结构(见 3.3 节)。事实上，如果在半导体激光器的一个端面镀上增透膜消除激光振荡后，激光器就成为一只 LED，LED 的后端面通常镀有增反膜以降低该端面的光损失。由于边发光二极管沿 PN 结平面上的波导结构发光，因此其光辐射的图案与面发光二极管不一样。在面发光二极管中，辐射图案在两个方位面上都按 $S = S_0 \cos\theta$ 的形式分布，每个方位面的辐射角(半极大值全角)约为 120°；而在边发光二极管中，在垂直于结平面的方向上的辐射角只有 30° 左右，所以边发光二极管与光纤的耦合效率更高。边发光二极管的调制带宽(约 300MHz)通常也比面发光二极管高，因为在相同的注入电流下，边发光二极管具有较短的载流子寿命。

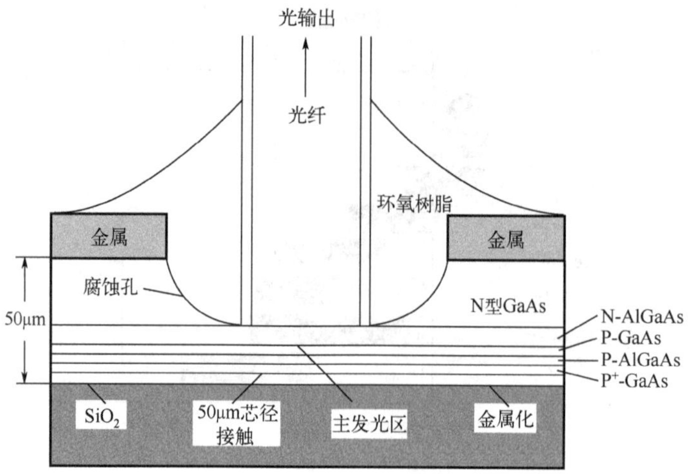

(a) 面发光二极管

(b) 边发光二极管

图 3-2-1　LED 结构

3.2.2　LED 的工作特性

LED 的工作特性主要包括 *P-I* 特性、光谱特性和调制特性。

1. *P-I* 特性

LED 的 *P-I* 特性是指输出功率随注入电流的变化关系。LED 的理想 *P-I* 曲线应该是线性关系，但实际上只有在注入电流较小时，它们才具有近似的线性关系；当注入电流较大时，*P-I* 曲线会出现饱和现象。图 3-2-2 给出了一只典型的 LED 在不同温度下的 *P-I* 曲线。LED 输出特性出现饱和的原因之一是：在较大的注入电流下 PN 结的温度升高，非辐射复合速率增加，使内量子效率下降而导致对输出功率产生影响。在实际测试中，*P-I* 曲线通常是指输出功率与外注入电流的关系，而由于各种因素(如漏电流)的存在，外注入电流并不等于注入 PN 结的电流，这也是影响 LED 输出特性的一个因素。

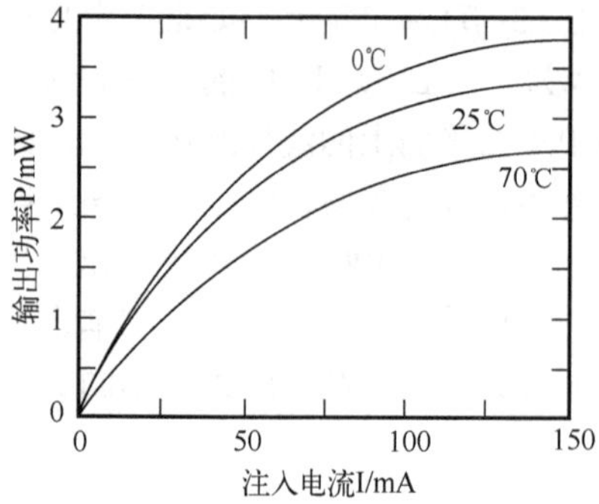

图 3-2-2　典型 LED 的 *P-I* 特性

LED 的内部发射功率尽管可以超过 10mW，但因其与光纤的耦合效率很低，出纤功率最大也只能达到 100μW 左右。

2. 光谱特性

LED 输出的是自发辐射光，因此其光谱较宽。图 3-2-3 给出了 GaAs 和 InGaAsP 两种典型材料制成的 LED 的光谱特性。短波长的 GaAs-LED 谱线宽度一般为 30～50nm，而长波长的 InGaAsP-LED 谱线宽度一般为 50～80nm。由于 LED 的谱宽较大，采用 LED 作为光源的光纤通信系统受光纤色散影响较大，传输码率和距离的乘积被限制在一个较小的值以下，因此 LED 主要应用于较低速率、较短距离的光纤局域网络、室内光通信等系统。

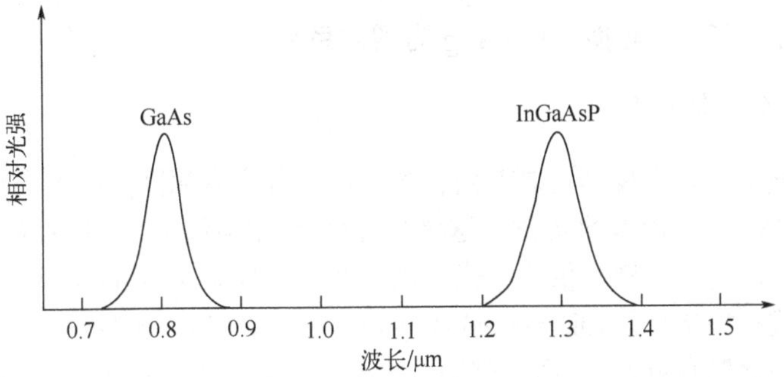

图 3-2-3　GaAs-LED 和 InGaAsP-LED 的典型光谱

3. 调制特性

当用电流信号调制发光二极管时，调制信号的最大带宽或最高码率将受到 LED 调制特性的限制。当注入电流较小时，调制带宽受 LED 结电容的限制；而在注入电流较大时，带宽由注入有源区的载流子寿命决定。LED 的光功率 3dB 调制带宽 f_{3dB} 与载流子寿命 τ_c 的关系可由速率方程求得：

$$f_{3dB} = \frac{\sqrt{3}}{2\pi\tau_c} \tag{3-2-1}$$

对于 InGaAsP-LED，τ_c 的典型值为 2～5ns，相应的调制带宽为 50～140MHz。如前所述，边发光二极管的载流子寿命比面发光二极管短，因此边发光二极管的调制特性优于面发光二极管。

3.3　半导体激光器

核心知识解析

在高码率、长距离的光纤通信系统中，通常需要采用半导体激光器(LD)作为光源。LD 在正向偏压下的 PN 结中载流子的受激辐射复合而发出相干光，不仅具有输出功率高(约 10mW)、谱宽窄、辐射角小(方向性好)等特点，而且调制带宽可以高达几十吉赫兹(GHz)。

3.3.1　激光振荡

任何激光器为了实现激光振荡，必须满足两个条件：一是具有增益介质，即在有源区(也称激活区)形成粒子数反转分布；二是具有正反馈(谐振腔)机制，即在有源区建立稳定的振荡，正反馈一般通过增益介质两端的反射镜来实现。

1. 光增益

在半导体激光器中，对有源区两边的 P 型和 N 型半导体进行重掺杂，PN 结在正向偏压下的费米能级进入价带和导带而满足条件式(3-1-4)。当注入有源区的载流子浓度超过一定值(称为透明载流子浓度)时，即实现粒子数反转。此时，如果有光信号进入有源区，则载流子将通过受激辐射复合对信号提供光增益 G：

$$G = \exp(gL) \tag{3-3-1}$$

式中，L 为光信号沿有源区传播的长度；g 为增益系数。

2. 光反馈和激光器阈值

在半导体激光器中，光反馈机制有两种方式：一种由有源区两端的自然解理面构成的法布里-珀罗(Fabry-Perot，FP)腔来提供，这种半导体激光器称为 FP 腔激光器(FP-LD)；另一种通过在有源区一侧刻上光栅提供分布式反馈，如分布反馈(distributed feedback，DFB)半导体激光器和分布式布拉格反射(distributed Bragg reflector，DBR)半导体激光器(见 3.4 节)。如图 3-3-1 所示，在自然解理面上，由于有源区折射率 n 与空气的折射率 1 不同而构成反射镜，反射率 R 为

$$R = \left(\frac{n-1}{n+1}\right)^2 \tag{3-3-2}$$

用于制作 LD 的半导体材料的折射率典型值为 3.5，因此 FP-LD 端面的反射率约为 31%。

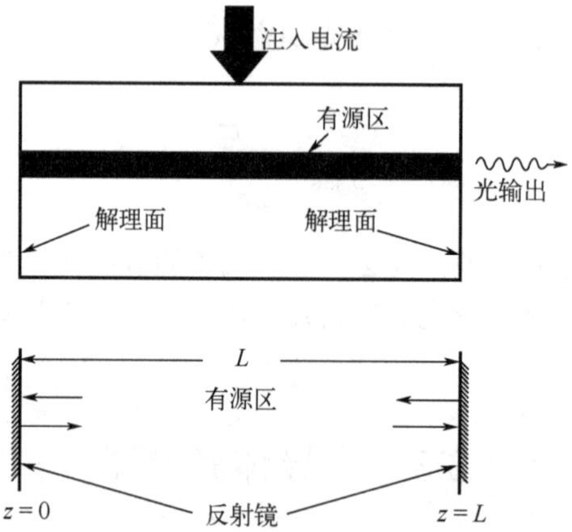

图 3-3-1　半导体激光器有源区的自然解理面构成反射镜而成为 FP 腔

由于 LD 有源区各种损耗机制(如自由载流子吸收、散射等)及 FP 腔损耗的存在，注入电流必须大于一定阈值才能够引起激光振荡，该最小注入电流称为 LD 的阈值电流；此外，振荡的激光场必须满足由 FP 腔决定的相位条件。阈值条件和相位条件可以通过考察一个平面波在腔内往返传播一次应该保持不变求得，即

$$g = \alpha_{\text{int}} + \frac{1}{2L}\ln\frac{1}{R_1R_2} \tag{3-3-3}$$

$$2\beta L = 2m\pi \quad \text{或} \quad \nu = \nu_m = \frac{mc}{2nL} \tag{3-3-4}$$

式中，m 为整数；ν 为光频率；R_1、R_2 为两腔面的反射率；α_{int} 为有源区其他机制引起的内部功率损耗系数；L 为腔长；n 为对应模式的有效折射率。式(3-3-3)表明，增益必须大于腔损耗(包括有源区损耗和腔面损耗)，才可能形成激光。而式(3-3-4)表明，振荡的激光频率 ν 必须满足 $\nu_m=mc/(2nL)$，当 m 取不同值时，对应激光器的不同纵模，纵模间隔 $\Delta\nu_L=c/(2nL)$。对于腔长 L=200～400μm 的 FP 激光器，$\Delta\nu_L$=100～200GHz。

由于半导体激活材料的增益谱很宽(约 10THz)，因此 FP-LD 中常常有多个纵模同时存在。从原理上讲，应该只有最接近增益峰值的纵模可以振荡，而其他模式由于模式竞争效应(净增益不同)会被抑制掉。但实际上，在峰值增益附近的几个纵模的净增益差很小，因此常常是多纵模发生振荡，这种激光器称为多纵模半导体激光器。如果采用特殊的结构(如分布光栅)只对某一模式提供正反馈，则可以实现单纵模半导体激光器，这将在 3.4 节介绍。

3.3.2　半导体激光器的结构

最简单的半导体激光器由带隙能量较高的 P 型和 N 型半导体材料，以及位于它们之间的一层很薄(约 0.1μm)的、带隙能量较低的另一种半导体材料而构成。图 3-3-2 给出了一种这类激光器的结构示意图，激光从有源区的两个解理面输出，尽管在垂直于结平面的方向上载流子和光子都被限制在很窄的范围内(双异质结的性能)，但在平行于结平面的方向上光子和载流子没有受到限制，因此输出的光斑具有椭圆的形状(约 1×100μm^2)，这种激光器称为宽面半导体激光器。由于电流沿整个平行于结平面的有源区注入，这种激光器的阈值电流很高，输出光斑呈椭圆形状并随注入电流变化会发生不可控制的变化，因此在光纤通信中几乎不采用这种结构的激光器，而是利用某种方法使平行于结平面的有源区由平面结构变成条形结构，这种激光器称为条形半导体激光器。相对于宽面半导体激光器，条形半导体激光器通过在输出平面(横截面)的横向方向上对载流子和光子进行限制，使载流子和光子都局限在一个较窄(约 2μm)和很薄(约 0.1μm)的条形区域内，以提高载流子和光子浓度，降低激光振荡阈值，同时激光器的输出光斑能较好地与光纤端面匹配，提高耦合进入光纤的功率。条形半导体激光器还可以分为增益导引半导体激光器和折射率导引半导体激光器。

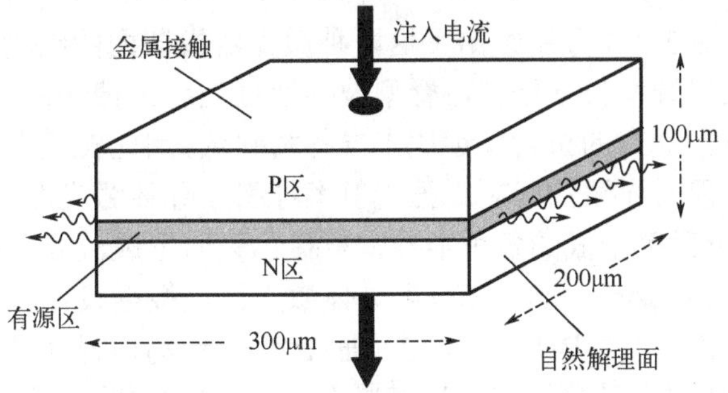

图 3-3-2　宽面半导体激光器

1. 增益导引半导体激光器

增益导引半导体激光器通过对注入电流进行控制，将其集中于有源区中央的条形区域内。图 3-3-3 给出了两种增益导引半导体激光器横截面的结构。在图 3-3-3(a)中，P 型材料顶部的边缘沉积了一层绝缘材料(SiO_2)，只剩下中央的条形区域可以注入电流；在图 3-3-3(b)中，先在 P 型层上沉积一层 N 型材料，然后在中央条形区域中采用 Zn 扩散法制成一深入 P 型层的 Zn 扩散层，由于最上层的 PN 结是反向偏置，电流只能通过这层条形的 Zn 扩散区注入有源区，其余区域没有电流流过。除上述这两种结构外，人们还提出了许多其他的结构，但所有设计都是基于一点，即将注入电流局限在有源区中心的条形区域(5～10μm 宽)，使提供增益的非平衡载流子也局限在中心区域(由载流子扩散长度决定)，因此在中心区域光信号的增益也最大，而在有源区条形范围以外光信号具有较大的损耗，因此光信号也被限制在这个条形区域。由于这种对光子的限制作用由增益(非平衡载流子浓度)的分布所提供，因此这种半导体激光器称为增益导引半导体激光器。

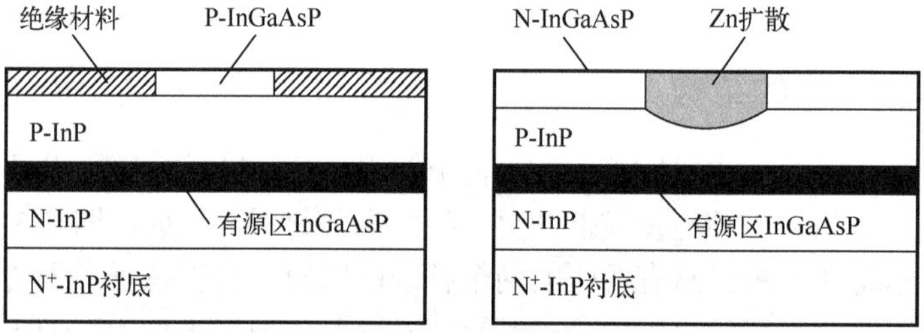

(a) 电流注入区为半导体材料　(b) 电流注入区为金属

图 3-3-3　两种增益导引半导体激光器横截面的结构

增益导引半导体激光器的阈值电流为 50～100mA，输出光斑尺寸约为(1×10)μm^2。随着注入电流的增大，这种激光器的光斑尺寸不太稳定。为了获得更稳定模式分布的激光器，需要采用下面介绍的折射率导引半导体激光器结构。

2. 折射率导引半导体激光器

折射率导引半导体激光器通过在横向引入折射率差 Δn_L，形成与纵向的双异质结相类似的波导效应而实现对光子的限制。根据 Δn_L 的大小，这类激光器又分为弱折射率导引和强折射率导引两种，图 3-3-4 分别给出了这两种激光器横截面的结构示意图。弱折射率导引半导体激光器常采用脊型波导结构，脊型波导通过先腐蚀掉一部分 P 型层，然后再沉积上 SiO_2 而构成，由于 SiO_2 的折射率远比半导体材料低，因此在横向上出现一个约为 0.01 的有效折射率差而实现对光波的限制。强折射率导引半导体激光器中，条形有源区(尺寸约为(0.1×1)μm^2)被折射率较低的各种半导体材料包裹而形成波导，所以这种激光器也称掩埋异质结(buried heterostructure，BH)半导体激光器。根据设计和制造工艺的不同，它们又分为腐蚀台面 BH、平面 BH、双沟道平面 BH 和 V 沟道衬底 BH 半导体激光器等。BH 半导体激光器在横向上具有较大的折射率差(Δn_L=0.2～0.3)，因此对光信号具有很强的限制作用，输出光斑也很稳定，与光纤的耦合效率高。在大多数光纤通信系统中都采用强折射率导引的 BH 半导体激光器。

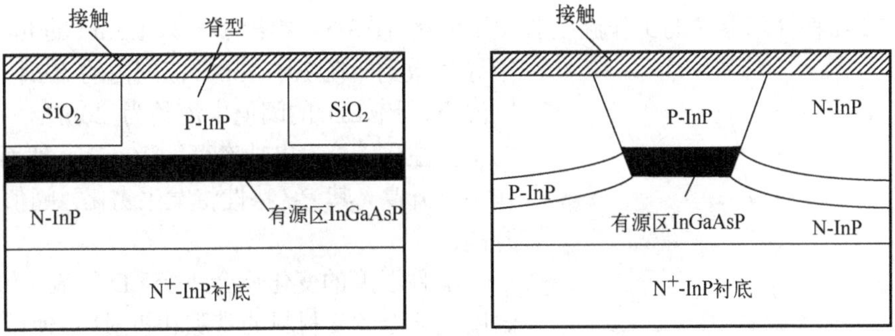

(a) 弱折射率导引半导体激光器　　　　(b) 强折射率导引半导体激光器

图 3-3-4　两种折射率导引半导体激光器横截面的结构

3.3.3　半导体激光器的工作特性

半导体激光器的大多数工作特性都可以由描述有源区中载流子与光子相互作用的速率方程来求得。半导体激光器的单模速率方程为

$$\frac{\mathrm{d}N}{\mathrm{d}t}=\frac{I}{qV}-\frac{N}{\tau_{\mathrm{c}}}-GS \tag{3-3-5}$$

$$\frac{\mathrm{d}S}{\mathrm{d}t}=GS+R_{\mathrm{sp}}-\frac{S}{\tau_{\mathrm{p}}} \tag{3-3-6}$$

其中，N、S 分别为载流子和光子的浓度；I 为注入有源区的电流；q 为电子电荷；R_{sp} 为进入激光模式的自发辐射速率；τ_{c}、τ_{p} 分别为载流子和光子的寿命；V 为有源区体积；G 为受激辐射的净增益：

$$G=\Gamma v_{\mathrm{g}}g=G_{\mathrm{N}}(N-N_0) \tag{3-3-7}$$

式中，v_{g} 为群速度；Γ 为限制因子；g 为光增益；N_0 为透明载流子浓度；G_{N} 为微分净增益系数。

式(3-3-5)等号右侧的三项分别表示由注入电流产生的载流子浓度增加、由载流子寿命决定的载流子数减少和由增益引起的载流子数减少。式(3-3-6)等号右侧的三项分别表示由增益引起的光子数增加、由自发辐射引起的光子数增加和由光子寿命引起的光子数减少。光子寿命与光控损耗 α_{cav} 的关系为

$$\tau_{\mathrm{p}}^{-1}=v_{\mathrm{g}}\alpha_{\mathrm{cav}}=v_{\mathrm{g}}\left(\alpha_{\mathrm{int}}+\frac{1}{2L}\ln\frac{1}{R_1R_2}\right)=v_{\mathrm{g}}(\alpha_{\mathrm{int}}+\alpha_{\mathrm{mir}}) \tag{3-3-8}$$

式中，α_{mir} 表示腔面损耗。

1. *P-I* 特性

LD 的 *P-I* 特性表达式可以由式(3-3-5)、式(3-3-6)求出。半导体激光器的典型 *P-I* 特性曲线如图 3-3-5 所示。随着激光器注入电流的增加，LD 输出功率增加，但不是呈直线关系，存在一个阈值电流 I_{th}，只有当注入电流大于阈值电流时，输出功率才随注入电流的增加快速增加，发射出激光；当注入电流小于阈值电流时，LD 发出的是光谱很宽、相干性很差的自发辐射光。

LD 的 P-I 特性随器件的工作温度会发生变化。图 3-3-6 给出了一只 1.3μm 的 InGaAsP BH 半导体激光器在 10～130℃范围内的 P-I 特性曲线。室温下，该 LD 的阈值电流约为 20mA，在 100Ma 的电流注入下，输出功率可达 10mW。然而，随着工作温度升高，其 P-I 特性将发生劣化，阈值电流也会升高。

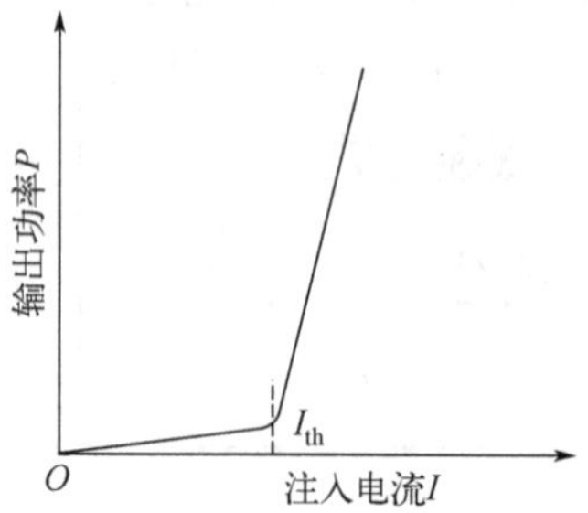

图 3-3-5　半导体激光器的典型 P-I 特性曲线

器件温度的变化还会改变 LD 的输出波长，因为温度变化会改变材料的带隙和折射率，使得激光器的输出波长随着温度的增加向长波长方向漂移。对于 GaAs 激光器，波长变化率为 0.2nm/℃左右；而对于 InGaAsP 激光器，波长变化率一般为 0.4～0.5nm/℃。

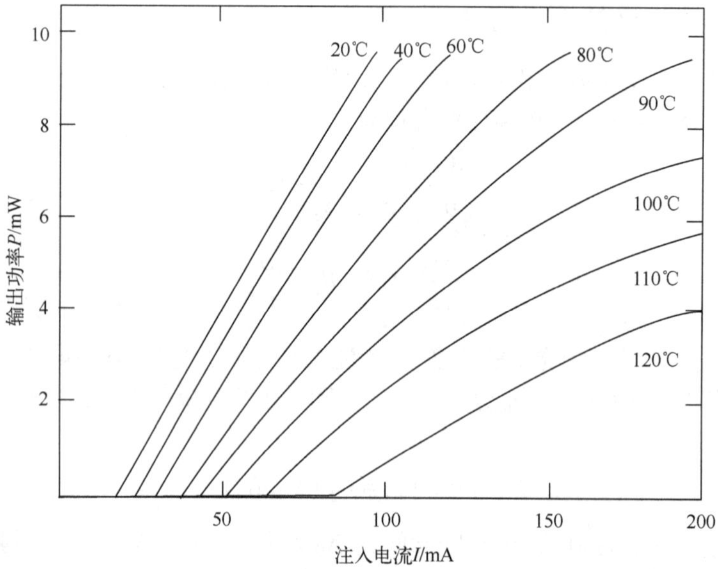

图 3-3-6　一只 InGsAsP BH 半导体激光器的 P-I 特性随工作温度的变化关系（$\lambda = 1.3\mu m$）

LD 的 P-I 特性是系统设计和选择器件的重要依据，由于 P-I 特性受温度的影响较大，所以通常需要采用温度控制器使 LD 保持恒温工作。LD 的阈值电流越低越好，并且要求在阈值时的自发辐射较小以保证足够的消光比。在直接注入电流调制时，调制特性依赖于阈值以上 P-I 特性，要求激光器具有良好的线性 P-I 曲线，尤其在模拟调制时对线性度的要求更高。在图 3-3-6 中，当输出功率较高时，P-I 曲线出现弯曲，这是由结区温度升高和腔内损耗及漏电流增加所致。

2. 调制响应

调制响应特性是 LD 的另一个重要特性，它决定了可以调制到半导体激光器上的最高信号频率。可以利用速率方程式(3-3-5)和式(3-3-6)在注入电流 I 的条件下对 LD 的调制响应进行研究，即

$$I = I_b + I_m m(t) \tag{3-3-9}$$

式中，I_b 为偏置电流；I_m 为调制电流的大小，$m(t)$ 为调制电流的波形。

LD 的调制响应分为小信号调制和大信号调制。一般情况下只能对速率方程进行数值求解，但当小信号调制时，可以在调制电流为正弦波的假设下得到小信号调制带宽的解析表达式。小信号调制是指激光器偏置电流 I_b 在阈值电流 I_{th} 以上，而调制电流幅度满足 $I_m \ll I_b - I_{th}$，此时可求得 LD 的 3dB 调制带宽的近似表达式为

$$f_{3dB} \approx \frac{\sqrt{3}}{2\pi}\Omega_R \approx \left(\frac{3G_N S_0}{4\pi^2 \tau_p}\right)^{1/2} = \left[\frac{3G_N \eta_{int}}{4\pi^2 qV}(I_b - I_{th})\right] \tag{3-3-10}$$

式中，Ω_R 为 LD 的张弛振荡频率；G_N 为微分净增益系数；S_0 为在偏置电流 I_b 下的稳态载流子浓度；η_{int} 为 LD 的微分量子效率。

图 3-3-7 给出了一只 1.3μm 的 DFB 半导体激光器在不同偏置电流下的调制响应曲线。当该 DFB 半导体激光器偏置在 7.7 倍阈值电流时，f_{3dB} 可以达到 14GHz。对于特殊设计的高速半导体激光器，其带宽可以达到数十吉赫兹(GHz)。

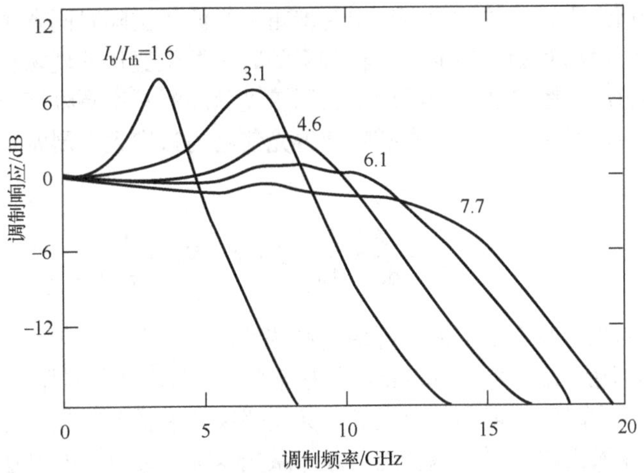

图 3-3-7　一只 DFB 半导体激光器在不同偏置电流下的调制响应曲线(λ = 1.3μm)

在大多数光纤通信系统中，激光器偏置在阈值电流附近，而以较大的矩形脉冲电流调制注入电流获得数字光信号，这种调制属于大信号调制。在大信号调制下可以对速率方程进行数值求解。图 3-3-8 给出了一个数值仿真结果，计算中激光器的偏置电流 I_b=1.1I_{th}，调制信号为 2Gbit/s 速率的矩形脉冲，宽度为 500ps，幅度 I_m=I_{th}。由于受激光器调制带宽的影响，光脉冲并不表现为规则的矩形脉冲，存在约 100ps 的上升时间和 300ps 的下降时间，脉冲前沿的尖峰是由激光器的张弛振荡效应所致。半导体激光器的大信号数字调制速率可达 10Gbit/s，而更高速率的调制，通常需要采用外调制器。

在注入电流使载流子浓度发生变化引起增益变化而实现光信号调制的同时，载流子浓度的变化不可避免地会引起折射率变化，从而对光信号产生附加的相位调制，如下所示：

$$\frac{d\phi}{dt} = \frac{\beta_c}{2}\left[G_N(N - N_0) - \frac{1}{\tau_p}\right] \tag{3-3-11}$$

式中，ϕ 为光场相位；β_c 为线宽展宽因子。

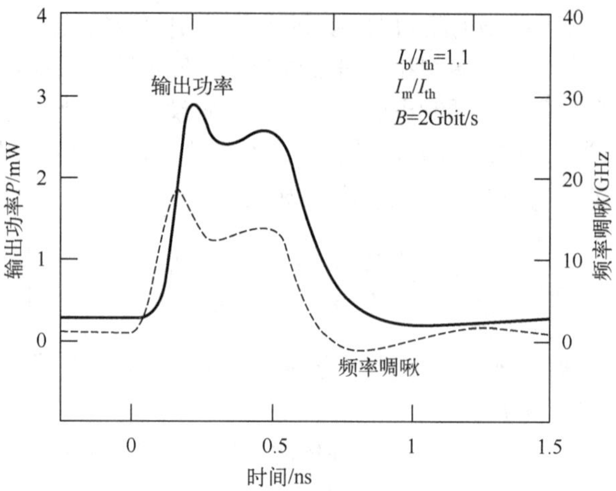

图 3-3-8 半导体激光器的大信号矩形脉冲调制响应

在大信号调制情形下，这种相位调制更为严重，光波相位随时间发生变化意味着其发射频率将随时间变化而偏离其稳态值 ν_0，这种频率随时间发生变化的现象称为频率啁啾，相应的光脉冲称为啁啾脉冲。图 3-3-8 中的虚线表示该光脉冲的频率啁啾情况，在脉冲前沿频率发生蓝移而在脉冲后沿发生红移，频率啁啾使得光信号的频谱大大展宽。频率啁啾由如下公式决定：

$$\delta\nu(t)=\frac{1}{2\pi}\cdot\frac{\mathrm{d}\phi}{\mathrm{d}t}=\frac{\beta_c}{4\pi}\left[G_N(N-N_0)-\frac{1}{\tau_p}\right] \tag{3-3-12}$$

半导体激光器的频率啁啾是限制光纤通信系统性能的一个重要因素。在 1.55μm 的光纤通信系统中，如果传输距离为 80～100km，采用普通光纤时码率将被限制在 2Gbit/s 以下；如果采用色散位移光纤，码率可得到一定提高。其他解决频率啁啾问题的方法包括对注入电流脉冲形状的控制、注入锁定、采用耦合腔半导体激光器等。最直接的办法就是设计出具有较小线宽展宽因子的半导体激光器。采用量子阱结构设计，线宽展宽因子值可以降低为普通结构的 1/2。如果激光器工作在直流情况下而利用外调制器，则可以消除直接调制引起的频率啁啾，这也是 10Gbit/s 以上的系统几乎都采用外调制的原因。

3. 激光噪声

半导体激光器即使在稳定的直流注入下，其输出光信号的强度、相位和频率也会发生漂移而形成噪声。产生噪声的两个主要因素是自发辐射和电子-空穴对的复合(散粒噪声)，其中自发辐射噪声是更为主要的噪声源。自发辐射产生的相位随机变化的光场会叠加在受激辐射产生的相干光场上，形成对光场的幅度和相位的随机微扰，从而导致输出光的强度和相位发生漂移。强度漂移会使得信噪比 SNR 受限，而相位漂移会导致激光器输出具有一定的谱宽。强度漂移通常用相对强度噪声(relative itensity noise，RIN)来进行描述，而相位漂移常用谱线宽度来描述。

激光器的 RIN 定义为

$$\mathrm{RIN}(\omega)=\int_{-\infty}^{+\infty}C_{pp}(\tau)\exp(-\mathrm{i}\omega t)\mathrm{d}t \tag{3-3-13}$$

其中，$C_{pp}(\tau)$为强度相关函数：

$$C_{\mathrm{pp}}(\tau)=\frac{\langle\delta S(t)\delta S(t-\tau)\rangle}{\bar{S}^2} \tag{3-3-14}$$

式中，$\bar{S}=\langle S(t)\rangle$为平均光子浓度；$\delta S=S-\bar{S}$表示强度的起伏。

图 3-3-9 给出了一个典型的 1.55μm 的 InGaAsP 半导体激光器在不同输出功率下相对强度噪声的计算结果。RIN 在张弛振荡频率 Ω_{R} 处具有最大值。当 $\omega\gg\Omega_{\mathrm{R}}$ 时，由于激光器不能对如此高频的噪声抖动产生响应，因此 RIN 急剧地下降，所以半导体激光器对自发辐射噪声相当于一个带通滤波器。在给定的频率下，当功率较小时，RIN 随功率的增加按 P^{-3} 关系减小；当功率较大时，这种随功率的增加而减小的关系成为 P^{-1}。

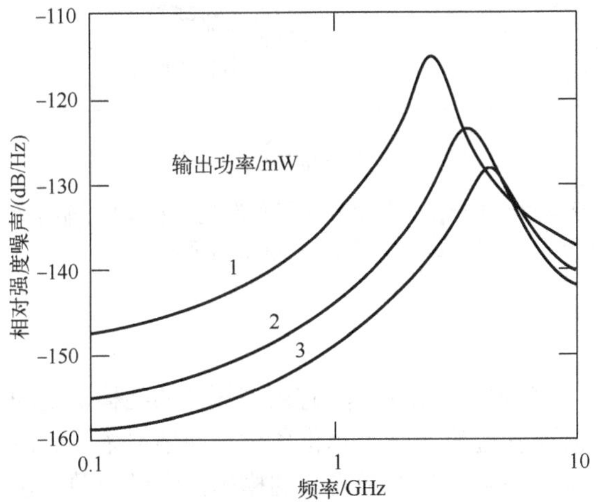

图 3-3-9　一只典型的 1.55μm 的 InGaAsP 半导体激光器在不同输出功率下的相对强度噪声谱

实际上，即使是单纵模 DFB 半导体激光器也会在主模下伴随着个别边模(FP 激光器更多)，边模的存在会对 RIN 产生很大的影响。在主模和边模的总强度保持恒定的情况下，两者都可能出现较大的强度漂移，而且两者的变化是反相关的，这种现象称为模分配噪声(mode parition noise，MPN)。在 0～1GHz 频率范围内，MPN 可能使主模的 RIN 增加 20dB 甚至更大，其具体大小与边模抑制比有关。如果不考虑光纤色散，那么 MPN 对光纤通信系统性能不会产生影响，但实际上由于色散的存在，MPN 会引起接收信号 SNR 下降和码间干扰。

LD 的相位漂移导致其输出谱具有一定宽度，可导出其表达式为

$$\Delta\nu=\frac{R_{\mathrm{sp}}(1+\beta_{\mathrm{c}}^2)}{4\pi\bar{S}} \tag{3-3-15}$$

式(3-3-15)表明，LD 的谱线宽度随输出功率的增加而减小，这种反比关系已由大多数激光器在较低功率(<10mW)下的实验所证实。但当功率进一步增加到 10mW 以上时，发现激光器的线宽饱和在 1～10MHz 范围内，因此式(3-3-15)只在较低功率(<10mW)下有效。图 3-3-10 给出了三只不同的 1.55μm 的 DFB 半导体激光器的线宽随输出功率的变化情况，可以明显观察到线宽饱和效应。同时，图 3-3-10 中还表明，采用量子阱结构的 DFB 半导体激光器与掩埋异质结结构的 DFB 半导体激光器相比，线宽明显变窄，这是由于量子阱激光器具有较小的β_{c}。增加激光器腔长也有利于减小线宽，因为在输出功率一定的情况下，随着腔长

的增加，R_{sp}下降，$\bar{S}$将增加。事实上，$\Delta\nu$随腔长L的增加成L^{-2}关系减小；在图 3-3-10 中，当腔长加倍时，$\Delta\nu$减小为原来的 1/4。

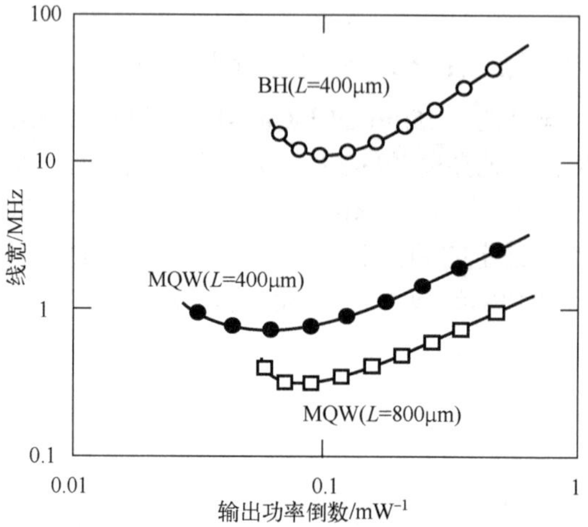

图 3-3-10　三只不同的 1.55μm 的 DFB 半导体激光器的线宽随输出功率的变化关系

BH-掩埋异质结；MQW-多量子阱

4. 激光模式

与其他激光器一样，半导体激光器也具有由谐振腔的结构决定的模式特征。模式分为纵模和横模，纵模由光场在谐振腔纵向满足相位条件和净增益条件而决定，横模则由谐振腔的横向结构决定。接下来先讨论双异质结激光器的横模，纵模问题将在 3.4 节讨论。

研究半导体激光器模式特征的出发点为由麦克斯韦方程导出的波动方程：

$$\nabla^2 \boldsymbol{E} + n^2 k_0^2 \boldsymbol{E} = 0 \tag{3-3-16}$$

式中，$k_0=\omega/c=2\pi/\lambda$；在有源区内，折射率 $n=n_1$，在有源区外，$n=n_2$。BH 半导体激光器有源区在横截面方向具有矩形结构，其x方向的尺寸w约为 1μm，y方向的尺寸d约为 0.1μm，可以通过有效折射率近似法来求解波导问题，先在某固定x值下求y方向上的分布，然后再求x方向上的分布。求出场分布后，可得出y方向上和x方向上由D参数和W参数分别表示的单模条件：

$$D = k_0 d(n_1^2 - n_2^2)^{1/2} < \pi \tag{3-3-17}$$

$$W = k_0 w(n_{\text{eff}}^2 - n_2^2)^{1/2} < \pi \tag{3-3-18}$$

式中，n_{eff}为有效折射率。代入 n_1=3.55、n_2=3.2、d=0.1μm 的典型值，可得到在 0.8～1.6μm 波长范围内满足$D<\pi$的单模条件，所以y方向上可实现单模；而W参数表示的单模条件并不总是得以满足，因此一些 BH 半导体激光器可能沿x方向会出现多横模，在较高功率下更是如此。

半导体激光器基模辐射场的近场分布在x和y方向上的半极大值全宽W_x、W_y可分别由W参数和D参数近似表示为

$$W_x = \frac{w(2\ln 2)^{1/2}}{0.321 + 2.1W^{-3/2} + 4W^{-6}} \tag{3-3-19}$$

$$W_y = d(2\ln 2)^{1/2}(0.321 + 2.1D^{-3/2} + 4D^{-6}) \tag{3-3-20}$$

式(3-3-19)和式(3-3-20)中，W 和 D 在 1.8～6 内相当精确，W_x 和 W_y 的典型值分别为 1～2μm 与 0.1～1μm，依具体的 BH 半导体激光器结构尺寸不同而不同。

远场分布由近场的傅里叶变换决定，用光沿 x 和 y 两个方向辐射角分布的形式来表示。图 3-3-11 分别给出了一只 1.3μm 的 BH 半导体激光器在不同的注入电流下沿 x 和 y 方向的远场分布。通常用角度分布函数的半极大值全宽 θ_x 和 θ_y 来表征远场分布，θ_x 和 θ_y 的典型值分别为 30°～40° 和 40°～50°，尽管此角度与 LED 的辐射角相比已经大大减小，但还是相当大的。由于 LD 具有椭圆形光斑和较大的辐射角，因此 LD 与光纤的耦合效率不高，通常只能达到 30%～50%。

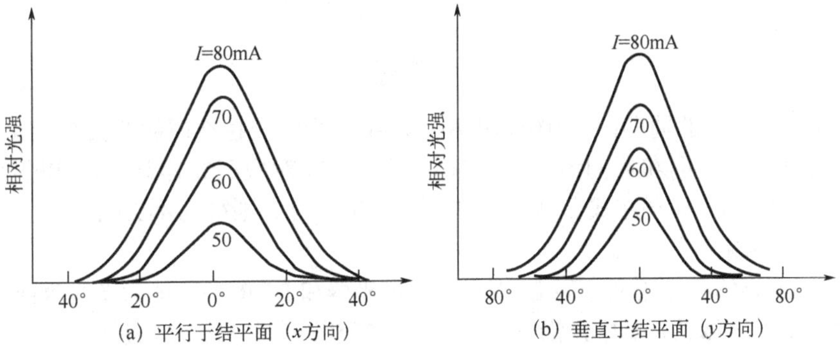

图 3-3-11　一只 1.3μm 的 BH 半导体激光器在不同注入电流下沿平行和垂直于结平面方向的远场分布

核心知识解析

3.4　单纵模半导体激光器

由 3.3 节的分析可知，通过控制 BH 半导体激光器有源区的横向尺寸，可以实现单横模工作，然而由于 FP 腔在峰值增益处的几个邻近纵模的净增益差很小，因此普通 FP-LD 通常是工作在多纵模状态，输出光谱较宽(2～4nm)。这种多纵模半导体激光器可以用于工作在 1.3μm 波长、码率高达 2Gbit/s 的第二代光纤通信系统，但却不能用于 1.55μm 波长的第三代光纤通信系统，除非采用色散位移光纤或者设计出单纵模工作的半导体激光器。

单纵模半导体激光器的设计思想基于纵模的损耗差，即不同的纵模具有不同的损耗，使某一纵模的损耗最小(净增益最大)而优先达到振荡条件。图 3-4-1 给出了这种激光器的增益和损耗分布，具有最小损耗的纵模半导体首先达到阈值条件而成为振荡主模，其他模式由于具有较高的损耗而被抑制。单纵模半导体激光器的性能通常由边模抑制比(side mode suppression ratio，SMSR)来表征，它定义为

$$\text{SMSR} = \frac{P_{\text{mm}}}{P_{\text{sm}}} \tag{3-4-1}$$

式中，P_{mm} 为主模功率；P_{sm} 为最大的边模(次模)功率。一只好的单纵模半导体激光器的 SMSR 应该大于 30dB。单纵模半导体激光器分为两种类型，即分布反馈式和耦合腔式。

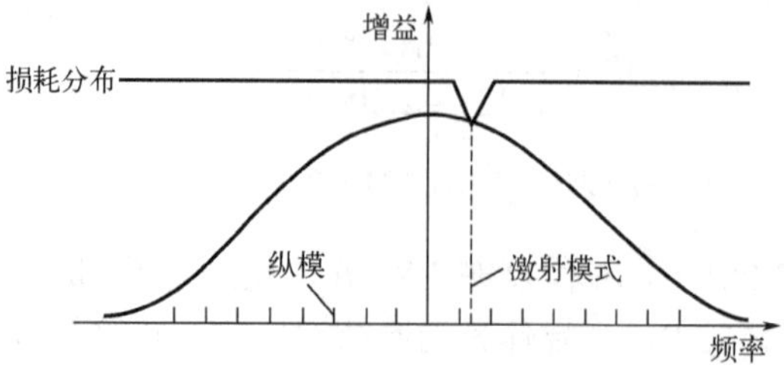

图 3-4-1　单纵模半导体激光器的增益和损耗分布

3.4.1　DFB 和 DBR 半导体激光器

与 FP 激光器不同，分布反馈半导体激光器的光反馈不是由有源区两端面的反射镜提供，而是由光腔内的分布反馈布拉格光栅提供的，模式的选择通过布拉格条件来实现，该条件为

$$\Lambda = m\frac{\lambda_B}{2\bar{n}} \tag{3-4-2}$$

式中，Λ为布拉格光栅的周期；$\bar{n}$ 为模折射率；整数 m 表示布拉格衍射的级数。当 m=1 时(第一级布拉格衍射)，前向和后向波之间的耦合最强。λ_B 对应激光器某一模式的波长，对于 λ_B=1.55μm 的激光器，如果在式(3-4-2)中取 m=1、$\bar{n}=3.3$，则得到$\Lambda\approx$235μm，这样细的光栅可以采用全息技术来制作。

分布反馈半导体激光器又分为 DFB 半导体激光器和 DBR 半导体激光器两种。如图 3-4-2 所示，在 DFB 半导体激光器中，沿整个有源区(光腔)长度上都有分布反馈光栅；而在 DBR 半导体激光器中，有源区和分布反馈区是彼此分开的。事实上，DBR 半导体激光器的分布反馈相当于一个满足式(3-4-2)的、对波长具有选择性的反射镜，波长最接近λ_B的纵模，光腔损耗最小，而对其他纵模损耗显著增加。SMSR 由增益间隙决定，增益间隙定义为在主模发生振荡时为使次模达到振荡阈值所需增加的增益。对于连续电流工作的 DFB 半导体激光器，当增益间隙为 3～5cm^{-1}时，可以达到 SMSR＞30dB，但如果激光器工作在调制情况下，则可能需要更大的增益间隙(＞10cm^{-1})。在一种称为相位移 DFB 半导体激光器的结构中，在激光区中心，光栅被移动λ_B/4 以提供π/2 的相位移，这种激光器能够比普通的 DFB 半导体激光器提供更高的增益间隙。

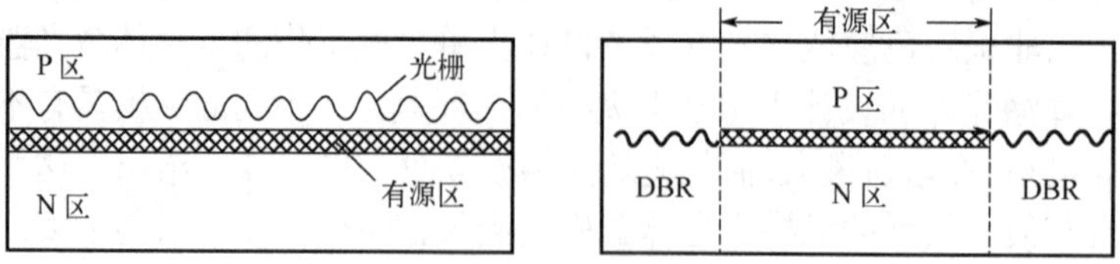

(a) DFB半导体激光器　　(b) DBR半导体激光器

图 3-4-2　DFB 与 DBR 半导体激光器结构

3.4.2　耦合腔半导体激光器

在耦合腔半导体激光器(图 3-4-3)中，光从激光主腔耦合进一个外腔，一部分光从外腔中又反馈回主腔，反馈回来的光并不一定与腔内的光同相，只有那些波长与外腔模式重合的激

光模式的反馈光才满足同相条件，因而可以实现单纵模工作。事实上，这种外腔反馈可以等效为一个在激光器端面上与波长有关的反射镜，该反射镜具有如图 3-4-3 所示的损耗分布，在峰值增益附近具有最小损耗的纵模成为主模，当然在其他损耗谷值处可能出现边模，但此边模的净增益比主模的净增益小得多。

图 3-4-4 给出了三种耦合腔半导体激光器的结构。图 3-4-4(a)为光栅外腔结构，激光器芯片自然解理面通常需要镀制减反膜以增强耦合，这种激光器称为外腔半导体激光器(external-cavity laser，ECL)。通过对光栅的旋转，可以实现单纵模调谐，调谐范围可达 50nm 左右。从系统使用的角度来看，ECL 由于没有进行单片集成化而机械稳定性较差，尽管如此，ECL 在早期的实验系统中仍发挥了重要作用。

图 3-4-4(b)为耦合腔激光器的单片集成结构，通常称为 C^3 激光器。在 C^3 激光器中，传统的多纵模半导体激光器在中央部位被解理成两段，中间空气间隙的宽度约为 1μm。由于解理面的反射率不高(约 30%)，因此左右两个有源区的光能够发生足够的耦合(空气间隙不能太宽)。通过控制某一区的注入电流，C^3 激光器还可以实现 20nm 的波长调谐范围，但这种调谐不是连续的。

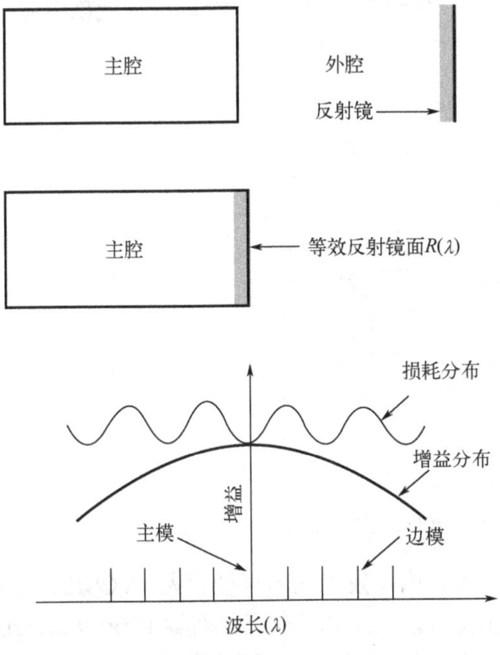

图 3-4-3　耦合腔半导体激光器的单纵模选择原理

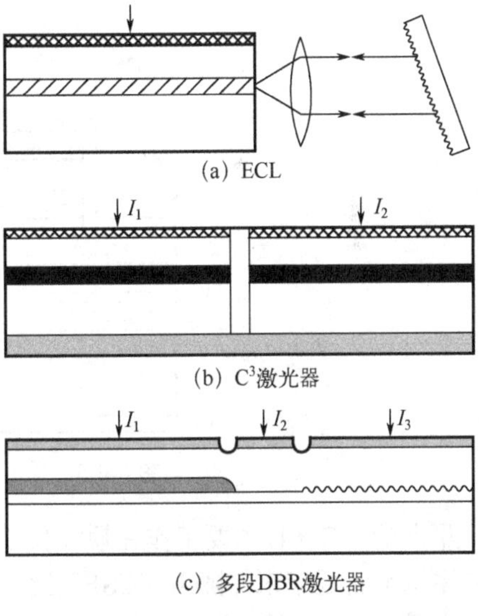

图 3-4-4　三种耦合腔半导体激光器结构

此外，人们在多段 DFB 和 DBR 激光器上也进行了大量的研究，以期获得可调谐的高稳定度单纵模输出。图 3-4-4(c)是这类激光器的一种典型结构，它包括三段，分别为有源区、相位控制区和布拉格反射区，各区的注入电流彼此独立。调节布拉格反射区注入电流 I_3，改变区域内的载流子浓度，进而引起反射区内的折射率变化，可以调节布拉格波长($\lambda_B=2n\Lambda$)。基于相同的机理，调节相位控制区注入电流 I_2，可以调节从布拉格区反射回来的光场相位。通过控制三个区的注入电流，可以实现 5～7nm 的波长连续调节，并且可以很稳定地单模工作。

3.4.3　垂直腔面发射激光器

垂直腔面发射激光器(vertical cavity surface emitting laser，VCSEL)是 20 世纪 90 年代逐渐开始商用的一种半导体激光器。VCSEL 具有极短的有源区腔长(约 1μm)，其纵模间隔极大，甚至超过增益带宽，因此能始终保持单纵模工作状态。与传统边发射激光器不同，VCSEL 在垂直于激活层平面的方向发光(这也是称其为垂直腔面发射激光器的原因)，而且光斑呈圆形，因此能高效地耦合进单模光纤。

VCSEL 的基本结构如图 3-4-5 所示，VCSEL 由同一衬底上生长的多个薄层组成，其中激活层采用单个或多个量子阱结构，激活层两侧是两个反射率高达 99%以上的 DBR 镜，这样就形成一个高 Q 值(quality-factor，品质因数)微腔。每个 DBR 镜包含多对交替生长的 GaAs 和 AlAs 层，每层的厚度为$\lambda/4$，λ为 VCSEL 辐射光的波长。工作在 1550nm 的 VCSEL 常采用晶圆键合技术，以便适配 InGaAsP 有源层。由于 VCSEL 中光辐射的垂直特性，VCSEL 可以很容易地进行二维制备、阵列测试，因此其成本远低于边发射激光器；同时，VCSEL 的阈值非常低(约 1mA)。VCSEL 的不足在于，由于有源区体积小，故其输出功率较低，一般不超过几毫瓦(mW)。VCSEL 在局域网和数据通信中得到广泛应用，已经取代了大部分发光二极管。

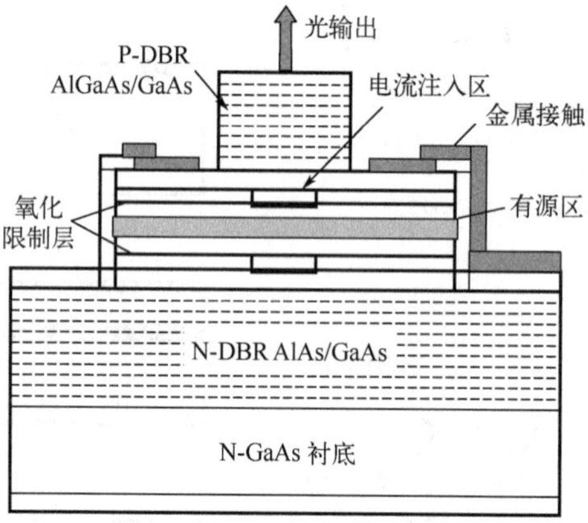

图 3-4-5　垂直腔面发射激光器结构示意图

早期的 VCSEL 主要工作在短波长 0.8μm 波段，由于发光面的直径较大，VCSEL 工作在多横模状态。近年来，随着 VCSEL 技术的快速发展，其工作波长已经覆盖 650～1600nm 范围。由于 VCSEL 的封装成本较低，故其非常适合数据传输和本地环路应用。此外，VCSEL 还特别适合 WDM 系统。一方面，VCSEL 可以很容易制成二维激光器阵列，其中各 VCSEL 可以工作在不同波长范围；另一方面，结合相关技术(如 MEMS)，在大于 50nm 的宽波长范围内能调谐 VCSEL 的波长。

3.5　光信号产生

要实现光纤通信，首先需要将表示信息的电信号加载到光载波上，即进行光调制。调制后的光信号经光纤链路传输至接收端，由光接收机完成光/电转换，并最终恢复原始信息，这个过程称为光解调。光调制可以分为直接调制和间接调制两大类。本节主要讨论这两种光信号产生方法。

3.5.1　直接调制

直接调制是一种电源调制方法，通过把要传输的电信号加载到 LD 或 LED 的注入电流上而获得相应的光信号。直接调制原理如图 3-5-1 所示，LD 或 LED 工作电流为

$$I(t)=I_b[1+Am(t)] \tag{3-5-1}$$

式中，I_b 为 LD 或 LED 的偏置电流，取值通常在阈值附近；A 表示调制深度；$m(t)$ 表示电信号。直接调制后的光信号强度与调制信号成正比关系，如式(3-5-2)所示，所以直接调制是一种强度调制方法。

$$|E(t)|^2 \propto m(t) \tag{3-5-2}$$

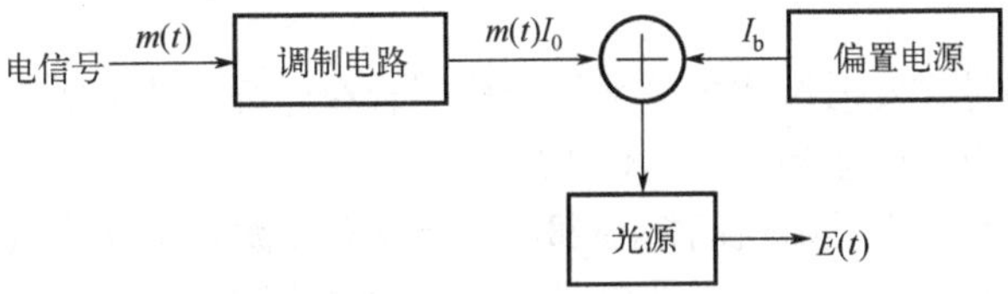

图 3-5-1　直接调制

直接调制主要适用于半导体光源(LD 或 LED)，这主要因为 LD 和 LED 的输出光功率与注入电流成正比(线性 *P-I* 工作区)，因此可以通过改变注入电流实现光强度调制。直接调制具有简单、经济、容易实现等优点，是光纤通信中常用的调制方式。

3.5.2　间接调制

在高速光纤传输情形下，如果采用直接调制，激光器的频率啁啾会变得足够大，导致单模光纤的色散增强，从而限制光纤的传输容量。因此，在高速光纤通信系统中，通常不再采用直接调制，而是采用间接调制。在这种情形下，激光器偏置在恒定电流下，提供连续光输出，通过单独的光调制器将连续光转换为所需调制格式的光信号。如图 3-5-2 所示，间接调制系统中，激光的产生和信号调制是分开的。间接调制技术不仅适合半导体激光器，也适合其他类型的激光器。

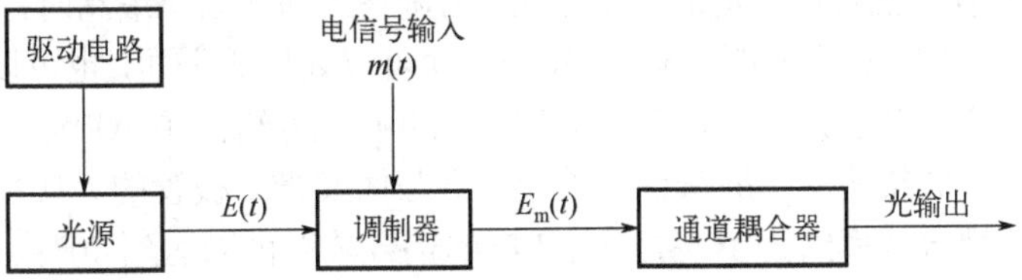

图 3-5-2　间接调制

光调制技术根据物理机理不同有很多种类，如电光调制、声光调制以及磁光调制等，其中最常用的是电光调制。电光调制主要利用晶体的电光效应：当在晶体上施加电压时，晶体的折射率会发生变化，进而引起通过晶体的光波特性发生变化。电光调制器主要利用晶体的

线性电光效应，即 Pockels 效应。基于铌酸锂($LiNbO_3$)波导的电光效应的光调制器是一种典型的电光调制器，既可以实现强度调制，也可以实现相位调制。

声光调制的物理基础是声光效应：超声波是一种弹性波，它在介质中传输时会引起介质密度发生疏密交替变化，使介质折射率也发生相应变化，从而形成衍射光栅，且光栅的条纹间隔等于声波波长；当光波通过介质时将发生衍射，衍射光的强度、频率、方向都随超声场变化。声光调制可以获得较高的消光比，且驱动功率也比电光调制小，但调制带宽比电光调制小。

磁光调制的物理基础是法拉第电磁偏转效应：某些晶体在外加磁场的作用下，可以使通过它的线偏振光的偏振面发生旋转，旋转的角度与磁场强度、晶体的长度有关。用调制信号控制晶体磁场的变化，使光的偏振面发生相应变化，再通过检偏器，即可转换为光的强度调制。磁光调制所需驱动功率较小，受温度影响较小，但调制带宽不及电光调制。

3.6 光 发 射 机

核心知识解析

光发射机的作用是在发射端将电信号转换成适合在光纤中传输的光信号。本节介绍光发射机的基本原理、组成、性能和某些具体电路。

光源(LED 或 LD)是光发射机的核心部件，但仅有光源是不能构成发射机的。在光发射机中，还包括光源与光纤的耦合、驱动电路、自动功率控制(automatic power control，APC)电路、自动温度控制(automatic temperature control，ATC)电路、告警电路与保护电路及其他辅助电路等。由于 LED 或 LD 可以进行注入电流直接调制，在 2.5Gbit/s 速率以下的强度调制直接检测(IM/DD)系统中基本上不使用外调制器，在大于 2.5Gbit/s 速率的光通信系统中才使用外调制器。这里只讨论采用直接调制方式的光发射机。

3.6.1 光源与光纤的耦合

在发射机中，应尽可能多地将光信号耦合进光纤中以提高发射光功率。光源与光纤的耦合效率与光源的类型(LED 或 LD)及光纤的类型(多模光纤或单模光纤)有关。LD 与单模光纤的耦合效率可以达到 20%～50%，而 LED 与单模光纤的耦合效率可能小于 1%。一般来说，光源在封装过程中都带有一段耦合好的尾纤，尾纤与传输光纤的连接可以采用活动光纤连接器。

光源与光纤的耦合一般有两种方式，即直接耦合与透镜耦合。在直接耦合方式中，将经过处理的光纤端面尽可能地靠近光源的发光面，当调整到耦合效率最高时，用黏结剂(或全金属化封装)将光纤与光源的相对位置固定。光纤端面可以处理成平面，也可以采用拉锥烧球的方法在光纤端面形成一个透镜以增加耦合效率。图 3-6-1(a)给出了 AT&T Astrotec 半导体激光器与光纤的耦合封装结构。一般来说，单模光纤与面发光二极管的直接耦合效率约为 1%，与边发光二极管的耦合效率约为 10%，而与 LD 的耦合效率可以达到 40%，采用多模光纤时，耦合效率可以更高一些。图 3-6-1(b)给出了在光源与单模光纤之间采用一种球透镜的共焦耦合方式，球透镜的作用是将光源发出的光进行汇聚到纤芯上，这种耦合方式的耦合效率可以达到 70%。不管采用哪一种耦合方式，除耦合效率要尽量高以外，还要求耦合效率不随时间发生变化，以及耦合方式具有机械稳定性。

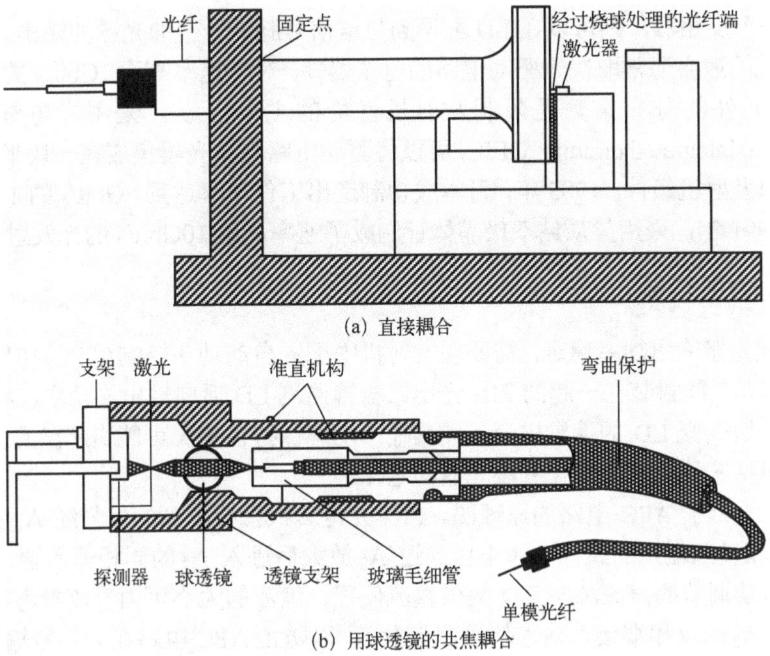

(a) 直接耦合

(b) 用球透镜的共焦耦合

图 3-6-1　半导体激光器与光纤的耦合

在 LD 与光纤的耦合中还需要考虑的另一个问题是耦合引起的反射对 LD 的影响。LD 对反射光信号极为敏感，即使是微弱的光反馈，也可能使激光器工作不稳定而影响系统的性能。可以通过在可能引起光反馈的表面镀制减反膜，以及将光纤端面磨制成一小角度的方法来减小反射，在要求特别高的场合下需要在光源与光纤之间采用光隔离器。

3.6.2　驱动电路

驱动电路的作用是为光源供电，同时将要传输的电信号调制到光源的输出上。LED 的驱动电路比较简单，而在较高速率下采用的 LD 的驱动电路相对复杂得多。无论是 LED 还是 LD，一般都需要在一定的注入电流下进行调制，因此驱动电路应该能对光源同时提供偏置电流和随信号而变化的调制电流(直接调制)。由于大多数光纤通信系统采用数字调制方式，因此这里只简要介绍数字调制驱动电路，模拟驱动电路主要是要保证光源的输出光功率随信号电压的幅度和相位呈线性地变化。

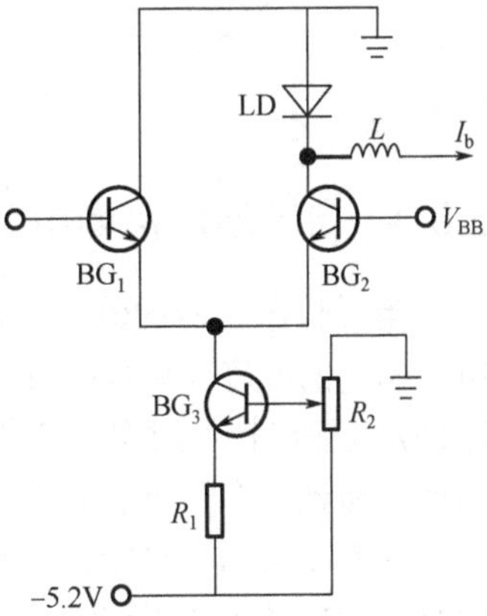

图 3-6-2　简单的 LD 驱动电路

图 3-6-2 给出了一个简单的驱动电路。通过偏置电路，使 LD 的偏置电流在其阈值附近，晶体管 BG_3 构成一个恒流源，用以对 LD 提供调制电流。晶体管 BG_1 和 BG_2 构成对 LD 调制电流的开关电路。BG_2 的基极加有固定的参考电压 V_{BB}，当输入信号为“0”码时，BG_1 的基极电位比 V_{BB} 低，因此 BG_1 截止而 BG_2 导通，使恒流源通过 BG_2 流过 LD 而发射出光脉冲。反之，当输入信号为“1”码时，BG_1 基极的电位比 V_{BB} 高，因此 BG_1 导通而 BG_2 截止，恒流源电流经过 BG_1 而流入地，LD 上只有原偏置电流流过，不发出光脉冲。如果在信号输入

BG_1之前加一个反相器，则可以在 LD 上得到与电信号脉冲一致的光脉冲输出。

光发射机的速率通常取决于驱动电路的电子器件。对于速率高于 1Gbit/s 的系统，晶体管和其他电子元件的分布常数是限制发射机性能的主要因素。采用光电混合集成电路(opto-electronic integrated circuit，OEIC)可以将驱动电路与激光器集成在一块半导体片子上，从而构成高速发射机组件。1985 年，日本成功制造出工作速率达到 5Gbit/s 的 1.5μm OEIC 光发射组件。1991 年，采用异质结双极晶体管制成了速率高达 10Gbit/s 的光发射机。

3.6.3　自动功率控制电路

为保证激光器输出功率稳定，需要在发射机中配置自动功率控制(APC)电路。APC 电路一般利用一只与 LD 封装在一起的 PIN 光电二极管监测 LD 后向输出光功率，根据 PIN 输出的大小而自动地改变 LD 的偏置电流，使其输出功率保持恒定。可能引起激光输出功率变化的主要因素包括芯片温度的变化和激光器的老化。

图 3-6-3 给出了 APC 电路的原理图。PIN 光电二极管检测到的信号经 A_1 放大后进入比较器 A_3 的反相输入端，而直流参考电压通过 A_2 放大后进入 A_3 的同相输入端，A_3 和晶体管 BG_4 组成可自动调节的恒流源向 LD 提供直流偏置，偏流的大小可由直流参考电压的调整而进行预置。在 A_2 的反相端接入输入信号作为参考，以防止 APC 电路在无信号输入或长连“0”码时，偏流自动上升而引起误码。该 APC 电路可以保证在输入信号为“1”码时，激光器发出强度恒定的“1”码；而当输入信号为“0”码时，激光器工作在阈值附近。在 10～55℃的温度范围内，该电路可使激光器的功率稳定度$\Delta p/p<5\%$。

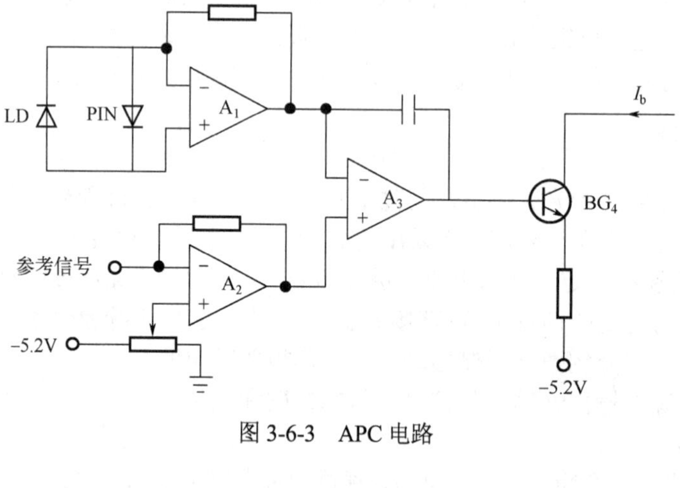

图 3-6-3　APC 电路

3.6.4　自动温度控制电路

半导体激光器的输出特性受温度影响很大。当温度发生变化(包括环境温度变化和注入电流引起的温度变化)时，LD 的 *P-I* 特性和光谱特性都会发生变化。对于长波长的 InGaAsP 器件，其输出特性对温度变化更加敏感，因此光发射机中需要配置自动温度控制(ATC)电路，以保证激光器在恒定温度下工作。一般来说，在实用化的半导体激光器封装中，都带有一个半导体制冷器和一只能够监测激光器芯片温度变化的热敏电阻，可采用图 3-6-4 所示的 ATC 电路来保持激光器工作温度的稳定。激光器的热沉与制冷器的制冷面靠在一起，图 3-6-4 中 R_1、R_2、R_3 与热敏电阻 R_T 构成感温电桥，电桥中 $R_1=R_2$，选取不同的 R_3，可以使 LD 具有不同的控制温度。

在热平衡时，控制电路为制冷器提供一个恒定的电流，该电流用于补偿半导体激光器注入电流引起的热沉温度升高，使热沉温度保持恒定。当热敏电阻探测到热沉温度升高时，感温电桥产生一个误差信号，该信号经放大后通过控制电路使制冷器的制冷电流增大，制冷面温度下降，进而使热沉温度下降，恢复到原来的工作温度；反之，当温度下降时，控制电路可使制冷器电流降低，保证激光器工作在设定温度上。

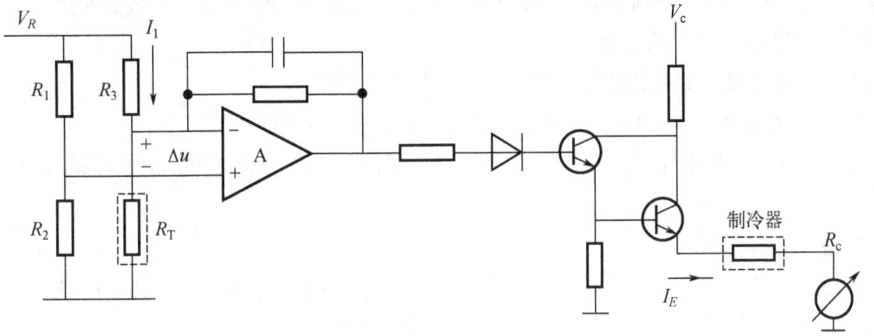

图 3-6-4　ATC 电路

3.6.5　告警电路与保护电路

完整的光发射机除上述各种基本电路之外，还应包括告警电路与保护电路。告警电路一般包括无光告警、寿命告警和激光器温差告警。当电信号中断、激光器失效或电路出现故障而造成光信号中断时，发射机的无光告警指示灯亮，同时送出告警信号。寿命告警由 APC 电路中偏置电流的增大来体现。随着激光器的老化，其阈值电流会升高，P-I 曲线的斜率也会下降，这样在一定的调制电流下，为确保输出功率恒定，必须增大偏置电流。一般认为，当偏置电流 I_b 从最初的阈值 I_{th} 附近增大到约 $1.5I_{th}$ 时，应该发出寿命告警，提醒用户激光器已接近其使用寿命，应更换新的激光器。

如果激光器的温度波动(相对正常工作温度)超过 5℃(开机时除外)，发射机应给出温差告警，并断开激光器的偏置电流和调制电流，以避免激光器损坏。待检修故障，发射机正常后，再重新手动开机。

此外，激光器的偏置电路还应该具有慢启动功能和限流保护措施。慢启动电路可以避免突然对激光器加电而引起冲击损坏。限流保护电路可以避免激光器偏置电流过大引起损坏。图 3-6-5 给出了可以实现这两种功能的电路。R_1 和 C_1 组成一个低通滤波器，在接通电源后，偏流缓慢启动，经过一定时间延迟(由 R_1、C_1 的大小决定)后，电路达到稳定状态，对激光器提供设定的偏置电流。晶体管 BG_2 起到对偏流的限制作用，当 I_b 较大时，电阻 R_2 上的压降使得 BG_2 导通从而对 I_b 进行限制。

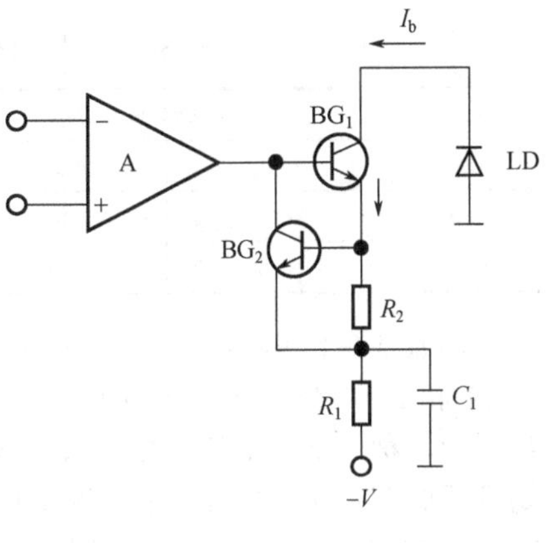

图 3-6-5　慢启动与限流保护电路

3.6.6 码型变换

在数字光纤通信系统中，一般不能直接传输由电端机送来的数字信号。例如，根据国际电话电报咨询委员会(International Telegraph and Telephone Consultative Committee，CCITT)的建议，由PCM复接设备输出的码型为HDB3，它是一种以“1”码正负极性交替发送的码型，而在光纤传输线路上，常用光信号的有无来表示“1”码和“0”码，因此在光发射机中需要有码型变换电路将电端机传来的码型变换成适合在光路中传输的码型(线路码)。

线路码应该满足如下基本要求。

(1)能够对中继站和终端机进行不中断业务误码监测。

(2)避免码流中的长连“0”或长连“1”，有利于时钟提取。

(3)减少功率谱密度中的高、低频分量，以降低对系统带宽的要求和减小信号的基线漂移。

(4)码率的提高要小。

数字光纤传输系统中的线路码多达数十种，大体上可以分成三类，即伪双极性码、mBnB码和插入比特码。下面分别对这三类线路码做简要介绍。

1. 伪双极性码

PCM技术中常采用三电平码(AMI码)，但在光通信中，由于无法产生负光脉冲，因此也无法得到AMI码，但可以通过码型变换，得到相当于AMI码的单极性码，称为伪双极性码。常用的伪双极性码有CMI码和DMI码，它们与AMI码的变换规则如表3-6-1所示。

表3-6-1 AMI码、CMI码以及DMI码的变换规则

AMI码	CMI码	DMI码
+	11	11
0	01	“+”之后为01，“−”之后为10
−	00	00

对于二值码变换成CMI码和DMI码，可以参见表3-6-2。

表3-6-2 由二值码变换成CMI码和DMI码的变换规则

二值码	CMI码		DMI码	
	模式1	模式2	模式1	模式2
0	01	01	01	10(连“0”模式不变)
1	00	11	00	11

由表3-6-1和表3-6-2可以看出，CMI码和DMI码由01、10、11、00四种码构成，其中01和10码组含有的0和1的个数相等，称为均等码，而00和11码组含有的0和1个数不等，称为非均等码。由于线路码中采用了模式1和模式2依次倒换，当上一次出现非均等码时工作于模式1，下一次出现非均等码时工作于模式2，而模式1是“0”多，模式2是“1”多，所以全线路码流中“0”和“1”的个数均等，保证了线路码流中无直流起伏，减小了基线漂移。

2. mBnB 码

mBnB 码又称为组码，它把原始码流按 m 比特分成一组，然后又根据一定的规则将每一组码变换成新的 n 比特码组($n>m$)，这样就在线路码中引入了一定的冗余度。

常用的 mBnB 码有 1B2B 码、2B3B 码、3B4B 码、5B6B 码、5B7B 码、6B8B 码和 7B8B 码等。伪双极性码 CMI 码和 DMI 码实际上属于 1B2B 码，这种码型的缺点是码率提高过高(一倍)，一般适用于低速率的传输。表 3-6-3～表 3-6-6 给出了 2B3B 码、3B4B 码、5B6B 码和 5B7B 码的典型码变换规则。其中，2B3B 码、3B4B 码和 5B6B 码的两种模式当出现不均等码组时进行转换，以保证码流无直流起伏，而 5B7B 码本身是均等码，各组 7B 码之间的“0”和“1”个数相等。

表 3-6-3　一种 2B3B 码的变换规则

输入序列	2B3B	
	模式 1	模式 2
0	001	001
1	010	010
2	100	100
3	110	000

表 3-6-4　一种 3B4B 码的变换规则

输入序列	3B	4B	
		模式 1	模式 2
0	000	0100	1011
1	001	0011	0011
2	010	0101	0101
3	011	0110	0110
4	100	1001	1001
5	101	1010	1010
6	110	1100	1100
7	111	0010	1101

表 3-6-5　一种 5B6B 码的变换规则

5B	6B(模式 1)	6B(模式 2)
00000	110010	110010
00001	110011	100001
00010	110110	100010
00011	100011	100011
00100	110101	100100
00101	100101	100101
00110	100110	100110
00111	100111	000111

续表

5B	6B(模式 1)	6B(模式 2)
01000	101011	101000
01001	101001	101000
01010	101010	101010
01011	001011	001011
01100	101100	101100
01101	101101	000101
01110	101110	000110
01111	001110	001110
10000	110001	110001
10001	111001	010001
10010	111010	010010
10011	010011	010011
10100	110100	110100
10101	010101	010101
10110	010110	010110
10111	010111	010100
11000	111000	011000
11001	011001	011010
11010	011010	011010
11011	011011	001010
11100	011100	011100
11101	011101	001001
11110	011110	001100
11111	001101	001101

表 3-6-6　一种 5B7B 码的变换规则

输入序列	5B7B	输入序列	5B7B
0	1010100	16	1000101
1	0100110	17	1100001
2	0101001	18	0110100
3	1011000	19	0010011
4	1010010	20	0000111
5	0011010	21	0111000
6	0001011	22	1000110
7	0100011	23	1001100
8	0011001	24	1100010
9	0110001	25	1101000
10	0001110	26	0101100
11	1110000	27	0100101
12	1100100	28	0001101
13	0010110	29	0101010
14	1000011	30	0110010
15	1010001	31	0010101

3. 插入比特码

插入比特码将原始码流按 m 比特分成一组，在每一组码的末尾加入一个比特码而构成线路码。根据插入码的用途不同，可分为 mB1P 码和 mB1C 码。

mB1P 码又称为附加奇偶位码，在这种码型中，每组码末尾加入一位奇偶校正码(P 码)，以保持每组码内“1”的个数为偶数(或保持“0”的个数为偶数)。例如，8B1P 码的典型码如下：

……	110110011	000100100	111101100	……
	P	P	P	

在 mB1C 码中，每一码组末尾加入一个 C 码，C 码称为反码或补码。当第 m 位码为“1”时，补码为“0”；反之，补码为“1”，例如，8B1C 码的典型码如下：

……	110110010	00010010	111101101	……
	C	C	C	

C 码的作用是避免码流中出现长串连“1”或长串连“0”。

电端机的码型经变换成为线路码，传输到接收端后，在光接收机中同样需要根据一定规则的码型变换电路将线路码还原成适合电端机处理的信号码型。

习　题　三

3.1　自发辐射与受激辐射的区别是什么？受激辐射与光吸收的区别是什么？

3.2　双异质结的作用有哪些？掩埋异质结对光子的限制作用的机理是什么？

3.3　单纵模半导体激光器的设计思想是什么？

3.4　假设某 FP 半导体激光器的有源区内部损耗为 $\alpha_{\text{int}}=30\text{cm}^{-1}$，有效折射率为 $n=3.3$，限制因子为 0.4，腔长为 250μm，左右端面发射率均为 30%。达到阈值时，该激光器有源区的增益需要多大？

3.5　在忽略自发辐射的情形下，求解稳态速率方程，得出光子密度 S 和载流子密度 N 随注入电流 I 的解析表达式。

3.6　某 1550nm 的单模半导体激光器，腔长为 250μm，内部损耗为 $\alpha_{\text{int}}=30\text{cm}^{-1}$，模折射率为 3.3，群速度折射率为 3.4，差分净增益系数 $G_N=6\times10^3\text{s}^{-1}$，透明载流子密度 $N_0=1\times10^8$。

(1) 计算光子寿命。

(2) 电子数阈值为多少？

(3) 如果载流子寿命为 2ns，求半导体激光器的阈值电流。

(4) 当该激光器的注入电流为阈值电流的 2 倍时，求输出光功率。

3.7　在光发射机中有哪些基本的电路？它们各自的功能是什么？

第 4 章　光电二极管与光接收机

光电二极管(photodiode，PD)是光接收机的核心部件，其性能的好坏直接影响光接收机性能的优劣。光接收机是光纤通信系统的另一关键组成，其主要作用是将从信道接收来的光信号转换为电信号，并恢复出原始信息。

4.1　光电二极管

核心知识解析

光纤通信系统中最常用的是半导体光电二极管。半导体光电二极管利用在注入光作用下，电子由低能态向高能态跃迁，并在外加电场作用下形成光生电流的效应。光电二极管的种类很多，在光纤通信系统中，主要采用半导体 PIN 光电二极管和雪崩光电二极管(avalanche photodiode，APD)。近年来，随着宽带信号检测技术的发展，逐渐出现了单行载流子光电二极管(uni-traveling-carrier photodiode，UTC-PD)。本节将对上述几种光电二极管做简单介绍。

4.1.1　光电二极管的结构

反向偏压下的 PN 结在入射光照射下可以产生与入射光强度成正比的光生电流，因此此类 PN 结就是一种最基本的光电二极管。通过对 PN 光电二极管进行改进，可以获得性能更为优异的 PIN 光电二极管和雪崩光电二极管。

1. PN 光电二极管

PN 光电二极管的结构和工作原理如图 4-1-1 所示。其中，图 4-1-1(a)表示反向偏压下的 PN 结受到入射光从 P 区照射的情况，图 4-1-1(b)表示对应的光功率沿整个半导体材料的分布情况，图 4-1-1(c)表示光生电流的形成。由此可知，光信号不仅在势垒区被吸收，而且在势垒区以外也被吸收，但只有在势垒区被吸收的光产生的电子-空穴对才会在外部电场作用下快速漂移到 N 区或 P 区，形成与入射光强度成正比的有用光生电流，而势垒区以外光吸收产生的电子-空穴对通过扩散形成扩散电流。扩散电流是限制 PN 光电二极管响应带宽的重要因素，扩散是相对缓慢的，载流子通常需要 1ns 以上的时间才能扩散大约 1μm 的距离。

2. PIN 光电二极管

针对 PN 光电二极管中扩散电流的限制问题，有必要减小 P 区和 N 区的宽度或增大势垒区宽度，使大部分入射光信号在势垒区被吸收，为此人们研制了 PIN 光电二极管。PIN 光电二极管的结构如图 4-1-2 所示，在 PN 结中间加入一层本征(或轻掺杂)半导体材料(称为 I 区)。由于 I 区具有较高的电阻，因此电压基本上降落在该区，使得势垒区宽度 W 得到加宽，而且可以通过控制 I 区的厚度来改变势垒区宽度 W。

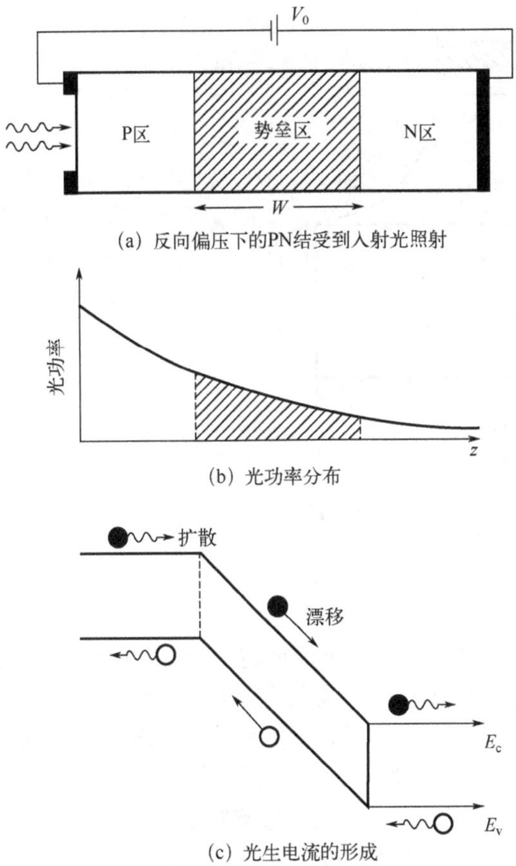

图 4-1-1　PN 光电二极管的结构和工作原理

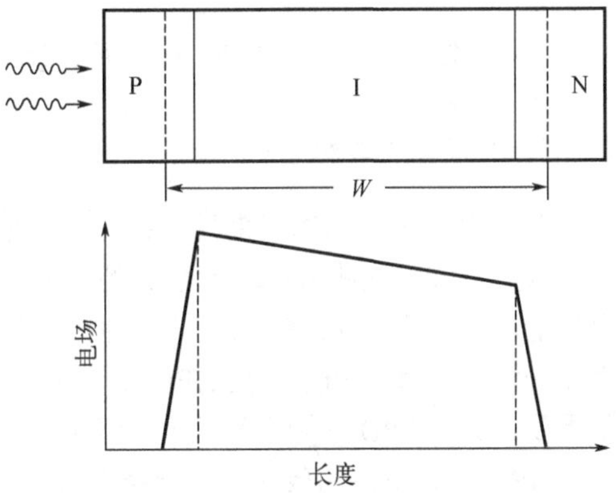

图 4-1-2　PIN 光电二极管的结构及其在反向偏压下的电场分布

PIN 光电二极管势垒区的宽度可根据实际需要而设计。较宽的 W 可以获得较高的响应度，因为 W 越宽，光能在该区被吸收得越多，但随着 W 的增大，渡越时间 τ_{tr} 也会增大，从而使 PIN 的响应速度(响应带宽)下降，因此 W 需在响应度与响应带宽之间进行最佳化处理。对于 Si、Ge 等间接带隙半导体材料，为了保证足够的响应度，W 的典型值通常为 20～50μm，载流子的渡越时间较长(>200ps)，因此此类 PIN 光电二极管的响应带宽较低。相比之下，如果采用如 InGaAs 等直接带隙半导体材料，W 可以小至 3～5μm，渡越时间只有 30～50ps，响应带宽可以达到 3～5GHz。如果进行较好的优化设计，InGaAs PIN 光电二极管可以达到 20GHz 的响应带宽，进一步减小 I 区厚度(<1μm)，甚至可以获得 70GHz 左右的响应带宽，但此时响应度相当低。

如果 PIN 光电二极管采用类似于半导体激光器中的双异质结结构，则性能可以大为改善。在这种设计中，通过适当选择 P 区、N 区以及 I 区的带隙能量，可以使光吸收仅发生在 I 区，完全消除扩散电流的影响。在光纤通信系统中，常采用由 InGaAs 材料制成 I 区和由 InP 材料制成 P 区及 N 区的 PIN 光电二极管。由于 InP 材料的带隙能量为 1.35eV，因此对于波长大于 0.92μm 的光信号，InP 表现为透明材料(不吸收)，而 InGaAs 材料的带隙能量为 0.75eV(相当于截止波长为 1.65μm)，由 InGaAs 制成的 I 区在 1.3～1.6μm 波段上表现为较强的吸收，几微米厚的势垒区宽度就可以获得很高的响应度。图 4-1-3 给出了一种 InGaAs PIN 光电二极管的实际结构，受光面通常要镀制减反膜以便将反射减小到最小。

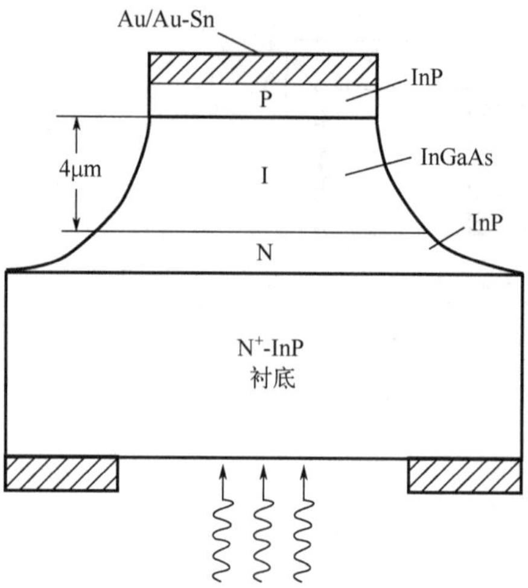

图 4-1-3　一种 InGaAs PIN 光电二极管的实际结构

3. 雪崩光电二极管

从光电二极管的作用来看，在一定的信号光功率下，光生电流应越大越好，即要求光电二极管具有较高的响应度。前面介绍的 PIN 光电二极管即使在最大响应度下，一个光子最多也只能产生一个电子-空穴对，是一种无信号增益的器件。为了获得更高的响应度，可以采用雪崩光电二极管(APD)。在 APD 中，由光吸收产生的电流可以像光电倍增管那样在 APD 内部得到放大，APD 常用在接收光功率较小的光纤通信、量子光信号检测等系统中。

APD 对光电流的放大基于碰撞电离效应，在一定条件下，被加速的电子和空穴获得足够的能量，能够与晶格发生碰撞而产生新的电子-空穴对，这种过程形成一种连锁反应，最终由光吸收产生的一个电子-空穴对可以形成大量的电子-空穴对而构成放大的二次光电流，从而 APD 可以具有较高的响应度。这种放大作用的大小由电子和空穴的碰撞电离系数 α_e 和 α_k 决定，α_e 和 α_k 与半导体材料，以及使电子和空穴加速的电场有关。

实际的 APD 结构如图 4-1-4 所示，它与 PIN 的不同在于 P 区和 N 区都进行了重掺杂，并在 I 区和 N^+ 区引入另一层 P 区作为碰撞电离区(增益区)以产生二次电子-空穴对，在反向

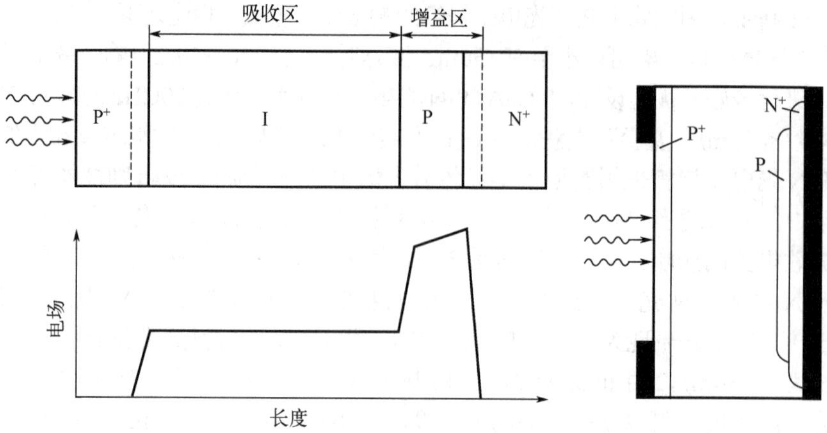

图 4-1-4　实际的 APD 结构和电场分布

偏压下，P 区形成较高的电场，I 区仍然作为吸收光信号而产生一次电子-空穴对的区域，所产生的电子在 P 区通过碰撞而形成更多的电子-空穴对，从而实现对一次光电流的放大作用。

4. 单行载流子光电二极管

在 PIN 光电二极管的势垒层(I 层)中，光生电子和空穴是有源载流子，但由于空穴的迁移速率低于电子的迁移速率，当大功率光入射时，势垒层中会残留大量空穴，并产生空间电荷效应，因此光电二极管的响应度下降，3dB 带宽明显变窄。为了解决该问题，近年来人们设计了单行载流子光电二极管(UTC-PD)。

UTC-PD 的结构如图 4-1-5 所示，吸收层由 P 型中性 InGaAs 材料构成，而势垒层(载流子集结层)由 N 型宽带隙 InP 材料构成，势垒层和光吸收层在空间上是分离的，吸收层产生的光生电子-空穴对，同时向吸收层两侧扩散。靠近阳极的 P 型扩散阻断层阻止电子向阳极扩散，从而使电子只向势垒层扩散，即形成单行载流子。在吸收层扩散电子注入势垒层后，电子在电场作用下高速掠过该层，而吸收层中的光生空穴作为多数载流子，其介电弛豫时间非常短，对光电二极管工作速率的影响可以忽略。UTC-PD 与 PIN-PD 最大的不同之处在于，其响应速度主要由电子在吸收层的扩散时间和势垒层的渡越时间决定。

相较于 PIN-PD，UTC-PD 在高速宽带工作条件下具有高饱和输出电流，在太赫兹通信、超高速光纤通信等领域得到广泛应用。

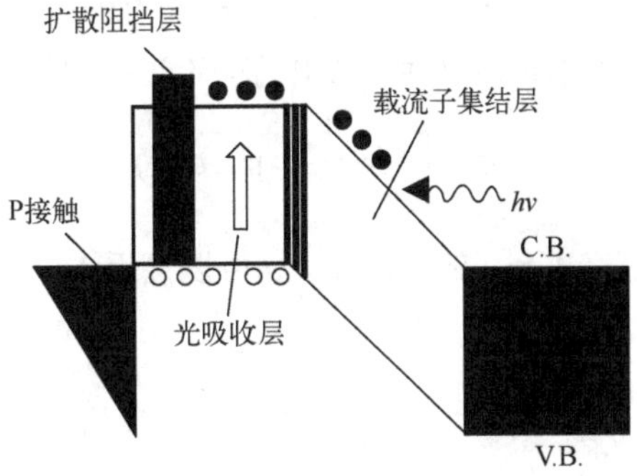

图 4-1-5　UTC-PD 的结构

4.1.2　光电二极管的工作特性和参数

光电二极管的主要特性参数包括响应度、量子效率、APD 的倍增系数及噪声、响应带宽等。

1. 响应度和量子效率

响应度表征光电二极管的能量转换效率，它定义为

$$R = \frac{I_{\mathrm{p}}}{P_{\mathrm{in}}} \tag{4-1-1}$$

式中，P_{in} 为入射到光电二极管上的光功率；I_{p} 为光电二极管在该入射光功率下产生的光电流；R 的单位为 A/W。响应度可以由光电二极管的量子效率 η 来表示，η 定义为

$$\eta = \frac{电子产生速率}{光子注入速率} = \frac{\frac{I_p}{q}}{\frac{P_{in}}{h\nu}} \tag{4-1-2}$$

将式(4-1-2)代入式(4-1-1)，可得

$$R = \eta \frac{q}{h\nu} \approx \frac{\eta\lambda}{1.24} \tag{4-1-3}$$

式中，波长λ的单位取μm。如果λ=0.85μm, η=0.8，则R=0.55A/W，表明 1mW 的功率入射到该光电二极管上，可以产生 0.55mA 的光电流。

式(4-1-3)表明，光电二极管的响应度随入射光波长的增加而增大，这是因为较低能量的光子(λ较大)，也能产生相同的光生电流，但这种关系只有在光子能量大于(或等于)半导体带隙能量的前提下成立，一旦光子能量小于带隙能量，则η=0。

与量子效率相关的光电二极管的另一个参数是吸收系数α，如果吸收区宽度为 W，则通过吸收区后的光功率 P_{tr} 可表示为

$$P_{tr} = P_{in} \exp(-\alpha W) \tag{4-1-4}$$

因而在吸收区内被吸收的光功率 P_{ab} 为

$$P_{ab} = P_{in} - P_{tr} = P_{in}[1 - \exp(-\alpha W)] \tag{4-1-5}$$

由于每一个被吸收的光子都可以产生一个电子-空穴对，因此量子效率可以表示为

$$\eta = \frac{P_{ab}}{P_{in}} = 1 - \exp(-\alpha W) \tag{4-1-6}$$

如果α=0，则η=0，而在$\alpha W \gg 1$的情况下，η可以接近 1。

2. APD 的倍增系数及噪声

APD 的倍增系数 M 定义为

$$M = \frac{I_p}{I_0} \tag{4-1-7}$$

式中，I_p是 APD 的平均输出电流；I_0是平均一次电流。在 APD 中，由于不可避免地伴随着噪声，倍增系数是在一个平均值上发生着随机起伏的量，式(4-1-7)的定义应理解为统计平均倍增系数。

由于 APD 具有电流增益，因此 APD 的响应度 R_{APD} 相比于 PIN 的响应度 R 大大提高，有

$$R_{APD} = MR = M\frac{\eta q}{h\nu} \tag{4-1-8}$$

式(4-1-8)中已利用式(4-1-3)。

值得注意的是，式(4-1-7)中的电流 I_p 由两部分组成：一部分是信号电流，它占主导地位；另一部分是暗电流，它是 APD 的噪声源之一。暗电流又分成两部分：一部分是漏电流，它不被 APD 倍增；另一部分通过 APD 的倍增作用被放大。若暗电流越大，则 APD 的噪声也越大。

APD 的噪声包括量子噪声、暗电流噪声和由倍增过程产生的倍增噪声。其中，量子噪声和暗电流噪声也是 PIN-PD 所具有的，在 APD 中主要的噪声是倍增噪声。倍增噪声的机理很

复杂，与两个随机过程有关，即 I 区光子被吸收产生一次电子-空穴对的随机过程和增益区一次载流子产生二次电子-空穴对的随机过程，这两个过程都是不能准确测定的。因此，APD 的倍增系数是一个统计平均值(应该表示为$<M>$)，它是一个复杂的随机函数，与 APD 的类型、材料、工作条件、碰撞电离系数等诸多因素有关，其概率分布也相当复杂，既不是高斯分布，也不是泊松分布。这里只介绍 APD 倍增噪声的结论。

APD 倍增噪声的功率谱密度可以表示为

$$\frac{\mathrm{d}<i^2>}{\mathrm{d}f}=2qI_0<M^2> \tag{4-1-9}$$

式中，$<M^2>$是 APD 的倍增均方值，它可表示为

$$<M^2>=f(<M>)<M>^2 \tag{4-1-10}$$

其中，$f(<M>)$为 APD 的附加噪声系数，它近似表示为

$$f(<M>)=<M>^x \tag{4-1-11}$$

式中，x 为 APD 的附加噪声指数，将式(4-1-11)和式(4-1-10)代入式(4-1-9)，可得

$$<i^2>=2qI_0<M>^{2+x}B \tag{4-1-12}$$

其中，B 为噪声带宽。由式(4-1-12)可知，附加噪声指数 x 有明确的物理含义，它表示由于倍增作用而增加噪声。经过 APD 倍增后，信号功率与$<M>^2$成正比，而噪声功率与$<M>^{2+x}$成正比，即噪声增益是信号增益的$<M>^x$倍。

APD 的 x 值一般为 0.3～1，当 $x=0$ 时，$<M>^x=1$，这是 APD 的理想情况，PIN 光电二极管即相当于这种情况。

3. 响应带宽

光电二极管的本征响应带宽由载流子在电场区的渡越时间τ_{tr}决定，而载流子的渡越时间与电场区宽度 W 和载流子漂移速率 υ_s 有关。由于载流子渡越电场区需要一定的时间τ_{tr}，对于快速变化的光信号，光电二极管的转换效率就相应降低。如果定义与直流光信号相比转换效率下降 3dB 时的频率为响应带宽Δf，则Δf与τ_{tr}成反比，它与 W 和 υ_s 的具体关系为

$$\Delta f=0.44\frac{\upsilon_s}{W} \tag{4-1-13}$$

可以通过优化 W 和 υ_s 获得较高响应带宽的光电二极管。目前 InGaAsP PIN 光电二极管的响应带宽已超过 40GHz。

对于 APD，其本征响应带宽还与倍增系数有关。二次电子-空穴对的产生还需要另一部分时间，由于这个时间的存在，在高频调制光信号的入射下，APD 的增益将会下降，从而形成对 APD 响应带宽的限制。APD 的倍增因子 $M(\omega)$ 可以写成：

$$M(\omega)=\frac{M_0}{\left[1+(\omega\tau_e M_0)^2\right]^{1/2}} \tag{4-1-14}$$

式中，M_0 为 APD 的低频倍增系数，$M_0=M(0)$；τ_e 为等效渡越时间，它与空穴和电子的碰撞电离系数比 α_k/α_e 有关，在 $\alpha_e>\alpha_k$ 的情况下，$\tau_e\approx\tau_{tr}(\alpha_k/\alpha_e)$。由式(4-1-14)可得 APD 的 3dB 带宽为

$$\Delta f = (2\pi\tau_e M_0)^{-1} \tag{4-1-15}$$

式(4-1-15)表明了带宽Δf与倍增系数 M_0 的矛盾关系，也表明采用 $a_k/a_e \ll 1$ 的材料制作 APD，可望获得较高的本征响应带宽。由于 Si 半导体材料的 α_k/α_e=0.22，因此利用 Si 材料可以制成性能较好的 APD，用于 0.8μm 波长的光纤通信系统。对于工作在 1.3～1.6μm 波长范围内的光通信系统，必须使用 Ge 或 InGaAs APD。

如前所述，UTC-PD 的响应速度主要由电子在吸收层的扩散时间和在势垒层的渡越时间决定。当势垒层较薄时，电子在势垒层的渡越时间为 0.2～0.4ps，相对于吸收层的响应时间 τ_a 可以忽略不计，因此 UTC-PD 的 3dB 带宽近似为

$$f_{3dB} \approx \frac{1}{2\pi\tau_a} = \frac{1}{2\pi\left(\dfrac{W_A^2}{2d_e} + \dfrac{W_A}{\upsilon_{th}}\right)} \tag{4-1-16}$$

式中，W_A 为吸收层厚度；d_e 为吸收层中的电子扩散系数；υ_{th} 为吸收层边缘的热电子发射速度。由此可见，UTC-PD 的响应带宽主要由电子在吸收层的扩散时间决定。

与半导体激光器一样，光电二极管的实际响应带宽常常受限于二极管本身的分布参数和负载电路参数，而不是受限于其本征响应带宽。图 4-1-6 给出了光电二极管的等效电路，其中 C_d 为二极管的结电容，R_s 为串联电阻，R_p 为跨接电阻，R_L 为负载电阻。一般来说，R_s 只有几欧姆，可以忽略，而 R_p 很大，也可以忽略。因此，响应带宽主要由 C_d 和 R_L 的 RC 时间常数来决定，为了提高光电二极管的响应带宽，应尽量减小结电容 C_d。

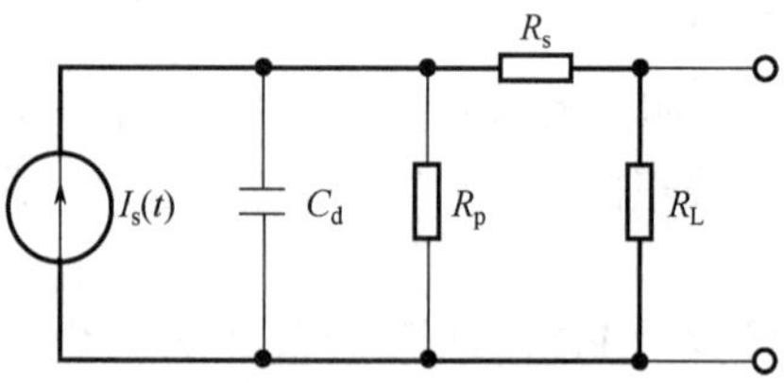

图 4-1-6　光电二极管的等效电路

核心知识解析

4.2　光 接 收 机

光接收机的作用是在接收端对光信号进行接收、放大和电域处理。本节介绍光接收机的基本原理、组成、性能和某些具体电路。

光接收机的设计与光发射机中信号的调制方式有关，数字光接收机与模拟光接收机具有很大差别，由于大多数光纤通信系统都采用数字通信的方式，这里只介绍数字光接收机。数字光接收机的原理如图 4-2-1 所示，主要包括前端、线性通道和数据恢复三部分。

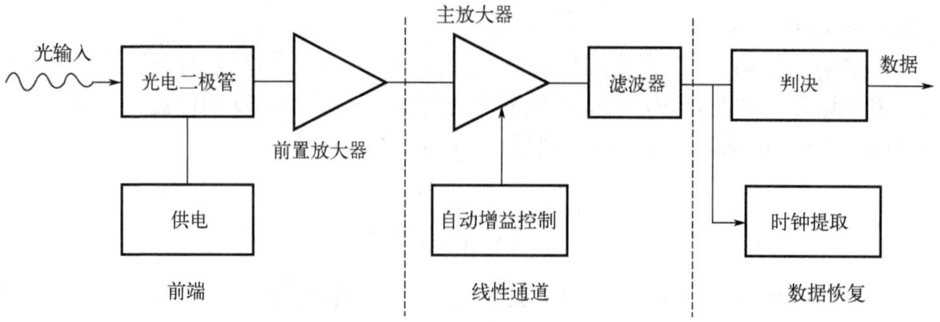

图 4-2-1　数字光接收机原理框图

4.2.1　前端

光接收机的前端包括反向偏压下的光电二极管和前置放大器。光信号通过光纤耦合到光电二极管上，光电二极管将光脉冲信号转换成电脉冲信号。在实际电路分析中可将光电二极管看作一个与其结电容 C_d 并联的电流源，等效电路如图 4-2-2 所示，其中 R_L 为负载电阻。

前置放大器的作用是将光电二极管输出的信号放大到合适的程度，以便送入主放大器和后续处理电路。

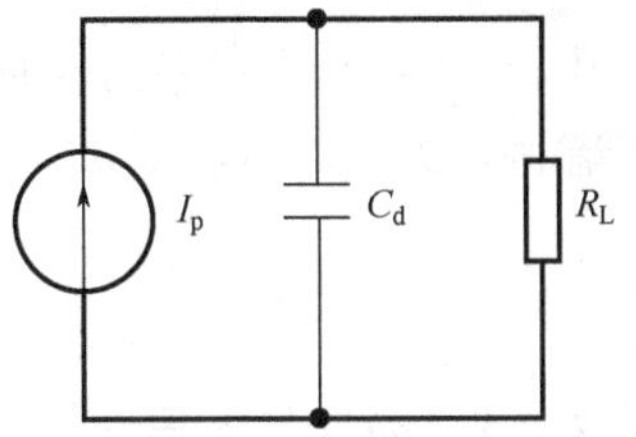

图 4-2-2　光电二极管的等效电路

接收机前端的设计需要综合考虑接收灵敏度和带宽这两个因素。一般来说，前端有两种不同的方式，即高阻抗前端和跨阻抗前端。如图 4-2-3 所示，C_T 为总的输入电容，包含了光电二极管的结电容和前置放大器的晶体管引入的电容。在高阻抗前端中，由于负载电阻 R_L 较大，可以增大前置放大器的输入电压，较大的 R_L 也可以减小热噪声和增加接收灵敏度，但其缺点是带宽 Δf 较窄，这种电路的带宽可表示为

$$\Delta f = (2\pi R_L C_T)^{-1} \tag{4-2-1}$$

如果 R_L 较大，则 Δf 较小。有时可以通过采用均衡器对高频进行提升的方法来增加带宽，在接收灵敏度达到要求的范围内可以通过降低 R_L 来增加带宽，这种前端称为低阻抗前端。

跨阻抗前端同时具有高接收灵敏度和宽带宽的特点，与高阻抗前端相比，跨阻抗前端还具有较大的动态范围。在跨阻抗前端设计中，负载电阻 R_L 作为一个反馈电阻跨接在反相放大器的两端，尽管 R_L 很大，但负反馈的作用使放大器的等效输入阻抗降低到原来的 $1/G$，这里 G 为放大器的增益，这样带宽为高阻抗前端的 G 倍。在多数光接收机中，都采用了跨阻抗前端的方式。

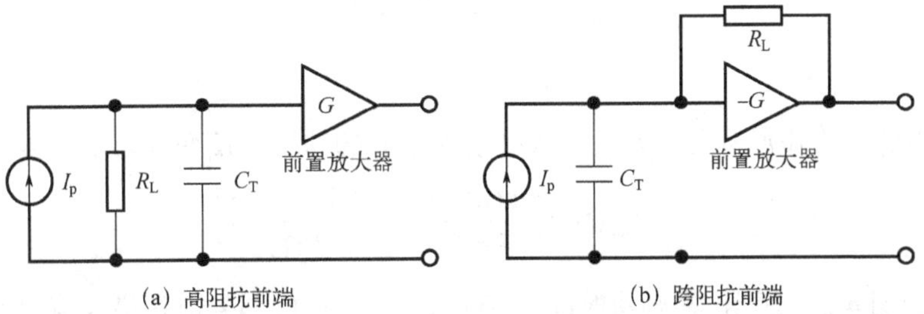

图 4-2-3　高阻抗前端和跨阻抗前端

4.2.2　线性通道

光接收机的线性通道包括一个高增益放大器(主放大器)和一个低通滤波器，有时会在主放大器前配置一个均衡器以补偿前端的带宽限制效应。主放大器应该具有自动增益控制(automatic gain control，AGC)功能，能够根据输入信号的大小自动地调整放大器的增益，使输出信号平均功率保持恒定。低通滤波器的作用是减小噪声，接收机的噪声正比于接收带宽，可以通过采用带宽 Δf 小于码率 B 的低通滤波器来减小噪声。接收机中所有其他元件的带宽都设计得比低通滤波器的带宽高，所以整个接收机的带宽由线性通道中使用的低通滤波器决定。

由于 $\Delta f < B$，因此滤波器使得脉冲发生展宽而可能引起码间干扰，因此 Δf 的选择应保证

不引入过大的码间干扰。前置放大器、主放大器和低通滤波器的组合起到一个线性系统的作用(这也是线性通道名称的由来)，则输出电压可表示为

$$V_{\text{out}}(t)=\int_{-\infty}^{\infty} z_{\text{T}}(t-t')I_{\text{p}}(t')\text{d}t' \tag{4-2-2}$$

式中，$I_{\text{p}}(t)$为光电二极管的电流；z_{T}为阻抗。在频域中，式(4-2-2)可写成：

$$\tilde{V}_{\text{out}}(\omega)=Z_{\text{T}}(\omega)\tilde{I}_{\text{p}}(\omega) \tag{4-2-3}$$

其中，$Z_{\text{T}}(\omega)$为在频率为ω时系统的阻抗；“~”表示傅里叶变换。$Z_{\text{T}}(\omega)$与接收机中各元件的传输函数关系，可表示为

$$Z_{\text{T}}(\omega)=\frac{G_{\text{p}}(\omega)G_{\text{A}}(\omega)H_{\text{LPF}}(\omega)}{Y_{\text{in}}(\omega)} \tag{4-2-4}$$

式中，$Y_{\text{in}}(\omega)$为输入导纳；$G_{\text{p}}(\omega)$、$G_{\text{A}}(\omega)$和$H_{\text{LPF}}(\omega)$分别是前置放大器、主放大器和低通滤波器的传输函数。

如果用$H_{\text{out}}(\omega)$和$H_{\text{in}}(\omega)$分别表示输出和输入脉冲形状的归一化频谱函数，用$H_{\text{T}}(\omega)$表示线性系统的总传输函数，则式(4-2-3)可以写成：

$$H_{\text{out}}(\omega)=H_{\text{T}}(\omega)H_{\text{in}}(\omega) \tag{4-2-5}$$

$H_{\text{T}}(\omega)$与阻抗$Z_{\text{T}}(\omega)$的关系为

$$H_{\text{T}}(\omega)=\frac{Z_{\text{T}}(\omega)}{Z_{\text{T}}(0)} \tag{4-2-6}$$

在放大器的带宽远大于低通滤波器带宽的情况下，$H_{\text{T}}(\omega)$可近似由$H_{\text{LPF}}(\omega)$来表示。

研究结果表明，当$H_{\text{out}}(f)$具有如下形式时，码间干扰最小：

$$H_{\text{out}}(f)=\begin{cases}\dfrac{1+\cos(\pi f/B)}{2}, & f<B\\ 0, & f\geqslant B\end{cases} \tag{4-2-7}$$

此时在判决电路上电压脉冲$h_{\text{out}}(t)$的形状可由$H_{\text{out}}(f)$的傅里叶反变换得到：

$$h_{\text{out}}(t)=\frac{\sin(2\pi Bt)}{2\pi Bt}\cdot\frac{1}{1-(2Bt)^2} \tag{4-2-8}$$

该波形如图4-2-4所示。在判决时间$t=0$时，$h_{\text{out}}(t)=1$，信号取得最大值，而当$t=m/B$(m为整数)时，$h_{\text{out}}(t)=0$，由于$t=m/B$正好是其他脉冲的判决时间，因此由式(4-2-8)表示的脉冲不会产生码间干扰。

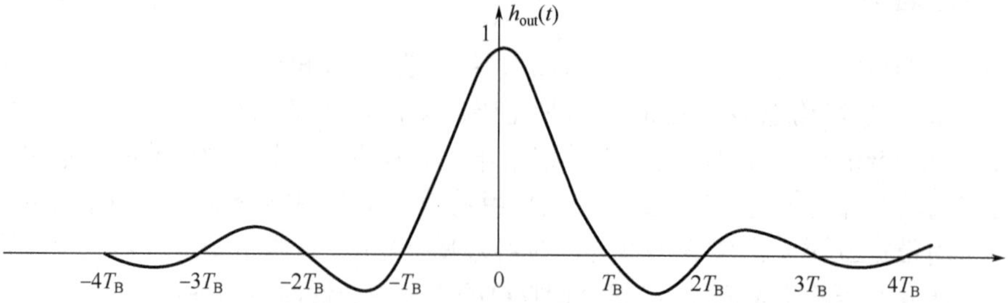

图4-2-4　升余弦脉冲

由式(4-2-5)可得，输出脉冲形状由式(4-2-8)表示的线性系统的传输函数 $H_T(f)$ 为

$$H_T(f)=\frac{H_{out}(f)}{H_{in}(f)} \tag{4-2-9}$$

对于理想的非归零码输入脉冲(宽度 $T_B=1/B$ 的矩形脉冲)，$H_{in}(f)=B\sin(\pi f/B)/(\pi f)$，则可得到：

$$H_T(f)=\frac{\pi f}{2B}\cdot\frac{1+\cos\left(\frac{\pi f}{B}\right)}{\sin\left(\frac{\pi f}{B}\right)}=\frac{\pi f}{2B}\cot\frac{\pi f}{2B} \tag{4-2-10}$$

式(4-2-10)给出了在理想输入条件下，不会引起码间干扰的线性系统的频率响应函数，在实际中，输入脉冲不可能是严格的矩形脉冲，即使系统具有式(4-2-10)所表示的传输函数，输出脉冲的形状也会偏离式(4-2-8)的表达式，因此总会出现一些码间干扰。

4.2.3　数据恢复

接收机的数据恢复部分由时钟提取电路和判决电路构成，时钟提取电路从接收信号中提取出频率 $f=B$ 的分量，从而得到比特时间 $T_B=1/B$，以作为判决电路的同步判决信号。对于归零码，信号本身包含 $f=B$ 的频谱分量，只需要使用一个如声表面波滤波器之类的窄带滤波器就可以提取这个分量，而对于非归零码，时钟提取过程稍微复杂一些，一般采用的方法是先利用一个高通滤波器获得 $f=B/2$ 的频率分量，然后通过倍频而获得 $f=B$ 的分量。

判决电路以由时钟提取电路提供的时钟脉冲作为取样时间，将线性通道输出的信号与一个阈值判决电平进行比较，根据信号电平大于或小于阈值判决电平而决定信号是“1”或“0”码。最佳的判决时刻应该是在接收信号的眼图中“1”码和“0”码差值最大的时刻，图 4-2-5 给出了一个理想的眼图和由于受到噪声及时间抖动而使眼图受到部分关闭的情况。眼图实际上表征了接收机的性能，如果眼图关闭得太严重，则接收机可能不能正常工作。

由于接收机上多种噪声机制的存在，判决电路对某一比特数据的判别总是存在一定的错判概率，一般来说，该概率应该小于 10^{-9}。

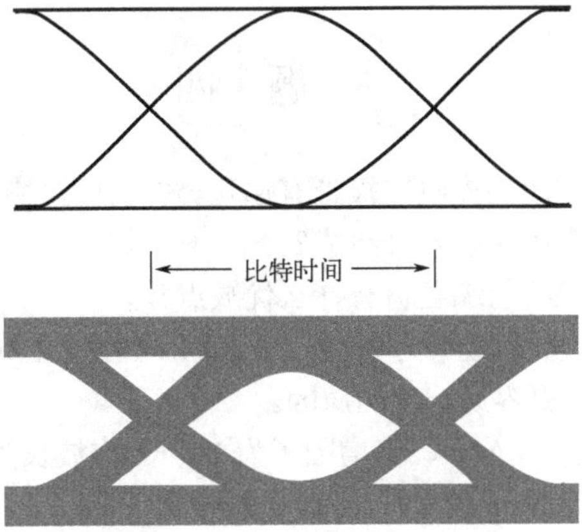

图 4-2-5　理想眼图和实际眼图

4.2.4　集成光接收机

在如图 4-2-1 所示的接收机中，所有电路都可以采用分离元件构成，但在速率较高的情况下要求至少是电子元件采用标准的微电子集成电路技术进行集成化，1988 年，人们利用 Si 和 GaAs 集成电路技术都实现了带宽超过 2GHz 的光接收机，目前该带宽指标已达到 40GHz。

利用光电混合集成电路(OEIC)技术，可以将所有的光电器件和电子器件集成在同一半导体材料上，从而实现单片集成光接收机。采用先进的 GaAs OEIC 技术，已经可以较为容易地制成 GaAs 单片集成光接收机(工作波长为 0.85μm)，在这种设计中，采用了一种与场效应晶体管(field effect transistor，FET)相兼容的新型光电二极管结构——金属-半导体-金属二极管，1986 年日本成功制造出四通道的 GaAs OEIC 光接收机。对于工作波长为 1.3～1.6μm 的长波长系统，OEIC 接收机需要采用 InP 集成技术，1991 年美国贝尔实验室制成了工作速率可达到 5Gbit/s 的单信道 InGaAs OEIC 光接收机，带宽大于 2GHz 的多通道 InGaAs OEIC 光接收机也几乎同时出现。

此外，也可以采用 GaAs 集成技术和 InP 集成技术复合的方法来制作 InGaAs 集成光接收机。电子器件可以集成在一块 GaAs 片子上，而光电二极管集成在一块 InP 片子上，然后将 InP 片倒焊在 GaAs 片上，如图 4-2-6 所示。这种方法的优点是光电二极管和电子元件可以分别优化以获得最小的分布参数。

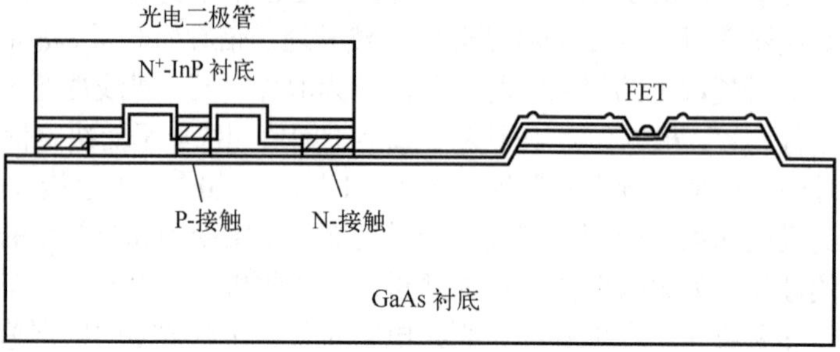

图 4-2-6　采用 GaAs 集成技术和 InP 集成技术复合的集成光接收机

习　题　四

4.1　光纤通信系统中常用的光电二极管有哪几类？它们的特点如何？

4.2　数字光接收机通常由哪些部分组成？

4.3　高阻抗前端和跨阻抗前端各自有什么优缺点？

4.4　假设某 PIN-PD 的量子效率为 90%，求该 PIN-PD 在 1.3μm 和 1.5μm 波长处的响应度，并说明在 1.5μm 波长处更容易响应的原因。

4.5　某 APD 的响应度为 6A/W、倍增因子为 10、工作波长为 1.5μm，假设光子以 10^9/s 的速率入射，求该 APD 在 1.5μm 的量子效率和光电流。

4.6　光子以 10^{10}/s 的速率入射到响应度为 6A/W、倍增因子为 10 的 APD 中，求该 APD 在 1550nm 工作波长的量子效率和光电流。

第 5 章　光 放 大 器

第四代光纤通信系统以采用波分复用(WDM)技术增加传输容量和采用光放大器增加中继距离为标志。WDM 技术的成功应用是近三十年来光纤通信领域最引人注目的成就之一。事实上，正是 20 世纪 90 年代掺铒光纤放大器的成功应用，才使得 WDM 技术如虎添翼，迅速走向实用。本章介绍光放大器，有关波分复用的知识将在第 6 章介绍。

5.1　光放大器基础

核心知识解析

5.1.1　光电中继器

如第 2 章所述，光纤损耗会引起光信号功率的衰减，光纤色散会导致光脉冲发生展宽，从而导致光信号的衰减和失真。因此，在长距离光纤传输系统中，在光信号沿光纤传播一定距离后，必须采用中继器对衰减和失真的光信号进行放大和处理。

传统光通信系统采用的是如图 5-1-1 所示的光电中继器。光信号首先由光电二极管转换成电信号，经电路整形放大后再重新驱动一个光源，从而实现光信号的再生。这种光电中继器具有装置复杂、体积太大、耗能多等缺点，尤其是在多信道复用和双向复用光纤通信系统中，这种中继方式将变得十分复杂且极其昂贵。尽管在色散限制的光纤通信系统中有必要对光信号进行再生，但在损耗限制的系统中可以利用结构简单、价格便宜的光放大器直接对光信号进行放大而代替光电中继器。

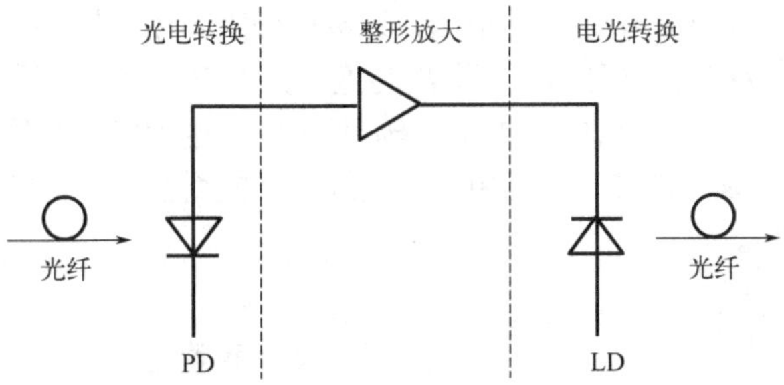

图 5-1-1　光电中继器原理图

5.1.2　光放大器的分类

早在光纤通信被提出时，人们就预言到光放大器将是光纤通信系统中的理想中继器。随着光电器件制造技术和光纤制造技术的发展，光波的直接放大成为现实。目前光放大器已在光纤通信系统中得到广泛应用，成为光纤通信系统中继光源、光纤、光探测器之后的第四组成要件。

目前已在实际中用于光纤通信的光放大器包括半导体光放大器(semiconductor optical

amplifier，SOA)、非线性光纤放大器和掺杂光纤放大器等。

SOA 是在半导体激光器芯片两端镀上增透膜而形成的，由于在半导体器件中载流子浓度很高，尤其是镀上增透膜后载流子浓度更高，因此 SOA 的单程增益较高。

非线性光纤放大器的工作机理是光纤非线性效应，利用受激拉曼散射(SRS)和受激布里渊散射(SBS)，可实现 SRS 光纤放大器和 SBS 光纤放大器。这类光纤放大器需要对光纤注入泵浦光，泵浦光能量通过SRS或SBS转移到信号光上，同时有部分能量转换成光学声子(SRS)或声学声子(SBS)。SRS 与 SBS 光纤放大器尽管很类似，但也有一些不同。SRS 光纤放大器中，泵浦光与信号光既可以同向，也可以反向，而 SBS 光纤放大器只能进行逆向泵浦；SBS 的斯托克斯频移要比 SRS 小三个量级，SRS 光纤放大器的增益带宽约为 6THz，而 SBS 光纤放大器的增益带宽相当窄，只有 30～100MHz。20 世纪 90 年代末期以来，光纤放大器受到广泛关注。

掺杂光纤放大器在光纤通信中起着十分重要的作用，许多稀土离子(如 Er^{3+}、Pr^{3+}、Nd^{3+} 等)都被用于制造掺杂光纤放大器。掺 Er^{3+}光纤放大器(erbium-doped fiber amplifier，EDFA)工作波长为 1.55μm 波段，而掺 Nd^{3+}和掺杂 Pr^{3+}光纤放大器工作在 1.3μm 波段。掺杂光纤放大器利用掺杂离子在泵浦光作用下形成粒子数反转分布，当有入射光信号通过时实现对入射光信号的放大作用。掺杂光纤放大器是目前最为成熟、应用最成功和最广泛的光放大器。

5.1.3　光放大器的基本性能

光放大器的一般工作原理是在泵浦(电或光泵浦)能量的作用下实现粒子数反转，然后像激光器一样通过受激辐射实现对入射光信号的放大。放大器的增益不仅与信号光的频率有关，而且还依赖于信号光强度。对于均匀展宽二能级系统，增益系数 g 可表示为

$$g(\omega)=\frac{g_0}{1+(\omega-\omega_0)^2T_2^2+\dfrac{P}{P_s}} \tag{5-1-1}$$

式中，g_0 为由放大器泵浦大小决定的峰值增益；ω为入射光的频率；ω_0 为激活介质的跃迁频率；P 为信号光功率；T_2 为横向弛豫时间；P_s 为饱和光功率，它与介质的辐射寿命 T_1 及辐射截面等参数有关。T_2 通常很小(0.1ps～1ns)，辐射寿命 T_1 也称纵向弛豫时间，其大小与介质有关，约为 100ps～10ms。式(5-1-1)可用来讨论放大器的增益带宽、放大倍数、饱和输出功率等放大器的重要特性。

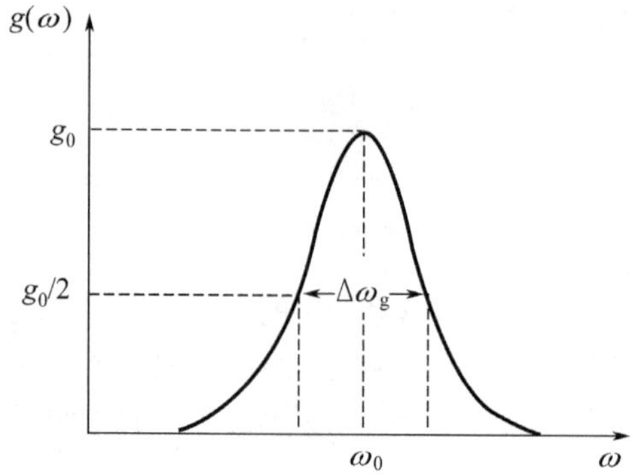

图 5-1-2　洛伦兹分布增益曲线

1. 增益和带宽

在式(5-1-1)中忽略掉 P/P_s，则增益系数为

$$g(\omega)=\frac{g_0}{1+(\omega-\omega_0)^2T_2^2} \tag{5-1-2}$$

称为小信号增益系数。式(5-1-2)表明，当$\omega=\omega_0$时，增益最大；当$\omega\neq\omega_0$时，增益按洛伦兹分布减小，如图 5-1-2 所示。增益带宽定义为增益谱 $g(\omega)$ 的半极大值全宽(FWHM)，对于洛伦兹分布的增益谱，其增益带宽为

$$\Delta\omega_g = \frac{2}{T_2} \tag{5-1-3}$$

或

$$\Delta\nu_g = \frac{\Delta\omega_g}{2\pi} = \frac{1}{\pi T_2} \tag{5-1-4}$$

对于半导体激光放大器，$T_2 \approx 0.1\text{ps}$，可得$\Delta\nu_g \approx 3\text{THz}$。这说明放大器的增益带宽很宽，这正是光纤通信系统(尤其是多信道复用系统)所需要的。

放大器的增益(放大倍数)G定义为

$$G = \frac{P_{out}}{P_{in}} \tag{5-1-5}$$

式中，P_{in}和P_{out}分别为放大器的输入和输出连续波光功率。放大器增益与增益系数的关系为

$$G(\omega) = \exp[g(\omega)L] \tag{5-1-6}$$

式中，L为放大器有源区的长度。因此，放大器的增益也与信号频率有关。当$\omega = \omega_0$时，增益最大，当出现失谐($\omega \neq \omega_0$)时，$G(\omega)$将减小。通常，放大器的带宽$\Delta\nu_A$定义为$G(\omega)$的半极大值全宽，它与增益带宽$\Delta\nu_g$的关系为

$$\Delta\nu_A = \Delta\nu_g\left(\frac{\ln 2}{g_0L - \ln 2}\right)^{1/2} \tag{5-1-7}$$

由于$G(\omega)$与$g(\omega)$成指数关系，因此$\Delta\nu_A$小于$\Delta\nu_g$，具体的差值与放大器的增益有关。

2. 增益饱和

由式(5-1-1)可知，增益系数$g(\omega)$与信号光功率有关。在$P \ll P_s$的情形下，可以不考虑P对$g(\omega)$的影响而得到小信号增益系数式(5-1-2)；但在P较大的情形下，$g(\omega)$随着P的增大而减小，式(5-1-6)描述的放大器增益也将减小，这就是增益饱和现象。

考虑$\omega=\omega_0$的共振情况，此时$g(\omega)$为

$$g(\omega) = \frac{g_0}{1+\dfrac{P}{P_s}} \tag{5-1-8}$$

在放大器中，z处的光功率$P(z)$可表示为

$$\frac{\mathrm{d}P(z)}{\mathrm{d}z} = g(\omega)P(z) = \frac{g_0P(z)}{1+\dfrac{P(z)}{P_s}} \tag{5-1-9}$$

对式(5-1-9)在整个放大器长度 $0\sim L$ 上积分，并利用$P(0) = P_{in}$，$P(L) = P_{out} = GP_{in}$及式(5-1-6)，可得

$$G = G_0\exp\left(-\frac{G-1}{G}\cdot\frac{P_{out}}{P_s}\right) \tag{5-1-10}$$

式中，$G_0 = \exp(g_0L)$为共振时放大器的小信号增益。式(5-1-10)表明，随着输出功率的逐渐增大，放大器增益将从最大增益G_0逐渐减小。当P_{out}大到可以与P_s相比较时，放大器的增益将显著减小。图5-1-3给出了这种饱和效应的曲线。

饱和输出功率P_{out}^s是放大器的一个重要参数，它定义为放大器的增益G从G_0下降3dB

时的输出功率。在式(5-1-10)中，令 $G=G_0/2$，可得

$$P_{out}^{s}=\frac{G_0\ln 2}{G_0-2}P_s \tag{5-1-11}$$

一般情况下，$G_0\gg 2$，所以 $P_{out}^{s}\approx(\ln 2)P_s\approx 0.69P_s$，即 P_{out}^{s} 一般为 P_s 的 70%。

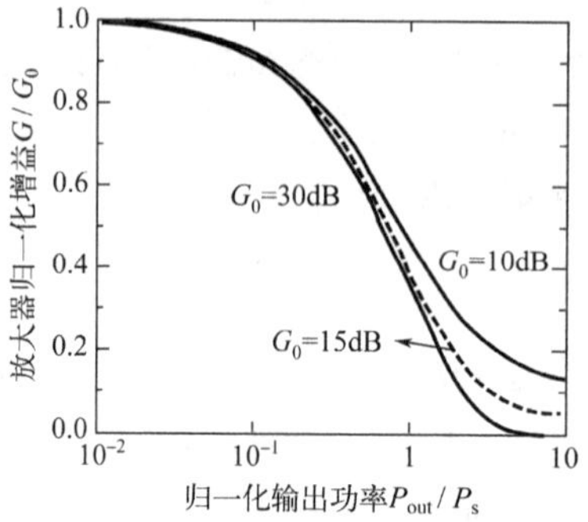

图 5-1-3　放大器的增益饱和效应

3. 放大器噪声

当放大器对信号进行放大时，必然会劣化入射信号的信噪比(SNR)，通常用放大器的噪声系数 F 来表征这种影响的大小。F 定义为

$$F=\frac{(\mathrm{SNR})_{in}}{(\mathrm{SNR})_{out}} \tag{5-1-12}$$

式中，SNR 是将光信号转换成电信号的信噪比。一般来说，F 与探测器的点噪声(也称散粒噪声)和热噪声有关，可以在点噪声极限的理想探测器情况下求出 F 的表达式。考虑一个增益为 G 的放大器，输入信号的 SNR 为

$$(\mathrm{SNR})_{in}=\frac{<I>^2}{\sigma_s^2}=\frac{(RP_{in})^2}{2q(RP_{in})\Delta f}=\frac{P_{in}}{2h\nu\Delta f} \tag{5-1-13}$$

式中，P_{in} 为入射信号光功率；$<I>$ 为平均光电流，$<I>=RP_{in}$；R 为理想探测器(量子效率为 1)的响应度，$R=q/(h\nu)$；σ_s^2 为探测器的点噪声，$\sigma_s^2=2q(RP_{in})\Delta f$，$\Delta f$ 为探测器的带宽。

计算放大器输出信噪比时，应考虑放大器自发辐射对探测器噪声的贡献，放大器自发辐射噪声近似为白噪声，噪声谱 $S_{sp}(\nu)$ 为

$$S_{sp}(\nu)=(G-1)n_{sp}h\nu \tag{5-1-14}$$

其中，n_{sp} 为自发辐射因子或反转数因子。对于二能级系统，n_{sp} 为

$$n_{sp}=\frac{N_2}{\dfrac{N_2}{N_1}} \tag{5-1-15}$$

式中，N_1、N_2 分别为基态和受激态的粒子数。当放大器实现粒子数完全反转时，$n_{sp}=1$；在非完全反转情况下，$n_{sp}>1$。自发辐射对放大器输出功率的影响在于探测过程中它引起的光电流漂移，这种影响主要来源于自发辐射与信号的差拍噪声。放大器输出端探测器上的噪声为

$$\sigma^2=2q(RGP_{in})\Delta f+4(RGP_{in})(RS_{sp})\Delta f \tag{5-1-16}$$

式中，在等号右侧，第一项表示点噪声；第二项表示自发辐射-信号差拍噪声，这里忽略了其他噪声。当$G \gg 1$时，可以忽略掉第一项而只考虑第二项。于是，放大器输出信噪比为

$$(\text{SNR})_{\text{out}} = \frac{<I>^2}{\sigma^2} = \frac{(RGP_{\text{in}})^2}{\sigma^2} \approx \frac{GP_{\text{in}}}{4S_{\text{sp}}\Delta f} \tag{5-1-17}$$

利用式(5-1-12)～式(5-1-14)和式(5-1-17)可得放大器的噪声系数为

$$F = \frac{2n_{\text{sp}}(G-1)}{G} \approx 2n_{\text{sp}} \tag{5-1-18}$$

式(5-1-18)表明，即使是理想放大器(n_{sp}=1)，输入信号的SNR也会被降低一半(3dB)。实际放大器的噪声系数F都超过3dB，而且有的达到6～8dB。从应用的角度来讲，光放大器的噪声系数F应越低越好。

5.1.4 光放大器的应用形式

光放大器在光纤通信系统中的主要应用形式有四种，如图5-1-4所示。其中，光放大器作为“在线”(on-line)放大器在长距离光纤传输系统中替代光电中继器是其最重要的一种应用形式。在线放大器可以使无光/电转换光纤传输在系统性能受色散和放大器自发辐射积累效应限制前达到最大的距离。这种应用在多信道复用系统中特别具有吸引力，因为如果在多信道系统中使用光电中继器，需要在每一个中继站上首先对信号进行解复用，然后分别对每一信道进行处理，最后又需将多路信号复用起来，使得中继成本极高，而采用光放大器可以同时对多路光信号进行直接放大。

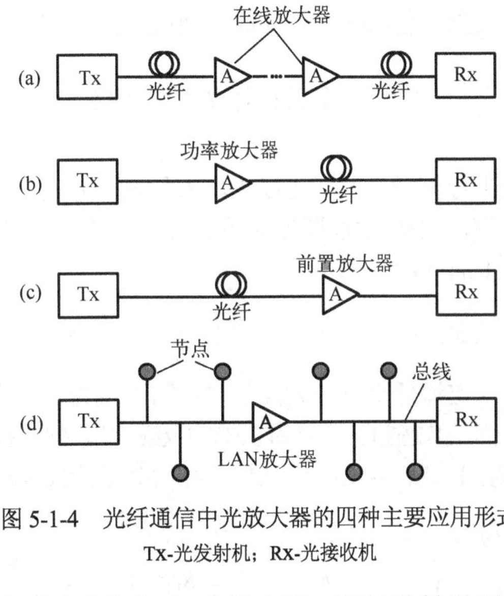

图5-1-4 光纤通信中光放大器的四种主要应用形式

Tx-光发射机；Rx-光接收机

光放大器也可以作为“功率”(power)放大器，置于发射光源之后对光信号进行放大，以提高入纤光功率而延长传输距离。另外，光放大器还可以作为“前置”放大器(pre-amplifier)，在光信号进入光接收机之前对光信号进行放大，进而提高接收机灵敏度。

光放大器的另一种应用方式是在光纤局域网络(local access network，LAN)中作为“分配补偿”放大器，以增加光节点的数目。例如，在光纤有线电视(cable television，CATV)系统

中，采用这种光放大器后，用户数目可以大大增加。

此外，光放大器(尤其是半导体激光放大器)还常被用作光开关、光逻辑器件、光非线性器件等功能器件。

5.1.5 光放大器级联

在长距离光纤传输线路上，常常采用多个间隔一定距离(50～100km)的在线放大器级联，以延长无光/电转换的传输距离，降低系统的成本。在这种系统中，放大器噪声主要从两方面影响系统性能：一方面，每个放大器产生的自发辐射噪声将与信号一起在后续的光纤线路上传输，并被后续放大器放大，这样放大的自发辐射噪声在信号到达接收端的累积效应可能会严重影响系统性能；另一方面，随着放大的自发辐射噪声的增加，它会使后续放大器饱和，从而降低对信号的增益，造成沿光纤传输线路上信号功率不断减小而放大的自发辐射噪声功率不断增加，导致系统的 SNR 降低。

考虑级联放大器放大的自发辐射累积效应，可以用有效噪声系数 F_{eff} 来描述。如果各放大器的噪声系数为 F_i，增益为 G_i，则 K 个放大器级联后的等效噪声系数为

$$F_{\text{eff}} = F_1 + \frac{F_2}{G_1} + \frac{F_3}{G_1 G_2} + \cdots + \frac{F_k}{G_1 G_2 \cdots G_{k-1}} \tag{5-1-19}$$

式(5-1-19)表明，在放大器级联中，为获得低噪声、高增益的效果，第一级放大器的噪声系数应尽量低，而后续放大器应采用较高饱和输出功率的放大器。

级联放大器只能补偿光纤的损耗，光纤色散的积累效应仍然存在，并且光纤的非线性效应也会对系统性能产生较大影响。因此，在设计这种放大器级联的长距离光纤传输系统时，需要同时考虑放大器噪声、光纤色散和光纤非线性效应三方面因素。

5.2 半导体光放大器

核心知识解析

从 20 世纪 60 年代初半导体激光器诞生以来，人们就开始研究半导体光放大器(SOA)，但直到 20 世纪 80 年代末期，SOA 才逐渐被应用于实际系统。本节主要介绍 SOA 的结构、性能及其在光纤通信系统中的应用。

5.2.1 SOA 的结构

当半导体激光器的注入电流低于且接近阈值时，它表现为一个光放大器，但半导体激光器芯片两端解理面的存在，引起较强的反馈(约 30%的反射率)，使这种放大器受 FP 腔的多次反射效应影响严重，所以称为 FP 型 SOA(FP-SOA)。根据 FP 干涉仪理论，FP-SOA 的增益为

$$G_{\text{FP}}(\nu) = \frac{(1-R_1)(1-R_2)G}{\left(1-G\sqrt{R_1 R_2}\right)^2 + 4G\sqrt{R_1 R_2}\sin^2\left[\pi\dfrac{\nu-\nu_{\text{m}}}{\Delta\nu_{\text{L}}}\right]} \tag{5-2-1}$$

式中，R_1、R_2 分别为 SOA 两端的反射率；ν_{m} 为 FP 腔的谐振频率；$\Delta\nu_{\text{L}}$ 为纵模间隔(也称 FP 腔的自由谱宽)；G 为单程增益，它由式(5-1-6)给出。

当入射光信号的频率 ν 与 FP 腔的某个谐振频率 ν_{m} 相等时，式(5-2-1)中的增益 $G_{\text{FP}}(\nu)$ 出现峰值；当 ν 偏离 ν_{m} 时，增益下降。可以计算出 FP-SOA 的带宽为

$$\Delta\nu_A = \frac{2\Delta\nu_L}{\pi}\arcsin\left[\frac{1-G\sqrt{R_1R_2}}{\left(4G\sqrt{R_1R_2}\right)^{1/2}}\right] \tag{5-2-2}$$

为了获得较大的增益，$G\sqrt{R_1R_2}$ 应该接近 1，因此由式(5-2-2)可知，放大器的带宽$\Delta\nu_A$很窄，只是 FP 腔自由谱宽$\Delta\nu_L$的很小一部分(典型值：$\Delta\nu_L$约为 100GHz，$\Delta\nu_A$约为 10GHz)。这样小带宽的放大器不适合在高速光纤通信系统中应用，因此 FP-SOA 通常只在一些信号处理应用中使用。

如果在半导体激光器芯片两端面镀上增透膜，使反射率极低(理想情况下 R=0)，则可以构成行波(traveling wave，TW)半导体光放大器(TW-SOA)。对于 TW-SOA，令式(5-2-1)中 R_1=R_2=0，可得出其增益，正是 5.1 节中的式(5-1-6)。

TW-SOA 对芯片端面剩余反射率的要求极高(一般应小于 10^{-3})，这也是 TW-SOA 最关键的技术和难点。由式(5-2-1)可知，TW-SOA 的最大增益与最小增益之比为

$$\Delta G = \frac{G_{FP}^{max}}{G_{FP}^{min}} = \left(\frac{1+G\sqrt{R_1R_2}}{1-G\sqrt{R_1R_2}}\right)^2 \tag{5-2-3}$$

如果ΔG>3dB，则放大器带宽由 FP 腔的谐振峰决定(式(5-2-2))，而不是由增益谱宽决定(式(5-1-7))。为了使ΔG<2，则要求：

$$G\sqrt{R_1R_2} < 0.17 \tag{5-2-4}$$

如果放大器的端面剩余反射率满足式(5-2-4)，则可认为该放大器为行波放大器。这样对于增益为 30dB($G=10^3$)的放大器，要求$\sqrt{R_1R_2} < 1.7\times10^{-4}$。

由于对半导体激光器芯片两端面镀制高质量的增透膜要求较高的工艺条件，而且很难对镀膜的结果进行控制和预测，因此人们发展了几种用于降低半导体激光器端面反射率的结构。其中一种如图 5-2-1(a)所示，在这种结构中，有源区端面制作成具有一定的角度，可以有效减弱反射回放大器有源区的光功率，采用这种角度端面与镀制增透膜相结合的结构，很容易就可以实现反射率 $R<10^{-3}$，如果进一步优化设计，可以达到 $R<10^{-4}$。另一种结构如图 5-2-1(b)所示，称为窗面结构，在这种结构中，在有源区与端面之间设置透明区，来自有源区的光束在经端面反射之前于透明区发生发散，端面反射之后发散将进一步加剧，最终只有极少部分光返回到有源区，这种结构也可以将端面反射率降低至 10^{-4} 以下。

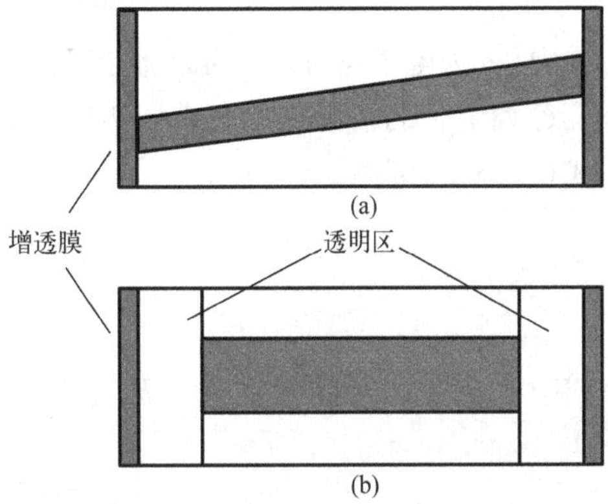

图 5-2-1　半导体激光放大器的两种结构

5.2.2　SOA 的性能

当条件式(5-2-4)得到满足时，SOA 的增益由式(5-1-6)决定，它对信号光频率的依赖关系主要由增益系数决定。由于端面剩余反射率的存在(尽管很小)，SOA 的增益随 FP 谐振频率仍然会发生微小的起伏。图 5-2-2 给出了一只 SOA 的增益随波长变化的曲线，其中 R≈4×

10^{-4}，$G\sqrt{R_1R_2}\approx 0.04$，满足条件式(5-2-4)。由图 5-2-2 可知，增益的起伏很小，可以忽略，因此可以认为该放大器为 TW-SOA，其带宽约为 70nm，反映的是介质的增益谱宽。

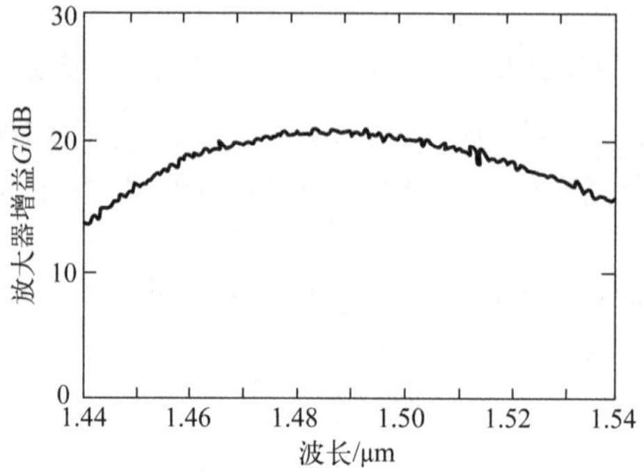

图 5-2-2 某 $R\approx 4\times 10^{-4}$ 的 SOA 增益谱

SOA 的增益系数 g 与载流子浓度 N 成线性关系，可表示为

$$g=\frac{\Gamma\sigma_{\mathrm{g}}}{V}(N-N_0) \tag{5-2-5}$$

式中，Γ 为限制因子；σ_{g} 是微分增益系数；V 为有源区体积；N_0 为透明载流子浓度。载流子浓度 N 随注入电流 I 和信号光功率 P 变化，其速率方程为

$$\frac{\mathrm{d}N}{\mathrm{d}t}=\frac{I}{qV}-\frac{N}{\tau_{\mathrm{c}}}-\frac{\sigma_{\mathrm{g}}(N-N_0)}{\sigma_{\mathrm{m}}h\nu}P \tag{5-2-6}$$

式中，q 为电子电荷；τ_{c} 为载流子寿命；σ_{m} 为波导模式的截面积。在连续波光信号或脉冲宽度远大于 τ_{c} 的情况下，令式(5-2-6)中 $\mathrm{d}N/\mathrm{d}t=0$，可得到稳态载流子浓度，再将结果代入式(5-2-5)，可得

$$g=\frac{g_0}{1+\dfrac{P}{P_{\mathrm{s}}}} \tag{5-2-7}$$

式中，g_0 为小信号增益系数；P_{s} 为饱和功率，它们分别表示为

$$g_0=\left(\frac{T\sigma_{\mathrm{g}}}{V}\right)\left(\frac{I\tau_{\mathrm{c}}}{qV}-N_0\right) \tag{5-2-8}$$

$$P_{\mathrm{s}}=\frac{h\nu\sigma_{\mathrm{m}}}{\sigma_{\mathrm{g}}\tau_{\mathrm{c}}} \tag{5-2-9}$$

对比式(5-2-7)与式(5-1-8)可知，SOA 的增益饱和特性与二能级系统完全相同。因此，由式(5-1-11)和式(5-2-9)可得到，SOA 饱和输出功率的典型值范围为 5～10mW。

对于 SOA，在利用式(5-1-18)考察其噪声系数时，首先，在式(5-1-15)中可用 N 和 N_0 分别代替 N_2 和 N_1；其次，需要考虑放大器内的非辐射损耗 α_{int}，它使得 SOA 的净增益系数变为 $g-\alpha_{\mathrm{int}}$。考虑上述因素后，SOA 的噪声系数为

$$F=2\left(\frac{N}{N-N_0}\right)\left(\frac{g}{g-\alpha_{\mathrm{int}}}\right) \tag{5-2-10}$$

式(5-2-10)表明，SOA 的噪声系数大于 3dB，典型值为 5～7dB。

由于 SOA 端面剩余反射率的存在，它会使噪声系数增加至原来的 $1+R_1G$ 倍，其中 R_1 为入射端面的反射率。在 TW-SOA 中，$R_1G \ll 1$，所以其对噪声系数的影响可以忽略。

SOA 具有偏振敏感性，其增益会随入射光的偏振态发生变化。SOA 对 TE 模和 TM 模的增益差可以高达 5～8dB，引起这种增益差的原因在于式(5-2-5)中的参数 Γ 和 σ_g 与偏振态相关。增益具有偏振相关性是 SOA 的一大缺点，这在光纤通信中是不希望有的。如果将放大器宽度和厚度的尺寸设计得相接近，则可以减小这种增益与偏振态相关的效应。例如，对于一个有源区厚度为 0.26μm、宽为 0.4μm 的放大器，其 TE 与 TM 偏振态的增益差可降低至 1.3dB。采用大光腔结构也可以降低偏振增益差，利用这种方法，可实现 1dB 增益差的结果。此外，采用两个 SOA，或使光信号两次通过 SOA，可以基本上消除总增益对偏振态的依赖关系。图 5-2-3 给出了三种减弱 SOA 增益偏振相关性的结构。图 5-2-3(a)采用两个结平面相互垂直的 SOA 串接，如果两个 SOA 的增益特性完全相同，则总增益与入射光的偏振无关。图 5-2-3(b)采用两个结平面相互垂直的 SOA 并接，入射光首先由偏振分束器分成相互正交的两个偏振态，然后在两个 SOA 中都以 TE 偏振放大，最后又将放大后的两束光合成在一起。在图 5-2-3(c)所示的结构中，光信号在第一次通过 SOA 后，偏振态被旋转 90°，然后再次通过 SOA，总增益与偏振态无关；这种结构尽管使用的一个 3dB 耦合器会带来 6dB 的损耗，但由于信号光两次通过 SOA，因此对信号的增益还是很高的。

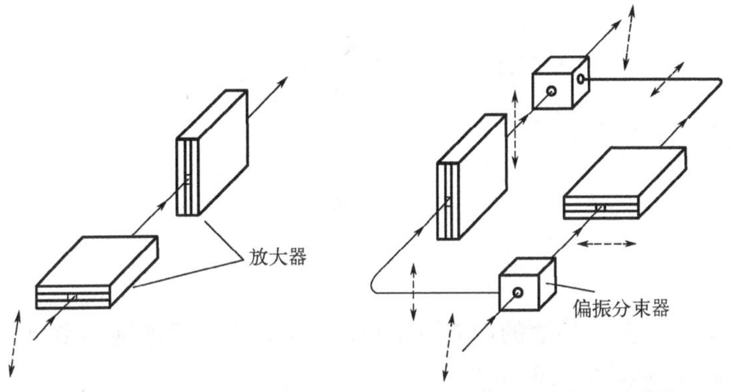

(a) 级联正交偏振放大结构　　(b) 偏振分离独立放大结构

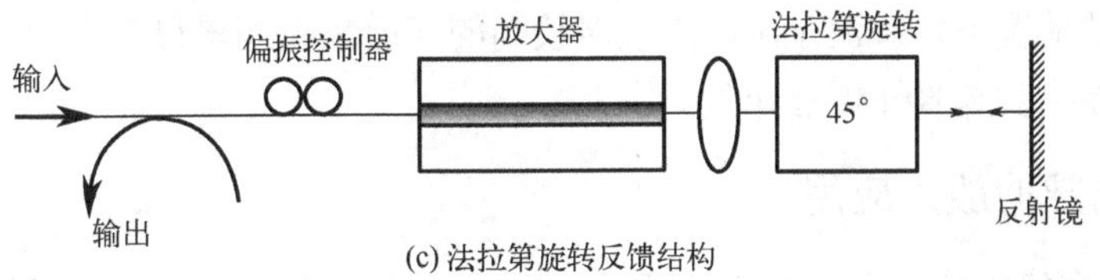

(c) 法拉第旋转反馈结构

图 5-2-3 减小 SOA 增益偏振相关性的三种结构

5.2.3 SOA 的多信道放大应用

如前所述，光放大器的一个优点是可以同时对多信道复用信号进行放大，只需要信道的载波频率位于放大器的带宽以内。在理想情况下，放大器对所有信道的增益应该相等，但实际上，SOA 内存在一些非线性效应，会使信道之间发生串扰，在光纤通信系统中应尽量减小这种串扰。

在 SOA 多信道放大应用中，引起信道串扰的非线性效应主要有交叉饱和与四波混频。在多信道放大的情况下，式(5-2-6)中的光功率为

$$P=\frac{1}{2}\left|\sum_{j=1}^{M}A_j\exp(-\mathrm{i}\omega_j t)+c\cdot c\right|^2 \tag{5-2-11}$$

式中，$c{\cdot}c$ 代表复共轭；M 为复用信道的总数；A_j 和 ω_j 分别为第 j 信道信号的复振幅和频率。由于不同信道光信号的相干叠加，式(5-2-11)表示的光功率包含一个与时间相关的由不同信道差频决定的分量：

$$P=\sum_{j=1}^{M}P_j+\sum^{M}\sum_{j\neq k}^{M}2\sqrt{P_jP_k}\cos(\Omega_{jk}t+\phi_j-\phi_k) \tag{5-2-12}$$

式中，$A_j=\sqrt{P_j}\exp(\mathrm{i}\phi_j)$；$\Omega_{jk}=\omega_j-\omega_k$。将式(5-2-12)代入式(5-2-6)发现，载流子浓度 N 也以差频 Ω_{jk} 振荡。由于增益和折射率都与 N 相关，因此增益和折射率也受到频率 Ω_{jk} 的调制，这种效应导致信号光功率由一个信道散射到其他信道而形成串扰，称为四波混频(four wave mixing，FWM)。

交叉饱和效应也可以由式(5-2-12)来说明。如果不考虑差频项，则光功率可表示为各个信道光功率之和：

$$P=\sum_{j=1}^{M}P_j \tag{5-2-13}$$

代入式(5-2-7)得

$$g=\frac{g_0}{1+\sum_{j=1}^{M}\frac{P_j}{P_\mathrm{s}}} \tag{5-2-14}$$

式(5-2-14)表明，某一信道的增益不仅受自身信道光功率的饱和影响，也受其他信道光功率的饱和影响，这就是交叉饱和效应。

FWM 串扰主要在信道间隔不大时出现，一旦信道频率间隔超过 10GHz，则可以忽略，因为在 $\Omega\tau_\mathrm{c}\gg 1$ 的情况下，载流子浓度不能对较高的信道频率间隔 Ω 产生响应，所以可以通过增大信道频率间隔来消除 FWM 串扰。

5.2.4　SOA 的脉冲放大应用

TW-SOA 具有很宽的带宽，因此可以对短至 ps 量级的超短光脉冲进行放大，但当脉冲宽度 T_p 比载流子寿命 τ_c 还短时，增益系数 g 和载流子浓度 N 都与时间相关，不能保持稳态而必须考虑放大器的动态特性。

光脉冲包络在 TW-SOA 中的传播方程为

$$\frac{\partial A}{\partial z}+\frac{1}{\upsilon_\mathrm{g}}\cdot\frac{\partial A}{\partial t}=\frac{1}{2}(1+\mathrm{i}\beta_\mathrm{c})gA \tag{5-2-15}$$

式中，β_c 为线宽增强因子，它表征载流子浓度导致的折射率变化。增益系数 g 随时间的变化

由式(5-2-5)、式(5-2-6)可得：

$$\frac{\partial g}{\partial t}=\frac{g_0-g}{\tau_c}-\frac{gP}{E_s} \tag{5-2-16}$$

式中，g_0为小信号增益系数，由式(5-2-8)给出；E_s为饱和能量，它定义为

$$E_s=h\nu\left(\frac{\sigma_m}{\sigma_g}\right) \tag{5-2-17}$$

式(5-2-15)、式(5-2-16)描述了光放大器对光脉冲的放大过程。当输入脉冲宽度 T_p 小于载流子寿命τ_c时，可以对这两个方程进行数值求解。在脉冲放大的情况下，式(5-2-16)等号右边的第一项可以忽略。引入时间坐标变换$\tau=t-z/v_g$，并结合 $A=\sqrt{P}\exp(i\phi)$，式(5-2-15)、式(5-2-16)可变换为

$$\frac{\partial P}{\partial z}=g(z,\tau)P(z,\tau) \tag{5-2-18}$$

$$\frac{\partial \phi}{\partial z}=-\frac{1}{2}\beta_c g(z,\tau) \tag{5-2-19}$$

$$\frac{\partial g}{\partial \tau}=-\frac{1}{E_s}g(z,\tau)P(z,\tau) \tag{5-2-20}$$

由式(5-2-18)对放大器长度 L 进行积分可得，输出功率为

$$P_{out}(\tau)=P_{in}(\tau)\exp[h(\tau)] \tag{5-2-21}$$

式中，$P_{in}(\tau)$为输入光功率；$h(\tau)$为增益系数的积分：

$$h(\tau)=\int_0^L g(z,\tau)dz \tag{5-2-22}$$

在式(5-2-20)中用$\partial P/\partial z$代替$g(z,\tau)P(z,\tau)$，并对放大器长度进行积分，得到：

$$\frac{dh}{d\tau}=-\frac{1}{E_s}[P_{out}(\tau)-P_{in}(\tau)]=-\frac{P_{in}(\tau)}{E_s}\left[e^{h(\tau)}-1\right] \tag{5-2-23}$$

这里利用了式(5-2-21)，对式(5-2-23)进行积分可以求出 $h(\tau)$。在实际中，人们重点关注放大器的增益 $G(\tau)$，它与 $h(\tau)$的关系为 $G(\tau)=\exp[h(\tau)]$，可以求出其表达式为

$$G(\tau)=\frac{G_0}{G_0-(G_0-1)\exp\left[\frac{-E_0(\tau)}{E_s}\right]} \tag{5-2-24}$$

式中，G_0为放大器的小信号增益，$E_0(\tau)$定义为

$$E_0(\tau)=\int_{-\infty}^{\tau}P_{in}(\tau)d\tau \tag{5-2-25}$$

当$\tau\to\infty$时，$E_0(\tau)$即为输入脉冲能量E_{in}。

式(5-2-24)表明，对于脉冲的不同部分，放大器具有不同的增益。脉冲前沿经历最大的增益 G_0，而脉冲后沿经历最小的增益 G_f，脉冲中部增益的大小与脉冲形状有关。图 5-2-4 给出了不同形状指数 m 的三个超高斯脉冲输入下的增益 $G(\tau)$随τ/τ_0的变化曲线，其中τ_0为输入脉冲的 1/e 强度半宽度，超高斯输入脉冲的表达式为

$$P_{\text{in}}(\tau)=P_0\exp\left[-\left(\frac{\tau}{\tau_0}\right)^{2m}\right] \tag{5-2-26}$$

当 m=1 时为高斯脉冲。为比较起见，图 5-2-4 中对不同形状指数的脉冲都取 $E_{\text{in}}/E_{\text{s}}=0.1$，以使各输入脉冲的能量恒定。放大器增益 $G(\tau)$ 与脉冲形状相关意味着放大器会使脉冲发生畸变。

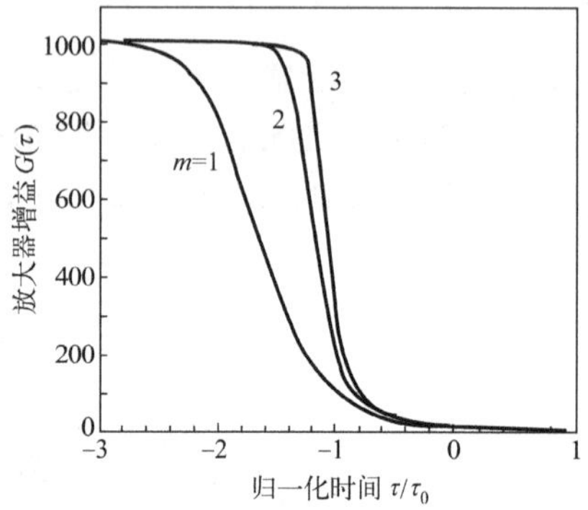

图 5-2-4 不同形状指数的三个超高斯脉冲输入下的增益 $G(\tau)$ 随 τ/τ_0 的变化关系（G_0=30dB）

有趣的是，放大器的能量增益 G_{E}（定义为 $G_{\text{E}}=E_{\text{out}}/E_{\text{in}}$）与脉冲形状无关，而只与脉冲的前沿增益 G_0 和后沿增益 G_{f} 有关：

$$G_{\text{E}}=\frac{\ln\left(\dfrac{G_0-1}{G_{\text{f}}-1}\right)}{\ln\left(\dfrac{G_0-1}{G_{\text{f}}-1}\right)-\ln\left(\dfrac{G_0}{G_{\text{f}}}\right)} \tag{5-2-27}$$

SOA 与其他类型的光放大器有一个重要的区别，就是在 SOA 中会出现饱和导致的自相位调制现象。这可以由式(5-2-19)来解释，该式表明由于增益饱和效应，脉冲各部分的相位与时间相关，由式(5-2-19)对放大器长度求积分可得相移为

$$\phi(\tau)=-\frac{1}{2}\beta_{\text{c}}\int_0^L g(z,\tau)\mathrm{d}z=-\frac{1}{2}\beta_{\text{c}}h(\tau)=-\frac{1}{2}\beta_{\text{c}}\ln[G(\tau)] \tag{5-2-28}$$

从物理意义上来讲，增益饱和导致载流子浓度随时间变化，而载流子浓度的变化又通过线宽增强因子引起折射率的变化，从而使光脉冲相位发生变化。

脉冲的相位随时间变化表明脉冲各部分的载波频率不同，如果脉冲的载波频率随时间发生变化，则称这种脉冲为啁啾脉冲。因此，增益饱和效应使光脉冲通过 SOA 后成为啁啾光脉冲。根据式(5-2-23)、式(5-2-28)，光脉冲的频率啁啾可表示为

$$\Delta\nu_{\text{c}}=-\frac{1}{2\pi}\cdot\frac{\mathrm{d}\phi}{\mathrm{d}\tau}=\frac{\beta_{\text{c}}}{4\pi}\cdot\frac{\mathrm{d}h}{\mathrm{d}\tau}=-\frac{\beta_{\text{c}}P_{\text{in}}(\tau)}{4\pi E_{\text{s}}}[G(\tau)-1] \tag{5-2-29}$$

图 5-2-5 给出了增益为 30dB 的 SOA 对不同能量的高斯脉冲放大后的啁啾分布，可以看出，随着输入脉冲能量的增大，频率啁啾增加，因为增益饱和效应随入射脉冲能量的增大而增强。

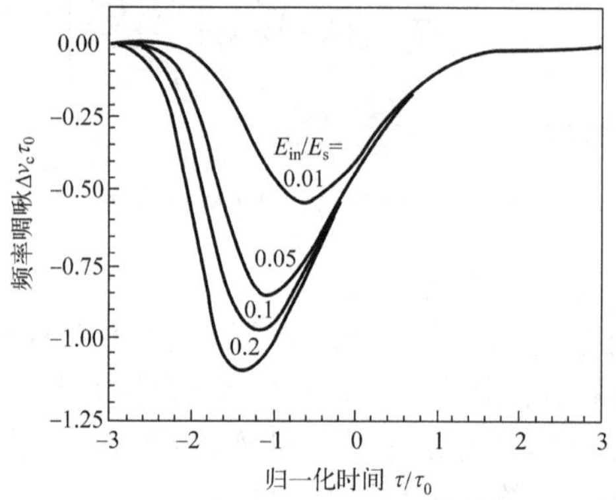

图 5-2-5 不同能量的高斯脉冲通过 SOA 后的频率啁啾（$G_0=30$dB，β_{c}=5）

SOA 增益饱和效应导致自相位调制而引起的光脉冲频率啁啾对光纤通信系统的性能可能会产生严重影响，因为脉冲通过 SOA 后，其频谱可能发生明显展宽且可能出现多峰，主峰将会向长波长方向移动。图 5-2-6 给出了 E_{in}/E_s=0.1 下高斯脉冲通过 G_0=30dB 的 SOA 后输出脉冲的时域和频域分布的计算模拟结果，图中虚线表示输入脉冲的情况。由图 5-2-6 可知，输出脉冲的时域和频域分布都发生了明显变化。

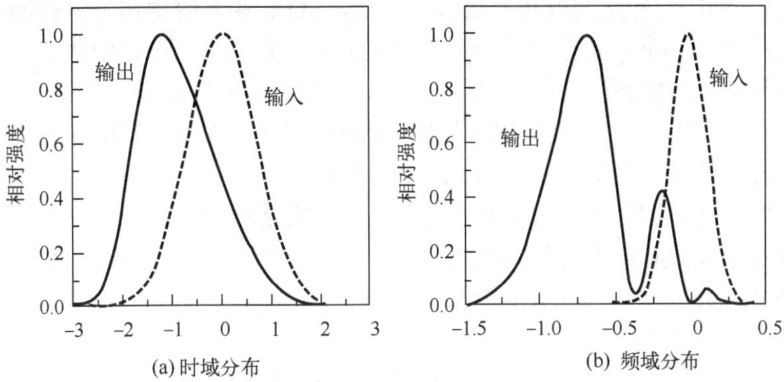

图 5-2-6　E_{in}/E_s=0.1 下高斯脉冲通过 G_0=30dB 的 SOA 后的时域和频域分布

值得注意的是，SOA 对光脉冲的附加啁啾与直接调制半导体激光器产生的脉冲的啁啾正好符号相反，因此采用 SOA 对直接调制光脉冲进行放大的同时，也能进行频率啁啾补偿。由图 5-2-5 可知，在脉冲的大部分范围内，放大器引起的啁啾是线性增加的，所以经放大后的脉冲在色散光纤中传输时的开始阶段会经历一个压缩过程。在光纤通信系统设计中可以利用这个效应，使 SOA 既起到对光纤损耗的补偿作用，又起到对色散的补偿作用。这个机理于 1989 年被实验证实，在该实验中速率为 16Gbit/s 的脉冲利用一个 SOA 沿光纤无误码传输了 70km；如果去掉 SOA，由于光纤色散的影响，脉冲只传输 20km 就会出现误码。

当脉冲的宽度 $T_p \ll 10$ps 时，SOA 中还会出现增益色散通过线宽增强因子而引起的群速度色散，此时式(5-2-15)修正为

$$\frac{\partial A}{\partial z}+\frac{1}{\upsilon_g}\cdot\frac{\partial A}{\partial t}=\frac{g}{2}(1+\mathrm{i}\beta_c)\left(A+T_2^2\frac{\partial^2 A}{\partial t^2}\right) \tag{5-2-30}$$

式中，T_2 为横向弛豫时间，它与增益带宽成反比，见式(5-1-4)。在没有出现增益饱和效应时，式(5-2-30)中的 g 可用 g_0 来代替，该式可以用傅里叶变换的方法求解，结果表明，当输入脉冲具有一定啁啾分布时(如由直接调制产生的光脉冲)，脉冲经过 SOA 后会被压窄，所以可以利用 SOA 对啁啾超短光脉冲(约 1ps)同时放大和压窄。由于这种压窄效应不需要增益饱和，因此脉冲能量可以低至飞焦(fJ)量级。

5.2.5　SOA 的系统应用

SOA 可用作接收前置放大器，在这种应用中，光信号首先经 SOA 放大，然后再由光接收机接收，从而使接收机的噪声达到点噪声极限而不是热噪声极限，但是 SOA 自发辐射噪声的存在会使信号的 SNR 降低。由于 SOA 具有较大的噪声系数(5～7dB)，在实际中不太适合用作前置放大器；尽管如此，它用作前置放大器时仍可以大大提高接收灵敏度。SOA 也可以在发射端用作功率放大器，但由于它具有较低的饱和输出功率(5～10mW)，故很难用这种

方式获得超过 10mW 的功率输出。

关于 SOA 作为在线放大器方面，有实验曾采用 4 个级联的 SOA 将 1Gbit/s 信号传输了 313km，该实验采用强度/直接探测(IM/DD)的方式。在另一个 140Mbit/s 的相干实验系统中，采用 10 个 SOA，传输距离被延长至 545km。SOA 还常被用于局域网络中以补偿分路损耗。

SOA 的另一种广泛应用是光信号处理。例如，SOA 在系统中用作具有增益的光开关，1989 年报道的一个 2Gbit/s 的光学时分复用(OTDM)实验证实了这种应用的可能性。在该实验中，由直接调制半导体激光器产生超短光脉冲，光脉冲经分束器分成两路，然后由两个 SOA 分别对两路信号脉冲进行编码开关调制，放大器既起到开关作用，又能在开启状态下对脉冲提供光增益。此后又有许多实验利用 SOA 作为光开关。

此外，利用 SOA 的交叉增益调制效应，还可以实现波长变换，这是近年来研究得较多的一个重要应用领域。SOA 也可与其他技术结合，用作光信号处理中的光逻辑器件。事实上，SOA 在非线性放大这一类的应用正是其重要的特色。

5.3　掺铒光纤放大器

核心知识解析

早在 1964 年就有人提出掺 Nd^{3+}光纤放大器的设想，但直到 1985 年低损耗掺杂 SiO_2 光纤研制成功后，这种设想才成为现实。掺杂光纤放大器利用掺杂离子在泵浦光作用下的粒子数反转而对入射光信号提供光增益，放大器的增益特性和工作波长由掺杂离子决定。许多稀土离子都可用作掺杂剂而构成掺杂光纤放大器，研究最多的是掺 Nd^{3+}、掺 Pr^{3+}(用于 1.3μm 波长)和掺 Er^{3+}(用于 1.55μm 波长)光纤放大器，其中尤以掺 Er^{3+}光纤放大器(EDFA)最为成熟，并且在 20 世纪 90 年代实现商用化。

5.3.1　EDFA 的工作原理

EDFA 的核心组件是掺铒光纤(EDF)和高功率激光器，其中掺铒光纤作为增益介质，高功率激光器作为泵浦源。图 5-3-1(a)给出了 Er^{3+}的能级结构，在 SiO_2 受主杂质中，Er^{3+}的能级受到非晶态的影响发生展宽。EDFA 中受激光放大对应于 $4I_{15/2}$ 和 $4I_{13/2}$ 之间的跃迁。在泵浦方面，可采用 520nm、650nm、800nm、980nm、1480nm 等多种波长的泵浦源。最初的 EDFA 实验中采用大功率的可见光激光器(如氩离子激光器、YAG 激光器、染料激光器等)进行泵浦，但由于 980nm 波长以下的泵浦存在较强的受激吸收，因此泵浦效率很低。现在的 EDFA 主要采用 980nm 和 1480nm 两种泵浦光源，并且在这两个波长上已实现了用作泵浦源的大功率半导体激光器。此外，上述两个波长的泵浦效率很高，可达 11dB/mW，几毫瓦泵浦功率就能获得 30～40dB 的增益。

EDFA 的放大原理可以通过图 5-3-1(b)所示的 Er^{3+}简化三能级结构来简单解释。当泵浦光进入掺铒光纤时，铒离子吸收泵浦光，电子从基态跃迁到激发态；由于激发态不稳定，电子很快会返回亚稳态(当采用 1480nm 泵浦时，电子直接跃迁到亚稳态)，亚稳态粒子数积累形成粒子数反转分布；如果输入光子的能量等于基态与亚稳态的能量差，亚稳态的电子将跃迁回基态，并产生一个与信号光子完全一样的光子，实现光在掺铒光纤中的放大。

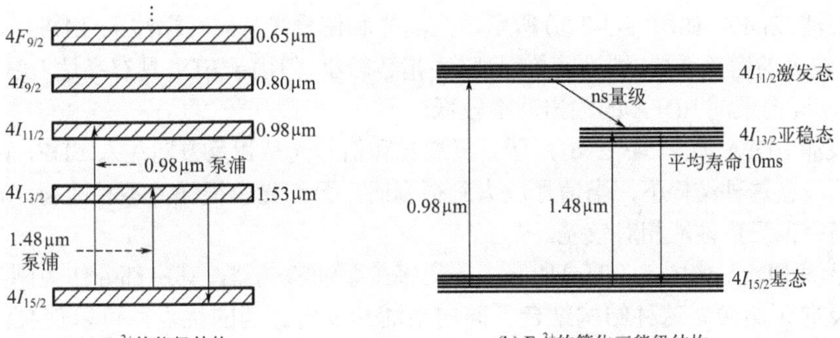

(a) Er^{3+}的能级结构　　　　(b) Er^{3+}的简化三能级结构

图 5-3-1　Er^{3+}的能级结构和简化三能级结构

5.3.2　EDFA 的结构

EDFA 内部不仅包含 EDF 和泵浦激光器两大核心器件，还配置了波分复用器、光隔离器、光滤波器。EDF 作为增益介质，其 Er^{3+}浓度、长度是决定增益大小的重要因素；泵浦激光器具有大功率和长寿命；波分复用器的作用是将泵浦光和信号光耦合进 EDF；光隔离器置于两端，防止光反射，以保证放大器稳定工作和减小噪声，因此 EDFA 是单向光器件；光滤波器的作用是滤除放大器噪声，提高系统信噪比。根据泵浦光相对信号光进入 EDF 的方向分类，EDFA 有同向泵浦(前向泵浦)、反向泵浦(后向泵浦)、双向泵浦三种典型结构，如图 5-3-2 所示。

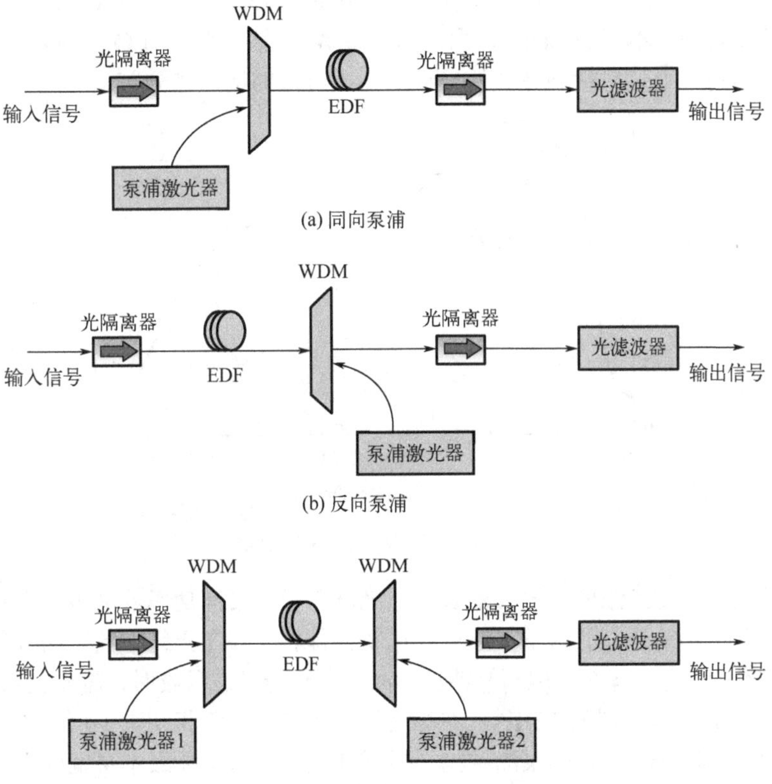

(a) 同向泵浦

(b) 反向泵浦

(c) 双向泵浦

图 5-3-2　三种不同泵浦结构的 EDFA

同向泵浦 EDFA 如图 5-3-2(a)所示，泵浦光和信号光从同一端注入 EDF。这种结构的 EDFA 具有较大的增益系数、结构简单，且噪声指数较小；但由于 EDF 具有高达 1dB/m(1550nm 处)的损耗，同向泵浦 EDFA 的输出功率较低。

反向泵浦 EDFA 如图 5-3-2(b)所示，泵浦光和信号光从相反方向注入 EDF，两者在 EDF 中相向传输。在这种结构下，当信号放大到很强时，泵浦光也很强，不易饱和，输出功率比同向泵浦高；但噪声性能相对较差。

双向泵浦 EDFA 如图 5-3-2(c)所示，采用多个泵浦激光器，其中部分作为同向泵浦源，部分作为反向泵浦源。这种结构结合了同向泵浦和反向泵浦的优点，可以使泵浦光功率在 EDF 中均匀分布，从而使增益在 EDF 中均匀分布。

5.3.3 EDFA 的增益特性

EDFA 的增益谱主要由 Er^{3+}的增益分布决定，但玻璃的非晶结构和其他掺杂剂(如 GeO_2、Al_2O_3)对其有较大的影响。Er^{3+}自身的增益谱是均匀展宽的，谱宽由横向弛豫时间 T_2 决定，见式(5-1-4)。但在玻璃光纤中，非晶结构导致增益谱发生非均匀展宽，因此 EDFA 实际表现为综合展宽，增益系数表示为

$$g(\omega)=\int_{-\infty}^{\infty} g(\omega,\omega_0)f(\omega_0)\mathrm{d}\omega_0 \tag{5-3-1}$$

式中，$g(\omega,\omega_0)$ 由式(5-1-1)给出；$f(\omega_0)$ 表示 Er^{3+}离子跃迁频率的分布函数。

图 5-3-3 给出了一种 EDFA 的典型增益谱。由图 5-3-3 可知，EDFA 的增益谱很宽，在增益谱内具有两个峰值。不同的 EDFA，由于掺杂参数(包括 Er^{3+}、Al_3O_3、GeO_2)不同，其增益谱会出现差异，可以通过对掺杂参数的设计而得出合适的增益谱分布。

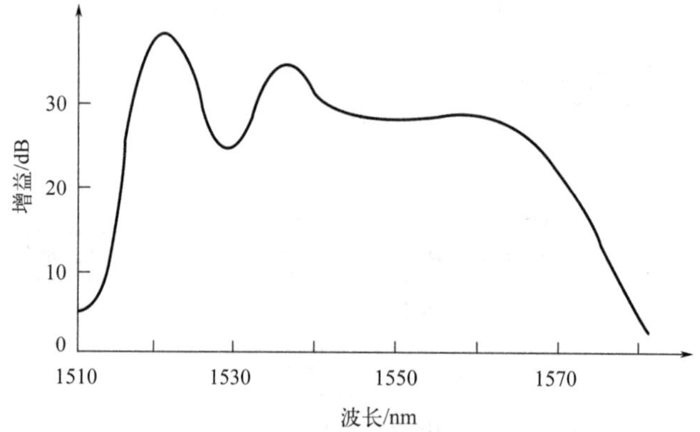

图 5-3-3　EDFA 的典型增益谱

EDFA 的增益与 Er^{3+}浓度、放大器长度、光纤芯径、泵浦功率等诸多因素有关。通常在如图 5-3-1(b)所示的简化三能级下，通过对速率方程和光波在光纤中的传播方程进行数值求解，分析 EDFA 的增益、噪声、饱和等特性；但在考虑受激态吸收时，需要加入第四个能级。对于 980nm 和 1480nm 泵浦的 EDFA，忽略受激态吸收，通常将图 5-3-1(b)进一步简化成二能级系统。对于 1480nm 波长的泵浦结构，泵浦能级与受激态能级本身就处于同一能带内；而当采用 980nm 波长泵浦时，图 5-3-1(b)中粒子从第三能级到第二能级的弛豫时间 τ_{32} 为 ns 量级，而 τ_{21} 为 10ms 左右，所以可以认为粒子从基态被泵浦到第三能级后很快就弛豫到第二

能级，这样第三能级的粒子数 N_3 可基本上认为是零。

在二能级简化模型下，如果忽略放大的自发辐射，可得到粒子数的速率方程为

$$\frac{\partial N_2}{\partial t}=W_{\mathrm{p}}N_1-W_{\mathrm{s}}(N_2-N_1)-\frac{N_2}{\tau_{\mathrm{sp}}} \tag{5-3-2}$$

$$N_1=N_{\mathrm{t}}-N_2 \tag{5-3-3}$$

其中，τ_{sp} 为受激态的自发辐射寿命；N_{t} 为总的粒子数浓度；W_{p}、W_{s} 分别为泵浦速率和受激辐射速率：

$$W_{\mathrm{p}}=\frac{\sigma_{\mathrm{p}}P_{\mathrm{p}}}{A_{\mathrm{p}}h\nu_{\mathrm{p}}} \tag{5-3-4}$$

$$W_{\mathrm{s}}=\frac{\sigma_{\mathrm{s}}P_{\mathrm{s}}}{A_{\mathrm{s}}h\nu_{\mathrm{s}}} \tag{5-3-5}$$

式中，σ_{p}、σ_{s} 分别为泵浦截面积和受激辐射截面积；P_{p}、P_{s} 分别为泵浦光和信号光的功率；ν_{p}、ν_{s} 为泵浦光和信号光的频率；A_{p}、A_{s} 为对泵浦光和信号光的有效芯区面积。

根据方程(5-3-2)，在稳态时令$\partial N_2/\partial t$=0，得

$$N_2=\frac{(P_{\mathrm{p}}'+P_{\mathrm{s}}')N_t}{1+2P_{\mathrm{s}}'+P_{\mathrm{p}}'} \tag{5-3-6}$$

式中，$P_{\mathrm{p}}'=P_{\mathrm{p}}/P_{\mathrm{p}}^{\mathrm{out}}$，$P_{\mathrm{s}}'=P_{\mathrm{s}}/P_{\mathrm{s}}^{\mathrm{out}}$，而饱和功率 $P_{\mathrm{p}}^{\mathrm{out}}$、$P_{\mathrm{s}}^{\mathrm{out}}$ 定义为

$$P_{\mathrm{p}}^{\mathrm{out}}=\frac{A_{\mathrm{p}}h\nu_{\mathrm{p}}}{\sigma_{\mathrm{p}}\tau_{\mathrm{sp}}},\quad P_{\mathrm{s}}^{\mathrm{out}}=\frac{A_{\mathrm{s}}h\nu_{\mathrm{s}}}{\sigma_{\mathrm{s}}\tau_{\mathrm{sp}}} \tag{5-3-7}$$

在放大器中，信号光和泵浦光的传播方程为

$$\frac{\mathrm{d}P_{\mathrm{s}}}{\mathrm{d}z}=\sigma_{\mathrm{s}}(N_2-N_1)P_{\mathrm{s}} \tag{5-3-8}$$

$$\frac{\mathrm{d}P_{\mathrm{p}}}{\mathrm{d}z}=\mp\sigma_{\mathrm{p}}N_1P_{\mathrm{p}} \tag{5-3-9}$$

式(5-3-8)没有考虑放大的自发辐射；式(5-3-9)中，“−”对应同向泵浦结构，“+”对应反向泵浦结构。将式(5-3-3)和式(5-3-6)代入式(5-3-8)、式(5-3-9)得

$$\frac{\mathrm{d}P_{\mathrm{s}}}{\mathrm{d}z}=\frac{(P_{\mathrm{p}}'-1)\alpha_{\mathrm{s}}P_{\mathrm{s}}}{1+2P_{\mathrm{s}}'+P_{\mathrm{p}}'} \tag{5-3-10}$$

$$\frac{\mathrm{d}P_{\mathrm{p}}}{\mathrm{d}z}=\mp\frac{(1+P_{\mathrm{s}}')\alpha_{\mathrm{p}}P_{\mathrm{p}}}{1+2P_{\mathrm{s}}'+P_{\mathrm{p}}'} \tag{5-3-11}$$

式中，$\alpha_{\mathrm{s}}=\sigma_{\mathrm{s}}N_{\mathrm{t}}$，$\alpha_{\mathrm{p}}=\sigma_{\mathrm{p}}N_{\mathrm{t}}$ 分别为对信号光和泵浦光的吸收系数。式(5-3-10)、式(5-3-11)描述了 EDFA 中信号光和泵浦光沿 EDF 的变化情况，对小信号放大和增益饱和两种情形都适用。在放大器参数和初始条件给定的情形下，可以通过数值求解得出放大器的增益特性。

图 5-3-4 给出了在小信号输入情形下，对 1480nm 泵浦的典型 EDFA 增益的计算结果。

其中，图 5-3-4(a)表示不同长度的 EDFA 的增益随泵浦功率的变化情况。对于给定的放大器长度，增益随泵浦功率在开始时按指数增加，当泵浦功率超过一定值时，增益的增加逐渐减慢，并趋于一恒定值，此后再增加泵浦功率不能再使增益增大。图 5-3-4(b)给出了在不同泵浦功率下，放大器的增益与长度的关系。当泵浦功率一定时，放大器在某一最佳长度时获得最大的增益；如果放大器长度超过此最佳长度，由于泵浦功率不足，光信号在放大器的最佳长度以外受到吸收衰减，所以增益下降很快。因此，在 EDFA 的设计中，需要在掺 Er^{3+} 光纤结构参数的基础上，选择合适的泵浦功率和最佳长度，以使放大器工作在最佳状态。

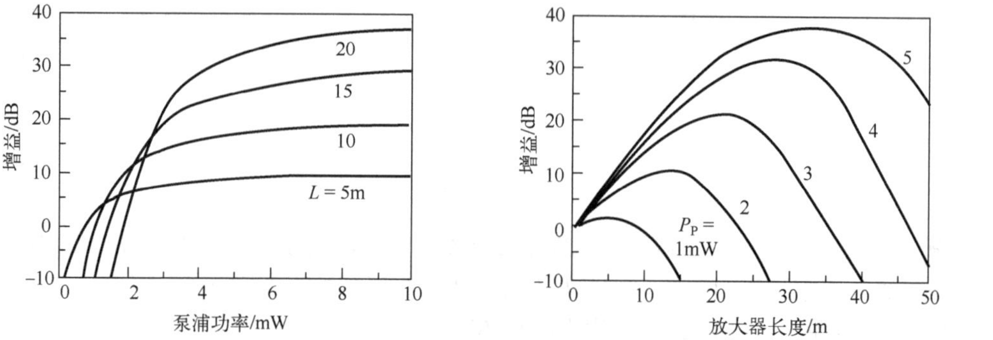

(a) 不同长度的EDFA 的增益随泵浦功率的变化情况　　(b) 在不同泵浦功率下，放大器的增益与长度的关系

图 5-3-4　在小信号输入下，1480nm 泵浦的典型 EDFA 的增益特性

在 EDFA 泵浦功率一定的情况下，放大器增益随入射信号功率的变化表现为在开始阶段(小信号)恒定，当信号功率增大到一定程度时，增益开始随信号功率的增加而下降，这是入射信号导致 EDFA 出现增益饱和的缘故。EDFA 的饱和输出功率依放大器设计的不同而不同，典型值为 10～20mW。

此外，EDFA 的增益近似偏振不敏感，这得益于其增益介质是圆柱形的掺铒光纤。

5.3.4　EDFA 的噪声系数

根据式(5-1-18)，EDFA 的噪声系数 $F=2n_{sp}$，而粒子数反转因子 $n_{sp}=N_2/(N_2-N_1)$。在 EDFA 中，$N_1>0$，即 $n_{sp}>1$，因此 EDFA 的噪声系数总是比理论极限 3dB 大。

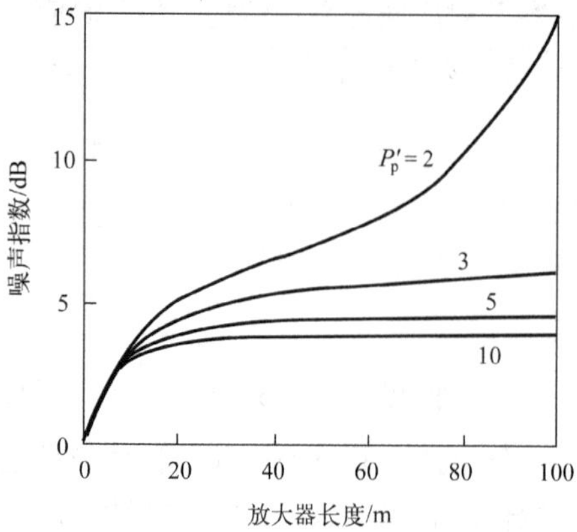

图 5-3-5　不同 P_p' 下 EDFA 噪声系数随放大器长度的变化

EDFA 的粒子数反转因子可以由前面讨论的速率方程求得。注意到 N_1、N_2 是随信号光和泵浦光功率而变化的，而信号光和泵浦光功率又随放大器长度(掺铒光纤长度)而变化，因此在EDFA 中的不同位置，n_{sp} 不同。在求噪声系数时，应对 n_{sp} 在放大器长度上求平均值，因此放大器的噪声系数与放大器长度和泵浦光功率相关。图 5-3-5 给出了在几组不同 P_p' 情况下，EDFA 的噪声系数随放大器长度的变化情况。由图 5-3-5 可知，在 P_p' 较大的情况下(如 $P_p'\gg 10$)，EDFA 的噪声系数可以接近 3dB 的理论极限。

980nm 泵浦的 EDFA 通常相比于 1480nm 泵浦的 EDFA 具有较低的噪声系数。这是因为 980nm 泵浦的

EDFA为三能级系统，容易获得较高的反转数分布，而1480nm泵浦的EDFA的泵浦能级与受激态能级处于同一能带，较难获得高的反转数分布。

EDFA的实验结果也表明，放大器的噪声系数在较高的泵浦功率和合适的信号功率范围内可以接近3dB的极限。

5.3.5 EDFA设计

在EDFA的设计中，首先要考虑的是掺铒光纤的参数，其中包括掺杂种类和浓度、杂质分布、光纤芯径、光纤的数值孔径(由纤芯与包层的折射率差决定)等。掺Er^{3+}光纤除了要在纤芯中掺入适当浓度的Er^{3+}作为增益介质之外，一般还要掺Ge^{4+}和Al^{3+}，掺Ge^{4+}用以提高纤芯与包层的折射率差，掺Al^{3+}可以使Er^{3+}在纤芯中分布更为均匀，从而使放大器的带宽更宽。

其次，根据实际情况，由掺铒光纤参数和理论计算确定光纤的长度。掺铒光纤长度的确定需要结合泵浦功率和泵浦结构，可以根据情况选择同向、反向或双向泵浦；泵浦波长采用980nm或1480nm，可根据具体情况选择一种。在一定的泵浦功率下选择最佳的掺铒光纤长度。

此外，如图5-3-2所示，在EDFA中需要利用WDM耦合器将泵浦光和信号光同时耦合进入掺铒光纤。对WDM耦合器的要求是耦合效率要高，对信号光和泵浦光的耦合频带具有一定宽度且在带内耦合效率平坦，否则泵浦光或信号光波长的微小漂移，将引起耦合效率出现波动，从而使输出信号功率发生很大的变化。同时，为了防止反射光引起信号光源或泵浦光源的波动，并保证信号在放大器内单向传输，需要在EDFA中配置光隔离器。一般情况下，一个EDFA应至少配置两个光隔离器，有些EDFA在掺Er^{3+}光纤前后各使用两个光隔离器以提高放大器的性能。

5.3.6 EDFA的多信道放大和脉冲放大应用

1. EDFA的多信道放大应用

由于EDFA具有较大的增益带宽(约30nm)，可应用于多信道复用信号和短脉冲信号的放大，只要复用信号和短脉冲的频谱都位于放大器的带宽内，就会具有较好的放大效果，这已经得到证明。5.2.3节中提到：利用SOA对多信道复用信号进行放大时，如果信道间隔$\Omega<10\text{GHz}$，则信道间会出现四波混频串扰，这种串扰在$\Omega\tau_c \gg 1$的情况下可以忽略。对于EDFA，τ_c应由τ_{sp}来代替，由于τ_{sp}具有较大的值(约10ms)，因此即使信道间隔小到10kHz，条件$\Omega\tau_{sp} \gg 1$也能得到满足，而实际上多信道复用系统的信道间隔通常都大于10MHz，所以利用EDFA对多信道信号进行放大时，可以不考虑这种串扰，这使得EDFA在多信道复用系统中具有很强的吸引力。

尽管利用EDFA对多信道信号进行放大时，四波混频串扰不存在，但交叉饱和串扰仍然存在，这种串扰只能使放大器工作在非饱和区来避免。

利用EDFA对长距离WDM系统的多信道信号进行级联放大时，要求增益平坦，否则不同信道的信号将经受由级联放大器积累起来而加强的增益差，最终导致系统不能正常工作。此外，在进行多路信号放大时，不能因某些信道的突然撤出或加入而影响剩余信道的增益，所以非常有必要对EDFA进行增益平坦和增益控制。

2. EDFA 的脉冲放大应用

EDFA 对皮秒脉冲的放大可以使输出脉冲的形状和宽度基本上不发生变化。但在飞秒脉冲放大的情况下，由于飞秒脉冲的频谱宽度已接近放大器的增益带宽，因此脉冲频谱边缘分量的增益有所下降，即出现增益色散效应；而且，在对飞秒脉冲进行放大时，还会出现脉冲自激拉曼散射，使得脉冲的高频分量向同一脉冲的低频分量转移能量。此外，还应考虑 EDFA 内的群速度色散和光纤内折射率随光强度变化的非线性效应。在 EDFA 的大多数应用中，信号脉冲都是在皮秒及其以上的宽度。

5.4　光纤拉曼放大器

核心知识解析

5.4.1　光纤拉曼放大器的研究背景

20 世纪 70 年代初的研究发现，石英光纤具有很宽的拉曼增益谱，并在 13THz 频率差附近有一较宽的主峰；如果一个弱信号与一个强泵浦光信号同时注入光纤，并使弱信号的波长位于泵浦光的拉曼增益带宽内，则可实现对弱信号的放大，为此提出了光纤拉曼放大器（fiber Raman amplifier，FRA）的概念。尽管光纤拉曼放大器概念的提出和光纤拉曼放大效应的实验发现较早，但光纤拉曼放大器真正的开发和应用是在 21 世纪初。

20 世纪 90 年代以来，随着 EDFA 的广泛应用，WDM 技术成为光纤通信系统发展历程中的一个巨大成就。然而，随着对于通信容量和通信无光电再生距离要求的增加，人们对光纤放大器在带宽、噪声以及增益方面提出了新的要求。图 5-4-1 给出了光纤通信窗口的损耗谱。一方面，传统 EDFA 的 C 波段波长范围为 1530～1565nm，L 波段波长范围为 1565～1625nm，S 波段波长范围为 1460～1530nm，但由于 L 波段和 S 波段放大需要对 EDFA 进行特殊设计，因此只能进行分带放大。另一方面，在光纤的水吸收峰被消除后，长距离 WDM 应用要求的带宽扩展至 1300～1610nm，而短距离应用要求更宽的带宽，即 1100～1700nm。很显然，EDFA 无法适应如此宽带的放大需求。此外，对放大器噪声系数和超长距离放大的需求也使人们努力寻求新型的放大器。在这种背景下，利用光纤受激拉曼散射效应的光纤拉曼放大器在 21 世纪初重新引起人们的重视，并在 WDM 光纤传输系统中得到广泛应用。

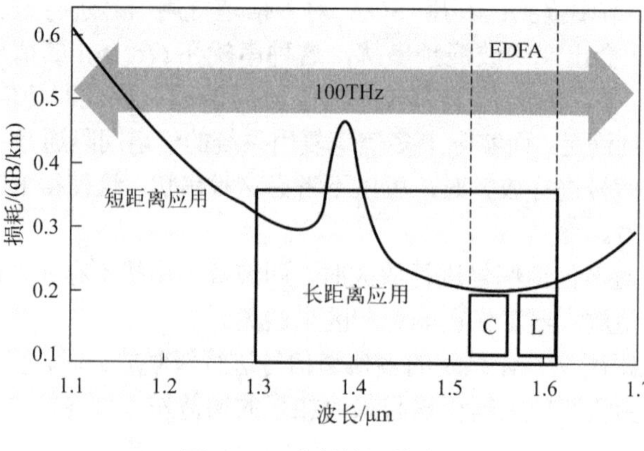

图 5-4-1　光纤的通信窗口

5.4.2 光纤拉曼放大器的基本原理

1. 光纤拉曼放大器的工作原理

图 5-4-2 给出了同向泵浦(前向泵浦)FRA 的原理结构。频率为 ω_p 的泵浦光和频率为 ω_s 的信号光通过波分复用器耦合进入光纤，当这两束光在光纤中一起传输时，泵浦光的能量通过受激拉曼散射效应(SRS)转移给信号光，使信号光得到放大。与 EDFA 类似，光纤拉曼放大器中可以采用前向泵浦或后向泵浦，也可以采用双向泵浦。在实际系统中，后向泵浦的噪声特性相对于其他两种结构较好，因此实际上多采用后向泵浦结构。

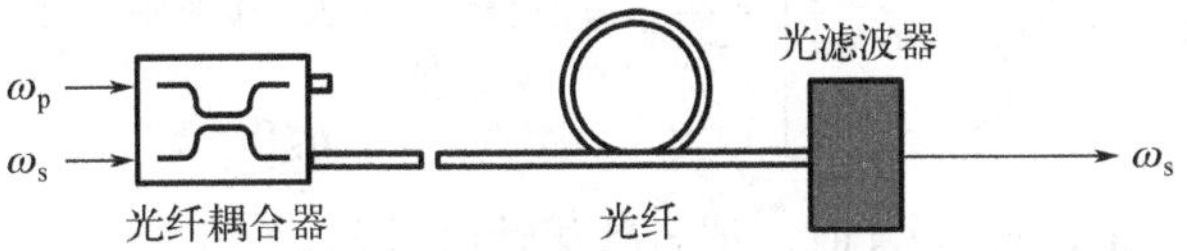

图 5-4-2　同向泵浦 FRA 原理示意图

基于光纤中的 SRS 机制，一个入射泵浦光子通过光纤的非线性散射转移部分能量，产生另一个低频光子，称为斯托克斯频移光，而剩余的能量被介质以分子振动(光学声子)的形式吸收。斯托克斯频移 $\Omega_R = \omega_p - \omega_s$ 由分子振动决定，其值决定了产生 SRS 的频率范围。对于非晶态石英光纤，可在较宽的频差范围(约 40THz)内通过 SRS 效应实现拉曼放大。

2. 拉曼增益谱

光纤拉曼放大器的光增益可表示为

$$g = \frac{g_R P_p}{A_p} \tag{5-4-1}$$

式中，g_R 为拉曼增益系数；P_p 为泵浦光功率；A_p 为光纤内泵浦光束的横截面积。由于不同类型光纤的 A_p 差别很大，因此常常将比率 g_R/A_p 定义为拉曼增益效率。

图 5-4-3 给出了熔融石英的拉曼增益谱，此增益谱与二能级激光系统的洛伦兹谱差异较大，增益峰出现在斯托克斯频移约为 13.2THz 处，且具有较宽的带宽(约 6THz)。

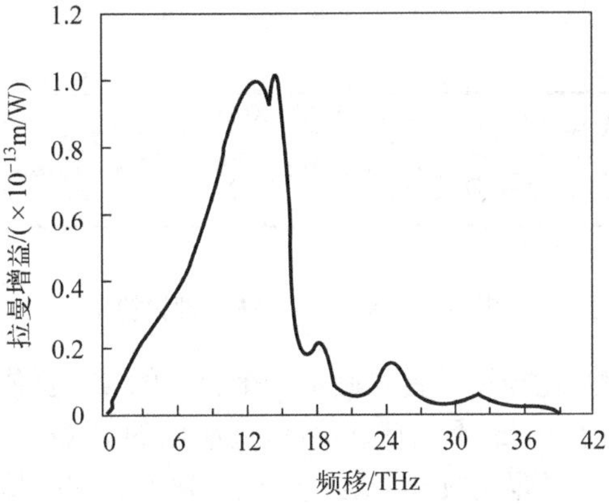

图 5-4-3　熔融石英的拉曼增益谱(λ_p=1μm)

为了能对 FRA 进行数字求解，可以对如图 5-4-3 所示的拉曼增益谱曲线进行拟合，得到的拟合曲线为

$$g(f_k, f_i) = 2\rho\gamma_i \operatorname{Im}[H(f_k - f_i)] \tag{5-4-2}$$

其中

$$\gamma_i = \gamma(f_i) = \frac{2\pi n_2 f_i}{CA_{\text{eff}}} \tag{5-4-3}$$

为衡量 Kerr 非线性效应大小的物理量，它可以通过非线性系数 n_2 和有效模场面积 A_{eff} 计算得出。$\operatorname{Im}[H(f)]$为拉曼时域响应函数 $h(t)$ 傅里叶变换的虚部，$h(t)$ 定义为

$$h(t) = \begin{cases} \dfrac{\tau_1^2 + \tau_2^2}{\tau_1^2 \tau_2^2} \mathrm{e}^{-\frac{t}{\tau_2}} \sin\dfrac{t}{\tau_1}, & t > 0 \\ 0, & t \leqslant 0 \end{cases} \tag{5-4-4}$$

当ρ=0.18，τ_1=12.2fs，τ_2=32fs 时，拟合效果达到最佳。

FRA 的宽大放大特性使它在光纤通信中有巨大的应用潜力，然而，由于拉曼放大的泵浦效率不高，为获得 20dB 以上的增益，需要相当高的泵浦功率。例如，如果考虑非饱和区放大，且忽略泵浦消耗，根据式(5-1-6)，增益 $G=\exp(gL)$，当 G=20dB 时，要求 $gL\approx4.6$。在 1550nm 附近，增益峰 $g_R \approx 6\times10^{-14}$m/W，$A_p = 50\mu m^2$，当光纤长度为 1km 时，需要的泵浦功率应超过 3.8W。通过适当增加光纤长度，可以降低泵浦功率，但需要考虑入光纤损耗。

3. 光纤拉曼放大器理论模型

为了能对光纤拉曼放大器进行理论分析和数值仿真研究，可以根据光纤拉曼放大器的原理，结合光信号在光纤中的传输行为，建立其理论模型。图 5-4-4 给出了一个反向泵浦的光纤拉曼放大器的模型。该模型模拟了信号光和泵浦光在反向泵浦 FRA 中的传输过程，其中考虑的效应有后向瑞利散射(backward Rayleigh scattering，BRS)、受激拉曼散射(stimulated Raman scattering，SRS)、自发拉曼散射(spontaneous Raman scattering，STRS)、克尔效应、自相位调制、交叉相位调制(XPM)，以及色散效应。在这样一个复杂的传输过程中，信号光和泵浦光受到的影响有：后向瑞利散射将导致部分信号光和泵浦光在光纤中多次反射；受激拉曼散射将导致能量在泵浦光功率和信号光功率之间转换；放大后的自发拉曼散射光也将发生后向瑞利散射。

图 5-4-4　反向泵浦 FRA 理论模型

通常采用迭代法求解上述模型：首先假定一个合理的 $P^-(z)$ 值，然后利用边界条件和假设条件可以解出 $P^+(z)$，由于 $P^-(z)$ 不是精确值，因此解出的 $P^+(z)$ 只是一个近似值；通过 $P^+(z)$ 又可以计算出 $P^-(z)$ 的值，此即完成一个迭代过程；每次迭代时检查是否收敛，一旦达到迭代精度或是完成最大迭代次数，迭代结束。

在数字分析中将同时应用功率分析和模场分析。

1) 功率分析

功率方程为

$$\frac{\mathrm{d}P_{\mathrm{s}}^{+}(z,f_i)}{\mathrm{d}z}=-\alpha(f_i)P_{\mathrm{s}}^{+}(z,f_i)+\eta(f_i)P_{\mathrm{s}}^{-}(z,f_i) +\sum_{k\neq i}g(f_k,f_i)\left[P_{\mathrm{s}}^{+}(z,f_k)+P_{\mathrm{n}}^{+}(z,f_k)+P_{\mathrm{s}}^{-}(z,f_k)+P_{\mathrm{n}}^{-}(z,f_k)\right]P_{\mathrm{s}}^{+}(z,f_i) \tag{5-4-5}$$

$$\frac{\mathrm{d}P_{\mathrm{s}}^{-}(z,f_i)}{\mathrm{d}z}=\alpha(f_i)P_{\mathrm{s}}^{-}(z,f_i)-\eta(f_i)P_{\mathrm{s}}^{+}(z,f_i) -\sum_{k\neq i}g(f_k,f_i)\left[P_{\mathrm{s}}^{+}(z,f_k)+P_{\mathrm{n}}^{+}(z,f_k)+P_{\mathrm{s}}^{-}(z,f_k)+P_{\mathrm{n}}^{-}(z,f_k)\right]P_{\mathrm{s}}^{-}(z,f_i) \tag{5-4-6}$$

$$\begin{aligned}\frac{\mathrm{d}P_{\mathrm{n}}^{+}(z,f_i)}{\mathrm{d}z}=&-\alpha(f_i)P_{\mathrm{n}}^{+}(z,f_i)+\eta(f_i)P_{\mathrm{n}}^{-}(z,f_i)\\ &+\sum_{k\neq i}g(f_k,f_i)\left[P_{\mathrm{s}}^{+}(z,f_k)+P_{\mathrm{n}}^{+}(z,f_k)+P_{\mathrm{s}}^{-}(z,f_k)+P_{\mathrm{n}}^{-}(z,f_k)\right]P_{\mathrm{s}}^{+}(z,f_i)\\ &+\sum_{k\neq i}g(f_k,f_i)\left[P_{\mathrm{s}}^{+}(z,f_k)+P_{\mathrm{n}}^{+}(z,f_k)+P_{\mathrm{s}}^{-}(z,f_k)+P_{\mathrm{n}}^{-}(z,f_k)\right]N(f_k,f_i)\end{aligned} \tag{5-4-7}$$

$$\begin{aligned}\frac{\mathrm{d}P_{\mathrm{n}}^{-}(z,f_i)}{\mathrm{d}z}=&\alpha(f_i)P_{\mathrm{n}}^{-}(z,f_i)-\eta(f_i)P_{\mathrm{n}}^{+}(z,f_i)\\ &-\sum_{k\neq i}g(f_k,f_i)\left[P_{\mathrm{s}}^{+}(z,f_k)+P_{\mathrm{n}}^{+}(z,f_k)+P_{\mathrm{s}}^{-}(z,f_k)+P_{\mathrm{n}}^{-}(z,f_k)\right]P_{\mathrm{s}}^{-}(z,f_i)\\ &-\sum_{k\neq i}g(f_k,f_i)\left[P_{\mathrm{s}}^{+}(z,f_k)+P_{\mathrm{n}}^{+}(z,f_k)+P_{\mathrm{s}}^{-}(z,f_k)+P_{\mathrm{n}}^{-}(z,f_k)\right]N(f_k,f_i)\end{aligned} \tag{5-4-8}$$

其中，$P_{\mathrm{s}}^{\pm}(z,f_i)$ 表示频率为 f_i 的信号在 z 处的光功率大小，“+”代表前向，“−”代表后向；$P_{\mathrm{n}}^{\pm}(z,f_i)$ 表示频率为 f_i 的噪声在 z 处的光功率大小，“+”代表前向，“−”代表后向；$\alpha(f_i)$ 为损耗系数，它同时包括了由自发拉曼散射和瑞利散射引起的光功率损耗；$\eta(f_i)$ 为瑞利散射系数，$g(f_k,f_i)$ 为拉曼增益系数；$N(f_k,f_i)$ 为噪声因子，它考虑了自发拉曼散射谱特性及其与温度的关系，其表达式如下：

$$N(f_k,f_i)=hf_i\Delta f\left[1+\frac{1}{\mathrm{e}^{\frac{h(f_k-f_i)}{kT}}-1}\right] \tag{5-4-9}$$

式中，Δf 为频率间隔；h 为普朗克常量，k 为波尔兹曼常数；T 为光纤的温度。式(5-4-5)～式(5-4-8)的等号右侧前两项分别代表损耗和后向瑞利散射，第三项代表前后向传输信号和噪声间的拉曼散射。上述方程组可以通过迭代法求解，在迭代过程中可应用二阶龙格-库塔法(Runge-Kutta method)。该组方程的边界条件由如下公式给出：

$$\begin{cases}z=0: & P_{\mathrm{s}}^{+}(f_i),P_{\mathrm{n}}^{+}(f_i)\\ z=L: & P_{\mathrm{s}}^{-}(f_i),P_{\mathrm{n}}^{-}(f_i)\end{cases} \tag{5-4-10}$$

2) 模场分析

频率为 f_i 的前向传输信号满足以下方程：

$$\frac{\partial}{\partial z}A_i^+(t) = -\frac{\alpha}{2}A_i^+(t) + \hat{D}A_i^+(t) + \left.\frac{\partial}{\partial z}\right|_{nl} A_i^+(t) \tag{5-4-11}$$

其中

$$\begin{aligned}\frac{1}{-\mathrm{j}\gamma_i}\cdot\left.\frac{\partial}{\partial z}\right|_{nl} A_i^+(t) =& (1-\rho)A_i^+(t)|A_i^+(t)|^2 + \rho A_i^+(t)\int_0^\infty h(\tau)|A_i^+(t-\tau)|^2\,\mathrm{d}\tau \\ &+ 2(1-\rho)A_i^+(t)\sum_{k\neq i}|A_k^+(t)|^2 + \rho A_i^+(t)\int_0^\infty h(\tau)\sum_{k\neq i}|A_k^+(t-\tau)|^2\,\mathrm{d}\tau \\ &+ \rho\sum_{k\neq i}\int_0^\infty h(\tau)A_k^+(t)A_k^+(t-\tau)A_i^+(t-\tau)\mathrm{e}^{2\pi\mathrm{j}(f_i-f_k)\tau}\mathrm{d}\tau \\ &+ \rho\sum_{k\neq i}\int_0^\infty h(\tau)\left[P_\mathrm{s}^+(f_k)+P_\mathrm{s}^-(f_k)+P_\mathrm{n}^+(f_k)+P_\mathrm{n}^-(f_k)\right]A_i^+(t-\tau)\mathrm{e}^{2\pi\mathrm{j}(f_i-f_k)\tau}\mathrm{d}\tau\end{aligned} \tag{5-4-12}$$

为了能对 FRA 进行数值求解，除用到如式(5-4-2)所示的拉曼增益拟合曲线外，还需对光纤色散和损耗曲线进行拟合，拟合曲线表达式分别为

色散：

$$D(\lambda) = 0.08\times(\lambda-1550)+16 \tag{5-4-13}$$

损耗：

$$\alpha(\lambda) = \begin{cases} 8.125\times10^{-5}\times(\lambda-1620)^2+0.24, & \lambda>1620\text{nm} \\ 3.61\times10^{-5}\times(\lambda-1550)^2+0.2, & 1440\text{nm}<\lambda\leqslant1550\text{nm} \\ \dfrac{6.5\times10^{11}}{f^4}+4.2\times10^{11}\times\mathrm{e}^{\frac{-4.75\times10^4}{f}}+0.07, & 1550\text{nm}<\lambda\leqslant1620\text{nm} \end{cases} \tag{5-4-14}$$

5.4.3　光纤拉曼放大器的特点

与其他光放大器相比较，光纤拉曼放大器具有如下几个突出的优点。

(1) 使用普通光纤，有效面积小，拉曼增益高。

(2) 拉曼增益可降低对发射功率的要求，避免在光纤中产生有害的其他非线性效应。

(3) 拉曼放大是一个非谐振过程，增益谱仅依赖于泵浦波长和泵浦功率，理论上只要有合适的泵浦光源，就可实现对任意波长光信号的拉曼放大，是唯一的全波段放大器。

(4) 和大多数介质中在特定频率上产生拉曼增益情况相反，石英光纤中的拉曼增益可在很宽的范围内连续地产生，可用作宽带放大器。

(5) 通过合理选择泵浦波长，可以精确地确定拉曼增益谱的形状和增益带宽，增益波长范围由泵浦波长决定，带宽随泵浦功率增大以及泵浦源数量增多而增加，在补充和拓展掺铒光纤放大器的增益带宽方面表现出极其诱人的前景。

(6) 具有低的噪声系数。

(7) 光纤拉曼放大器可与其他类型的放大器联合使用，以获得更加优异的放大性能，例如，FRA＋EDFA 的噪声系数可以比 EDFA 低 4dB，而系统 Q 值比 EDFA 高 2dB。

当然光纤拉曼放大器也存在一些不足，如以下几点。

(1) 较低的泵浦功率效率。

(2) 为实现拉曼放大，需要较高的泵浦功率(一般要求大于 600mW)，对无源器件要求较高。

(3) 具有很强的极化依赖性，因此需要进行正交泵浦。

(4) WDM 应用中可能使其他信道产生拉曼串扰。

5.4.4 光纤拉曼放大器的应用

1. 光纤拉曼放大器的应用形式

光纤拉曼放大器有两种类型，即集总式和分布式，各有其特点。集总式光纤拉曼放大器是一个独立器件，因此要求其具有较高的增益，一般采用高掺杂、低损耗、小有效面积的光纤作为增益介质。由于集总式光纤拉曼放大器的增益和 EDFA 相比有一定差距，并且需要较长的专门制作的光纤(通常采用 km 量级的掺锗或掺磷的光纤，以提高拉曼增益)，因此主要用于放大一些 EDFA 不能放大的特殊波长，如 1.3μm 波段的放大。分布式光纤拉曼放大器是以传输光纤本身作为增益介质的放大器。从目前的发展情况来看，分布式放大器由于优良的性能，已成为光纤拉曼放大器在光纤通信系统中的主要应用形式。

光纤拉曼放大器应用于宽带放大主要有三种情况。第一种情况是 FRA 独立使用，采用多波长泵浦，形成宽带放大，其典型结构如图 5-4-5 所示。当采用多个泵浦源时，可以实现超宽带拉曼放大。增益介质一般为普通单模光纤，但由于拉曼增益效率较低，也可采用掺锗光纤来代替普通单模光纤。

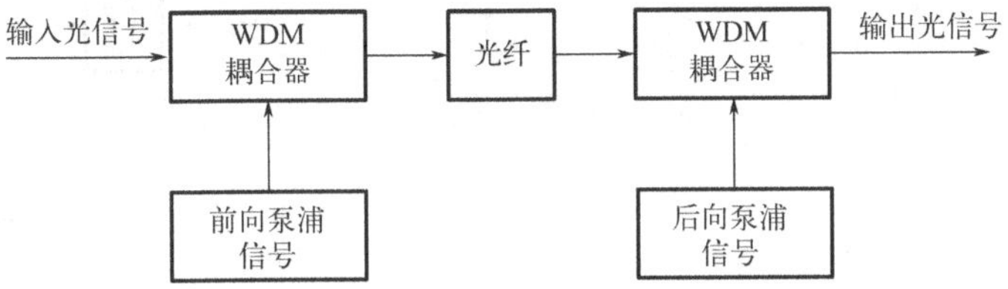

图 5-4-5 FRA 典型结构

第二种情况是 FRA 与 EDFA 混合使用，并结合增益均衡器平坦增益以获得高增益的宽带放大，其典型结构如图 5-4-6 所示。由于 EDFA 技术已经相当成熟，其和光纤拉曼放大器相比各有所长，因此最好的方法就是将两者结合起来使用，但是两种放大器的增益叠加后平坦性不好，所以一般需要使用增益均衡器。

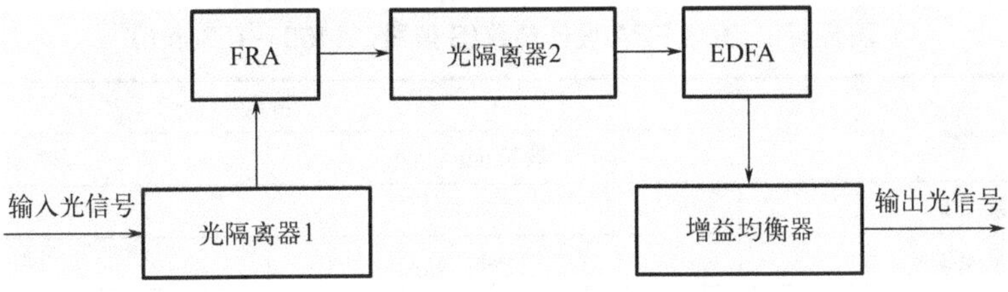

图 5-4-6 FRA＋EDFA 混合放大器

第三种情况是用 FRA 制成无损光器件。例如，通过对色散补偿光纤进行泵浦可以实现无损耗色散补偿光纤；还可以制成 EDFA 的动态增益均衡器件以弥补由光纤的老化、损耗的上升而造成的增益不均衡。

2. 光纤拉曼放大器的应用举例

应用案例 1：多泵浦宽带拉曼放大器

由光纤拉曼增益谱曲线可知，其在与泵浦波长频率相差 13.2THz 处出现拉曼增益峰，且具有约 6THz 的增益带宽；同时，由于拉曼放大是一个非谐振过程，增益谱仅依赖于泵浦波长和泵浦功率，通过合理地选择多个泵浦波长，可以精确地确定拉曼增益谱的形状和增益带宽。利用这个特点可以实现宽带平坦的光纤拉曼放大器，这里给出一个设计案例。

图 5-4-7 给出了一个多泵浦拉曼放大器的仿真系统模型。信号源发出 111 路 WDM 信号注入色散补偿光纤(dispersion compensating fiber，DCF)进行预补偿，然后进入一个理想光放大器进行光功率锁定，每路输出的光功率为–13dBm，经 FRA 放大后，由光谱仪对输出光信号进行观察。WDM 信号的波长范围为 1460～1530nm(S 波段)，信道间隔为 100GHz，每路信号的速率为 40Gbit/s，FRA 的长度为 20km，采用反向泵浦以减小噪声，共使用了泵浦 1、泵浦 2 和泵浦 3 三个泵浦源，其中泵浦 1 的频率最低，泵浦 3 的频率最高。

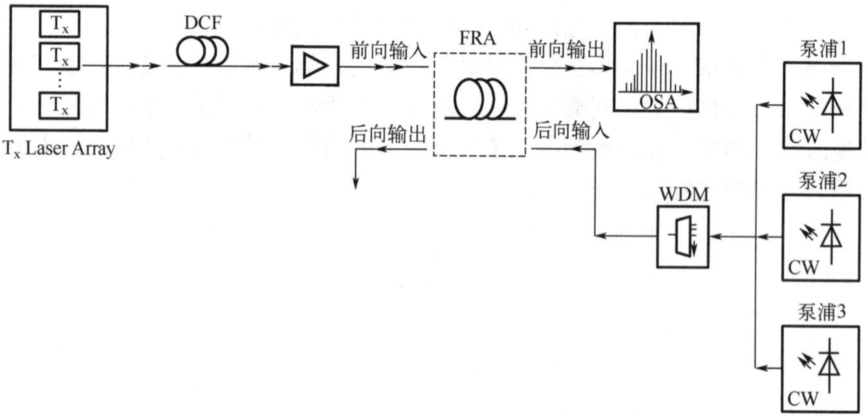

图 5-4-7　多泵浦 FRA 仿真系统模型

在多泵浦宽带 FRA 的设计中需要考虑以下几个方面：①泵浦源的相互作用所导致的能量转移；②信号光和泵浦光之间的相互作用；③信号光和信号光之间的相互作用；④光纤损耗随光频率的变化。这几个方面的作用决定了最后输出的信号光情况。经过仿真计算和结果比较，确定 FRA 的参数如表 5-4-1 所示。

表 5-4-1　宽带 FRA 设计参数(S 波段，1450～1530nm)

泵浦源	参数	
	波长/nm	功率/mW
泵浦 1	1429	19
泵浦 2	1394	97
泵浦 3	1354	1000
光纤长度/km	20	

图 5-4-8 给出了信号光和泵浦光的相对频谱情况，图 5-4-9 是该放大器的输出信号光谱。

对比输入功率–13dBm 可知，该结构实现了 S 波段宽带光纤拉曼放大，且在整个 S 波段该放大器的增益为 5.3dB 左右，增益起伏小于 1dB，增益带宽为 11THz。

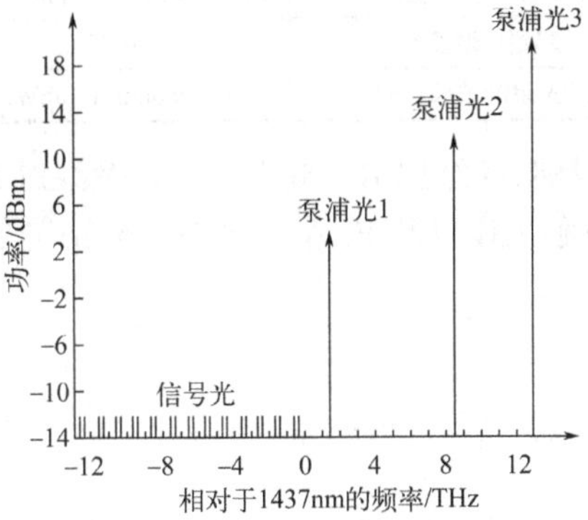

图 5-4-8　FRA 信号光与泵浦光频谱

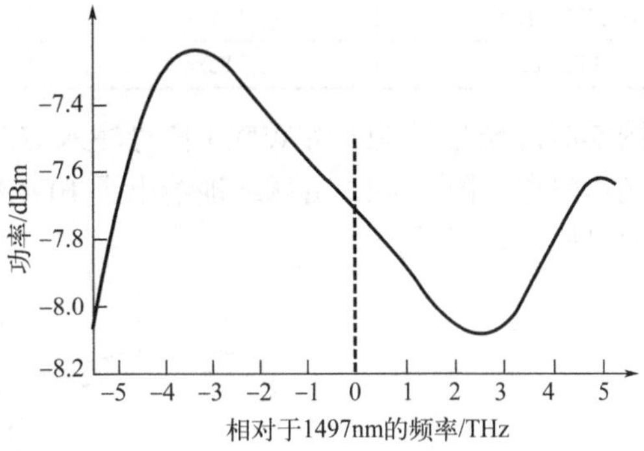

图 5-4-9　宽带 FRA 输出信号光谱

应用案例 2：宽带混合光纤放大器

常规 EDFA 由于受其固有的能级跃迁机制限制，只能提供 30nm 左右且不平坦的增益带宽，无法满足日益增长的长距离、大带宽的传输应用要求。通常可以由 EDFA 和 FRA 组成混合光纤放大器(hybrid fiber amplifier，HFA)，以实现增加带宽和平坦增益。由于 EDFA 的增益谱在 193.1THz 和 195THz 之间呈上升趋势，只要适当设计 FRA 的泵浦频率和泵浦功率，使其增益谱在 193.1THz 和 195THz 之间呈下降趋势，并且使上升幅度与下降幅度相等，就有可能设计出指定波段内的增益平坦的 HFA。由于 HFA 不仅能够实现 EDFA 增益平坦，而且能够增加无电再生中继距离，同时减小光信号的非线性损伤，延长传输距离，提高光纤通信系统的传输性能，因此 HFA 方案成为 WDM 系统升级换代广泛采用的方法之一。这里介绍一个 C+L 波段宽带 HFA 案例。

HFA 的结构如图 5-4-10 所示。信号光经过 HFA 时先经过光隔离器 1，然后注入 FRA 进行放大，再经过光隔离器 2 后注入 EDFA，最后输出。FRA 采用三个泵浦源来平坦 EDFA 的增益曲线，采用后向泵浦方式以减小噪声。光隔离器 1 的作用是抑制 FRA 中的双向瑞利散射噪声，光隔离器 2 的作用是限制 EDFA 中的后向瑞利散射光进入 FRA。

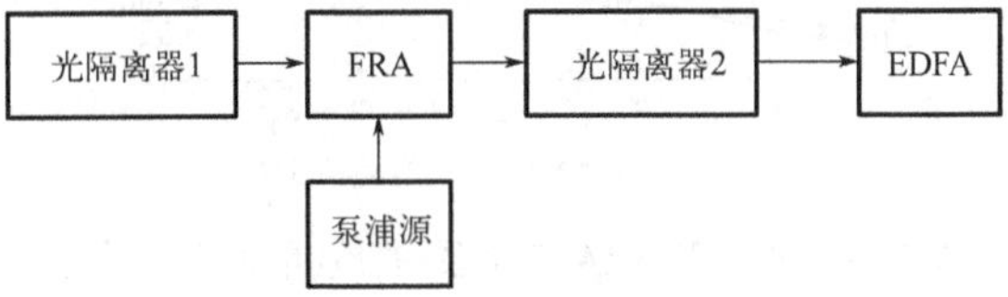

图 5-4-10　HFA 结构框图

在仿真设计中，以 115 路 WDM 的光信号注入 HFA，经 HFA 放大后的信号输出到光谱仪上进行观测。通过大量的仿真数据结果分析，确定 HFA 的参数如表 5-4-2 所示。

表 5-4-2　HFA 的各参数值

参数	参数值	参数	参数值
信道间隔	100GHz	FRA 泵浦频率(功率)	1523nm(15mW)
信道功率	–20dBm	FRA 泵浦频率(功率)	1480nm(170mW)

续表

参数	参数值	参数	参数值
信道数	115	FRA 泵浦频率(功率)	1435nm(900mW)
EDFA 长度	2m	起始信道波长	1625nm
FRA 长度	80km	EDFA 泵浦波长(功率)	980nm(100mW)

图 5-4-11 给出了 115 路 WDM 信号注入 HFA 以前、经过 FRA 放大后，以及经过 EDFA 后的光功率谱。图 5-4-12 更详细地给出了 EDFA 单独工作以及 FRA 三个泵浦分别单独作用时的输出信号功率谱。

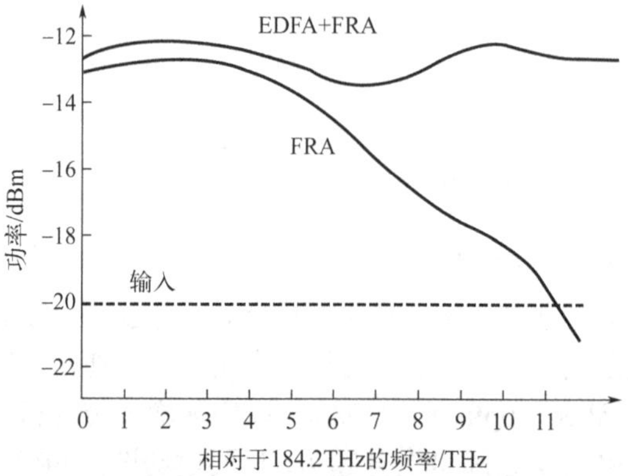

图 5-4-11　信号光注入 HFA 以前、经过 FRA 放大后，以及经过 EDFA 后的光功率谱

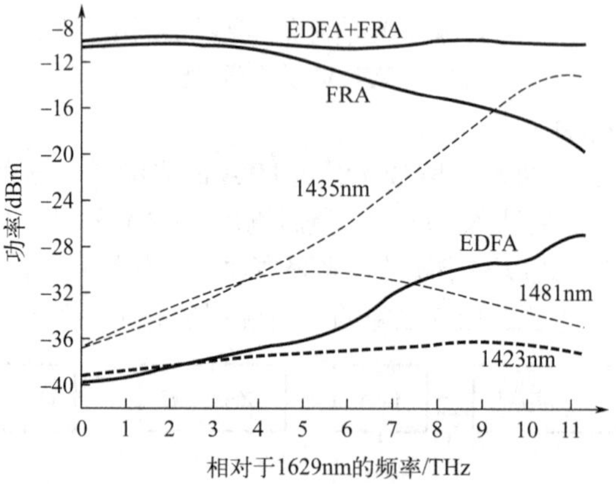

图 5-4-12　EDFA 单独工作以及 FRA 三个泵浦分别单独作用时的输出信号功率谱

由图 5-4-11 和图 5-4-12 的结果可知，上述设计成功实现覆盖 C+L 波段、带宽为 11.4THz 的 HFA。该放大器的增益为 7.5dB，在增益带宽内增益起伏小于 1dB。

5.5　光纤布里渊放大器

如第 2 章所述，SBS 的阈值功率仅为 mW 量级，具有非常高的转换效率，在光纤中非常容易实现 SBS 现象，而且 SBS 增益谱带宽小(<100MHz)。SBS 的低阈值功率、窄带增益，

以及高转换效率等特点，恰恰能够实现性能独特的光纤布里渊放大器(fiber Brillouin amplifier，FBA)和光纤布里渊激光器(fiber Brillouin laser，FBL)。FBA 利用光纤中的受激布里渊散射(SBS)效应对信号进行放大，早在 1986 年就已经被提出，之后在光纤通信、分布式光纤传感、光滤波器、相干光通信等技术领域得到广泛应用。

FBA 在结构上与 FRA 相似，但由于 SBS 发生在后向，因此 FBA 需采用后向泵浦结构。相对于 EDFA 和 FRA 的宽带增益，FBA 的带宽只有几十兆赫，因此常常作为窄线宽主动滤波器进行波长选择放大，在大容量 WDM 系统中应用于信道选择。近年来，利用 FBA 的高增益窄带放大特性实现慢光缓存引起了人们广泛的兴趣，因为基于 FBA 的慢光方案具有室温工作、阈值功率低、工作波长灵活可调、相对延迟时间长、兼容现有光通信系统等优势。

除了上述光放大器之外，随着光纤通信技术的不断创新发展，一些新型光放大技术和光放大器也逐渐出现。例如，在空分复用光纤传输系统中，需要能够同时对多个模式和多根纤芯信号进行放大的新型光放大器，这些将在 10.3 节介绍。

习 题 五

5.1　目前的光放大器主要有哪几类？

5.2　请推导级联放大器的等效噪声系数公式(5-1-19)。

5.3　通常情况下，为什么 SOA 的增益对偏振态有依赖关系？如何消除这种依赖关系？

5.4　解释 EDFA 的增益机制。

5.5　在 EDFA 的设计过程中需要考虑哪些要素？为什么在 EDFA 对多信道信号放大过程中，一般不考虑信道间的四波混频串扰？

5.6　在相同工作条件下，为什么前向泵浦 EDFA 输出功率相对于后向泵浦要小？为什么后向泵浦噪声系数较大？

5.7　增益系数 $g(\omega)$ 呈洛伦兹分布，3dB 带宽为 1THz。如果忽略增益饱和，当这种光放大器能提供 20dB 信号增益时，求它的 3dB 带宽。

5.8　在光纤拉曼放大器中，通过什么方法可以实现宽带平坦的放大器？为什么？

5.9　某光纤在 1550nm 附近拉曼增益为 $g_R=6\times10^{-14}$m/W，采用 1km 长的该光纤搭建光纤拉曼放大器，试问：如果考虑非饱和区放大，且忽略泵浦消耗，泵浦光束横截面积 $A_p=50\mu m^2$，要获得 30dB 以上的增益，泵浦功率最小为多大？

5.10　采用 5W 功率后向泵浦 1km 的光纤拉曼放大器，信号光和泵浦光在光纤中的损耗分别为 0.2dB/km 和 0.25dB/km，光纤泵浦光束横截面积为 $50\mu m^2$，拉曼增益系数 $g_R=6\times10^{-14}$m/W，忽略增益饱和，求注入信号的功率。

第 6 章　波分复用光纤传输系统

光纤的潜在可用带宽是巨大的，而波分复用技术是充分发挥光纤大带宽优势、实现光纤传输系统容量突破的关键。本章将介绍波分复用技术的一些基本知识，包括波分复用传输系统的基本概念、系统构成，以及关键技术。

6.1　光信道复用技术

多信道复用是光纤通信技术最重要的组成部分之一，是实现光纤带宽利用率提升的关键，对提升光纤网络传输容量至关重要。本节主要介绍光纤通信多信道复用的基本概念，重点介绍波分复用、空分复用、时分复用等典型多信道光纤传输系统。

光纤通信采用光波作为载波、光纤作为传输信道，其可用带宽可以达到数十太赫(THz)范围。但在实际光纤通信系统中，由于受到电子组件带宽和光纤色散等因素的限制，单路光信道的速率远小于理论极限值(理论上可以超过 10Tbit/s)。目前在商用光纤通信系统中，单波速率最高可达到400Gbit/s，远远小于光纤信道的可用带宽。因此，为了充分利用光纤超大带宽的优势，实现更大容量的光传输，需要将多路光信号进行复用。多信道复用技术在时域、频域，以及空间域中均可实现，也可以通过不同的编码方式实现，分别对应光时分复用(optical time division multiplexing，OTDM)、光波分复用(optical wavelength division multiplexing，OWDM)、光空分复用(optical space division multiplexing，OSDM)，以及光码分复用(optical code division multiplexing，OCDM)。图 6-1-1 给出了上述几种多信道复用技术的原理示意图。

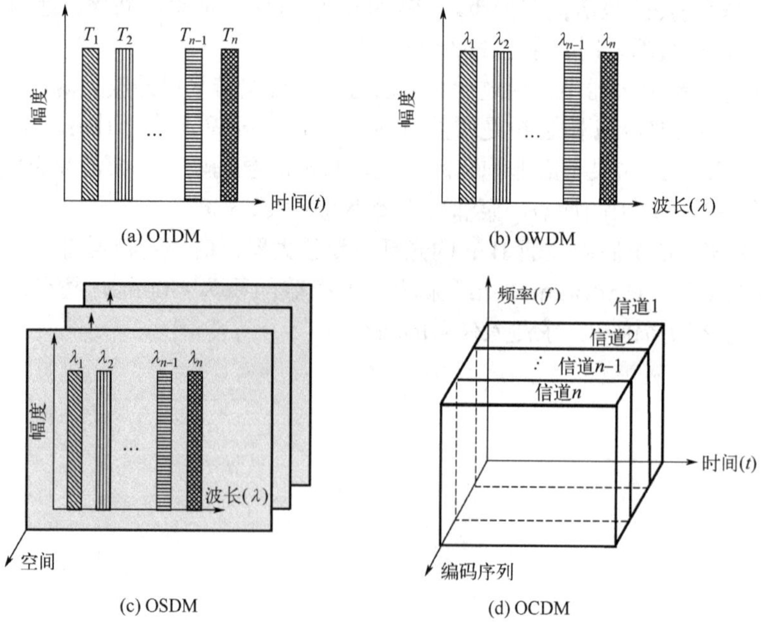

图 6-1-1　几种基本多信道复用技术

1. 光时分复用

时分复用(TDM)是一种被广泛采用的技术，它将通信时间分成相等的间隔，某一固定的信道占用某一固定的间隔，不同的信道占用不同的时间段，这样各信道按照一定的时间顺序进行传输。

传统的 TDM 是在电域内进行的，相关技术已相当成熟，并被广泛应用于电信网络、数字视频广播等场景。

光时分复用(OTDM)是 TDM 在光域里的对应物，通过在光域内对光脉冲进行时间上的复用，获得高比特光数字码流，如 2×10Gbit/s、4×10Gbit/s、…、8×40Gbit/s、32×40Gbit/s 等。

OTDM 技术的特点是绕过了产生高比特流的电子障碍，但技术成熟度不够，故未得到商用。无论是电时分复用还是光时分复用，都是以单个光波长承载 TDM 比特流，从这个意义上讲，它仍属于单信道系统，但这种单信道系统超越了电子学限制，能产生很高速率(可达数百吉比特每秒)的比特流。

2. 光波分复用

光波分复用(OWDM)是指将两种或多种各自携带有大量信息的不同波长的光载波信号，在发射端经复用器汇合，并将其耦合进同一根光纤中进行传输；在接收端，通过解复用器对各种波长的光信号进行分离，然后由光接收机做进一步的处理，使原信号恢复。这种复用技术不仅适用于单模或多模光纤通信系统，同时也适用于单向或双向传输。

概念解析

OWDM 技术是目前最为成功、应用最广泛的光信道复用技术。本章将对 WDM 光纤传输系统进行详细介绍。

3. 光空分复用

光空分复用(OSDM)技术是近年来随着光纤通信系统容量需求不断增长出现的一种通过空间分割，从而实现多信道复用的技术。其主要有多芯空分复用和模式空分复用两大类，这两类复用方式的主要区别在于：前者的传输介质是多芯光纤，通过多根不同的光纤实现空间复用，而后者的传输介质是多模(或少模)光纤，通过利用多模(或少模)光纤中的不同模式实现空间复用。从本质上来讲，多芯光纤和多模(或少模)光纤中的不同模式都是空间维度的复用。

对于多芯空分复用，一根光纤中的两根纤芯可以构成两个不同的信道，也可以构成不同传输方向的信道，这是最简单的空分复用方式。随着技术的不断提高，人们对多芯空分复用技术的应用日趋成熟。对于模式空分复用，其原理是将多模光纤的不同导模模式用作不同的传输信道，其本质上和多芯空分复用技术一样，也是利用空间分割，实现多信道复用。它被应用于一些现代光纤通信系统，以提高数据容量。

4. 光码分复用

光码分复用(OCDM)技术是在电码分复用技术的基础上发展起来的一种光通信复用技术。在 OCDM 通信系统中，每个用户都拥有唯一的一个地址码，这个地址码是一组光正交码中的一个，不同的用户采用不同的相互正交的地址码。在进行数据信息的传输时，首先用特定的地址码数据信息进行光调制，传输后在接收端使用与发射端相同的地址码进行光解调，实现用户间的通信。

OCDM 技术能够充分发挥光纤信道频带宽的特点，具有动态分配带宽、网络扩容方便、多址连接方便、控制灵活、网管简单、保密性强等优点，适用于实时要求高、业务突发性强、高速率的宽带通信环境中，具有非常好的应用前景。

6.2 波分复用光纤传输系统

核心知识解析

6.2.1 波分复用技术原理

自 20 世纪 70 年代光纤通信技术投入商用以来，如何持续提升光纤通信系统传输容量，一直是光纤通信技术发展的核心问题和挑战。不难想到，提升光纤系统传输容量最直接的技术方案是增大单个信道的传输速率，但是受电光调制器、电射频器件、光纤色散等因素限制，单信道通信速率很难实现大幅度提升。80 年代，随着掺铒光纤放大器的出现，技术人员提出了一种全新的光纤通信容量提升技术——波分复用技术。

波分复用技术是一种多路复用传输方案，通过在单根光纤中同时传输不同波长的多路信号，进而增大光纤通信系统的传输容量和可用带宽。事实上，波分复用的基本思想并不新鲜，因为这种技术已经在无线电和微波通信上被广泛使用。如图 6-2-1 所示，WDM 技术利用输出波长稍有不同的多个激光器作为通信载波，将数据信息加载到多个不同波长的光载波上，并在发送端利用波分复用器合波后，耦合到同一根光纤中进行传输，使得多个数据流在同一光纤上同时传输。在 WDM 技术被提出之后，新一代光通信系统通过利用 EDFA 来增加中继间距，并结合 WDM 技术来增加系统容量，使得光纤通信系统传输容量得到快速增长，引发了一场技术革命。此后，WDM 技术发展的重点仍是通过增加越来越多的不同波长的激光器，在一根光纤上传输尽可能多的光通道，并且尽可能减小相邻信道之间的频率间隔(但必须大于每个信道的带宽)来实现通信容量的提升。

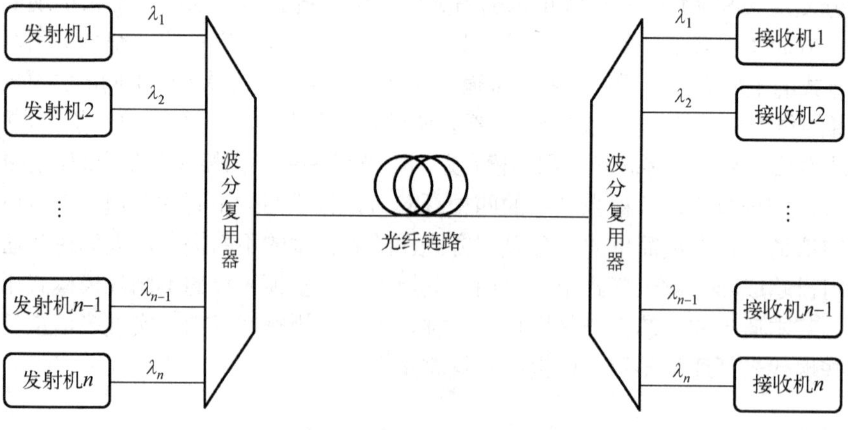

图 6-2-1　WDM 光纤传输系统原理图

从本质上讲，WDM 技术是将光纤通信窗口频谱进行分割，每个波长占用一个光纤频率窗口，进而增大单根光纤的传输容量。光纤适合通信的波长窗口主要有两个，即 1310nm 和 1550nm 波段。进一步来说，国际电信联盟(International Telecommunication Union，ITU)组织将光纤通信光波段细分为 O(1260～1360nm)、E(1360～1460nm)、S(1460～1530nm)、

C(1530～1565nm)、L(1565～1625nm)，以及 U(1625～1675nm)6 个波段，并利用这些通信窗口进行多信道复用传输。同时，根据通信系统的设计不同，每个波长之间的频率间隔也有差别，按照通道频率间隔差异，WDM 可以细分为粗波分复用和密集波分复用两类。

(1)粗波分复用(coarse wavelength division multiplexing，CWDM)：CWDM 是一种低成本的波分复用技术，专为中短距离的网络场景而设计。如表 6-2-1 所示，根据 ITU 标准，CWDM 将 1271～1611 nm 的波长窗口划分为 18 个不同的通信信道，相邻通道间隔为 20nm，其中最常用的为 1471～1611 nm 的 8 个信道。CWDM 系统 20nm 的信道间隔极大降低了对激光器、波分复用器/解复用器等核心器件的技术指标需求，因此 CWDM 最大的优势是结构紧凑且成本低，被广泛用于短距离通信，如校园、银行、企业局域网等场景。

表 6-2-1　CWDM 波长标准

序号	中心波长/nm	序号	中心波长/nm
1	1271	10	1451
2	1291	11	1471
3	1311	12	1491
4	1331	13	1511
5	1351	14	1531
6	1371	15	1551
7	1391	16	1571
8	1411	17	1591
9	1431	18	1611

(2)密集波分复用(dense wavelength division multiplexing，DWDM)：DWDM 的波长范围覆盖 1525～1625nm，包含 C 和 L 波段。与 CWDM 相比，DWDM 具有更小的信道间隔，主要有 0.4nm(50GHz)、0.8nm(100GHz)，以及 1.6nm(200GHz)三种信道划分方案。更紧密的波长间隔意味着可以在一个光纤上传输更多波长，DWDM 可以同时承载多达 160 个波长，非常适合长距离通信场景，如长途干线网络、超大容量的城域网核心节点等。DWDM 和 CWDM 具有不同的性能特点，适用于不同的场景，表 6-2-2 展示了两种复用技术的差异。

表 6-2-2　粗波分复用和密集波分复用对比

复用技术	CWDM	DWDM
信道间隔	20nm	1.6/0.8/0.4nm
波长窗口	1271～1611nm	1525～1565nm (C 波段) 1570～1625nm (L 波段)
波长数目	18	40/80/160 (可多至 192)
成本	低	高
通信距离	短	长
系统结构	简单	复杂
能耗	低	高
系统体积	小	大

由于出色的性能优势，WDM 技术近几十年来取得了迅猛发展，具体来讲，WDM 传输系统具有以下几点优势。

(1) 超大传输容量。光纤的潜在传输带宽是巨大的，如何充分利用光纤大带宽的核心优势，是实现光纤网络传输容量提升的关键。WDM 技术通过在同一根光纤中同时传输几十个不同波长的信道，提供了增加传输容量和充分利用光纤巨大带宽潜力的能力。相比于在单根光纤中只传输一个波长，WDM 技术在单根光纤中同时传输多个波长，使得传输容量比单波长传输增加几倍乃至几十上百倍，极大地降低了成本。例如，如今的 WDM 网络通常可使用多达 160 个(理论上更多)独立波长或数据通道，这些独立波长在单根光纤上复用成复合光信号传输。

(2) 各类业务信号透明传输。由于 WDM 光纤传输系统是一个物理层平台，它利用多个波长执行多路信号复用和解复用功能。这意味着无论信号的速率和电调制格式如何，它们对数据传输都是“透明的”。此外，WDM 系统中各波长相互独立，互不干扰，因而可以同时传输不同类型的信号。因此，WDM 技术可实现在单根光纤上承载不同的数据格式、不同的数据速率、不同的电信业务，提供了多信号混合传输能力。

(3) 灵活、平滑的扩容升级能力。WDM 传输系统扩容方便，在网络业务升级改造过程中，无须对原有光纤链路进行改造，只需对光发射机和光接收机进行升级改造，即可实现传输系统扩容改造。例如，通过增加一个新的波长即可引入新的业务或容量，高效灵活且成本极低。

(4) 最大化光纤链路利用率。采用 WDM 技术可实现在单根光纤中传输多个波长，无须额外铺设多根光纤，保证了光纤链路的利用率。

6.2.2 波分复用系统的波长标准

光纤有两个长波长窗口，即 1310nm 和 1550nm 窗口，它们均可用于光信号的传输，但由于普通 C 波段 EDFA 的工作波长为 1530～1565nm，因此大多数 WDM 系统都工作在这个波长区域内。

ITU-T G.692 建议对 WDM 系统的绝对参考频率、信道间隔、标准中心频率、中心频率偏差都进行了明确规定。

(1) 绝对参考频率。绝对参考频率是维持光信号频率的精度和稳定度而规范的特定频率参考。G.692 建议规定 WDM 系统的绝对参考频率为 193.10THz。

(2) 信道间隔。G.692 建议规定 WDM 系统的信道间隔为 25GHz 的整数倍，目前优先选用的是 100GHz 和 50GHz 的信道间隔。

(3) 标准中心频率。为保证不同 WDM 系统之间的横向兼容性，必须对各个通路的中心频率进行规范，目前国际上规定的标准中心频率是基于参考频率 193.10THz 标准信道间隔的频率系列。表 6-2-3 列出了在 1528～1561nm 之间，以 50GHz 及 100GHz 为信道间隔的标准中心频率和波长。

(4) 中心频率偏差。中心频率偏差定义为标准中心频率与实际中心频率之差。中心频率偏差的规定大小与信道间隔相关，信道间隔越小，中心频率偏差要求越严格，对于 100GHz 和 200GHz 信道间隔的 WDM 系统，要求最大频率偏移为±20GHz(约为 0.16nm)。

表 6-2-3　标准中心频率和波长

标准中心频率(50GHz 间隔)/THz	标准中心频率(100GHz 间隔)/THz	标准中心波长/nm	标准中心频率(50GHz 间隔)/THz	标准中心频率(100GHz 间隔)/THz	标准中心波长/nm
196.10	196.10	1528.77	194.10	194.10	1544.53
196.05	—	1529.16	194.05	—	1544.92
196.00	196.00	1529.55	194.00	194.00	1545.32
195.95	—	1529.94	193.95	—	1545.72
195.90	195.90	1530.33	193.90	193.90	1546.12
195.85	—	1530.72	193.85	—	1546.52
195.80	195.80	1531.12	193.80	193.80	1546.92
195.75	—	1531.51	193.75	—	1547.32
195.70	195.70	1531.90	193.70	193.70	1547.72
195.65	—	1532.29	193.65	—	1548.11
195.60	195.60	1532.68	193.60	193.60	1548.51
195.55	—	1533.07	193.55	—	1548.91
195.50	195.50	1533.47	193.50	193.50	1549.32
195.45	—	1533.86	193.45	—	1549.72
195.40	195.40	1534.25	193.40	193.40	1550.12
195.35	—	1534.64	193.35	—	1550.52
195.30	195.30	1535.04	193.30	193.30	1550.92
195.25	—	1535.43	193.25	—	1551.32
195.20	195.20	1534.82	193.20	193.20	1551.72
195.15	—	1536.22	193.15	—	1552.12
195.10	195.10	15366.61	193.10	193.10	1552.52
195.05	—	1537.00	193.05	—	1552.93
195.00	195.00	1537.40	193.00	193.00	1553.33
194.95	—	1537.79	192.95	—	1553.73
194.90	194.90	1538.19	192.90	192.90	1554.13
194.85	—	1538.58	192.85	—	1554.54
194.80	194.80	1538.98	192.80	192.80	1554.94
194.75	—	1539.37	192.75	—	1555.34
194.70	194.70	1539.77	192.70	192.70	1555.75
194.65	—	1540.16	192.65	—	1556.15
194.60	194.60	1540.56	192.60	192.60	1556.55
194.55	—	1540.95	192.55	—	1556.96
194.50	194.50	1541.35	192.50	192.50	1557.36
194.45	—	1541.75	192.45	—	1557.77
194.40	194.40	1542.14	192.40	192.40	1558.17
194.35	—	1542.54	192.35	—	1558.58
194.30	194.30	1542.94	192.30	192.30	1558.98
194.25	—	1543.33	192.25	—	1559.39

续表

标准中心频率（50GHz 间隔）/THz	标准中心频率（100GHz 间隔）/THz	标准中心波长/nm	标准中心频率（50GHz 间隔）/THz	标准中心频率（100GHz 间隔）/THz	标准中心波长/nm
194.20	194.20	1543.73	192.20	192.20	1559.79
194.15	—	1544.13	192.15	—	1560.20
—	—	—	192.10	192.10	1560.61

6.2.3 波分复用系统的关键技术

WDM 系统由光发射机、波分复用/解复用器、光放大器，以及光滤波器等部分组成，下面将逐一介绍各组成部分的作用和特点。

1. 光发射机

波分复用系统的光发射机通常由多个独立单波长发射单元组成，每个发射单元的激光波长需符合相关的协议要求，以满足 ITU-T 规定的 WDM 波长标准。波分复用系统中的激光器模块，需要满足以下几点要求。

(1) 良好的激光波长稳定性。波长稳定性是一个重要的标准，对于 100GHz 和 200GHz 信道间隔的 WDM 系统，ITU 要求激光器的最大频率偏移为±20GHz，并且信道间隔越小，中心频率偏差要求越小。因此，WDM 系统中的激光器需具备良好的波长稳定性，避免波长漂移带来的信道串扰。

(2) 很宽的波长调谐范围。DWDM 系统可以同时承载多达 160 个波长，因此要求激光器的波长调谐范围很宽，以匹配各个信道的波长需求。

(3) 良好的边模抑制比。DWDM 系统的信道间隔较小，激光器的边模有可能会泄漏到相邻信道，造成信道串扰。因此，WDM 系统要求激光器具有较高的边模抑制比，以避免对相邻信道造成串扰。

(4) 高波长精度。WDM 传输系统常常需要调谐激光器的输出波长，调谐激光器输出某一波长时，实际输出波长往往与设定值存在差距。WDM 要求该波长误差尽量小，以符合 ITU-T 波长标准。

目前，波分复用光纤通信系统中使用的光源主要有激光二极管(laser diode，LD)和发光二极管(light emitting diode，LED)两种，这两种器件都是半导体器件。它们的共同特点是体积小、重量轻、功耗低，非常适合对成本极度敏感的光纤通信系统。LD 和 LED 的主要区别是 LD 产生激光，而 LED 产生荧光。因此，LED 输出光具有较宽的频谱，调制效率低，与光纤的耦合效率低；但其输出特性曲线线性度好，使用寿命长，成本低，适用于短距离、小容量的通信系统。相反，LD 则具有较窄的线宽和良好的频率稳定性，更加适用于远距离和大容量通信系统，广泛应用于高速 DWDM 系统中。

2. 波分复用/解复用器

WDM 技术的核心思路是：在发射端，将多个载有不同信息且波长不同的光信号合成一束光，注入单根光纤传输；在接收端，将多波长光信号分离成不同波长的光信号，由各个独立的接收机进行信号解调。这里，实现多路不同波长光信号合波和分波的光学模块就是波分复用/解复用器。波分复用器和解复用器是 WDM 传输系统的关键部件，应用范围越来越广泛，其使用量仅次于光纤连接器。

光波分复用器是一种多端口器件，通常包含一个输入端口和 n 个输出端口，如图 6-2-2 所示。当用作复用器时，不同波长的光信号从对应的输入端口输入，合波后从单端口输出；当用作解复用器时，复合光信号从单端口输入，不同波长的光信号从波分复用器对应的端口输出。因此，波分复用器和解复用器是一种互易光器件，即从一个方向看它们是合波器，反方向使用则成了分波器。光波分复用器/解复用器实质就是一个多窗口光学滤波器，将不同波长光信号在频域分离开。

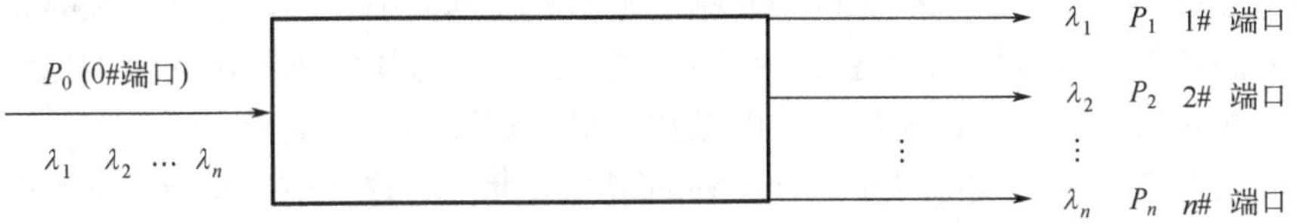

图 6-2-2　波分复用/解复用器原理图

20 世纪 80 年代，随着 WDM 技术投入商用，两波长的波分复用器被首次制造出来。经过 30 多年的发展，光波分复用器制备技术已经比较成熟，根据分光原理和器件实现方式不同，波分复用器大致可分为熔融拉锥型、光栅型、多层介质膜干涉型、阵列波导光栅型和马赫-曾德尔干涉仪型等不同种类。

1）熔融拉锥型

熔融拉锥型波分复用器是应用最早的一种波分复用器。这种器件制备过程较为简单：如图 6-2-3 所示，将两根或者多根光纤除去涂覆层后，缠绕在一起，在高温的环境下，使得光纤熔融拉伸，最终在高温作用下形成相互靠近的特殊波导结构。由于两根平行光纤的纤芯间距非常接近，使得光场倏逝波的能量可以从一根光纤泄漏到另一根光纤纤芯中。如果耦合长度足够长，光场能量可以完全从一根光纤耦合到另一根光纤中。如果光场继续在耦合区传输，光能量还能转移回原来的光纤中。不同波长的光场在两根光纤间实现能量转移所需的耦合长度不同。因此，在制备过程中，可以通过控制两根光纤相互靠近程度和耦合区长度，实现不同波长的复用和解复用。

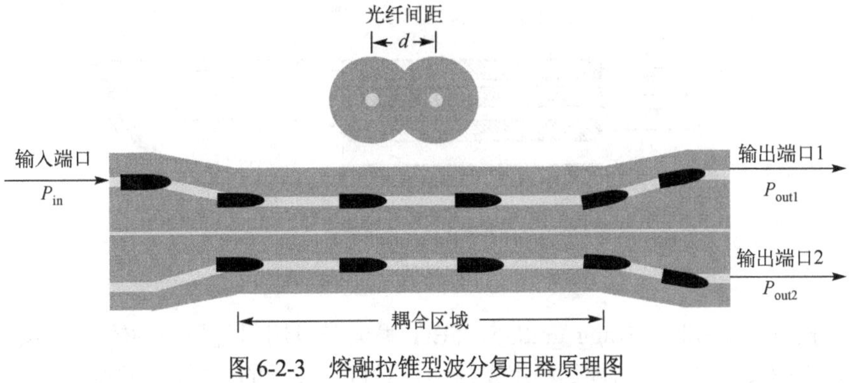

图 6-2-3　熔融拉锥型波分复用器原理图

熔融拉锥型波分复用器主要用于实现两波复用/解复用，复用波长包括 980/1550nm、1310/1550nm、1480/1550nm。其中，980/1550nm 和 1480/1550nm 波长的波分复用器主要用于掺铒光纤放大器，以及 980/1480nm 泵浦光和 1550nm 波段信号光的复用和解复用；1310/1550nm 用作 O 波段和 C 波段传输信号的复用/解复用。

2) 光栅型

光栅型波分复用器是一种利用光栅衍射原理实现不同波长光信号分离的光学器件。光栅是指具有周期性条纹结构的光学元件，当多波长光信号通过光栅时将发生衍射，不同波长的光信号将以不同的角度出射，从而实现分波。

光栅的种类很多，WDM 系统中广泛采用的是光纤光栅和闪耀光栅。闪耀光栅的周期性刻槽条纹具有阶梯形状(图 6-2-4)，被广泛应用于光谱分析领域。如图 6-2-4 所示，将一束多波长光信号经透镜准直后，入射到闪耀光栅，由于光栅的衍射作用，不同波长的光信号以方向略有差异的各种平行光束返回透镜，再经透镜聚焦后，分别注入不同的输出光纤之中，从而实现了多波长信号的分波，采用相反的过程，也可实现多波长信号合波。这种波分复用器需要保证闪耀光栅、微透镜，以及光纤阵列的精密对准，导致其结构复杂、温度特性欠佳，因此在实际应用中需要采用精密的温控措施，以保证器件的稳定工作。当然，闪耀光栅型波分复用器也具有其特有的优势：①高分辨率，其通道间隔可以达到 30GHz 以下；②高隔离度，其相邻复用光通道的隔离度可大于 40dB；③插入损耗低，典型值为 3～6dB，且不随复用通道数量的增加而增加。

针对基于普通透镜的光栅型波分复用器结构复杂、温度稳定性欠佳的问题，研究人员进一步提出了基于棒透镜的光栅型波分复用器，其基本结构如图 6-2-4(b) 所示。棒透镜是一种特殊类型的柱面透镜，周边经过高度抛光。棒透镜的工作方式类似于标准柱面透镜，可用于光束整形并将准直光聚焦成一条线。在这种结构中，采用棒透镜替换了分立的普通透镜和光栅器件，光栅结构被刻蚀于棒透镜的一个端面上。因此，透镜和光栅是一体结构，具有更好的抗温度波动特性和可靠性。

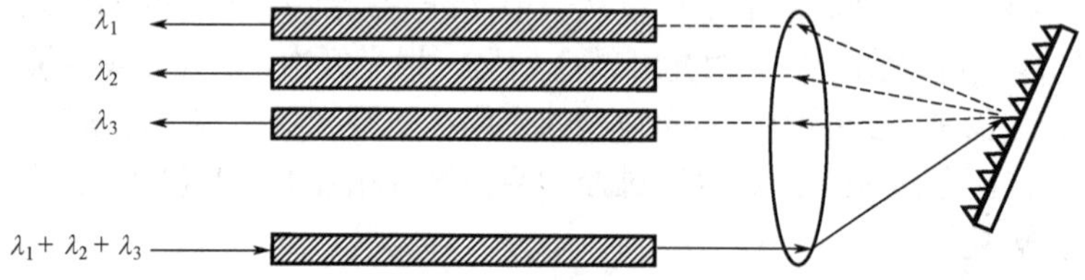

(a) 基于普通透镜的光栅型波分复用器

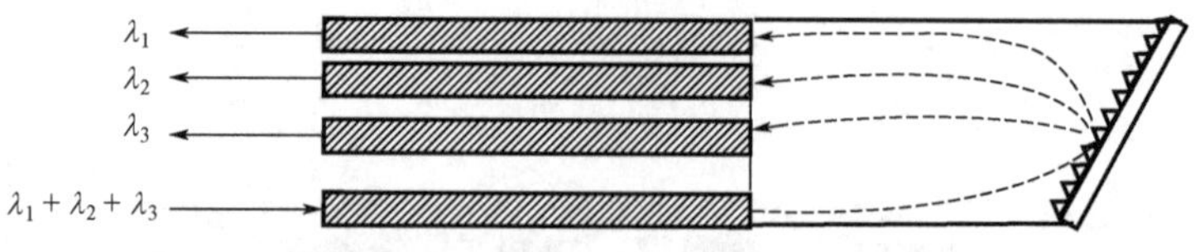

(b) 基于棒透镜的光栅型波分复用器

图 6-2-4　光栅型波分复用器结构

光纤布拉格光栅(fiber Bragg grating，FBG)型波分复用器是另一种较为成熟的光栅型波分复用器。这种波分复用器同样是利用光栅结构对特定波长的衍射，实现波长选择功能。与上面两种光栅型波分复用器的差异在于，它直接将光栅结构刻蚀到光纤表面。FBG 具有理想的滤波特性(通带平坦、过渡带陡峭、信道间隔非常小)、温度稳定性优良、便于设计制造、成本效率高等优点，可以制成信道间隔非常小的带通、带阻滤波器。FBG 通常利用高功率紫外激光照射光纤表面，诱导光纤折射率出现变化，从而实现周期性光栅结构。FBG 相当于一个带阻滤波器，当与光栅对应波长的激光入射时将发生全反射，其余波长的光则会顺利通过。因此，通过将多个光纤布拉格光栅和光环行器组合起来，即可实现多信道波分复用器，如图 6-2-5 所示。

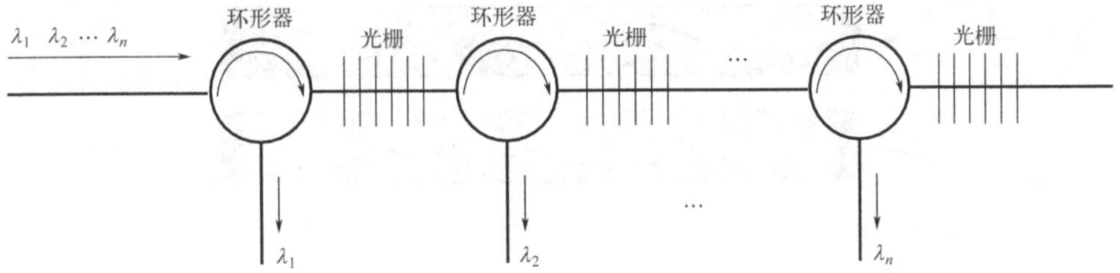

图 6-2-5　多波长级联光纤布拉格光栅型波分复用器结构

3) 多层介质膜干涉型

多层介质膜干涉型波分复用器主要由自聚焦透镜和多层介质薄膜滤波片组成。其中，多层介质薄膜滤波片是该型波分复用器的核心元件，它通过在玻璃衬底上交替地镀上较高折射率和较低折射率的两种薄膜而制成。一般情况下，薄膜滤波片的镀膜层数可达几十层至上百层，且与滤波片基底和空气相邻的膜层具有较高折射率。薄膜滤波片实现滤波的原理可以通过薄膜干涉原理来解释：图 6-2-6 为两层薄膜结构，它表示折射率为 n_1、厚度为 d_1 的薄膜镀在一层折射率为 n_2 的薄膜上，n_0 为空气的折射率，这里假定 $n_0<n_1$，$n_2<n_1$。当一束光(假设波长为 λ) 投射在界面 1 上时，将产生反射波 I_1 和另一束透射波；透射波穿过薄膜后在界面 2 反射后再次穿过薄膜，透过界面 1 形成反射波 I_2。I_1 和 I_2 光来自同一光源，具有相同频率和偏振态，不同的是 I_2 比 I_1 多走了往返两次薄膜的路径。因此，I_1 和 I_2 是两束具有固定相位差的相干光，将在相遇区发生干涉现象。界面 1 和界面 2 之间的薄膜厚度和折射率分别是 d_1 和 n_1，则两束光的相位差为

$$\delta = 2\times\frac{2\pi d_1 n_1}{\lambda} \tag{6-2-1}$$

如果设计薄膜的光学厚度(即 d_1n_1) 是波长 λ 的四分之一，则两束光的相位差是 π。此时，I_1 和 I_2 光在相遇区干涉相消。若将不同厚度、不同折射率的多层薄膜组合，组成具有特定波长选择特性的干涉滤波器，会使得某些波长的光被选择性地反射或透射，实现滤波效果。

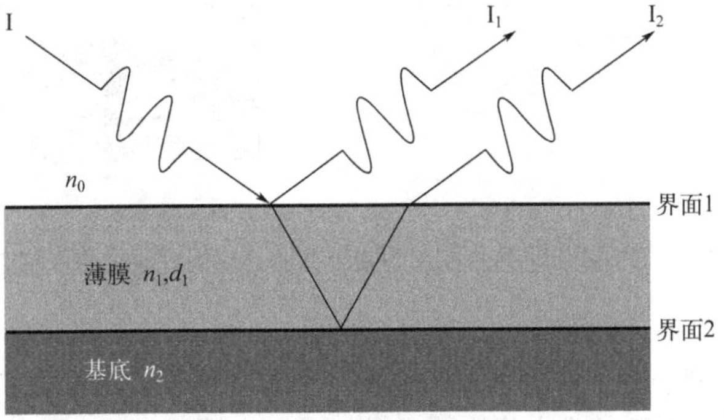

图 6-2-6　薄膜干涉原理

与 FBG 滤波器类似，薄膜干涉型 WDM 器件是一个带通滤波器，通常包含三端口器件，即一个输入口、一个透射端口和一个反射端口。与薄膜滤波片匹配的激光波长将从透射端口输出，其余波长将从反射端口输出。此外，为了实现多个信道的波分复用器，可以将多个多层介质膜干涉型波分复用器串联起来，组成波分复用模块，如图 6-2-7 所示。

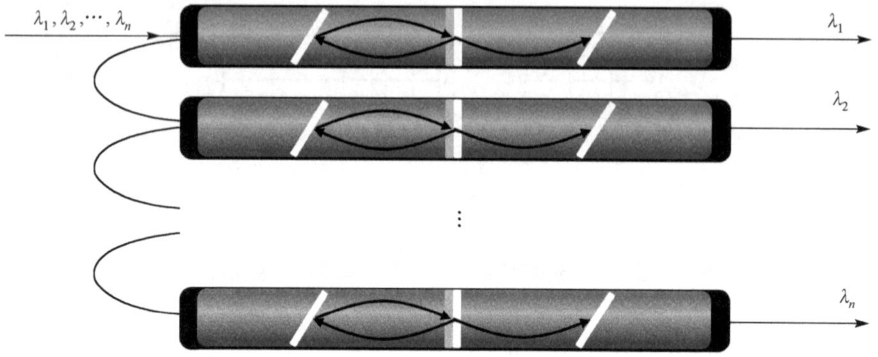

图 6-2-7　多层介质膜干涉型波分复用器串联

这种基于三端口薄膜干涉型 WDM 的多波长波分复用器，体积较大，在一些特殊应用场景不符合要求。为了减小这种 WDM 模块的体积，研究人员进一步开发了基于薄膜滤波片的紧凑型波分复用模块，如图 6-2-8 所示。这种 WDM 模块将所有薄膜滤波片固定在一块玻璃基片上，然后逐个对准和固定输入/输出准直器。紧凑型 WDM 采用自由空间级联方式，其原理是用输入透镜将输入光纤上的波长分别为 λ_1，λ_2，…，λ_n 的光信号聚焦到第一个滤波片上；波长为 λ_1 的光信号通过第一个滤波片并经第一个输出透镜耦合到第一个输出光纤中，分离出波长为 λ_1 的光信号；其余光信号经第一个玻片反射到下一个玻片进行光信号分离；依此类推，直到分离出所有信号。波长信道之间的耦合通过走"之"字路线的准直光线的形式实现。

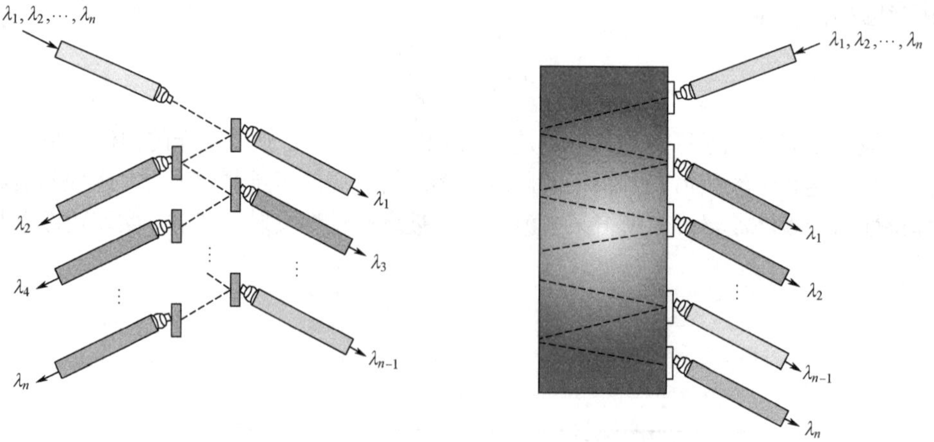

图 6-2-8　基于薄膜滤波片的紧凑型波分复用模块结构示意图

4) 阵列波导光栅型

上面 3 种不同类型的波分复用器都面临着一个重要挑战，随着端口数量增加，WDM 模块的结构复杂度、器件损耗、成本将快速上升，难以支撑较大端口数的 WDM 模块。例如，随着端口数的增加，基于薄膜滤波片的 WDM 模块的积累损耗将会大大增加，且损耗均匀性会发生严重劣化，器件成本也会快速上升。因此，薄膜滤波片型 WDM 器件的信道数通常不会超过 16，难以适应 DWDM 传输系统的需求。为了满足对多端口、小型化波分复用器件的需求，研究人员开发出了基于阵列波导光栅(arrayed waveguide grating，AWG)的波分复用器件。与多层介质膜干涉型和光栅型相比，AWG 具有集成度高、通道数目多、插入损耗小、易于批量自动化生产等优点。

AWG 是一种平面波导器件，通常利用集成光学技术制备，目前已在多种材料平台上实现，如二氧化硅、氮化硅、硅基材料、铌酸锂，以及聚合物等。图 6-2-9 展示了 AWG 器件的典型结构，主要包括输入/输出波导、自由传输区(星型耦合器)，以及阵列波导(相邻两个波导的长度差相等，均为ΔL)。其中，两个自由传输区和阵列波导实现类光栅功能，是实现分波的核心区域。接下来详细分析 AWG 实现分波/合波的原理。

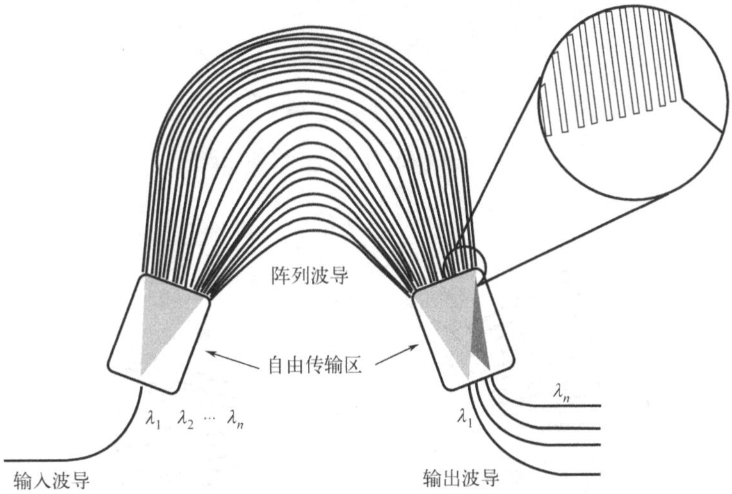

图 6-2-9　AWG 的典型结构

AWG 实现分光的原理与凹面光栅类似，下面首先分析凹面光栅的工作原理。凹面光栅典型结构如图 6-2-10 所示，光栅的周期槽面分布在一个半径为 $2r$ 的大圆上，定义与大圆相切且半径为大圆一半(r)的小圆为罗兰圆。从罗兰圆上任意一点 A_1 发出的多束单频激光，经凹面光栅衍射之后，必定聚焦于罗兰圆上另一点 A_2。激光入射角 α 与衍射角 θ 之间满足关系式：

$$d(\sin\theta - \sin\alpha) = m\lambda \tag{6-2-2}$$

式中，d 为光栅两刻槽间的距离；λ 为输入激光波长。从式(6-2-2)可以看出，反射光的衍射角度与输入光波长相关。若一束多波长复合光从罗兰圆上一点出射，经凹面光栅衍射之后，不同波长激光的衍射角度不同，将会聚焦于罗兰圆的不同位置，从而实现波分解复用。

如图 6-2-11 所示，AWG 的阵列波导等间距排列在大圆圆周(即光栅圆周)上，输入/输出波导排列在罗兰圆周上。当一束复合激光经输入波导(中心输入波导)进入自由传输区后，激光将在自由传输区内发生衍射。由于阵列波导排列在光栅圆周上，因此衍射光将以相同的相位进入到各个阵列波导输入端口。阵列波导由一系列长度不同的波导构成，相邻两个波导存在固定的长度差ΔL，从而经相邻波导传输后的激光具有固定的相位差$\Delta\varphi$。对于不同波长的激光，此相位差值$\Delta\varphi$ 不同，于是复合激光经阵列波导传输后，将在输出自由传输区中发生衍射，不同波长的激光将聚焦到不同的输出波导位置，实现波长分离功能，即波长解复用。根据光路可逆性原理，当激光沿着上述路径逆向传输时，即可实现波长复用功能。

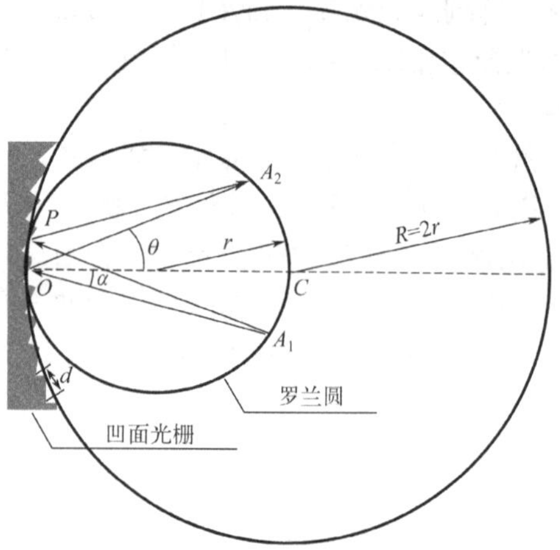

图 6-2-10　AWG 实现分光的原理

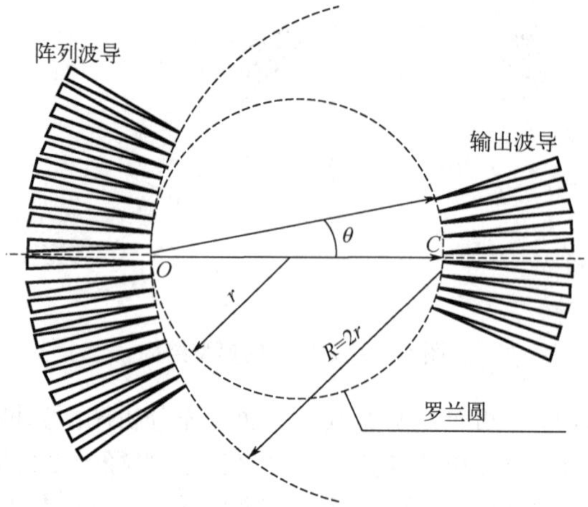

图 6-2-11　AWG 阵列波导排列原理图

5) 马赫-曾德尔干涉仪型

马赫-曾德尔干涉仪(Mach-Zender interferometer，MZI)是一种重要的光学干涉结构，通常由两个 3dB 光耦合器和两条不同长度的光纤(或者光波导)组成，其结构如图 6-2-12 所示。MZI 利用两条不同长度的干涉路径的光程差来分辨不同的波长，可以用来制备性能优良的波分复用器。由于 MZI 干涉结构对温度极其敏感，因此基于 MZI 的波分复用器通常采用集成光子技术制备，如硅基平台、氮化硅平台等，以减小温度漂移带来的影响。

入射光经过第一个 3dB 耦合器后，被分成功率相等的两路光，分别进入 MZI 上下两臂传输；此时，上下两臂中的光场存在 $\pi/2$ 的相位差，即耦合输出方向的光场(下臂)比直通输出方向的光场(上臂)相位滞后 $\pi/2$；它们分别在长度不同的上下臂波导中传输后，经第二个 3dB 耦合器合在一起。由于上下臂之间有ΔL 的长度差，将会引入 $\beta\Delta L$ 的滞后相位(其中 β 为传播常数)。在经过第二个 3dB 耦合器后，输出端口 1 的两束光场的相位差是 $\beta\Delta L+\pi$，而输出端口 2 的两束光场的相位差是 $\beta\Delta L$。可以看出，$\beta\Delta L$ 的大小决定了输出端口 1 和 2 的光功率大小。如果 $\beta\Delta L=k\pi$ 且 k 为奇数，则光场全部从端口 1 输出；如果 k 为偶数，则光场全部从端口 2 输出。

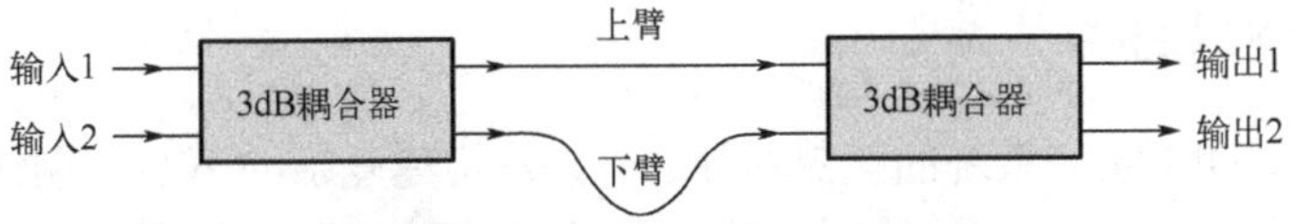

图 6-2-12　MZI 波分复用器基本结构

不同频率光场的传播常数 β 不同，因此 MZI 两个端口输出光强与光场频率相关，从而表现出滤波效应。图 6-2-12 所示结构为最简单的 2 通道波分复用器，通过将多个 MZI 级联起来，还可实现更多通道的波分复用器。

3. 光放大器

光纤链路是具有一定损耗的，光信号沿着光纤传输过程中将会被衰减，严重制约了信号的传输距离。因此，为了使得光信号传输得更远，必须对光信号进行放大。与单信道传输系统相比，WDM 传输系统对光放大器提出了更高的要求。第一，足够大的增益带宽。光放大器需具备足够宽的增益带宽，以实现同时对几十个 WDM 信道进行放大。第二，良好的增益平坦度。光放大器在不同波长处的增益大小需一致，保证不同信道获得相近似的增益大小，以免破坏 WDM 系统传输性能。

光纤放大器是应用最广泛的光放大器，其增益带宽与掺杂的稀土离子相关。通过改变光纤掺杂的稀土离子种类，即可实现光放大器增益带宽的改变。通常情况下，掺铒光纤放大器增益谱可覆盖 C 和 L 波段，掺铥光纤放大器的增益带宽可覆盖 S 波段，掺镨光纤放大器的增益带宽可覆盖 O 波段。

除增益带宽外，如何保证光放大器增益平坦，对 WDM 传输系统性能至关重要。由于掺铒光纤放大器应用最为广泛，因此这里主要讨论 EDFA 的增益均衡技术。EDFA 增益均衡技术主要有两种，即优化铒纤掺杂工艺和外部动态补偿技术。第一种技术是通过优化 EDFA 中铒纤的掺杂特性来实现的。例如，在铒纤中额外掺杂铝离子，可以显著改善 EDFA 的增益频谱，不但能使增益谱线变得平坦，还能提高增益水平。图 6-2-13 展示了添加铝离子前后某

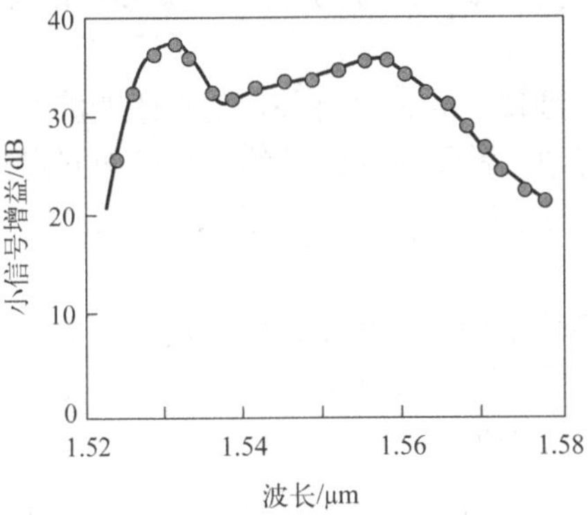

(a) 添加铝离子前

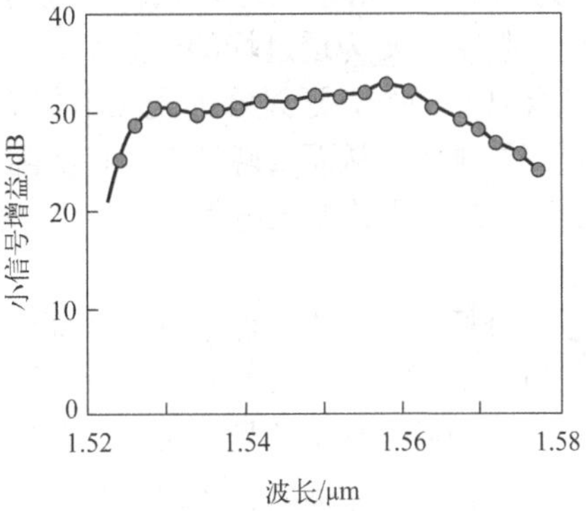

(b) 添加铝离子后

图 6-2-13　EDFA 的增益谱

EDFA 的增益谱，可以看出在增加铝离子后，EDFA 增益平坦度得到明显改善。第二种技术是根据 EDFA 增益频谱特性进行预补偿。该方案通常将与掺铒光纤增益谱相反的增益平坦滤波器插入到线路中，实现增益谱的平坦。

4. 可调谐光滤波器

光滤波器是 WDM 通信系统的关键器件之一，是构建复杂的 WDM 网络的基石。在一些情况下，WDM 系统的光接收需要采用波长可调谐的光滤波器，利用可调谐光滤波器可以在光接收机前从多信道复用的光信号中选择出一定波长的信号，以供光接收机进行接收。为了使光接收机能够接收所有信道的信号，要求光滤波器具有可调谐性，并且调谐范围应该能够覆盖整个系统的波长范围，而滤波器的带宽应该大于信道带宽，同时小于信道间隔，以避免信道丢失和信道间的串扰。

面向 WDM 通信网络应用，一个理想的可调谐光滤波器应具备以下特点。

(1) 波长调谐范围足够大，以实现可选择信道数目的最大化。

(2) 插入损耗足够小，避免劣化信号传输性能。

(3) 具有优良的隔离度，以避免相邻信道间的串扰。

(4) 偏振不敏感，避免偏振相关损耗。

(5) 稳定性优异，对外界干扰不敏感。

(6) 低成本。

通常使用法布里-珀罗(FP)干涉仪作为光滤波器，其多谐振峰的传输特性如图 6-2-14 所示。其中，$\Delta\nu_{\mathrm{L}}$ 为 FP 腔的自由谱宽，$\Delta\nu_{\mathrm{FP}}$ 为透过峰的宽度，它们均由 FP 腔的结构参数决定，即

$$\Delta\nu_{\mathrm{L}}=\frac{c}{2nL} \tag{6-2-3}$$

$$\Delta\nu_{\mathrm{FP}}=\frac{\Delta\nu_{\mathrm{L}}}{F}=\frac{L-R}{\pi\sqrt{R}}\cdot\frac{c}{2nL} \tag{6-2-4}$$

$$\nu_m=m\frac{c}{2nL},\quad m=1,2,3,\cdots \tag{6-2-5}$$

式中，c 为真空中的光速；n 为构成 FP 腔的材料折射率；L 为 FP 腔的腔长度；R 为 FP 腔两个腔面的反射率；ν_m 为透过峰的光频率。

由式(6-2-5)可知，透过峰的光频率与 FP 干涉仪的腔长度有关，通过改变腔长 L，可以改变透过峰的频率，从而实现调谐。在实际应用中，常常将 FP 腔的一个腔面固定在压电陶瓷上，通过外加电压改变压电陶瓷的伸缩，使 FP 腔长发生变化，从而实现对 FP 腔的透过峰进行调谐。

由以上分析可知，为了保证 WDM 系统中各信道信息的正常接收，同时避免信道串扰，FP 腔的透过峰宽度 $\Delta\nu_{\mathrm{FP}}$ 应该大于每一信道的信号带宽，同时小于信道间隔，另外自由谱宽度 $\Delta\nu_{\mathrm{L}}$ 应该大于系统复用信号的带宽，以避免信道丢失。

另一类可调谐光滤波器是集成在铌酸锂($LiNbO_3$)波导上的，利用声光或电光效应来改变介质的折射效率，从而实现对光波长选择的光滤波器，其中声光效应的滤波器调谐范围可达到大于 100nm，而电光效应的滤波器调谐范围较小，只能达到 10nm。

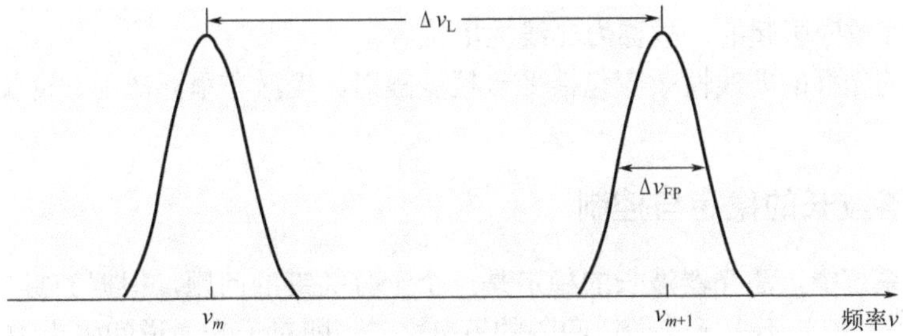

图 6-2-14　FP 干涉仪的传输特性

除此之外，窄带的光放大器对入射复用信号的选择放大，也可以起到光滤波器的作用。例如，具有很窄带宽的光受激布里渊放大器，其带宽约为 100MHz，可以通过对泵浦波长的调谐来实现对多路复用信号的选择放大作用。

6.2.4　波分复用系统的信道串扰

WDM 系统的信道串扰是指一个信道信号对另一个信道信号的干扰。当存在信道串扰时会引起接收信号误码率的升高，如果此时仍要求系统能够保持正常工作，那么系统必须在保证一定误码率的前提下，增加接收机信道的光功率，这样串扰就会引起接收灵敏度下降。

WDM 系统产生信道串扰的原因主要有两类：一类是选择信道的解复用元件的非理想特性导致的线性串扰；另一类是由光纤线路的非线性效应引起的非线性串扰。

1) 线性串扰

线性串扰主要是由波分复用器、滤波器、光开关等光学器件的性能缺陷造成的。其中一种典型的线性串扰发生在解复用器和复用器级联使用过程中，如图 6-2-15 所示。理想情况下，波分解复用器可将输入的多个波长信号解复用，并分别分配到不同的光纤或接收端，信道之间不会发生泄漏。但是，实际上波分复用器的隔离度并不理想，某一波长 λ_1 信道上信号 A 的一部分能量会泄漏到相邻的信道 λ_2 所在的光纤中去。当重新利用复用器将信道 λ_2 和新的信号 (与 λ_1 同波长) 合波时，波长 λ_1 信道上之前信号 A 的泄漏部分和新信号将被耦合进同一光纤中，这就引起了信道串扰。

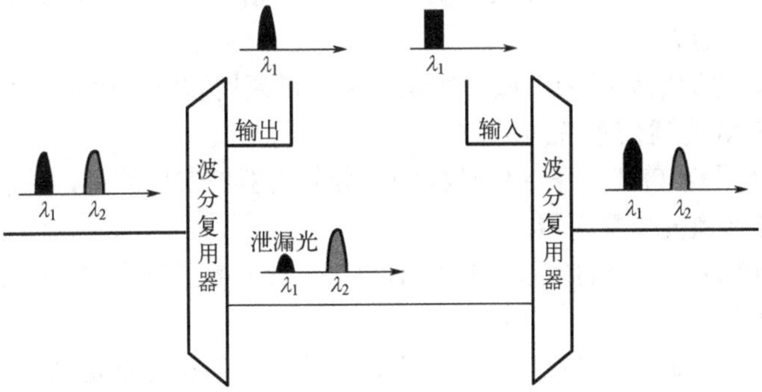

图 6-2-15　非理想波分复用器引起的线性串扰

2) 非线性串扰

当光纤处于非线性工作状态时，光纤中的几种非线性效应均可能在信道间构成串扰，具体来讲，即一个信道的光强和相位将受到其他相邻信道的影响，从而形成串扰。由于这种串扰是光纤非线性效应引起的，故称为非线性串扰。

引起串扰的光纤的非线性效应包括受激拉曼散射、受激布里渊散射、交叉相位调制和四波混频等。

6.2.5　激光器波长的稳定与控制

在 WDM 系统中，激光器波长的稳定是一个十分关键的问题，根据 ITU-T G.692 建议的要求，中心波长的偏差不大于光通道间隔的五分之一，即对于光通道间隔为 100GHz 的系统，中心波长的偏差不超出±20GHz。影响集成式电吸收调制激光器(electro-absorption modulated laser，EML)波长的主要因素之一是芯片温度的变化，其波长的温度依赖性典型值为 0.08nm/℃，正常工作温度为 25℃，在 15～35℃温度范围内调节芯片的温度，即可使 EML 调定在一个指定的波长上，调节范围为 1.6nm。芯片温度的调节依靠改变制冷器的驱动电流实现，再采用热敏电阻作反馈便可使芯片温度稳定在一个基本恒定的温度上。除了温度之外，激光器的驱动电流也能影响波长，其依赖性典型值为 0.008nm/mA，比温度的影响约小一个量级，在有些情况下，其影响可以忽略。此外，封装的温度也可能影响到器件的波长(例如，从封装到激光器平台的连线带来的温度传导和从封装壳向内部的辐射，也会影响发光波长)。在一个设计良好的封装中，其影响可以得到有效控制。以上方法可以有效解决相对短期波长的稳定问题，但对于激光器老化等原因引起的波长长期变化就显得无能为力了。

习　题　六

6.1　阐述波分复用的基本概念，并说明其特点。

6.2　画出波分复用系统的典型结构，并简述各个模块的功能作用。

6.3　举例说明光波分复用器有哪些，并简述其基本特点。

6.4　在 DWDM 系统的工作频率中，绝对频率参考点是（　　）

A. 192.10THz　　B. 192.60THz　　C. 193.10THz　　D. 196.10THz

6.5　阐述粗波分复用和密集波分复用的差别，并简述各自的基本特点。

6.6　通信窗口 C 波段覆盖的波长范围是多少？当信道间隔为 100GHz 时，利用 WDM 技术可以传输多少个信道？

6.7　在 WDM 光通信系统中，如何实现多个信道复用和解复用？

6.8　阐述 WDM 光通信系统的优势。

6.9　简述基于马赫-曾德尔干涉仪结构的波分复用器的实现原理，并利用马赫-曾德尔干涉仪，设计一个 4 通道波分复用器。

6.10　假设 DWDM 系统的信道间隔是 100GHz 且覆盖了整个 C 波段，计算该系统总共可以容纳多少信道。

6.11　波分复用系统中的串扰分为哪几类？简述各类串扰分别是由什么原因引起的。

第 7 章　光交换技术

具有传输透明性(包括业务类型、传输速率和传输格式等)和高度生存性的全光网络，是当前 WDM 光网络所追求的重要目标。从系统角度来看，光交换技术与光监控技术、光放大技术和光处理技术等其他光网络技术一样，都是 WDM 光网络的关键支撑技术。但是在这几种关键支撑技术中，光交换技术是其核心。这是由于在 WDM 光网络向全光网络的演进过程中，需要采用光交换技术在光域实现网络的优化、路由、保护和自愈功能，以达到网络的高速率和协议透明性，提高网络的重构灵活性和生存性。因此，在某种程度上，光交换技术决定了全光通信的发展。

本章首先概述并对比三种主要光交换模式(光波长路由交换、光突发交换和光分组交换)之间的区别以及相关的关键器件技术(7.1 节)。光突发交换和光分组交换的关键技术和体系结构分别在 7.2 节和 7.3 节展开。

7.1　光交换技术概述

核心知识解析

光交换技术可以分为两大类别，一类是以电交换作为主体的光电交换技术，另一类则将核心数据保留在光域完成交换过程，可称为全光交换。本章主要探讨全光交换技术，目前该技术可分为三种形式：光波长路由交换(也称光路交换)(optical circuit switching，OCS)、光突发交换(optical burst switching，OBS)和光分组交换(optical packet switching，OPS)。

7.1.1　光波长路由交换技术概述

在三种全光交换技术中，OCS 是发展最为成熟、商业化最彻底的技术。在 WDM 光网络中，实现交换功能的主要是光交叉连接(optical cross-connect，OXC)设备和光分插复用器(optical add-drop multiplexer，OADM)。目前较为成熟的 OXC 设备多采用微机电系统(micro-electromechanical system，MEMS)，光路切换在毫秒量级内完成。伴随着电控光开关的逐渐成熟，OXC 设备的链路切换速度有望达到纳秒量级。近些年来，以波长选择开关(wavelength selective switch，WSS)为基础建立的可重构光分插复用器(reconfigurable optical add-drop multiplexer，ROADM)成为升级 OCS 网络的核心设备，这使得传统以固定光分插复用器(fixed optical add-drop multiplexer，FOADM)建立的预分配波分复用光网络向着动态灵活配置方向演进。OCS 技术通过动态寻路和波长分配，实现端到端透明的“虚波长通道 (virtual wavelength path)”，使光信号在经过中间节点时不需光/电/光(O/E/O)转换，而直接通过光路(light path)到达目的节点。还可采用数字包封(digital wrapper)技术，将原本在同步数字体系/同步光网络(SDH/SONET 层)的某些功能(如业务适配等)移到光网络层上来实现。这样，OCS 技术可以充分发挥 WDM 光网络的联网优势、大大简化通信网络的分层结构、增强对各种通信业务的开放透明性，进一步提高其总体传输效率和网络的利用率及可靠性。

由于 OCS 给信号分配的波长通道是端到端的，因而在动态路由和分配波长时一般必须获得整个网络的状态，因此其控制系统通常是集中式的，同时网络动态路由和波长分配所需时间相对较长。基于上述原因，目前在 OCS 网络中，有一种多协议标记交换(multi-protocol label switching，MPLS)在光域中得到扩展应用，即多协议波长交换(multi-protocol lambda switching，MPλS)技术。MPλS 的核心思想就是将波长信道作为标记，光交叉连接(OXC)等标记交换路由器以此为业务寻径，进行网络控制和管理，在网络中建立合适的标记交换路径(label switching path，LSP)，即光路。在基于 MPλS 的光波长标记交换网络中，光路由器有两种：边界路由器和核心路由器。边界路由器用于与速率较低的网络进行业务接入，同时电子处理功能模块实现 MPλS 中较复杂的标记处理功能。而核心路由器利用光互联和波长变换技术实现波长标记交换和上下路等比较简单的光信号处理功能，它可以更灵活地管理和分配网络资源，并能有效地实现业务管理及网络的保护、恢复。为了能适应未来智能光网络动态地提供网络资源和传送信令的要求，现在对 MPLS 和 MPλS 在路由协议、信令协议等协议上做了修改和扩展，将两者在控制面上进行统一，即通用多协议标签交换（general multi-protocol label switching，GMPLS）

OCS 技术的优点是可靠性高，波长级的交换粒度和带宽分配机制适合构建统一的光传送平台，特别适用于速率恒定且持续时间长的业务，如在线视频点播业务。OCS 技术的缺点也非常明显。OCS 只是以波长光路(wavelength path)为单位的粗粒度光交换。由于波长连续性限制(wavelength-continuity constraint)，其所能建立的波长光路有限；而且即使在网络中配置有波长变换器(wavelength converter)时，其所能建立的虚光路也会受到波长数目的限制。这种粗粒度的光交换网络不适合如 IP 那样的突发数据的传输。同时，OCS 技术自身也继承了电路交换的固有缺点，即网络资源的利用率不高。据统计，现有 OCS 网络中典型的资源利用率仅为 20%～35%。

7.1.2　光突发交换技术概述

光突发交换中的“突发”可以看作由一些较小的具有相同出口边缘节点地址和相同服务质量要求的数据分组组成的超长数据分组，这些数据分组可以来自传统 IP 网中的 IP 包。突发是光突发交换网中的基本交换单元，它由控制分组(burst head packet，BHP，作用相当于分组交换中的分组头)与突发数据(burst data，BD，净荷)两部分组成。控制分组和突发数据在物理信道上是分离的，每个控制分组对应一个突发数据，这也是光突发交换的核心设计思想。例如，在波分复用系统中，控制分组占用一个或几个波长，突发数据则占用所有其他波长。

将控制分组和突发数据分离的意义在于控制分组可以先于突发数据传输，以弥补控制分组在交换节点的处理过程中 O/E/O 转换及在电域处理造成的时延。随后发出的突发数据在交换节点进行全光交换透明传输，从而降低对光缓存器的需求，甚至降为零，避开了目前光缓存器技术不成熟的缺点。而且，由于控制分组大小远小于突发包大小，需要 O/E/O 转换和电处理的数据大为减小，缩短了处理时延，大大提高了交换速度。

此外，在突发交换技术中，带宽申请过程是单向的(不必应答或不等应答信息到来就可发送)，其显著特点是：在中间节点处，业务数据流不经存储而直接由交换机转发。

7.1.3　光分组交换技术概述

OPS 技术最早由保罗·巴兰（Paul Barran）等于 1961 年提出，出于通信保密的需要，它将信息拆分为小块(即分组)，以分组为单位进行信息传递，各个分组利用存储-转发的形式由不同路径到达系统接收端，再进行组合复原，恢复出原始信息。由此可见，OPS 技术从发展之初就具备细小粒度的分组交换能力，这与 OCS 技术相比，带宽利用率较高，更适用于 IP 业务中的突发分组包通信需求。因此，OPS 是一种前景非常好的技术。

OPS 网络的发展有几十年的历史，世界上很多国家和地区已做了这方面的研究，如欧洲的 ATMOS(ATM optical switching)项目和 KEOPS(keys to optical packet switching)项目、美国的 POND(packet-switched optical networking demonstration)项目和 CORD (contention resolution by delay lines)项目、英国 WASPNET(wavelength switch optical packet network)项目等，它们都已取得了一定的成果。在这些实验光网络中，具有光分组交换功能的核心路由器可以同时实现空分、时分和波分交换，并且仅对带有路由信息的光分组头进行高速处理，而为光分组的有效负载提供透明路径。与传统光网络相比，这些实验网络具有高速、吞吐量大、延时低、业务和比特率透明等突出优点，能高效地承载 IP 业务。

光分组交换中的关键技术通常包括标签识别与处理技术、光交换矩阵技术、竞争解决和光缓存技术以及 3R(reshaping，retiming，reamplification)技术等。通常光分组信号由光标签(optical label)和净荷(payload)两个部分组成，如图 7-1-1 所示。光标签和净荷通常在同一信道上传输，两个光分组之间有相应的保护时间间隔，光标签和净荷之间也有一定的保护时间间隔。其中，光标签中包含光分组交换过程中需要的路由信息，如源地址、目的地址、波长和服务优先级等；净荷由网络中相同类型的数据按照一定的分组汇聚机制组合而成，是需要进行交换的主体部分。

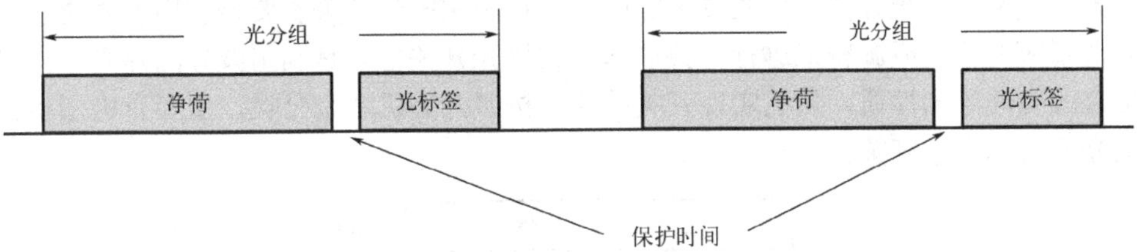

图 7-1-1　光分组结构

OPS 相对于 OCS 来说，虽然有着明显的优点，但是也有明显的缺点，即属于同一个数据流的光分组在传输过程中会经过不同的物理链路，有些光分组经过中间节点将遭受过大时延差异，甚至丢失，从而使得数据重组时次序混乱，甚至发生数据丢失。针对该问题，提出了一种新颖的光交换技术——光分组流交换(optical flow switching，OFS)，它将属于相同数据流的分组作为一个整体进行传输和交换，称为光分组流。光分组流在边缘路由器形成，并且每一个分组流都有一个头分组、若干净荷分组和一个尾分组，它们具有相同的源地址和目的地址。与净荷分组不同的是，头分组中都带有分组流自身的一些开销信息，如流长度和服务质量(QoS)等级等，尾分组标记着一个分组流的结束。对于一个完整的分组流，核心节点只处理头分组的头部来选择路由，其他分组只需跟随头分组的选路结果即可，这样保证了分组次序不被打乱。作为 OPS 的改进型技术，OFS 和 OPS 一样，其相关的控制实现技术还有待进一步研究。

7.1.4 几种光交换技术的比较

目前，基于光路交换技术的光网络已成为可能，但其带宽利用率低、灵活性差，不能适应数据业务的高速增长的需要。OPS 作为光交换的理想形式，由于目前缺乏相关的支撑技术，暂时不能实用化。作为这两种交换技术在实现难度和性能上的折中，OBS 逐渐成为研究热点，OBS 粒度介于大粒度的波长和细粒度的分组之间，技术实现比 OPS 简单，组网能力又比 OCS 灵活高效。表 7-1-1 为几种典型光交换模式的比较。

表 7-1-1　几种典型光交换模式比较

光交换模式	交换粒度	带宽利用率	应用性	接续时延	适应性	实现难度和复杂性
光波长路由交换(光路交换)	粗	低	较低	高	低	低
光分组交换	细	高	高	低	高	高
光突发交换	中等	较高	中等	低	高	中等

7.1.5 光交换器件

三种光交换技术的实现都离不开核心器件与设备的支持，本节将简要介绍光交换过程中涉的几类光学器件及其工作特性，为后续详细探讨光交换方案提供支撑。

1. 光开关

1) 光开关分类

就目前的光开关发展现状而言，按照光束在开关中传输的介质来分类，光开关可分为自由空间光开关和波导光开关，如图 7-1-2 所示。自由空间光开关主要是利用各种透射镜、反射镜和棱镜等的移动或旋转来进行开关动作。波导光开关主要是利用波导的热光、电光或磁光效应来改变波导的性质，从而实现开关动作。按照开关机理来分类，主要有电子机械光开关、热光开关和电光开关。

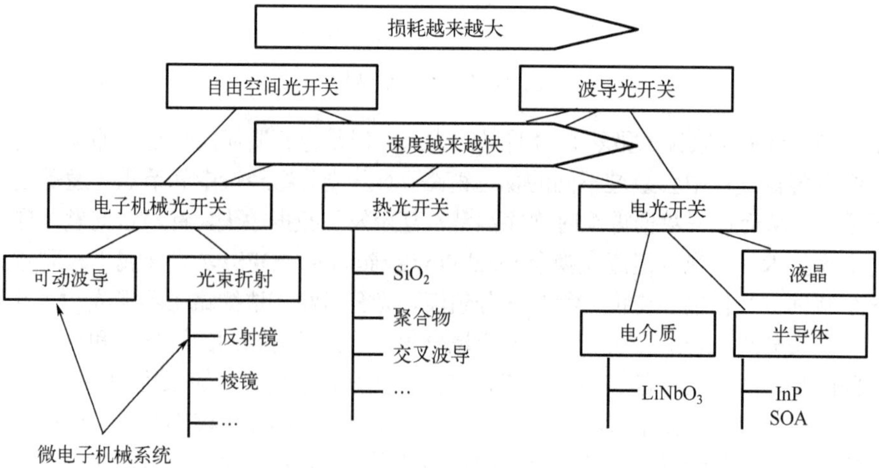

图 7-1-2　各种光开关技术分类与比较

光开关的性能可由以下指标进行表征。

(1) 插损。

(2) 隔离度。

(3) 消光比。

(4) 偏振敏感性。

(5) 开关时间。

(6) 开关规模。

(7) 开关尺寸等。

插损表征该器件引入的额外损耗，对于功率敏感型光交换网络，需要格外注意该指标的影响。隔离度表征光开关信道之间的隔离程度，对于多信道工作的光开关，信道间隔离度越高，开关过程对相邻信道的影响越小。消光比通常表示“开”和“关”两种状态下的信号功率变化，该数值越大表示器件开关性能越好。偏振敏感性是光学类器件在光纤通信系统中必然考虑的因素之一，由于通信光纤不具备保偏特性，因此系统中器件的偏振敏感性越低，表明光信号偏振状态对器件性能的影响越小。开关时间是光开关的核心参数之一，其决定了具体应用中选取何种类型的光开关，根据光开关实现的原理不同，开关时间可横跨秒到皮秒量级。开关规模表征可支持的光开关通道数量，开关矩阵规模越大，可支持的开关通道数量越多。光开关器件的复杂度取决于开关尺寸，该指标对于构建大规模光开关系统至关重要。

总体来说，不同实现类型的光开关具有以上的基本特征。机械开关在插损、隔离度、消光比和偏振敏感性方面都有很好的性能，但它的开关尺寸比较大，开关动作时间比较长，一般为几十毫秒到几毫秒量级，而且机械开关不易集成为大规模的阵列。对波导开关而言，它的开关速度在毫秒到亚毫秒量级，体积非常小，而且易于集成为大规模的矩阵开关阵列，但其插损、隔离度、消光比、偏振敏感性等指标都比较差。

2) 几种典型的光开关

(1) 电光开关。电光开关器件主要基于铌酸锂 ($LiNbO_3$) 波导或半导体光放大器 (SOA) 构成。$LiNbO_3$ 器件具备高的电光效应和透明性，适用于要求低损耗、高速切换的系统中。一般是在 $LiNbO_3$ 衬底上形成阵列光波导，各波导交叉部位放置开关元。通过外加电压使光开关呈现导通状态并根据事先设计的要求输出 (交叉或直通) 相应的光信号。$LiNbO_3$ 的主要问题是工作电压高、体积大。近些年来，随着 $LiNbO_3$ 薄膜器件的发展与成熟，高度集成化的 $LiNbO_3$ 光开关阵列已成为可能。此外，光分支波导与半导体光放大器组合构成的矩阵光开关的基本结构是在无源分支光路的后部配置 SOA，通过向光放大器注入控制电流来完成光路切换。SOA 的开关机制是调节 SOA 的驱动电流，电流在阈值以下时无光输出，电流在阈值以上时则有光输出，形成“有光”和“无光”两种开关状态。

(2) 声光开关。声光开关是基于声光晶体的声光效应来实现的，其光学材料为二氧化碲等晶体，将声波沿着与晶体垂直的方向引入，使晶体形成折射光栅。光束通过晶体时被光栅折射，以一定的角度折射到另一个方向，从而达到光信号从一根光纤折射到另一根光纤的目的。折射角度与声波的频率和光波波长有关。声光开关可以达到微秒量级的交换速度。使用这种技术可以很方便地制成端口数目较少的光开关结构，但是不适合大型光交换矩阵。

(3) 热光开关。热光开关的基本结构有两种：一种是 Y 型分支器结构；另一种是马赫-曾德尔干涉仪(MZI)型结构。Y 型分支器结构如图 7-1-3 所示，在硅衬底上生成矩形波导，微加热器由 Ti 或 Cr 在波导分支表面沉积而成。为减小在水平方向上的热传播，电极旁的 SiO_2 层非常薄。当电功率被加到其中一个分支上的加热器时，在该加热器下面的波导的折射率减小。相应地，光功率被转向另一分支(即该分支处于“开”的状态)，也就是在有源加热器一边的分支处于“关”的状态。MZI 型热光开关结构如图 7-1-4 所示，它包括一个 MZI 和两个 3dB 耦合器。两个波导臂具有相同的长度。在 MZI 的干涉臂上，镀上金属薄膜加热器形成相位延时器。波导一般生成在硅衬底上，硅衬底还可看作一个散热器，波导上的热量通过它散发出去。当加热器未加热时，输入信号经过两个 3dB 耦合器在交叉输出端口发生相干相长而输出，在直通的输出端口发生相干相消，如果加热器开始工作而使光信号发生了大小为π的相移，则输入信号将在直通端口发生相干相长而输出，而在交叉端口发生相干相消，从而通过控制加热器即可实现开关的动作。

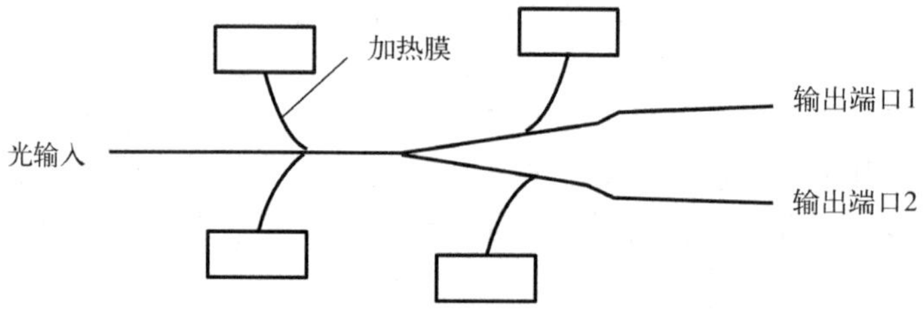

图 7-1-3　Y 型分支器热光开关结构示意图

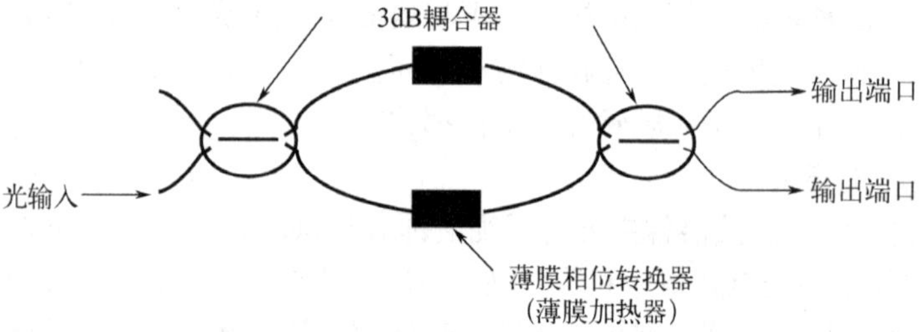

图 7-1-4　MZI 型热光开关结构示意图

(4) 微电子机械光开关。微电子机械光开关(MEMS)是一种自由空间型集成光开关。它既有机械光开关低损耗、低串扰、低偏振敏感性和高消光比的优点，又有波导开关的高开关速度、小体积、易于大规模集成等优点，成为大规模光交换系统的理想选择。基于 MEMS 的光交叉连接由垂直转向镜组成，尺寸只有几百个微米的微镜阵列集成在硅衬底上。可以在垂直方向转动的微镜直立或平放，由静电驱动，使光束在自由空间被适当的镜面反射到输出端口，如图 7-1-5(a)所示。与二维光开关不同，图 7-1-5(b)所示的三维光开关可以实现微镜面的连续转动，可用于构造更大容量的交叉连接。

(5) 液晶光开关。液晶光开关的工作原理是利用电光效应对光的偏振状态进行控制，使一路偏振光被反射而另一路可以通过。液晶的电光系数很高(为 $LiNbO_3$ 的几百万倍)，是非常有效的光电材料。液晶光开关速度可达毫秒量级，波长通道间隔离度高，而且有不要求温度控制等诸多优点。液晶光开关由液晶和偏振分束器或移相器组成。液晶的作用是使输入光束的偏振方向旋转一定角度。当液晶电极上没有外加电压时，通过液晶的光束会旋转 90°；电极上有外加电压时，光束偏振方向没有变化。偏振分束器或移相器的功能类似于路由器，将信号引导到需要的端口输出。液晶光开关既可以是偏振敏感的，也可以是偏振不敏感的。

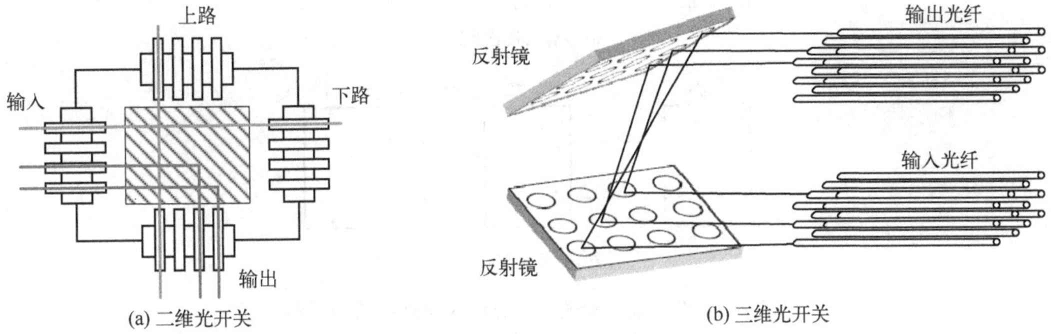

图 7-1-5　MEMS 光开关结构示意图

2. 波长变换器

随着技术的发展，WDM 系统中单信道的速率越来越高，信道数目越来越多，沿用传统的基于电路的网管技术会造成整个网络复杂性的增加和成本的提高。既简单又具有一定灵活性的方法是在 WDM 网络的通道层上应用全光波长变换技术，用基于波长或空分交换的方法来完成 WDM 网络的路由调度和交叉连接。其中的关键技术之一就是全光波长变换(all optical wavelength conversion，AOWC)。引入波长变换技术，可以实现波长的再利用，解决 OXC 中的波长竞争问题，降低网络阻塞率，从而提高 WDM 网络的灵活性和可扩展性，同时也有利于网络的运行、管理、控制，以及光通道层的保护倒换。因此，波长变换器是解决光网络中波长自由竞争的关键器件，是充分发挥 WDM 带宽资源优势的必要手段。波长变换器的作用是将承载于某波长的光信号经过转换，使之转载于其他波长上，或是将非匹配波长上的光信号转换到符合 ITU 规定的标准波长上，然后插入到光耦合器中，以满足系统的波长兼容性要求。

如果没有波长变换器，一条端到端的光路在其所经过的所有链路上都必须采用同一个波长，即波长连续性约束。这个约束使得波长路由网络的设计和分析方法与传统的电路交换网络不同。如图 7-1-6(a)所示，在网络中建立了两个光通道，节点 1、2 之间采用λ_1波长，节点 2、3 之间的波长是λ_2，现在假设要在节点 1、3 之间建立一条光通道。即使节点 1、3 之间的每条链路都有空闲波长也不一定能建立这个光通道，因为在这两条链路上空闲的波长是不同的。因此，与电路交换网络相比，波长路由网络中的阻塞率更大。

如果能在中间节点进行波长变换，从一个波长变换到另一个波长，对光网络将是非常有利的。如图 7-1-6(b)所示，节点 2 的波长变换器把波长从λ_2变到λ_1，节点 1、2 之间采用λ_2波长，节点 2、3 之间采用λ_1波长，从节点 1 到节点 3 的光通道便可建立。在含有波长变换器的网络中，光通道能通过在不同的链路上用不同的波长而建立，从而大大提高网络的灵活性，消除光通道的波长冲突。

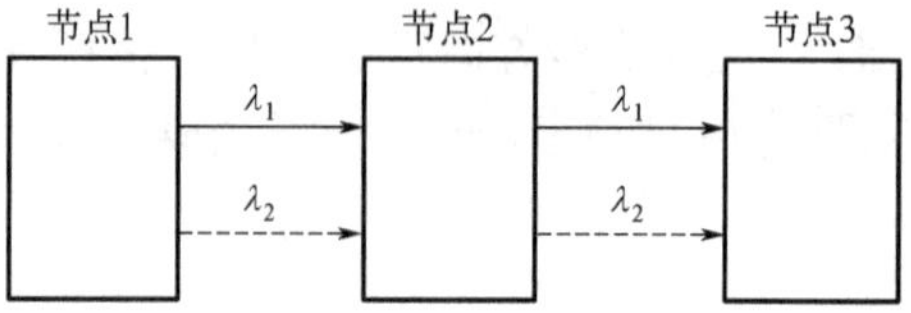

(a) 没有波长变换器

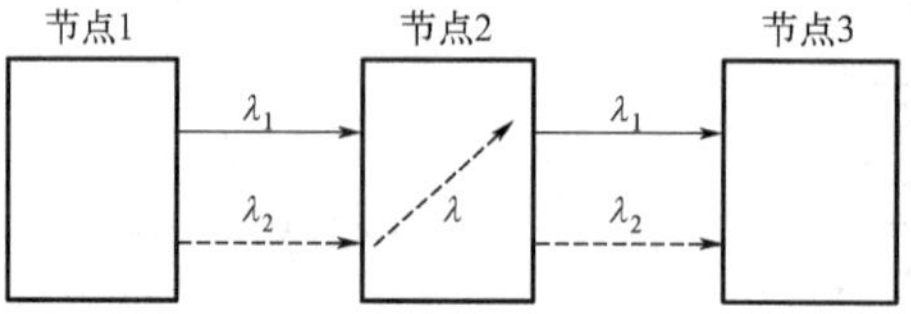

(b) 有波长变换器

图 7-1-6　没有波长变换器和有波长变换器的情况对比

目前在光网络中使用的波长变换器有光/电/光型和全光型两种。光/电/光型波长变换器是先将光信号转换成电信号，经定时再生后，产生再生的电信号和时钟信号，再用该电信号对标准波长的激光器重新进行调制，从而获得新的合乎要求的标准光波长信号。除了执行波长变换外，当信号质量劣化时，它还可实现信号的再生功能。光/电/光型波长变换器虽然技术比较成熟，但是它对信号格式和调制速率不透明，系统升级和应用范围受限，只能作为全光型的必要补充。

全光波长变换器最大的优点就是对数据透明，克服了电子瓶颈限制。近年来，已经发展了多种全光波长变换技术，主要包括以下几种。

1) 基于四波混频的全光波长变换

四波混频(FWM)是由介质的三阶非线性效应产生的，当多束不同波长的光在该类介质中传播时，会产生新的波长分量。新产生的波长分量与原波长之间存在等间隔关系，因此可以利用 FWM 效应实现全光波长变换，FWM 全光波长变换示意图如图 7-1-7 所示。功率较强的泵浦光 f_p 和功率较弱的信号光 f_s 一同注入非线性介质之中，经过 FWM 过程后会产生频率为 $2f_p-f_s$ 的共轭变换光与频率为 $2f_s-f_p$ 的闲频光。共轭变换光和闲频光均为 FWM 产物，携带有原始数据信息，完成了波长变换功能。需要注意的是，共轭变换产物与原信号之间存在相位共轭关系，在信号解调中需注意该共轭变化引起的相位变化。

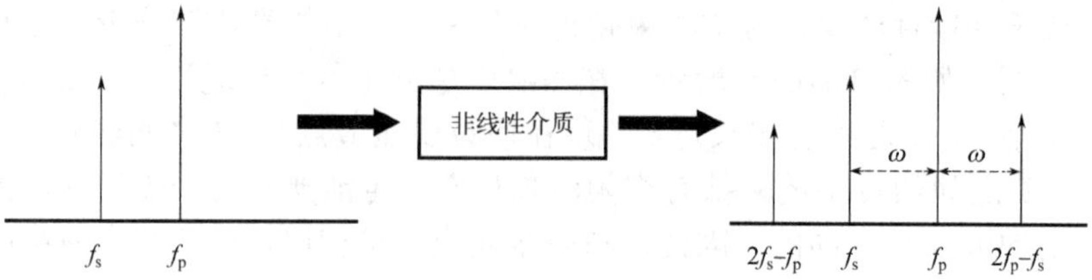

图 7-1-7　FWM 全光波长变换示意图

目前可实现 FWM 全光波长变换的器件较多，如高非线性光纤、SOA、硅线波导等。上述器件在实现 FWM 过程中，虽然根据器件特性不同，具体的实现方案略有差异，但总体来说仍然需要泵浦光、信号光的输入，生成共轭变换光和闲频光。需要指出的是，FWM 过程需要满足相位匹配条件，匹配性越好，波长变换光的功率越高。以高非线性光纤为例，为达到较好的波长变换效果，通常将光纤的零色散点落在泵浦光和信号光附近。

2)基于交叉相位调制的全光波长变换

交叉相位调制(XPM)为信号光引入额外的附加相位，可以利用该相位变化实现全光波长变换功能。以 SOA 为例，当信号光注入 SOA 时，SOA 中载流子浓度会发生变化从而导致折射率发生改变，产生对探测光的相位调制。基于 SOA-XPM 效应的波长变换大多利用干涉仪来实现，如马赫-曾德尔干涉仪(MZI)、迈克尔逊干涉仪(Michelson interferometer，MI)等。图 7-1-8 给出了一个以 MZI 和 SOA 结合构成的全光波长变换系统。该 MZI 系统由两个 3dB 耦合器和一个 SOA 构成，其中 SOA 只放置于 MZI 的一个臂。在输入端口只有波长为 λ_1 的连续光输入，当 SOA 中没有注入波长为 λ_2 的信号光时，由于上下两臂的相位关系，在输出 3dB 耦合器中光场相消，此时 MZI 系统没有光输出。当波长为 λ_2 的信号光注入 SOA 之中时，通过 XPM 过程，其为上臂的连续光分量引入额外相移，使得在输出 3dB 耦合器中光场相长，通过滤波器后将得到波长为 λ_1 的光信号，完成波长变换功能。

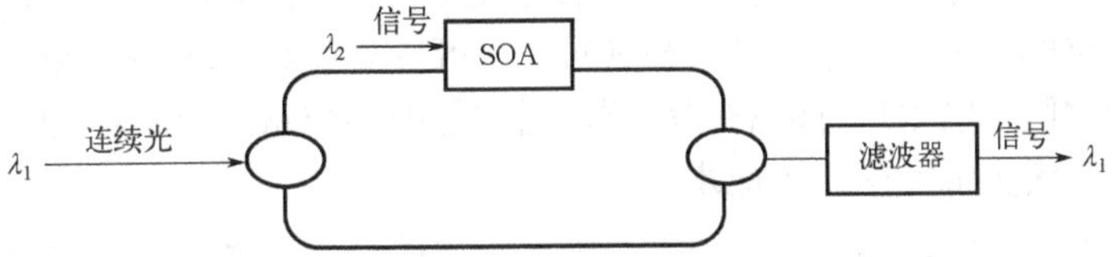

图 7-1-8　基于 SOA 的 MZI 全光波长变换系统

3)基于非线性光学环镜型波长变换器

基于非线性光学环镜(nonlinear optical loop mirror，NLOM)型波长变换器是根据光纤的 Sagnac 干涉原理和光纤中交叉相位调制产生的非线性相移制成的。其结构如图 7-1-9 所示，包括一个 2×2 功率耦合器、光纤环路，以及将泵浦(控制)脉冲引入环中的波分复用器。光纤环路作为克尔介质，非线性作用就在其中完成。探测光输入到 2×2 耦合器的臂 1，在端口 3 和 4 分成具有等强度、沿相反的方向传输的两束光。经过环路传输后，这两束光在耦合器中进行干涉，由于控制脉冲通过波分复用器注入光纤环路中，沿顺时针方向传输，使得与控制脉冲同方向并在时域上相互叠加的那部分探测光，经历一个非线性相移，顺时针方向和逆时针方向传输的探测光产生相位差，造成端口 2 有信号输出，如果非线性相移在 0 和π之间变换，就实现了 NLOM 型全光波长变换器。

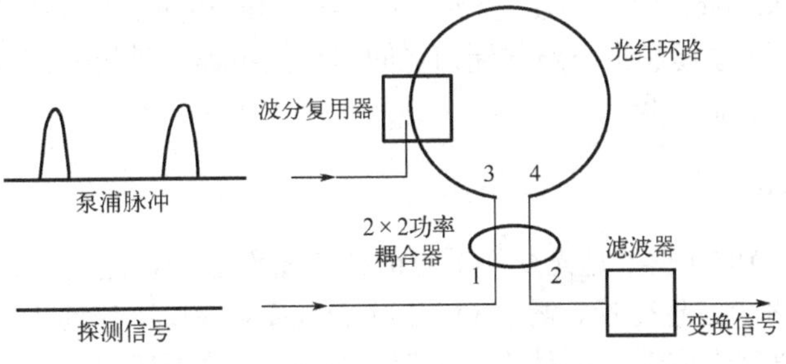

图 7-1-9　NLOM 型全光波长变换器结构示意图

WDM 光纤通信系统对波长变换器的要求主要是：对数据速率和调制格式透明、对输入信号的偏振态不敏感、转换波长稳定和使用方便性等。以这些要求来衡量，各种波长变换器各具特色，也存在程度不同的欠缺。半导体光放大器波长变换器传输的比特率高，能够满足光纤通信超大容量的需求，但需要连续波(CW)DFB-LD 作为泵浦光源来定位转换后的输出波长，这样会给使用带来一些复杂性。另外以 SOA 构成不同排列布置时的单片集成(如 MZI)需要单独技术工艺的设计，制备相对复杂、难度较大、成本高。而半导体光放大器的 FWM 波长变换器由于对信号的比特率、信号调制方式透明，只要能克服转换效率低、输入电平高的缺点，将是波长变换的一个重要发展方向。

3. 光分插复用器

光分插复用器(OADM)具有提供分插流量的能力，通常被放置在两对光纤之间，允许光纤中的一部分波长通道直通，另一部分在本地上下路。如图 7-1-10 所示，左端光纤中有 4 个波长通道，其中 2 个可以经 OADM 分离出来，在本地进入接收器(R_X)，即“下路”；其余的 2 个波长通道可以“直通”到右端光纤中。同时，本地还可以经 OADM 将来自发射器(T_X)发射的 2 路新的波长通道加入到右端光纤中，即“上路”。

OADM 可以分为固定和可重配置两种。在固定 OADM(FOADM)中，上下路和直通的波长通道是预先确定的，不能动态配置。与其对应，可重配置 OADM(ROADM)中，上下路和直通波长可以根据网络需求进行动态重配置。通过使用 OADM 可以使不必要的光/电转换设备大大减少，从而大大降低网络的成本。

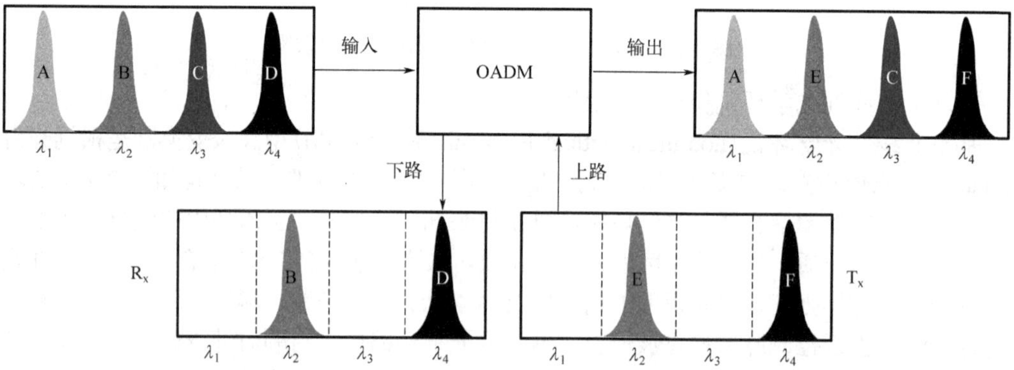

图 7-1-10　OADM 功能示意图

两种最常见的可重配置 OADM 结构是波长选择型(wavelength selective，WS)结构和广播选择型(broadcast selective，BS)结构，分别如图 7-1-11(a)和图 7-1-11(b)所示。WS 结构使用波长复用和解复用器，直通和上下路的端口之间用交换矩阵互联起来。BS 结构则使用无源的分光器、耦合器和可调滤波器。

前沿视角 1

4. 光交叉连接器

前沿视角 2

光交叉连接器(OXC)设备是光交换节点的核心器件之一，起到光信息之间的交叉互联作用。构成复杂网络的信息交换，需要 OXC 设备具备多端口工作能力。目前基于光交换芯片的 OXC 技术是研究最广泛的一种集成化解决方案。已经和硅基液晶芯片(LCOS)、光背板等新技术结合，在实际产品中得到成功应用，显著提升了系统集成度和能效。为支持多端口工作需求，光交换芯片具备复杂的拓扑结构。光交换芯片的拓扑结构根据其阻塞性质可以分为阻塞型、严格无阻塞型和可重排无阻塞型三种。阻塞型结构是指在对光交换芯片中的已连接光路进行重新分配后，仍有无法建立起连接的输入、输出光路。严格无阻塞型结构是指在光交换芯片中随时都可以通过任一种算法建立起一个新的输入、输出连接光路，而不需要断开已经连接好的光路，该结构最大的特点是无论采用什么算法都可以保证在建立新的连接光路时，不需中断已有的连接光路。可重排无阻塞型结构是指在光交换芯片中建立一个新的输入、输出连接光路时，需要断开之前已经建立好的光路，并通过算法对光路进行重新分配，从而建立起新的光路，该结构的最大特点是结构简单，且结构中的光开关单元数和开关级数均较少。

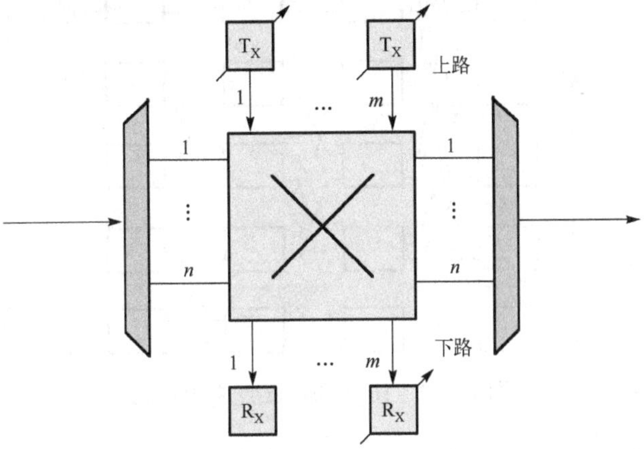

(a) WS结构

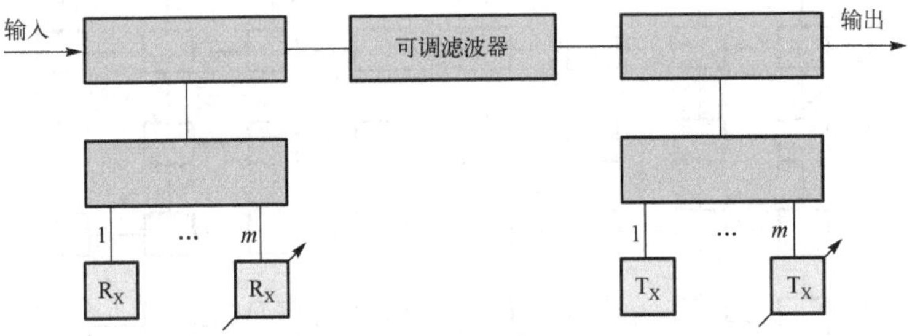

(b) BS结构

图 7-1-11　OADM 的两种结构

下面针对常用的一些光交换芯片的拓扑结构进行简要介绍。

1) Butterfly 拓扑结构

Butterfly 拓扑结构为阻塞型结构，其优点在于所需的光开关单元的数目较少、波导交叉结少，16×16 规模的 Butterfly 拓扑结构如图 7-1-12 所示，一个 $N\times N$ Butterfly 光交换网络中的总开关单元数为 $(1/2)N\log_2 N$，每路径上开关单元数为 $\log_2 N$，交叉结点数为 $N-\log_2 N-1$。

2) 交叉开关矩阵拓扑结构

交叉开关矩阵 (crosspoint switch matrix) 拓扑结构为严格无阻塞型结构，8×8 规模的交叉开关矩阵拓扑结构如图 7-1-13 所示，该结构的优势在于没有波导交叉，故没有因波导交叉而带来损耗和串扰，但其每路交换路径所需经过的光开关单元数差异较大，在 $N\times N$ 交换网络中，最短路径只需经过一个光开关单元，而最长路径需经过 $2N-1$ 个光开关单元，因而导致各路径的损耗高度不均匀，同时该结构中每一级的光开关几乎都会级联一阶串扰。一个 $N\times N$ 交叉开关矩阵光交换网络中总开关单元数为 N^2，最长路径开关单元数为 $2N-1$，每路径交叉结点数为 0。

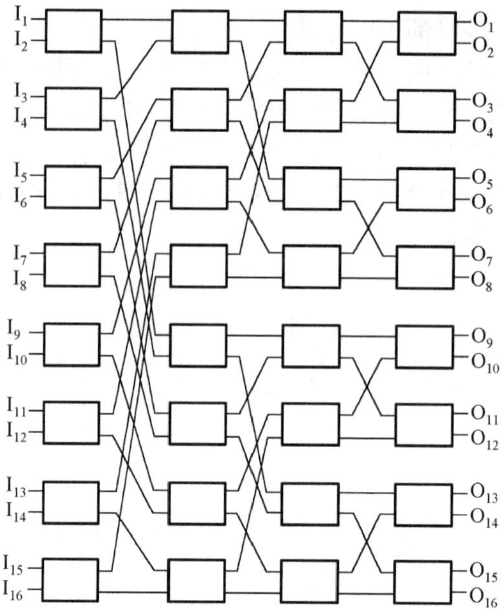

图 7-1-12　16×16 Butterfly 拓扑结构

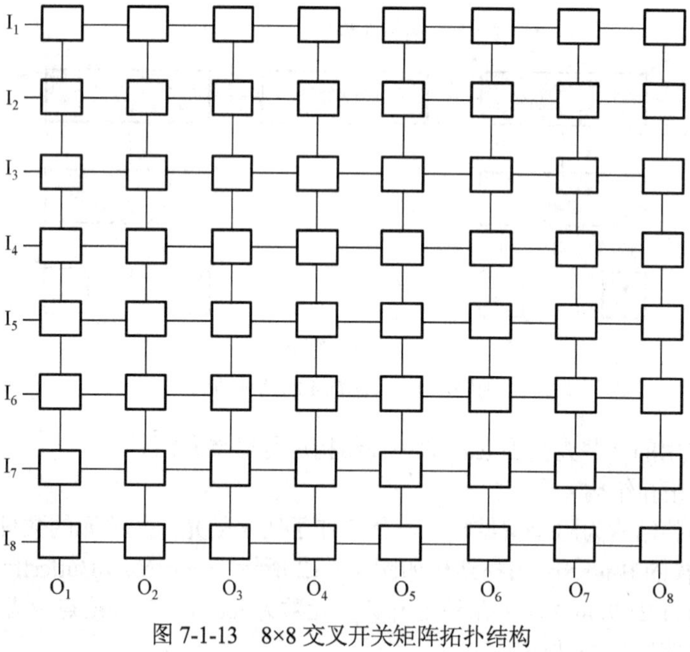

图 7-1-13　8×8 交叉开关矩阵拓扑结构

3) S&S 拓扑结构

S&S(switch and select)拓扑结构为严格无阻塞型结构，4×4 规模的 S&S 拓扑结构如图 7-1-14 所示。该结构最大的特点是输入输出连接会经过较多波导交叉结，从而带来了插入损耗的增加，且每路交换路径所经过的波导交叉结点数不同，这也带来了各路插入损耗的不一致性。一个 $N \times N$ S&S 光交换网络中的总开关单元数为 $2N^2-2N$，每路径开关单元数为 $2\log_2 N$，路径最多交叉结点数为 $2N^2-2N$。

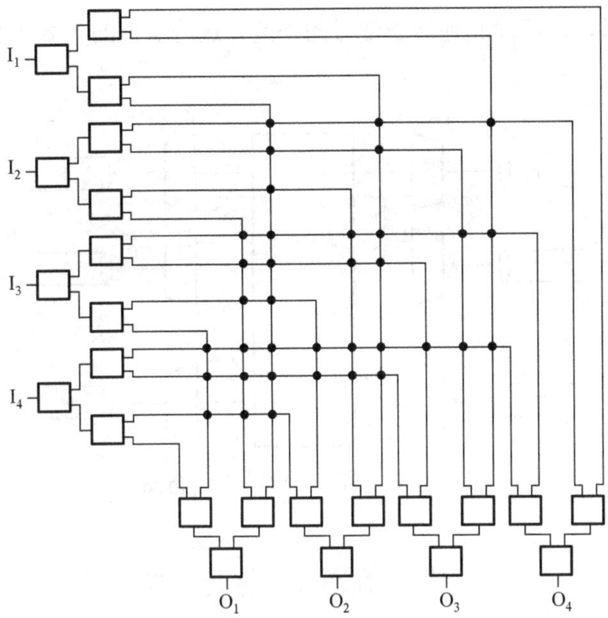

图 7-1-14　4×4 S&S 拓扑结构

4) Benes 拓扑结构

Benes 拓扑结构为可重排无阻塞型结构，8×8 规模的 Benes 拓扑结构如图 7-1-15 所示。Benes 结构属于对称型结构，且可以通过递归的方式构成满足更多输入、输出端口的交换网络，因其所需总的光开关单元个数最少而被广泛采用，一个 $N \times N$ Benes 光交换网络中总开关单元数为 $N\log_2 N-(1/2)N$，每路径开关单元数为 $2\log_2 N-1$，交叉结点数为 $2N-2\log_2 N-2$。

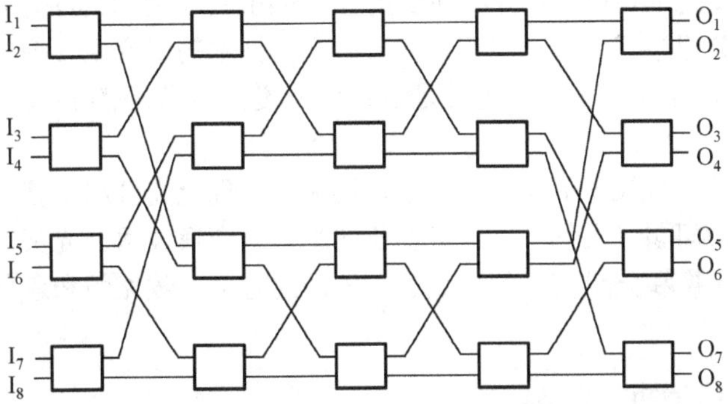

图 7-1-15　8×8 Benes 拓扑结构

此外，OXC 技术还可以与波长相关器件结合，构成具备波长选择特性的混合交换结构，如图 7-1-16 所示。该类动态光交换节点主要由波分复用/解复用器和核心交换矩阵组成，它负责把每一个输入端口的信号路由到一个或多个选定的输出端口上。OXC 设备的核心光交换模块中可采用两种基本交换机制：空间交换和波长交换。实现空间交换的器件有各种类型的光开关，它们在空间域上完成输入端到输出端的交换功能；实现波长交换的器件有各种类型的波长变换器，可以将信号从一个波长转换到另一个波长上。另外，光交换模块中还广泛使用了波长选择器(如各种类型的波长选择光开关和解复用器)，它具备选择 WDM 信号中一个或多个波长的信号通过，而滤掉其他波长信号的功能。这些器件的不同组合可以构成不同结构的 OXC 设备。

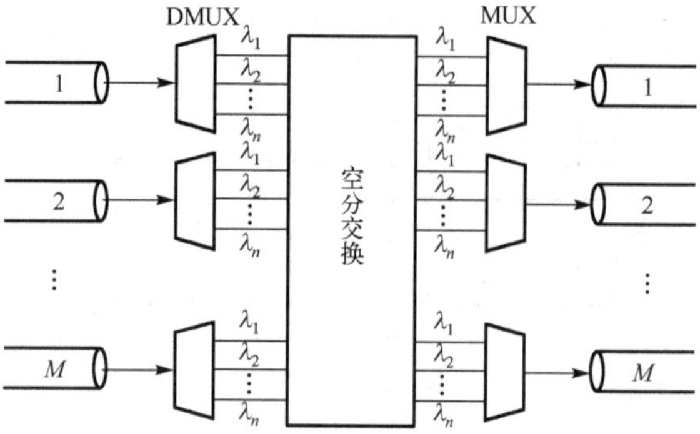

图 7-1-16　混合 OXC 结构示意图

7.2　光突发交换技术

核心知识解析

目前 WDM 技术在光网络中的应用，仍主要是将 WDM 波长作为分立的波长信道来使用，因此这种基于波长选路的光网络仍然没有摆脱电路交换方式的羁绊，交换粒度太粗，一般为波长级。如果用它来承载以 IP 包为代表的呈爆炸式增长的数据业务，则缺乏灵活性，且对光学带宽的利用率极低。

分组交换技术却在灵活性和带宽利用率方面表现出独有的优势，它能够以非常细的交换粒度，按需地共享一切可用的带宽资源。然而，光分组/包交换一直面临成本和一些难以克服的技术障碍。这些障碍主要包括：分组同步技术、分组/包冲突(对资源的竞争)问题以及合理高效的交换结构和分组格式。长期以来，对分组交换技术的研究主要集中在对长度固定的分组/包的交换技术上，而且大多采用光纤延迟线作为缓存器以存储-转发方式解决带宽资源的竞争问题。

鉴于目前光信号处理技术尚未足够成熟，还无法实现全光分组交换的实际情况，为了克服交换中的电子瓶颈问题，人们开始研究变长的光分组交换技术。光突发交换(OBS)技术作为一种集光的电路交换和分组交换的优点于一体，同时又有效克服和避免了二者不足的折中方案而被建议采用。

7.2.1　光突发交换原理

在 OBS 中，突发数据包(burst data packet，BDP)为一些 IP 分组组成的超长分组。OBS 中的控制分组(burst control packet，BCP)的作用相当于电分组交换系统中的分组头，但网络对该头信息的传递路径与对净荷数据的传送路径在物理信道上是相互分离的。例如，在波分复用系统中，控制分组占用一个或几个波长，突发数据占用所有其他波长；在时分复用系统中，控制分组占用一个或几个信道；在空分复用系统中，控制分组甚至可以使用独立纤芯或光学模式进行传输。

如图 7-2-1 所示，在 OBS 网络中，突发数据从源节点到目的节点始终在光域内传输，而控制信息在每个节点都需要进行光/电/光的变换以及电处理。控制信道与突发数据信道的速率可以相同，也可以不同。

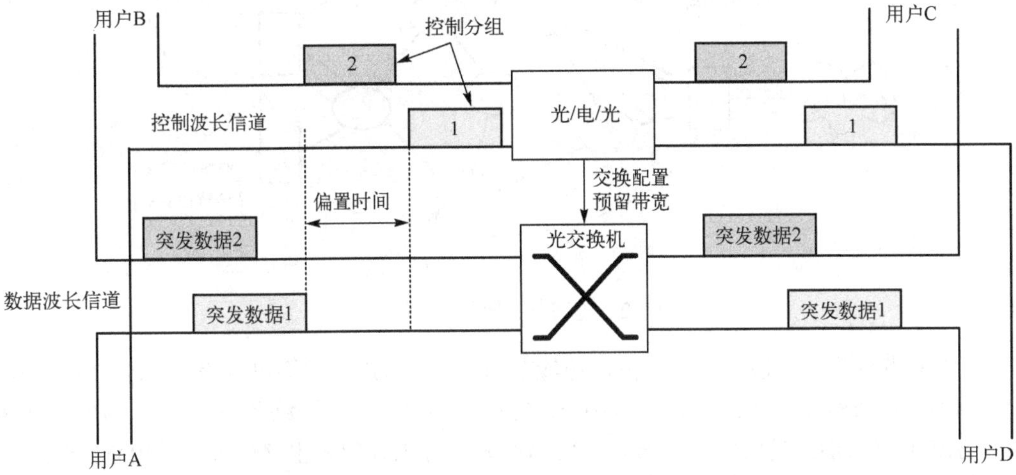

图 7-2-1　光突发交换原理示意图

OBS 结合了较大粒度的波长(电路)交换和较细粒度的光分组交换两者的优点，能有效地支持上层协议或高层用户产生的突发业务。在 OBS 中，首先在控制波长上发送控制(连接建立)分组，然后在另一个不同的波长上发送突发数据。每一个突发数据分组对应于一个控制分组，并且控制分组先于突发数据分组传送。先一步传送的控制分组在中间节点为其对应的突发数据分组预定必要的网络资源，并在不等待目的节点的确认信息的情况下就立即发送该突发数据分组。

这种数据信道与控制信道相互隔离的方法简化了突发数据交换的处理，且控制分组长度非常短，使高速处理得以实现。OBS 技术在只需要很少的处理能力，以及比分组交换低得多的同步开销的情况下，就可以最充分地利用网络的带宽资源。

另外，OBS 可通过合理设置突发数据分组与控制分组之间的偏置时间(offset time，即发送净荷突发数据相对于发送控制分组的等待时间)来支持 QoS。由于控制分组和突发数据分组是通过控制分组中含有的可“重置”的时延信息相联系的，传输过程中可以根据链路的实际状况用电子处理方式来对突发数据分组相对于控制分组的时延做调整，因此控制分组和数据流都不需要执行光同步和光存储。可以看出，这种突发交换技术充分发挥了现有的光子技术和电子技术的特长，实现成本相对较低，非常适合在承载未来的具有高突发性的数据业务的局域网或城域网中应用。

7.2.2　光突发交换网络结构

OBS 网络主要由核心路由器/交换机与边缘路由器/交换机组成，形式与多协议标记交换(MPLS)网络类似，结构如图 7-2-2 所示。不同的是，数据信息在 OBS 网络中不需进行光/电/光转换。OBS 网络的边缘路由器负责将传统 IP 网中的数据封装为光突发数据，以及反向的拆封工作，这类复杂的数据处理通常使用成熟的数字信号处理(digital signal processing，DSP)技术，在电域开展。核心路由器的任务是对光突发数据进行转发与交换，主要的交换动作在光域完成。下面对这两类路由器进行简要介绍。

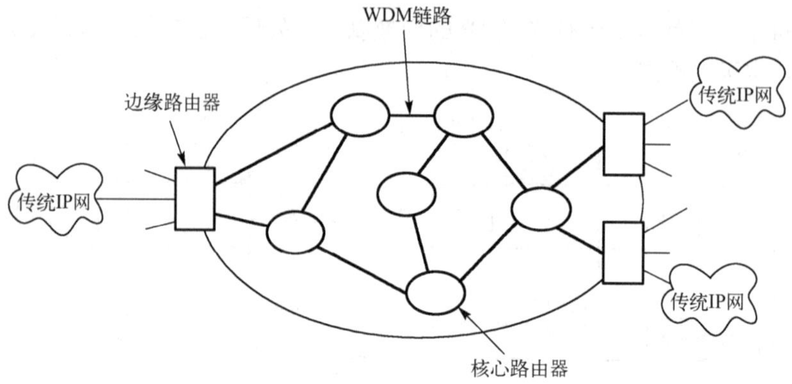

图 7-2-2　光突发交换网络结构示意图

边缘节点分为入口边缘节点和出口边缘节点。一个 OBS 网络可分为 IP 层、MAC 层和 DWDM 层，其结构如图 7-2-3 所示。其中，IP 层负责将用户层的网络数据接入到 OBS 的 MAC 层；MAC 层为 OBS 提供服务，如突发数据汇聚、资源分配和生存性等；DWDM 层完成突发交换、波长转换、突发数据延时等。

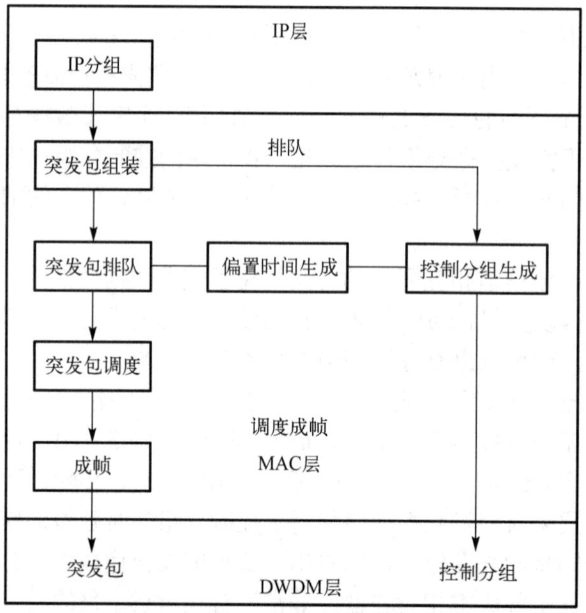

图 7-2-3　OBS 边缘节点结构

当作为入口边缘节点时，根据输入的 IP 包的信息分类，采用一种汇聚策略对其进行组装，生成对应的 BDP 和 BCP。BCP 中包含出口边缘节点地址、偏置时间、BDP 的长度和 QoS 等级等信息。将 BDP 进行排队，调度模块按照当前的资源使用情况，采用一定的调度策略选择 BDP 的发送。同时提取 BCP，设置其偏置时间并进行发送。经偏置时间后，BDP 再由调度模块调度成帧并送入 DWDM 层。

当作为出口边缘节点时，采用入口边缘节点操作的逆过程，即将 BDP 拆分成多个 IP 数据包，发送至子网。

OBS 核心节点主要对 BCP 进行处理，根据 BCP 中的控制信息以及资源占用的情况，按照一定的控制协议为 BDP 预留信道资源。OBS 核心节点结构如图 7-2-4 所示。在核心节点，BCP 需进行光/电/光转换，在电域中进行路由查找、对光交换矩阵进行控制、更新 BCP 相应数据域等操作。而传输 BDP 时，无须进行光/电/光转换，采用全光传输和交换，保证数据传输的透明性。

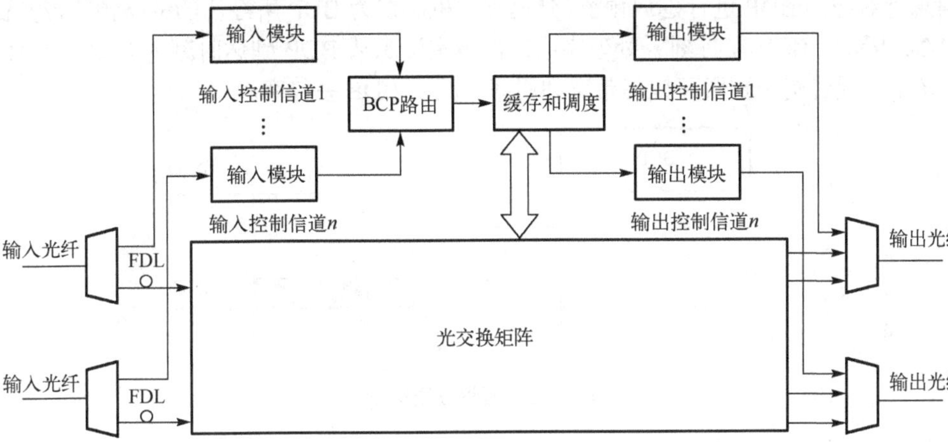

图 7-2-4　OBS 核心节点结构

FDL-光纤延时线

OBS 网络有两个很关键的性能衡量指标：一个是统计复用性能，即突发数据分组的装配对网络性能的影响；另一个是网络的运营效率，也就是由于缺乏有效存储器件，突发数据分组的丢弃率问题。

7.2.3　光突发交换协议

OBS 以光突发数据包为最小交换单位，通过在独立的信道(一般为单独的波长)中提前发送突发控制包，以为相应的突发包预留所需的资源，后续核心节点在电域或光域处理控制包信息，光突发数据将透明地到达目的节点，途经的中间节点无须做任何相关处理，只需将其按预先配置进行波长变换和延迟。OBS 网络采用控制协议(也称资源预留协议)来控制资源的建立与释放。因此，一个合理的控制协议对于 OBS 网络的性能起着至关重要的作用。在 OBS 网络诸多的控制协议中，按预留的方向可分为：TAG(tell and go)和 TAW(tell and wait)。TAG 属于单向的预留协议，而 TAW 属于双向的预留协议。按拆除通信连接的时间可分为：IBT(in band terminator)、TAG 和 RFD(reserve fixed duration)。按信道的建立和释放可分为：显示建立/显示释放(explicit setup and explicit release)、显示建立/估计释放(explicit setup and estimated release)、估计建立/显示释放(estimated setup and explicit release)和估计建立/估计释放(estimated setup and estimated release)；“显示”的意思是利用带外信令直接实现资源的预留与释放，“估计”的意思是根据 BCP 中的信息，使用自动的方式实现资源的预留与释放。目前广泛研究的 OBS 网络控制协议主要有两种：JET(just enough time)协议和 JIT(just in time)协议。

1. JET 协议

按拆除通信连接时间分类，JET 协议属于 RFD 类型；而按通信路径的建立和释放分类，JET 协议属于“估计建立/估计释放”类型。与 JIT 协议不同的是，JET 协议中只有一个 Setup 信令，令其开销大为减少。JET 协议的另一特点是，它通过在 BCP 上增加偏置时间和 BDP 长度信息为对应的 BDP 进行延迟预留。延迟预留机制仅为 BDP 所经历的链路预留带宽资源，如图 7-2-5 所示。BCP 在时刻 t_1 处理完成，但带宽资源从 BDP 到达时刻 t_2 开始预留到 BDP 离开时刻 t_3，通过资源预留可提高带宽利用率，减少 BDP 丢包率。

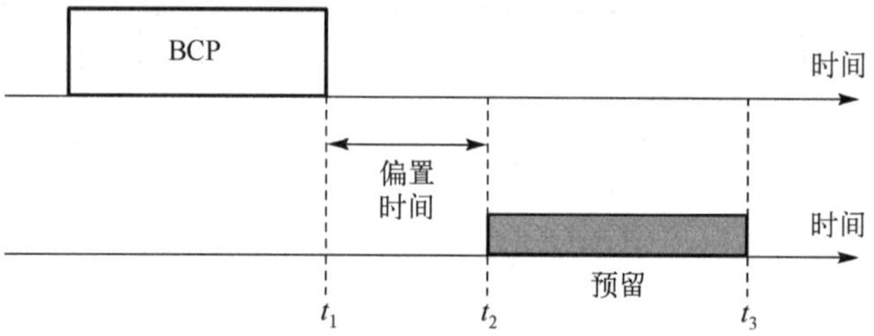

图 7-2-5　延迟预留机制

如图 7-2-6 所示，假设 T 为 BCP 在输入边缘节点的偏置时间，Δt 为消息的处理时间，T_i 为第 i 个中间节点处 BCP 的偏置时间，n 表示 BCP 的转发次数，需满足：

$$T \geqslant n \times \Delta t \tag{7-2-1}$$

$$T_i = T - i \times \Delta t \tag{7-2-2}$$

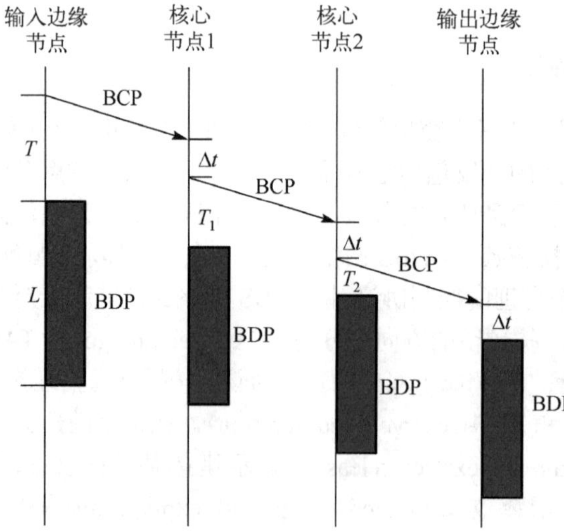

图 7-2-6　JET 协议的工作流程

由于 JET 协议采用延迟预留机制，因此可通过为不同 QoS 等级设置不同的偏置时间(为高等级的业务设置较长的偏置时间)以实现 QoS 要求。此外，JET 协议还可通过与调度技术、偏射路由和光纤延迟线等结合来解决冲突问题。

2. JIT 协议

按拆除通信连接时间分类，JIT 协议属于 IBT 或 TAG 类型，如图 7-2-7 所示。当节点接收到预留信号时，若节点有空闲的波长信道，则为 BDP 预留信道。反之，则拒绝预留请求并丢弃相应的 BDP，直至 BDP 传输结束才释放预留的波长信道。而按通信路径的建立和释放分类，JIT 协议属于“显示建立/显示释放”类型，是一种“尽力而为”的控制协议。

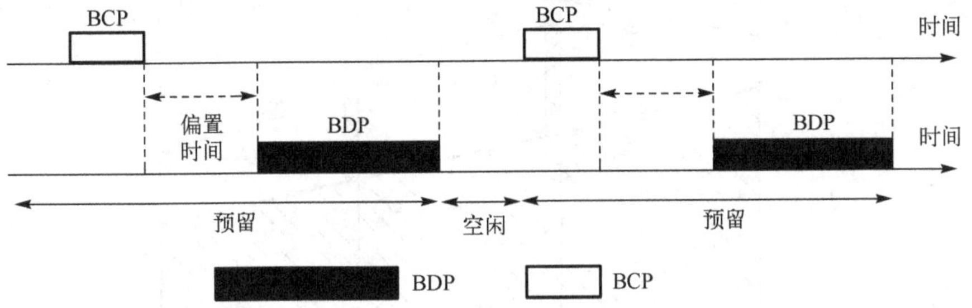

图 7-2-7　JIT 即时资源预留协议

JIT 协议结合了 OCS 与 OBS 的优点，采取带外信令的控制方式。它不仅满足了核心节点对光缓存的需求，而且减少了通信路径的建立时间，提高了带宽利用率。在 JIT 协议中，共有 5 种信令类型，如表 7-2-1 所示。

表 7-2-1　JIT 协议的信令类型及功能

信令类型	信令功能
Setup	请求预留资源
Setup Ack	请求建立的确认消息
Connect	成功预留资源的确认消息
Release	请求释放资源
Release Complete	资源释放的确认消息

图 7-2-8 所示为 JIT 协议的工作流程。T_1 为 Setup Ack 信令的最大等待时间，若超时则不接受本次 BDP 传输请求。T_2 为 Connect 信令的最大等待时间，若超时则无法成功建立通信路径，并且认为 BDP 传输失败。T_3 作为 Release Complete 信令的最大等待时间，若超时则无法成功释放资源。

输入边缘节点在 BDP 封装完成后向相邻的核心节点 1 发送 Setup 信令，预留资源。接着核心节点 1 将 BCP 信道经光/电转换识别出 Setup 信令后发送 Setup Ack 信令表示确认，并向核心节点 2 转发 Setup 信令，核心节点 2 处继续转发 Setup 信令直到到达目的节点。各核心节点收到 Setup 信令后，便将此时刻定为资源预留的标志，并为相应的 BDP 配置 OXC，此波长信道保持占用状态直到被通知释放。输入边缘节点经过一段偏置时间后发送 BDP，由于 BCP 的 Setup 信令提前为对应的 BDP 经过的路由节点配置 OXC，因此 BDP 能在核心节点透明地传输至目的节点(即输出边缘节点)。输出边缘节点在收到 Setup 信令后向输入边缘节点回传 Connect 信令，表明通信路径上的资源已被成功预留。BDP 传输结束后，输入边缘节点发送 Release 信令，核心节点收到 Release 信令后释放资源，各节点收到 Release 信令后向前向节点发出 Release Complete 信令，表明释放成功。

JIT 协议本质上属于单向的资源预留协议，与 OCS 不同，它在建立连接时，无须等待 Connect 信令的到达即可发送 BDP。同时，JIT 协议复杂度低，易于实现，在许多测试平台(Test-Bed)中被采用。

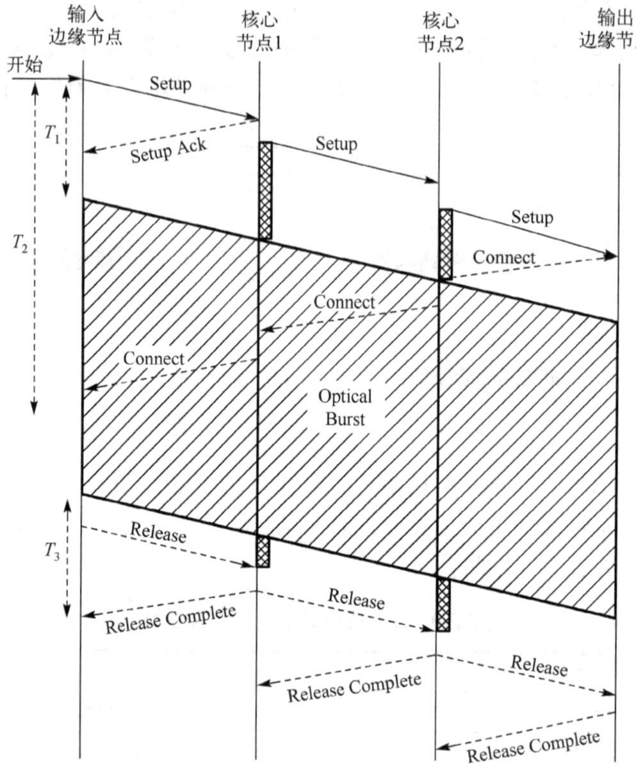

图 7-2-8　JIT 协议的工作流程

7.2.4　光突发交换网络性能

在 OBS 中，突发数据分组经过链路后，就释放其所占用的波长。不同源端到不同宿端的突发数据分组可以利用时域共享、统计复用的方式进行交换，从而有效地使用链路上相同波长的带宽。OBS 能支持光层上的可靠或不可靠的突发数据分组的传输。在可靠的情况下，拒绝的确认信息发送回源端，源端将稍后再次发送控制分组和突发数据分组。当 OBS 用来直接支持一些应用协议时，这样的重传是必需的，但是当使用的高层协议(如传输控制协议)本身具有对丢失数据的重传机制时就不需要了。

OBS 网络的设计目标是需要具有一个较高水平的资源利用率，同时具有较低的突发拥塞概率(丢包率)。正如前面所提到的，光缓存器技术目前仍旧不成熟，光纤延迟线只能够实现很有限的光域缓存功能。在没有缓存器可用的情况下，可使用巨大数量(如单个光纤中 160 个通道)的波分复用光通道来提高突发交换网络的资源利用率。例如，假设突发数据分组按泊松流以平均速率λ到达瓶颈节点，其可用光通道数是 c，那么在没有缓存器情况下，使用著名的 Erlang 丢失公式所计算出的突发交换阻塞概率为

$$p_{\text{Poisson}}(\lambda) = \frac{(\lambda/\mu)^c / c!}{\sum_{i=0}^{c} (\lambda/\mu)^i / i!} \tag{7-2-3}$$

如果在中间节点具有突发数据分组的缓存能力，则分组丢弃的概率能进一步地降低，带宽利用率和网络性能就能进一步得到提高。

图 7-2-9 显示了一种突发阻塞概率的分布情况，其中交换端口中分别可支持 16、32、48、64 和 80 信道(波长)。如果下层 DWDM 可支持单纤 64 个波长通道的目标阻塞概率为 10^{-4}，那么突发交换网络的资源利用率可以达到 60%。而且可以看出，光层能够支持的波长通道越多，产生阻塞的概率就越小。

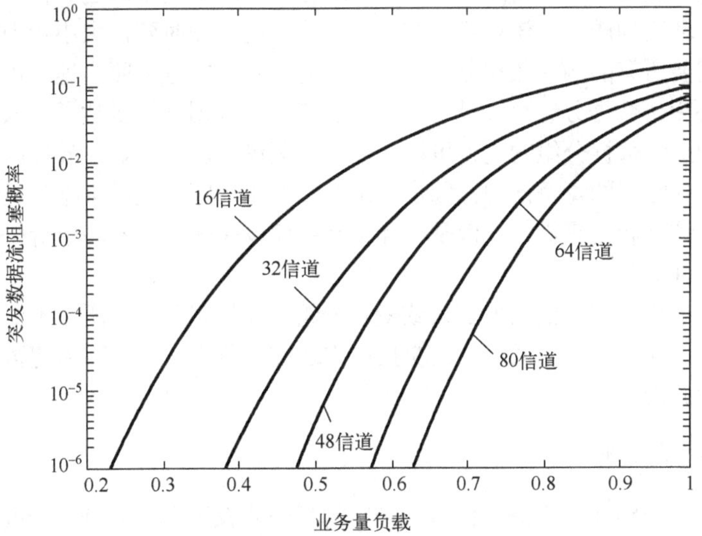

图 7-2-9　OBS 网络突发阻塞概率与业务量负载以及可用波长通道数量之间的关系

7.3　光分组交换技术

核心知识解析

光分组交换（OPS）具有高速、对数据速率和数据模式透明，以及灵活性和可重构性等特点。研究如何利用 OPS 实现对各种业务透明的传输，并提供不同的业务质量保证具有非常重要的意义。

波长路由光网络是基于波长或波长组来交换的，其交换的粒度较大，不能有效地使用 WDM 系统的传输能力，传送的效率较低。为了有效地利用带宽，可以将 WDM 透明光网络的传送能力与分组传送模式的灵活性结合起来，基于分组头的虚通道地址的分组路由方案可以用光的分组交换来实现，在节点的入口和出口间的连接可以使用空分交换和波分交换。然而，这需要特别考虑以下的一些问题。

(1) 如何进行正确的波长资源管理和动态的时间共享。

(2) 在缺少可变的随机的光存储器情况下如何解决冲突。

(3) 在交换入口处如何解决因分组相位失配而导致的问题，即如何实现同步功能。

本节将讨论光分组交换的各项关键技术，如分组同步问题、资源冲突和竞争的解决方案、光分组交换结构的设计，以及分组头和数据分组/包的格式。

7.3.1 光分组交换网络分类

OPS 网络可以分成两种：同步的和异步的。在 OPS 网络中每个节点的入口，分组到达的时刻各不相同。因此，交换机就需要在一些离散的、不连续的时刻不断地为每一个分组进行交换状态的重新配置。这样一来，网络设计者决定是否在交换结构的入口将所有的数据分组进行重新排列就成为至关重要的一项技术选择。

在同步网络中，所有数据分组的长度都是相同的。数据分组及其分组头一起被放在一个固定长度的时隙内，此时隙的持续时间要比数据分组、分组头以及保护时间的总和还要长。光纤延迟线已被广泛用于存储转发结构中作为缓存器来解决竞争问题。在大多数情况下，光缓存器是由光纤环路构成的。该环路可产生一个固定的传输时延，大小相当于一个或多个时隙周期。这就需要所有的输入数据分组具有同样的尺寸，并且参照本地时钟进行相位同步。

在异步网络中，数据分组可以具有不同的长度。当数据分组到达并进入交换结构时，可以不用排列。因此，数据分组的交换可以在任何时刻进行。很明显，异步网络中不同源端来的数据分组对交换端口的竞争问题比同步网络更加严重，因为这时数据分组的行为相比于同步网络更加不可预期和没有规律。但是，异步网络建设起来要容易和廉价得多，比同步网络更加灵活、鲁棒性更强。

异步网络与前面所讨论的突发交换或变长分组交换技术类似，所以本节主要研究同步分组交换网络技术。在详细介绍同步分组交换结构之前，首先了解一下引起数据分组在网络中传输时延变化的原因。

1. 节点间的时延抖动

数据分组在一定距离的光纤上传输所经历的时间依赖于所经光纤的长度、色散和温度的变化。在节点之间进行时延管理(使其等于时隙的整数倍)在目前的技术条件下是不可行的。采用 WDM 技术还会引入色散问题。色散造成了在不同的波长中运载的数据分组有着不同的传输速度，会引起不同的传输时延。例如，典型的光纤色散值是 20ps/(nm·km)，这里考虑波长窗口为 30nm(与 EDFA 的放大窗口 1530～1650nm 一致)、传输距离为 100km 的情况，则造成传输时延的变化为 60ns。如果应用色散补偿光纤的话，传输时延抖动会减少一个量级。

数据分组的传输速率也会随着温度的变化而变化，典型值是 40ps/(℃·km)。对于 100km 的光纤，在 0～25°C 的变化下，传输时延就会为 100ns。

这种节点间的时延抖动相对来说是比较慢的，对它们所造成的影响可通过统计的方式(而不是动态的方式)进行补偿。

2. 节点内的时延抖动

数据分组在节点内经历的时延依赖于交换结构的组成。在同步网络中，用光纤延迟线作为光缓存器，数据分组可以选择交换结构中的不同路径。在不同的光波长和光路径之间，由色散引入的快速时间抖动(与前面提到的较慢的延迟抖动相比较而言)使得每一个分组在交换结构的出口时延产生了变化，因此需要快速的输出同步接口。一般在节点内由温度效应所产生的影响比较小，因为节点可以很容易地进行温度控制，使其变化比较缓慢。

7.3.2　光分组交换节点与同步技术

1. 光分组交换节点的结构

OPS 网络的基本功能主要包括光波长交换、传输流量控制、光分组路由、光分组同步、光分组标签识别与处理等。按照这些基本功能可以将 OPS 节点分为核心交换节点和边缘交换节点。其中，核心交换节点主要用于实现高速光分组的交换以及路由功能。边缘交换节点主要实现外部网络信息的汇聚处理、协议转换和光分组的产生和解析等功能。各个交换节点通过波分复用信道进行连接。

OPS 网络中的核心交换节点通常由输入模块、光标签处理模块、控制模块、光交换模块、光标签重写模块、输出模块等部分组成，各部分的功能结构如图 7-3-1 所示。各模块的主要功能如下。输入模块采用 3R 再生，主要完成光分组的同步、预放大、缓存、标签和净荷的分离与提取等处理，为后续光标签的处理及净荷的交换做准备。光标签处理模块主要负责对光标签所携带的路由信息和传输控制信息进行提取与识别，将得到的控制信息发给控制模块进行处理。控制模块将利用控制信息进行路由查找等处理，再将得到的结果对输入和输出模块、光交换模块进行资源管理及端口分配，目前该模块主要是在电域上进行处理，随着全光信息处理技术的发展，未来可以在光域上实现控制功能，实现全光控制。光交换模块利用控制模块输入的控制信息对光净荷进行交换，该过程通常采用全光信号处理，其性能决定了交换节点的交换速度、吞吐量及扩展性等关键性能。光标签重写模块主要负责标签的重写，在分组位置识别和时钟同步之后，将新的路由控制信息形成新的光标签，并把更新后的光标签重新写入光分组中。输出模块主要对光交换模块输出的信号进行 3R 再生，以降低或去除输出光分组的相位抖动与功率波动，同时将光标签和净荷重新组合，输出交换节点。

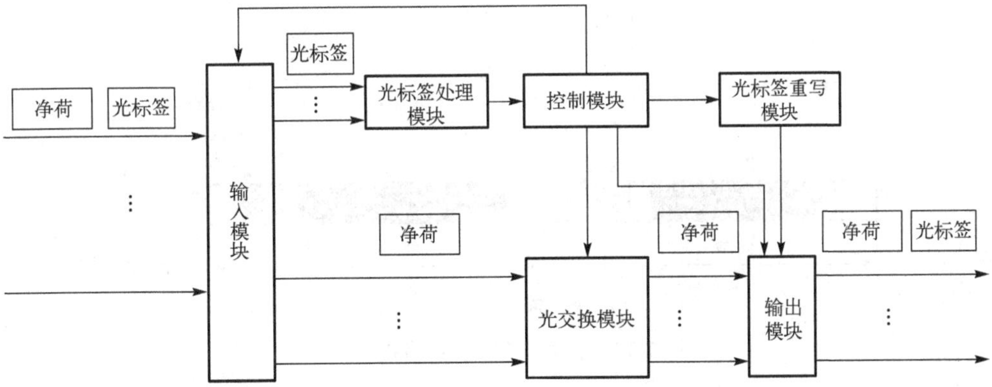

图 7-3-1　OPS 节点的结构

2. 网络及节点的同步

在同步分组交换网络中，分组必须要以相同的相位到达节点的入口。分组同步需要精确确定入口分组和本地参考时钟之间的时延。相位对准是在光域内进行的，这是为了保持净荷的透明性，当然也可以用电的方式进行控制。

目前所提出的很多分组同步方案中，都考虑对分组的比特率和格式的透明性。在全光分组网络中，节点的每个入口首先需要一个粗糙的、慢的同步单元(在波长解复用之后)，这是为了补偿静态的相位差(因链路长度所致)和相位漂移(因温度所致)。然后，在这些单元后面再接一个快速和更细粒度的同步单元，用来补偿分组与分组之间的时延抖动，这种抖动是由上游节点采用不同的传输波长和使用不同的缓存处理所导致的。

节点的参考时钟信号假设是从一个时钟分发网络中得到的。在同步网络中，不同节点的时钟频率的差别将会导致同步过程的失败，进而导致分组丢失。

另外，解决同步问题的方案还依赖于网络实际所使用的数据分组的格式(如分组头的大小和位置、负载长度和保护时间的取值)。在相同的链路利用率情况下，数据分组越长，就可以配置越多的保护时间，而更多的保护时间意味着对分组排序的严格要求可以适当放松。

考虑到负载、分组头和保护时间的相互位置与设置，有两种分组格式的设置情况，如图 7-3-2 所示。

(1) 由分组头来定义时隙的开始位置。在这种情况下，虽然整个时隙的位置会随着不同的传输时延和本地时钟的漂移缓慢变化，但是分组头之间的间隔是固定的，只需读取包含在分组头中的信息，就可以完成正确的交换。这样一来，对信息分组在输入同步级的排列和电子控制就变得相对容易实行。输入同步级只需处理慢时延变化。在输出同步级，必须采取措施使得分组头排列在时隙的开始。也就是说，输出同步级必须能够快速和高效地补偿分组头在交换结构中由不同的传输路径而引起的时延抖动。

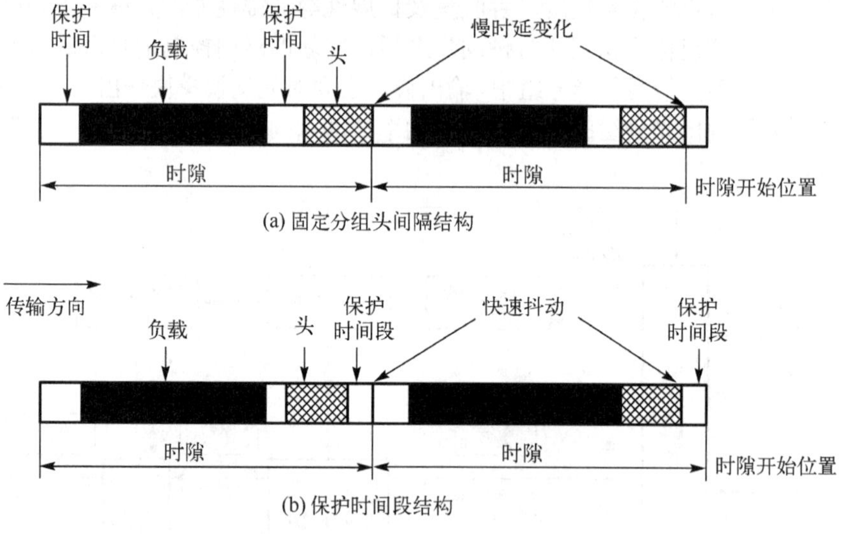

图 7-3-2　两种典型光分组格式示意图

(2) 在时隙的开始处和分组头之间放置一个保护时间段，如同在分组头和负载之间。这个保护时间段的存在允许分组头有所抖动，但读分组头电路必须能够处理快速时钟恢复。

7.3.3　光分组交换网络冲突解决方法

在 OPS 网络中，资源竞争问题的解决常用 3 种方法：基于光纤延迟线的光缓存技术、偏向路由技术和波长变换技术。

1. 光缓存器

电的路由器一般采取存储-转发机制，这就意味着分组可以顺序地存储和发送。电缓存器——随机存储器(random access memory，RAM)的存在使这一切成为可能。由于没有现成的光缓存器，在 OPS 中必须采取不同的方法。电 RAM 和光缓存器最大的不同是光缓存器大多采用延迟线，延迟线用的是固定长度的光纤，一旦有一个光分组进入光纤，它必须在一个固定的时间后，从另一端出来；一般没有方法延迟一个任意的时间。

采用光缓存器设计的节点结构有多种，可用不同的方法来对它们进行分类。一种方法是将它们与电交换中的缓存器相比较，由所使用的缓存器的位置加以区别(输入、输出、共享和环回缓存器)；另一种方法是按所使用的交换结构来分类，如空分交换、广播与选择网络、波长路由等。这里有一种更简单、更直接的描述方法，即将光缓存器可以描述成单级或多级、前向或反馈型。多级结构很少使用，这里不再介绍。

在欧洲高级通信技术与业务(advanced communication technology and services，ACTS)计划的光分组交换 KEOPS 关键项目中，使用的是一种基于广播与选择机制的空分交换机。其冲突解决方案采用的是单级前向缓存器结构，如图 7-3-3 所示。首先，波长变换器对进入节点的数据分组进行波长变换，因此每个输入端的分组都会有不同的波长。这些分组经合波/分波后，分布在 k 个不同长度的延迟线上，从而给不同的分组必要的不同延迟时间解决竞争问题。采用 SOA 作选择开关，并用无源光耦合器为每一个输出端选择一个经过适当延迟后的分组。在最后一级中，解复用器、半导体光放大器和复用器可以按需选择任何一个从输入端输入的数据分组。在这种结构中只有一级缓存器，每一个缓存器的输出都可进入到下一级结构中的每一条路径上，因此数据分组可以被广播到每一个延迟线和每一个输出端口。也就是说，该交换机可提供广播功能和对不同的分组实行不同的优先级控制；该缺点是用了大量的元件和控制操作，成本较高。例如，它需要 n 个波长变换器、$n\times k+n^2$ 个 SOA 开关、$2n+1$ 个合波/分波器。

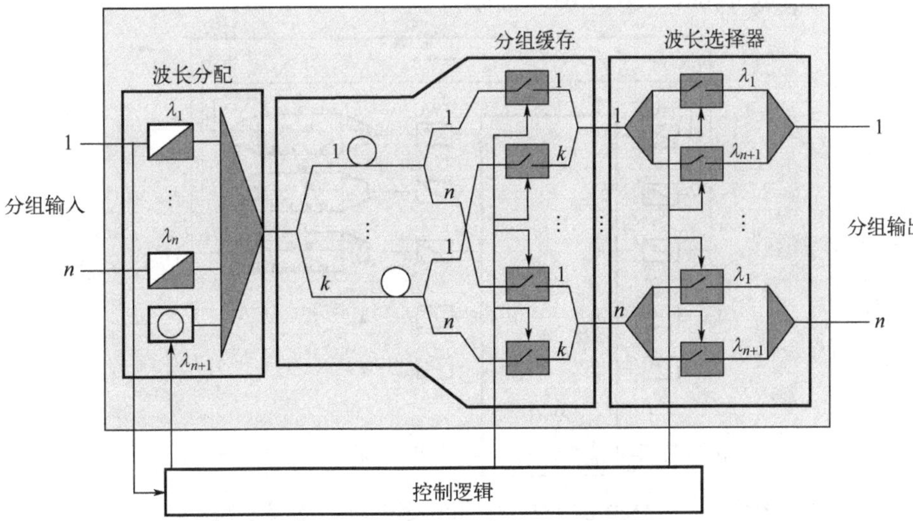

图 7-3-3　KEOPS 项目所使用的广播与选择交换机的结构示意图

第二种冲突解决方案就是共享存储光分组交换结构，属于单级反馈式，如图 7-3-4 所示。图 7-3-4 中延迟线的长度可以分别是 1，2，…，m 个分组的长度。$(n+m)\times(n+m)$ 空间交换单元可以把一个输入数据分组交换到任意一个输出端口或任意一根延迟线上去。因为需要循环的数据分组的数量是不确定的，有些数据分组可能会受到比其他数据分组更多的能量损耗，所以需要光放大器。这种方案不可避免地降低了循环数据分组的信噪比。

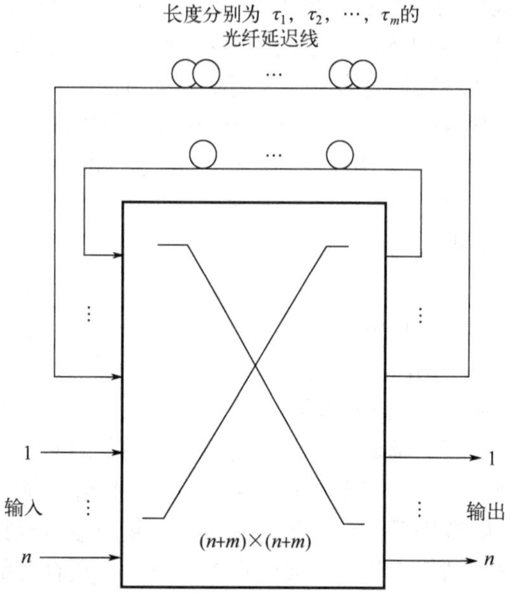

图 7-3-4　反馈型共享缓存的光分组交换机结构示意图

这种反馈型共享缓存器技术的典型代表如图 7-3-5 所示，这是 WASPNET 项目中所使用的交换机结构。它主要由 $2n\times2n$ 的阵列波导光栅(AWG)、n 套光纤延迟线和 $4n$ 个可调谐波长变换器(tunable wavelength converter，TWC)组成。

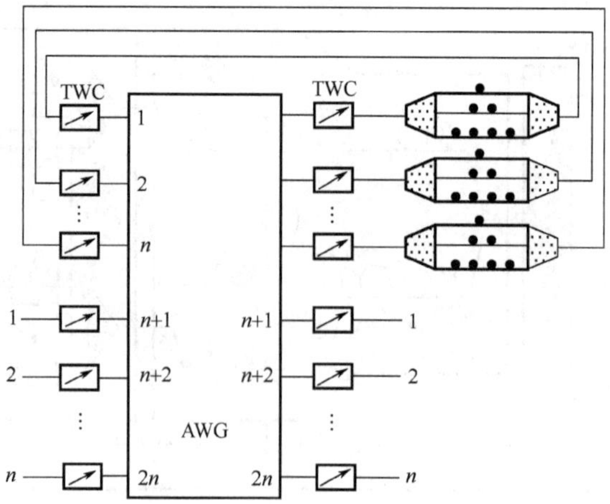

图 7-3-5　WASPNET 项目中使用的反馈型共享缓存交换机结构

另一种单级反馈型光缓存器是采用光纤环路的存储交换结构，如图 7-3-6 所示。缓存器由多波长通道的光纤环路延迟线构成。当出现竞争时，通过适当的波长变换，输入的数据分组可以被转接到光纤环路中一条可用的波长上。经过耦合器，一半的光能量被输入环路，另一半继续传输到输出端。当解决竞争时，通过调整 TWC，数据分组可以输出到相应的链路上。同时，关掉环路中的滤波器以消去在缓存器中的数据分组。通过配置 SOA 光开关和滤波器，新进入的数据分组可以比已在等待的数据分组先到达输出端，因此这种结构支持数据分组的优先级机制。

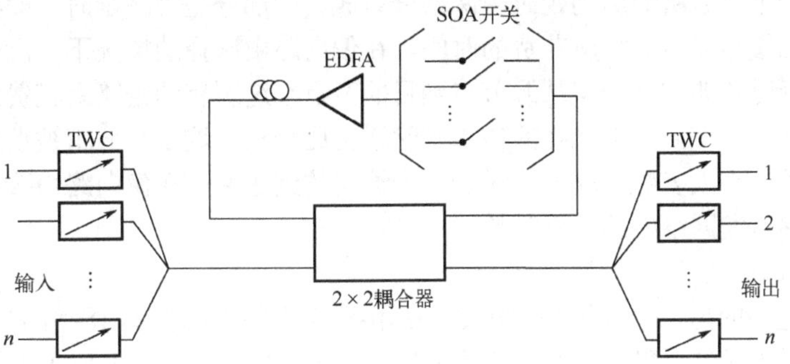

图 7-3-6　光纤环路交换结构示意图

丢包率、网络时延、硬件成本、控制电路的复杂性以及分组重新排序等技术都是需要在设计光缓存器时考虑的问题，而且缓存设计在很大程度上也依赖于网络的拓扑结构、业务负荷等。

2. 偏向路由

偏向路由选择最早用于处理器互联网络中。在这些网络中，正如在 OPS 网络中一样，缓存器代价高昂。偏向路由选择被用作缓冲的另一种替代方法。偏向路由选择有时也被称为热土豆路由(hot potato routing)选择。

从直观上来讲，使用不同的路由来转发分组而不是存储它们，将使得该分组到达目的地的平均路径更长，导致延时增加和分组通过量变少，这是为在网络中没有使用缓存器而付出的代价。对于规则的网络拓扑结构，偏向路由选择的效果已经有详细的分析，如图 7-3-7 给出的两种网络——曼哈顿街道网(Manhattan street network，MSN)和洗牌网(ShuffleNet)。规则的拓扑结构通常用于处理器互联，应用于局域网(local area network，LAN)也是可行的。然而，它们不可能用在具有任意拓扑结构的广域网(wide area network，WAN)中。尽管如此，这些分析还是为偏向路由选择方法的总体性能和关键技术提供了很多的信息。

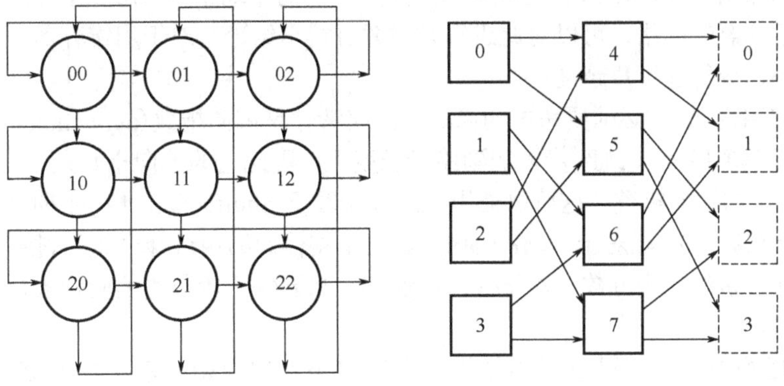

(a) 3×3MSN　　(b) 8节点ShuffleNet

图 7-3-7　MSN 和 ShuffleNet 拓扑结构

下面简单讨论偏向路由选择的对网络性能的几个关键影响。

1) 延时

偏向路由选择的第一个结果是：网络中的分组所经历的平均延时比存储/转发网络中的延时要大。假定网络拓扑结构是确定的，而且对网络中每一个源和目的对而言，分组的到达率也是一定的。一个分组所经历的延时由两部分组成。一部分是排序延时，即在传输的每一个路由选择节点的缓存器中等待所花费的时间。在偏向路由选择的情况下，没有排序延时。另一部分是传播延时，即这个分组从源节点到目的节点经过所有的链路所花费的时间。相较于存储转发路由选择，偏向路由选择的传播延时通常比较长，这是由分组被误导而偏离它们的目的地所造成的。在大多数情况下，对于一个给定的到达率，在偏向路由选择的网络中，总的延时要比存储转发网络中的总延时长。

2) 分组通过量

偏向路由选择的另一个结果是：相较于使用缓存器的路由选择，网络的分组通过量下降。这里对网络的分组通过量采用一个非正式的定义，即新的分组可以从它们的源注入网络的最大速率。很明显，这取决于该网络的互联拓扑结构以及在链路上的数据速率。此外，它还取决于业务量模型，该模型在定义分组通过量的过程中必须保持固定。业务量模型规定了每一个源和目的对之间的新分组的比例。一般情况下，理论分析中通常假定网络中所有的源和目的对的新分组到达率是相等的。如果所有的链路运行在相同的速率，那么分组通过量可以被方便地表示成链路速率的一个函数。

对于从几百到几千个节点范围内的MSN，偏向路由选择所获得的分组通过量是利用缓存的路由选择所获得的分组通过量的 55%～70%。对于相同规模的 ShuffleNet，其分组通过量只有利用缓存的路由选择所获得的分组通过量的 20%～30%。然而，由于 ShuffleNet 有比相同尺寸的 MSN 高得多的分组通过量(假定都用缓存器路由选择)，因此在偏向路由选择的情况下，MSN 实际的分组通过量比 ShuffleNet 也要低一些。

那么，对不规则的网络来说，这些结果说明了什么？首先检查这两个网络的特性方面的一些区别。任何网络的一个重要的特性是直径，它是这个网络中所有节点对之间的最短路径的最大值。在大多数网络中，直径越大，分组到达目的地所必须经过的跳跃步数，即平均步数也越大。MSN 的直径与 $\sqrt{n}$ 成正比，其中 n 是网络中的节点数目；ShuffleNet 的直径与 $\log_2 n$ 成正比。因此，如果考虑具有相同数量的节点和边的一个 MSN 和一个 ShuffleNet，那么针对利用缓存器的路由选择，MSN 的分组通过量更低，因为平均来讲，每一个分组不得不穿过更多的边。对于任意的网络，可以对此进行归纳并且得出结论，对于用缓存器的路由选择，网络的直径越小，分组通过量越高。

对于偏向路由选择，必须要考虑的第二个网络特性是偏向指数(deflection index)。在 MSN 中，单次偏向至多将 4 个跳跃步增加到路径长度上，因此它的偏向指数是 4，而 ShuffleNet 有 $\log_2 n$ 跳跃步的偏向指数。这可以被用来解释相较于 ShuffleNet，MSN 拥有非常大的相对分组通过量(55%～70%相对于 20%～30%)。这里将偏向路由选择分组通过量表示成存储转发网络分组通过量的一个分数。对于任意的网络，只要保证较小的偏向指数，就能保证较高的分组通过量。

结合上述观察结果，可以得出结论：直径较小且偏向指数较小的网络拓扑结构最适合用于光子包交换网络中。除了选择一个好的网络拓扑结构(不一定必须是规则的)之外，偏向路由选择网络的性能可以通过使用合适的偏向规则来进一步得到改善。偏向规则规定了从多个竞争分组中选择拟被偏向的分组的方式。上述讨论中均假设在两个分组之间发生冲突时，两个分组以相同的可能性被偏向，这种偏向规则称为随机的。另一种可能的偏向规则，称为小余量，表述如下：当两个分组竞争同一个输出端口时，远离它的目的地的分组被偏向。这种规则可以降低一个分组遭受的平均偏向数目，从而增加全网的分组通过量。

3) 小型缓存器

另外，也可以考虑使用数目非常有限的缓存器的偏向路由选择，例如，在每一个输入端口配置一个或者两个分组长度的缓存器。如果这个有限的缓存器是满的，那么分组将被偏向。相较于不带任何缓存器的偏向路由选择，此类有限缓存的偏向路由选择策略使分组通过量更大。

4) 活锁

当采用偏向路由选择时，一个分组可能被永远偏向，无法到达它的目的地，这种现象称为活锁。活锁与存储转发网络中碰到的路由选择环路有几分相似，但是路由选择环路是一个瞬变的现象，而活锁是偏向路由选择的一个本质特征。

通过合理地设计偏向规则，活锁可以被消除。消除活锁的一个方法是简单地丢弃在跳跃步数上超过一定门限的分组。

3. 波长变换

利用光缓存器和偏向路由解决冲突，都可以看作广义的偏向机制：一个是在时间上偏向；另一个是在空间上偏向。随着 WDM 技术的发展，波长空间是解决分组冲突的另一个可以被利用的资源。光缓存器和偏向路由法各有优缺点：光缓存器提供了良好的网络吞吐量，但是它需要太多的硬件和控制开销；偏向路由实现起来比较简单，但是无法提供完美的网络性能。如果配合波长变换使用，它们各自的缺点就可以被部分克服，因此也就提供给网络设计者更多的选择和更大的灵活性。

在一个使用光缓存器和波长变换器的交换节点中，一般通过输入级的解复用波长通道和波长变换器就可以给输出端口提供任何可用的波长通道。由无阻塞的空分交换结构来选择输出端口或进入适当的延迟线。

波长变换与光缓存器相结合也可以用在异步网络中。一个没有分组排队队列的光分组交换机，如 KEOPS 中介绍的广播和选择结构，使用波长变换器就可以用于支持对 WDM 信道的无阻塞交换操作。

虽然在解决竞争问题上，延迟线比波长变换更有效，但是波长变换可以提供噪声抑制和信号重整形功能。是否用波长变换来解决分组冲突应该根据具体的网络要求。对于只有少量波长的网络，其可以使用光缓存器；而在有大量波长和波长变换功能的网络中，光缓存器就没有必要了。

目前有多种将光缓存器和波长变换，以及存储/转发式和偏向路由相结合的方法。这里给出两种使用前向入口缓存器的分组交换机结构。

第一种如图 7-3-8 所示，主要分为冲突解决级和分组交换级两级。冲突解决级由 n 个可调谐波长变换器 TWC、$k\times k$ 阵列波导光栅(AWG)和 m 个光纤延迟线组成，其中 $k=\max(n, m)$。分组交换级由 AWG 和 TWC 构成，其功能是将光分组交换到目的端口。

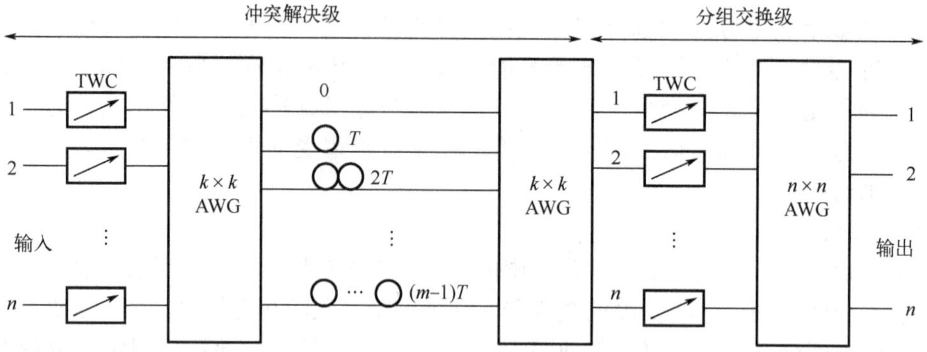

图 7-3-8　使用阵列波导光栅和光纤延迟线实现入口缓存的分组交换机结构

第二种使用解复用器和光纤延迟线执行入口缓存的分组交换机结构如图 7-3-9 所示。它同样也有两级结构，首先通过第一级的解复用器，使得每一个输入分组至少与一路光纤延迟线相连，由第一级中的 TWC 来决定对某一个分组的延迟大小；第二级的交换机负责将分组交换到正确的输出端口，通过第二级的解复用器，每一个光纤延迟线就可以被连接到任何一路输出端口上，然后使用 TWC 来选择输出端口。

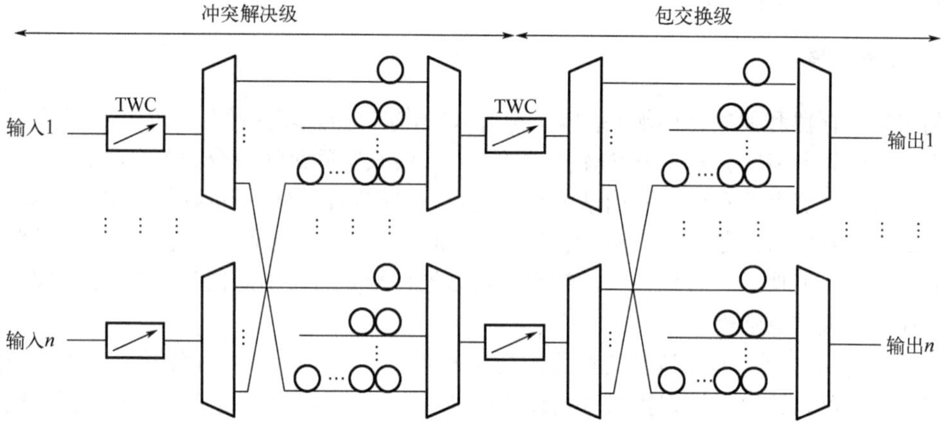

图 7-3-9　使用解复用器和光纤延迟线实现入口缓存的分组交换机结构

7.3.4　光分组格式

目前常见的光分组格式有比特序列标签、副载波标签、正交调制标签，以及光码标签等。

1. 比特序列标签

比特序列标签(bit-serial label)先发送低速幅移键控(amplitude shift keying，ASK)调制的标签信号，经过保护间隔后，发送高速的、调制的净荷信号。采用低速的标签信号有利于在交换节点进行快速的标签处理，保护间隔是为了减小标签提取、更新以及在交换过程中由于时序误差带来的影响。采用比特序列标签方案的 OPS 研究项目主要有欧洲的 KEOPS、WASPNET、IST-LASAGNE 等。比特序列标签的提取和擦除主要有两种方式：一种是通过光分支器接收部分光分组信号后，提取出标签信号，并控制光门擦除标签信号；另一种是通过提取出标签或净荷信号的时钟来分离标签和净荷。在高速标签处理方面，日本 NTT 光子实验室提出的全光串/并转换器可以实现 40Gbit/s 的在线处理。比特序列标签光分组格式的优点是标签和净荷信号的干扰小，缺点是标签分离和更新对时序的准确性要求高。

2. 副载波标签

副载波标签(subcarrier label)采用副载波传输标签信号，净荷信号在基带传输。为了减小标签开销，采用标签和净荷同时传输，标签和净荷信号在频域上的分离有利于标签的分离和更新。副载波标签分为单边带和双边带副载波标签，单边带副载波可以消除双边带副载波的射频衰退效应(RF fading effects)。采用光滤波器可以分离副载波标签和净荷信号，但光滤波器非理想的矩形传递函数会导致标签和净荷信号之间的干扰。采用副载波标签的 OPS 的研究项目有美国的 CORD 和 OPERA(optical packet experiment routing architecture)等。采用副载波标签的 OPS 研究最有代表性的是美国加利福尼亚大学戴维斯分校的 S.J.B.Yoo 领导的研究小组。图 7-3-10 所示为采用 FBG 分离标签和净荷，以及通过波长转换实现标签更新的方案原理图。副载波标签的优点是便于分离标签和净荷，缺点是副载波频率限制了所能传输的最高净荷速率，以及存在标签和净荷的干扰。

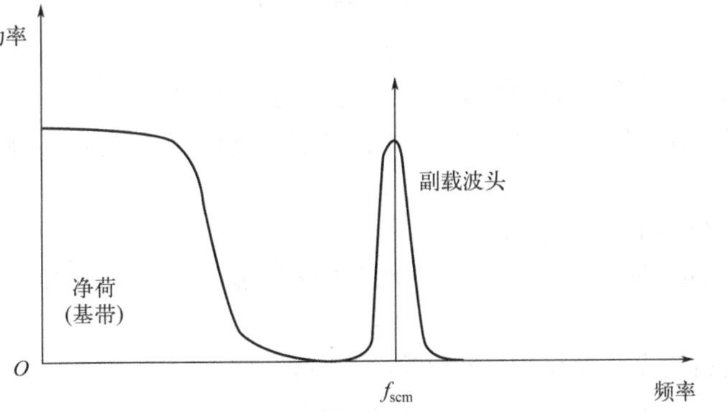

图 7-3-10　副载波复用原理

3. 正交调制标签

正交调制标签(orthogonal modulation label)对标签与净荷采用相互正交的调制方式，如差分相移键控(differential phase shift keying，DPSK)或频移键控(frequency shift keying，FSK)标签+ASK 净荷、DPSK/FSK 标签+ASK 净荷、偏振移位键控(PolSK)标签+ASK 净荷、重叠 ASK 标签+ASK 净荷。欧洲 IST-STOLAS 项目采用了 FSK 标签+ASK 净荷的正交调制光分组格式。正交调制标签格式存在着较大的标签和净荷信号间的干扰，如在 DPSK/FSK 标签+ASK 净荷中，需要降低净荷信号的消光比来保证 DPSK/FSK 标签的检测。此外，正交调制的标签更新不易实现，例如，在采用 DPSK 标签+ASK 净荷的正交调制光分组格式中，标签更新需采用波长转换或精确时序进行再调制。

4. 光码标签

光码(optical-code，OC)标签采用光码来表示标签，将每个标签和光码进行对应，通过光编码器产生 OC 标签，通过光解码器识别 OC 标签，从而实现在光域的标签处理。OC 标签光分组先发送 OC 标签，经过保护间隔发送净荷信号。OC 标签经过匹配的光解码器将产生自相关峰，在不匹配的光解码器输出端为微弱的互相关噪声，净荷信号经过解码器后被扩频为噪声信号，因此只有自相关脉冲被检测和识别。采用 OC 标签进行 OPS 的代表是日本 NICT 光网络组 Wada N 领导的研究团队，该团队研制的光编/解码器有三种，分别是基于平面光波导(planar lightwave circuit，PLC)技术、超结构光纤布拉格光栅(superstructured fiber Bragg grating，SSFBG)和阵列波导光栅(AWG)结构。OC 标签的优点是能在光域进行快速的标签处理，其处理光学相关速度等于光的传播速度；缺点是标签的擦除与更新和比特序列标签一样要求精确的时序，以及标签数目受限于光码数目，导致标签数目少。

5. 其他标签

除了前面介绍的四类主要标签之外，还有一些其他格式的标签，如光载波抑制和分离标签(optical carrier suppression and separation label，OCSS label)、多波长标签(multi-wavelength label)、频谱强度编码标签(spectral amplitude code label)等。

习 题 七

7.1 请简单讨论三种不同的光交换模式之间的区别。

7.2 OPS 和 OBS 的差异是什么？考虑到当前光硬件技术的限制，哪种方案(OPS 或 OBS)更有希望现实化？

7.3 请简述 OBS 的工作原理。

7.4 请列举 OPS 网络中竞争解决冲突的方法有哪些，并比较 OPS 网络中各种竞争解决机制的特性。

7.5 请简要讨论光分插复用器和光交叉连接器之间的区别。

7.6 请简单比较各种波长变换实现技术的异同。

7.7 请简述 7.3.4 节中介绍的几类光分组格式的优缺点。

第 8 章　光网络技术

本章着重讨论光网络的一些相关基础知识，分为 5 节来展开，其中 8.1 节主要介绍光网络的发展现状；8.2 节介绍光传送网(optical transport network，OTN)技术；8.3 节介绍光网络的路由和波长分配问题；8.4 节讨论光网络的生存性；8.5 节介绍光网络的控制与管理方法。

8.1　光网络发展概述

核心知识解析

1. 无处不在的光互联网络

光网络以光作为信息载体，主要以光纤作为通信介质，通过节点间的联网，实现信息接入、信息传送和信息调度。光网络由光接入网和光传送网组成，通过光纤将家庭和企业的多种业务灵活接入到网络中，并实现信息的跨城市、区域、国家、大洲、海洋的高速长距离传送。

如图 8-1-1 所示，以 A 地某用户在家观看视频，该视频保存在 B 地某数据中心的服务器为例，感知光网络的组成及它如何支撑视频观看的全过程。

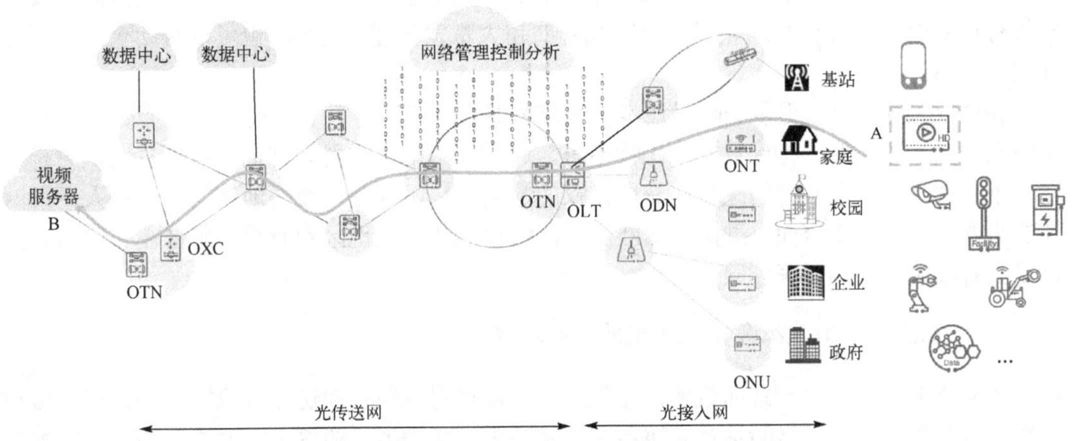

图 8-1-1　以用户观看在线视频为例感知光网络组成

(1) 家用电脑通过 Wi-Fi 与光网络终端(optical network terminal，ONT，俗称光猫)连接，由此开始，用户接入到了光网络中。

(2) 光猫通过光纤分配网(optical distribution network，ODN)连接到光线路终端(optical line terminal，OLT)，OLT 把来自不同光猫的信号进行汇聚后，经过光传送网(optical transport network，OTN)设备连接到 A 地的城域网。

(3) A 地城域网 OTN 设备与跨省骨干网的 OTN 设备连接，经过类似立交桥的多个光交叉(optical cross-connect，OXC)设备节点到达 B 地的 OTN 设备，最终接入位于 B 地某数据中心的视频服务器。

采用光纤作为通信介质的光网络，具备确定性体验、超大带宽和绿色节能的优点，正在家庭、商业、工业、教育等场景重塑各行各业，对夯实数字经济发展底座具有重要意义。作为新型基础设施的重要组成和承载底座，光网络在家庭的应用已从光纤到户(fiber to the home，FTTH)延伸至光纤到房间(fiber to the room，FTTR)，并不断深入应用到千行百业，从光纤到桌面、到机器已成为现实，如图 8-1-2 所示。

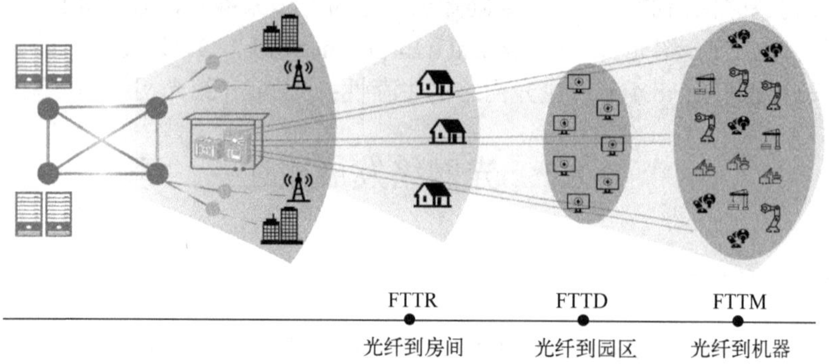

图 8-1-2　无处不在的光互联

在家庭应用领域，在线教育、在家办公、视频交流已成为新常态，家庭从娱乐中心逐步转化为娱乐和生产中心，将光纤延伸到每个房间，配合超宽频谱 Wi-Fi 智能光猫，在屋内任何一个角落，都能享受高速网络带来的极致体验。

在工业与制造领域，将光纤连接到生产机器，可以做到“0”电磁干扰；无源光纤线路替代有源多层汇聚带来“0”消防隐患；光纤的超大带宽和超低时延，也可以帮助企业大幅提升生产效率。

在医疗领域，目前很多医院已逐步将医疗影像、电子病历等上传到云端。例如，一个 CT 影像数据量达数百兆比特到数十吉比特不等，通过光网络可实现大带宽、毫秒量级低时延传输，不同医院、不同科室的医生在获得授权的情况下，可快速、流畅地访问同一病人不同时期的影像资料，做出全面、准确的诊断。光网络也能让偏远地区和农村的患者在家门口就能享受到省级医院的远程医疗服务。

2. 点到点光传输系统向 WDM 光网络的演进

光网络的发展不是一蹴而就的，而是经历了从点对点逐步演进为网状网络的过程。传输系统容量的快速增长带来的是对交换系统发展的压力和动力。随着可用波长数的不断增加，光放大和光交换等技术的发展，以及越来越多的光传输系统升级为 WDM 系统，下层的光传输网不断向多功能、可重构、高度灵活、高性价比和支持多种保护恢复能力等方面发展。在 WDM 技术逐渐从骨干网向城域网和接入网渗透的过程中，人们发现 WDM 技术不仅可以充分利用光纤中的带宽，而且其多波长特性还具有无可比拟的光通道直接联网的优势，为进一步组成以光子交换为核心技术的多波长光纤网络提供了基础。如图 8-1-3 所示，由于技术的不断进步和成熟，光纤通信逐渐从点到点的单路传输系统向 WDM 联网的光网络方向发展。

合理的网络设计必须能够在地理上相对分散的社区之间，以比较简单和方便的方式共享通信资源。现在大多数电信网(包括许多专网，如有线电视系统)的运营商虽然在某些地方拥有属于自己的光纤光缆，但还不能够把它们组建成光网络。必须注意的是，尽管光纤在容量、速度、透明性等方面具有无与伦比的优势，但光纤只有通过适当的、合理的、科学的体系结构互联起来以后才能组成真正高效的通信网络。从这个目的出发，光网络就应该是一种以光纤作为基本传输链路，并充分利用光纤所具有的特性而组成的一种通信网络结构，即一种基于光纤的电信网。高性能的光网络体系结构也必然包括比较复杂的光、电设备以及二者的结合产品。从这个意义上讲，光网络不一定是“纯光”的网络。

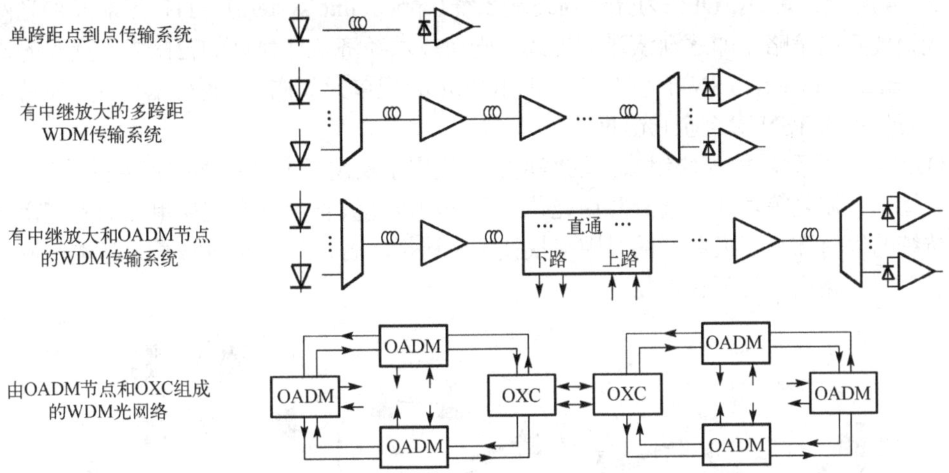

图 8-1-3　点到点传输系统到 WDM 光网络的发展过程

将光网络黏合在一起的“胶水”，也就是组网设备，可大致分为两类：光网络节点(optical network nodes，ONN)和网络接入站(network access stations，NAS)。最常用的光网络节点有光交叉连接器(OXC)节点和光分插复用器(OADM)节点。由图 8-1-3 可见，多波长光网络的基本思想是将点到点的波分复用系统用 OXC 节点和 OADM 节点连接起来，组成光网络。WDM 技术完成光网络节点之间的多波长通道的光信号传输，OXC 节点和 OADM 节点则实现光信号的交换功能。网络接入站位于物理层中光信号通路的终结点(光信号的源和目的地)。信息在网络的纯光部分以外仍以电的形式传输，或者终结于系统终端(如用户终端)，或者通过电的交换设备(如 ATM 交换机)进一步转发。

应该注意到这些网络中，在光域上的光选路和光交换功能都是线性操作。换句话说，这些操作对光信号的处理是透明的。因此，如果网络仅包括一些线性设备，这种线性光网络称为透明光网络。相反，在网络中所执行的最典型的非线性操作有信号的检测、信号再生、数据缓存和一些逻辑功能(如读写分组头等)。依据目前的技术水平，在光域上执行这些非线性操作是非常困难的。因此，非线性操作会使光通道变得不透明。在信号通路中消除非线性操作会带来很多好处：①端到端的光通道成为一条透明的“清澈渠道”，在信号通路上不再有限制光纤吞吐量的因素；②由于基本上没有信号处理，因此光网络节点的结构可以非常简单(光节点的简化也意味着网络控制的简化)。

3. SDH 网络向光传送网的演进

从网络对光信号的透明性来说，能做到全透明当然很好，它可以全面而充分地利用光交换及光纤传输的潜力。相对来说，半透明就只能有限地利用光交换及光纤传输的潜力，网络的性能会受 O/E/O 转换及电子电路的限制。但从另一方面来说，半透明可以利用电域已成熟的技术，如 SDH 技术及网络中已大量部署的 SDH 设备。从技术上看，目前实现全透明光网还有不少困难，例如，直接在光域上对网内的业务信号进行监控、光域组网及运营等问题尚没有很好地得到解决，相应的标准仍有待进一步研究。因此，为避免技术与运营上的困难，ITU-T 决定按光传送网(OTN)的概念来研究光网络技术及制定相应的标准。光传送网这个名称是根据网络的功能及主要特征来定义的，它不限定网络的透明性。目前的光传送网络结构如图 8-1-4 所示。其中，OLS 为光线路终端系统(optical line system)。ITU-T 对发展光网络采取了较为现实的策略，即逐渐演进的方式：先在技术经济条件允许的范围内发展光的透明子网(transparent sub net，TSN)，各 TSN 之间由光电处理单元如同 3R 再生器连接。随着条件的成熟，逐步扩大 TSN 直至全(光)网。

OTN 由一系列功能模块组成，这些功能模块用于实现在光域中客户信号的传送、复用、路由、管理、恢复等功能。波分复用光传送网采用以光波长为基本交换单元的光交换技术，替换传统的以时隙为交换单位的时隙交换技术。这样，客户信号是以波长为基本单位来完成传送、复用、路由、管理和恢复的。

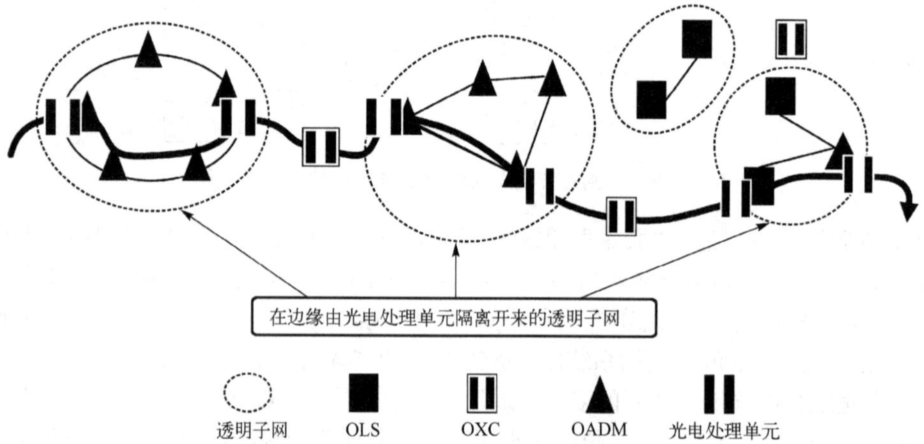

图 8-1-4　目前的光传送网络结构

OTN 的概念既从实际出发反映出光网络技术的现实性，又从光网络技术的发展趋势出发预示发展 OTN 的阶段性演进特征，如图 8-1-5 所示。总体来看，实现光层联网的基本目的和好处可以总结为下述几个方面。

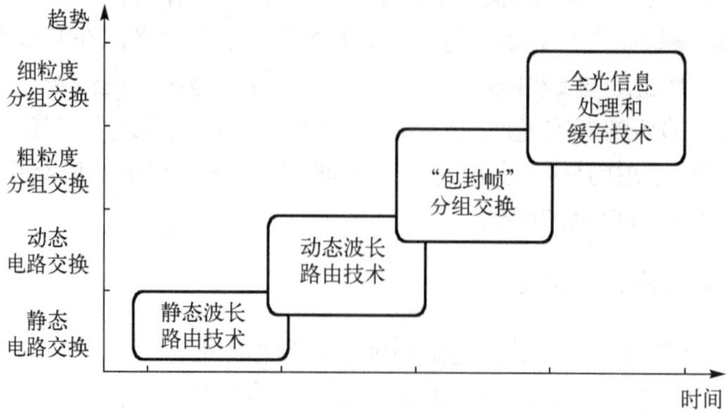

图 8-1-5　组网技术与交换方式的演进

(1) 消除电设备导致的带宽瓶颈：电联网的节点或链路的容量无法赶上数据业务量的指数增长速度。

(2) 降低对业务节点规模的要求：利用具有灵活疏导业务量能力的 OADM 和 OXC，可以从光层旁路掉大量业务，从而减轻业务层节点所要处理的业务量。

(3) 大幅度降低建网成本和运营维护成本：光传送联网可以简化网络层次和结构，减少网元数目和电/光转换设备的数目，从而也可简化网络管理和规划。

(4) 实现网络光层的可重构性：达到在波长级、波长组级和光纤级灵活重组网络的目的。

(5) 实现网络对客户层信号的透明性：允许互连任何新老系统和不同格式的信号，不仅支持 SDH 信号，而且也可以直接支持 IP、以太网、FR 和 ATM 信号等。

(6) 实现快速网络恢复：目前电层的网络恢复时间高达几分钟，而 OTN 的恢复时间可以减少到 100ms 量级。

(7) 同时实现业务层和光层的联网：避免单纯 IP 层联网所带来的低效率，提高网络资源的利用率，提供灵活高效的组网能力和对物理层故障的快速恢复能力。

光传送网络的具体内容将在 8.2 节详细介绍。

4. 光网络的应用场景

光网络主要包括如下四大应用场景。

1) 光接入网

光接入网是位于家庭或企业终端与汇聚层之间，直接面对广大的用户，通过光纤传输介质为用户提供各种业务接入的网络，覆盖的距离通常为 5～20km。它具有业务接口丰富、接入方式灵活、覆盖范围广的特点。光接入网将帮助传统的家庭接入进一步提升用户体验，同时将推动光纤网络突破传统的产业边际，快速向企业、交通、安防、园区、教育、医疗、矿业等各个领域渗透，助力千行百业的数字化转型。面向未来，光接入网的诉求主要体现在全光连接、广覆盖、超大带宽接入、极致体验(低时延、高可靠)等方面。

2) 光城域网

光城域网是在城市范围内建立的以光纤为传输介质的通信网络，提供城市内不同区之间的连接，覆盖距离通常在 600km 以内。它是城域内各种业务网的底层全光承载平台，负责各种业务的接入、汇聚、传输，以及调度。随着 5G、4K/8K 视频、VR/AR 等业务类型的不断丰富，网络流量激增，光城域网需具备超大容量能力来应对海量连接与流量洪水。同时，面向公众市场的各类新兴业务，除了带宽激增需求之外，还对光城域网提出了时延、可靠性、安全性等方面的差异化、高品质要求。另外，行业数字化转型加剧、企业办公与生产业务系统的云化演进、数字经济的发展也同步带动了业务应用的升级，城域网出现了“政企专线”“5G ToB”“品质视频” 3 类主要的品质业务，对光城域网也提出了新要求。光城域网如同城市轨道交通网，要为家庭宽带、移动回传、新型市场、行业数字化转型等提供端到端的“运力”保障。面向未来，光城域网的诉求主要体现在大带宽、低成本、低时延、高可靠性、高安全性、高可用性、多业务统一承载、极简架构、高效运维等方面。

3) 光骨干网

光骨干网是通过光纤连接多个区域或地区的高速网络，实现城际、省际、国家间的高速信息传递，覆盖距离通常为 600～2000km。光骨干网也称长途光网，先后经历 20 世纪的 2.5G 波分系统、10G 波分系统，2008 年，中国率先进入 40G 波分系统时代；2010 年，业界从非相干光传输系统进入划时代的相干光传输系统时代，更是推动了长途光传输系统的全面部署。目前，相干光传输系统已成为建设主流，当前正处于200G相干光传输系统(200G×80波)阶段。互联网数据业务的爆炸式增长是长途光网发展的主要推动力。在过去的20年里，数据业务每年增速超过25%，促使骨干光传送网不断追求单纤容量的持续翻番。面向未来，光骨干网的诉求主要体现在长距离传输、大容量传输、低时延、高可靠、Mesh化组网等方面。

4)海缆光网络

海缆光网络是通过在海底铺设光缆及光设备，实现岛屿到大陆、岛屿之间、大陆之间跨海通信连接的网络，是光传送网络的重要组成部分，覆盖距离通常为10000km左右。其发展历史过程包括：1850年，英国多佛和法国加莱之间建成了世界上第一条海底电缆系统；1985年，世界上第一条海底光缆系统在西班牙加纳利群岛的两个岛屿之间建成；1988年，第一条跨洋海底光缆(TAT-8)在大西洋建成；1994年，第二代海底光缆系统采用SDH技术，采用掺铒光纤放大器(EDFA)取代传统的电中继器；1997年，基于DWDM技术的第三代海底光缆系统开始建设。

与陆地光缆系统相比，海底光缆系统具有以下主要特点。

(1)无电中继传输距离远：相对于陆缆网络，海缆网络的传输距离更远，普遍为10000km左右。

(2)设计寿命长：海缆网络维护不便且成本高，对网络和系统都有更高的设计寿命要求，一般按照25年设计。

(3)应用环境苛刻：海底深水环境，最大水深达8000m，还需要考虑海浪、洋流、潮汐、渔业活动等复杂应用场景。

(4)专业性强：水下设备产品类型复杂，包含中继器、分支器、动态光分插复用器等，需满足复杂组网需求；产品设计严苛，具有高气密、高水密要求，并包含多重冗余设计，确保复杂应用环境下25年高可靠运行；专业海底光缆，采用更复杂的光学和电力设计；施工维护也有很大区别，从勘测、施工到维护都需要专业船只和设备，以及专业的知识和组织。

8.2 OTN 技 术

8.2.1 OTN的基本概念

WDM通过把不同波长的光信号复用到一根光纤中进行传送，极大地提升了网络的传输容量。但是，WDM的缺点很明显，它只能点对点连接、组网能力差、缺乏对波长进行灵活的调度、缺乏操作维护管理(operation administration and maintenance，OAM)、保护措施不够完善。光传送网(OTN)技术由WDM技术演进而来，通过在WDM网络基础上引入可重构光分插复用器(ROADM)、波长交叉连接等功能，并结合SDH组网和网管能力，实现客户层的传送、复用、选路、管理、监控和生存性功能。

OTN是网络的一种类型，指在光域内实现业务信号的传送、复用、路由选择、监控，并且保证其性能指标和生存性的传送网络。OTN以WDM技术作为基础，保证了网络的传输容量；同时还加入了同步数字体系(SDH)强大的运行、维护、管理与供应保障及网络生存能力。OTN概念涵盖了光层和电层两层网络，其技术继承了SDH和WDM的双重优势。如今，OTN技术已经在政务、银行、证券、医疗、电力等行业得到广泛应用。

OTN 具备以下几个特点。

(1)可支持多种业务信息的封装和透明传输。例如，OTN 可传输 SDH、ATM、以太网信号等多种信息。

(2)具备良好的组网能力。

(3)具备大颗粒的带宽复用和交叉调度能力。

(4)具备强大的开销和维护管理能力。

(5)具备强大的网络保护恢复能力。

8.2.2　OTN 分层模型

OTN 是由 ITU-T G.872、ITU-T G.798、ITU-T G.709 等标准定义并广泛使用的光传送技术体制，标准定义覆盖了光层和电层的完整体系结构，以及各层的相关管理监控机制和网络生存性机制。根据 ITU-T G.872 标准，OTN 传输系统在垂直方向可划分为：客户层(customer signal layer)、光通道层(optical channel layer，OCh)、光复用段层(optical multiplex section layer，OMS)和光传送段层(optical transmission section layer，OTS)。其中，光通道层 OCh 又被划分为 3 个电域子层和 1 个光域子层，分别为光通道净负荷单元(optical channel payload unit，OPU)、光通道数据单元(optical channel data unit，ODU)、光通道传输单元(optical channel transport unit，OTU)，以及光信道(optical channel，OC)。两个相邻层之间构成客户/服务层关系。OTN 的功能层次如图 8-2-1 所示。

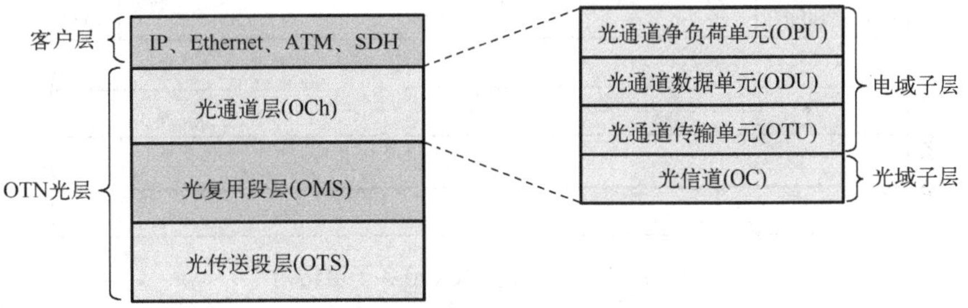

图 8-2-1　标准 OTN 的层次结构

1. *客户层*

客户层表示 OTN 网络所要承载的各种不同类型的业务信号，包括 IP、以太网(Ethernet)、SDH、ATM 等。

2. *光通道层*

光通道层负责为不同格式的客户信息选择路由和分配波长，为透明地传递各种不同格式的客户层信号的光通路提供端到端的联网功能，处理光通路开销，提供光通路层的检测、管理功能。光通道层又分为 4 个子网络层：光通道净负荷单元(OPU)、光通道数据单元(ODU)、光通道传输单元(OTU)，以及光信道(OC)，如图 8-2-2 所示。

1)光通道净负荷单元

OPU 的作用是完成客户业务信号适配(如 IP、ATM、SDH、Ethernet 等)。OPU 将调整客户信号速率，使其信号速率与 OPU 标准速率一致；它还包含封装的客户端数据，以及描述该数据类型的标头。

2）光通道数据单元

ODU 以 OPU 作为净荷，增加了相应的开销字节，提供端到端光通道的性能监测，实现对客户信号的操作、维护和管理。

3）光通道传输单元

OTU 以 ODU 作为净荷，增加了相应的开销字节，实现 ODU 信号在 OTN 网络节点之间传送。以 ODU 为基础，OTU 线路增加了前向纠错码(forward error correction，FEC)，以及 OTU 层次的告警、性能监测和 GCC 通信开销等。

4）光信道

光信道路径可实现不同传送节点之间的 OTU 光层信号传送。为 OTU 信号提供端到端的光层组网功能，每个光信道占用一个光波长。

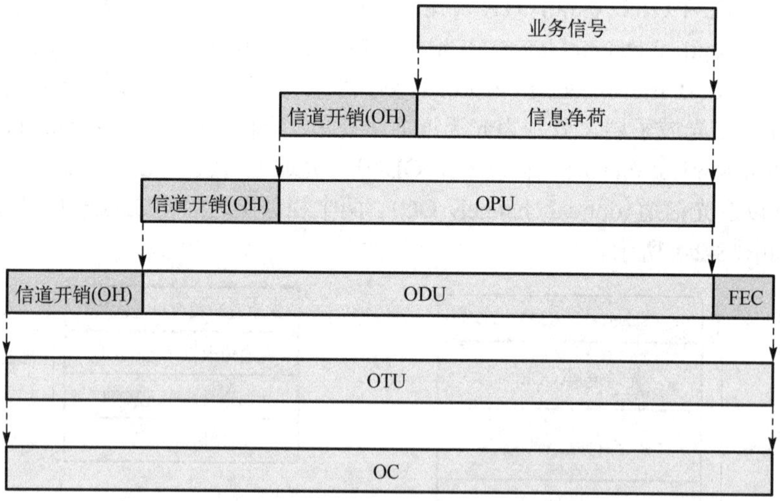

图 8-2-2　光通道层(OCh)各子层结构

3. 光复用段层

光复用段层的作用是实现多路 OCh 通道在节点之间的传送，为经过波分复用的多波长信号提供组网功能。其主要功能包括：为灵活的选路重新安排光复用段；为保证多波长光复用段适配信息的完整性处理光复用段开销；为光复用段层的运行和维护提供检测和管理功能。

4. 光传送段层

光传送段层为光信号在不同类型的光介质(如 G.652、G.653、G.655 光纤等)上提供传输功能；处理光传输段开销，以便确保光传输段适配信息的完整性；同时实现对光放大器或中继器的检测和控制功能等。整个光传送网由最下面的物理介质层网络所支持，即物理介质层网络是光传输段的服务者。通常会涉及以下问题：功率平衡问题、EDFA 增益控制问题以及色散的积累和补偿问题。

图 8-2-3 描述了光传送网(OTN)各层之间的关系。在发送端，客户信号(如 IP、SDH、以太网等)经过相应通信设备后，依次映射为 OPU、ODU，最后转换成 OTU 信号。OTU 信号

调制加载到光载波频率上，通过光波分复用器进行多路光通路复用，形成光复用段；光传输段层通过 OTS 路径实现光复用段在接入点间的传送。

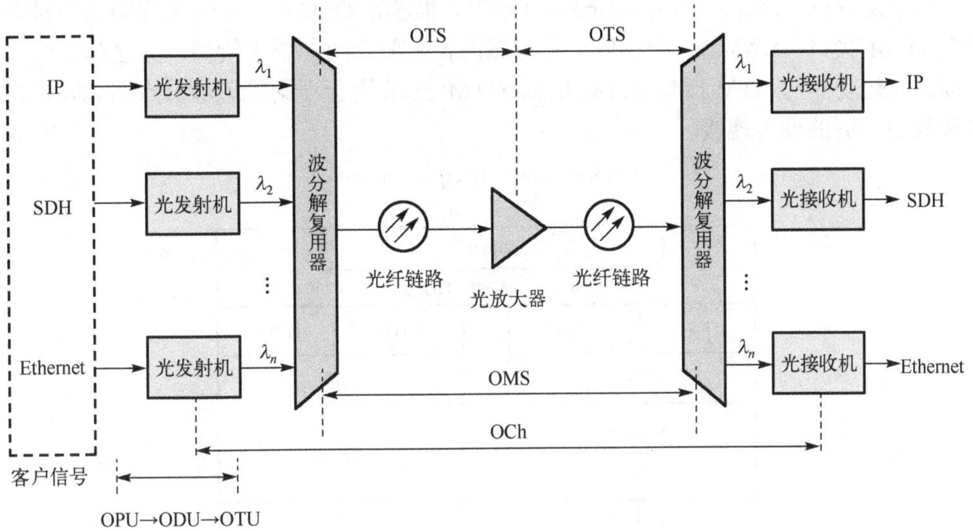

图 8-2-3　OTN 各层间的关系

8.2.3　OTN 接口信息结构

OTN 通常是由不同的管理域所组成的，单个管理域一般由单一品牌设备商的多个 OTN 设备组成，设备间通信需要专门的接口对接。此外，不同管理域间还可能存在多种不同品牌的 OTN 设备，因此域间也需要有标准接口实现对接，如图 8-2-4 所示。OTN 接口包括物理接口和逻辑接口两部分，本节重点讨论逻辑接口。

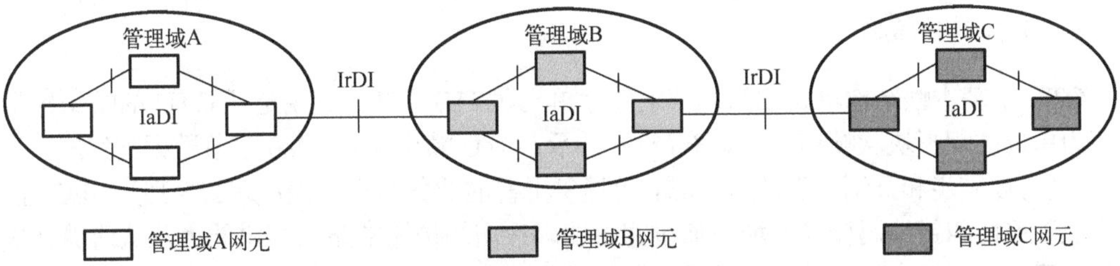

图 8-2-4　OTN 传输网接口分布示意图

ITU-T G.872 标准为 OTN 定义了两种接口：域间接口(inter-domain interface，IrDI)和域内接口(intra-domain interface，IaDI)。域间接口一般用于两个管理域间不同厂家设备之间互联，必须完全按照标准要求进行互联。域内接口一般用于域内同一厂家设备之间互联，接口形式可以采用厂家的私有方式。

在光传送网中，光传输模块(optical transport module，OTM)用来支持 OTN 接口的信息结构，其信息层次结构如图 8-2-5 所示。可以看出，OTN 采用信号映射复用的方式，实现各类型业务信号与 OTN 标准接口的匹配。目前，G.709 标准定义了两种 OTM 结构：完整功能的光传送模块接口(OTM-*n*.*m*)和简化功能的光传送模块接口(OTM-0.*m*、OTM-*nr*.*m*)，其中 n 表示接口支持的最大波长数，当 n=0 时，表示物理接口只是单个无特定频率的波长；m 表示接口所能支持的信号速率类型或者组合，如 1、2、3、12、13、123 等，1 表示 2.5Gbit/s，2 表示 10Gbit/s，3 表示 40Gbit/s，12 表示同时支持 2.5Gbit/s 和 10Gbit/s，以此类推；r 表示不带光监控信道(optical supervisory channel，OSC)，也就是 OSC 中一些开销字节被省掉。完整功能的 OTM 接口(OTM-*n.m*)用于同一管理域内各个节点间的域内接口，无法和其他厂商设备互联。简化功能的 OTM 接口(OTM-0.*m*、OTM-*n*r.*m*)用于不同管理域节点间域间接口，可实现和其他厂商的设备连接。

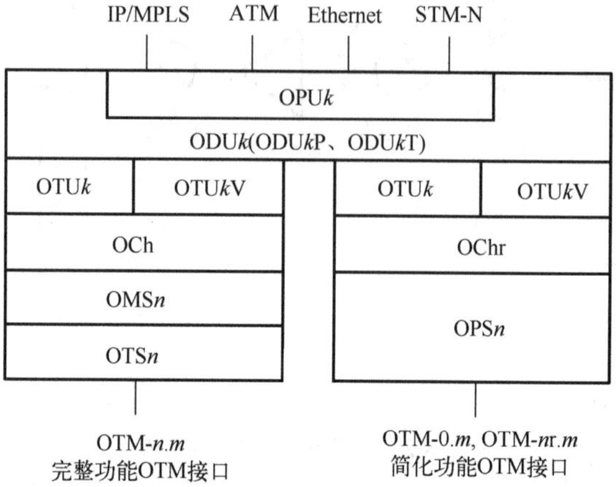

图 8-2-5 OTN 接口基本信号结构

OPU*k*：光通道净荷单元-*k*；ODU*k*：光通道数据单元-*k*；ODU*k*P：持端到端 ODU*k* 路径的 ODU*k*；ODU*k*T：持 TCM 路径的 ODU*k*；OTU*k*：完全标准化光通道传送单元-*k*；OTU*k*V：功能标准化光通道传送单元-*k*；OCh：完整功能的光通道；OChr：简化功能的光通道；OMS：光复用段；OTS：光传输段；OPS：光物理段；OTM：光传送模块

8.2.4 OTN 的帧结构、映射与复用

1. OTN 的帧结构

OTN 中基本帧结构单元称为光信道传输单元(OTU)。ITU-T 规定了 OTU 的帧结构是以字节为单位的矩形块状帧结构，如图 8-2-6 所示，OTU 帧由 4 行 4080 字节数据列组成，其中前 16 列为帧同步和开销处理监视区域，可提供丰富的业务监视功能；后 256 列为 FEC 区域，用于放置前向纠错编码校验区域，通过冗余编码，增加传输链路的容错能力，从而提升链路的传输距离。帧的中间区域为净荷区，用于承载用户数据。

OTU*k* 是通过数字封包技术在业务信息中加入开销(overhead，OH)和 FEC 部分而形成的。在 G.709 建议中，定义了 4 种不同等级的 OTU*k* (*k*=1、2、3、4)帧结构，分别代表承载速率为 2.5Gbit/s、10Gbit/s、40Gbit/s 和 100Gbit/s。各级别的 OTU*k* 帧结构相同，但帧周期不同(即帧频率不同)，级别越高，帧周期越短。需要注意 OTN 与 SDH 的帧复用是不同的。SDH 帧复用通过将多个 8kHz 的基本帧字节间插实现，STM-1 的基本帧结构为 9 行 270 列，STM-*n* 为 *n* 个 270 列，即不同链路速率下单位时间发送的帧数相同，帧大小不同。而 OTN 不同链路速率的帧结构是相同的，不同的链路速率通过不同的帧速率来实现，即单位时间发送的帧数不同。例如，OTU1 的帧频约为 20.420kHz，OTU2 的帧频约为 82.025kHz，OTU3 的帧频约为 329.492kHz。

1) OPU*k* 单元

OPU*k* 单元由 OPU*k* 信息净荷和 OPU*k* 开销组成，OTU*k* 的 15～16 列用来承载 OPU*k* 开销，17～3824 列用来承载 OPU*k* 净荷。这里，OPU*k* 净荷是对客户信号(如 SDH、IP、ATM 等)采用特定映射规则进行匹配后的净荷信息。

2) OTN 帧开销单元

如图 8-2-6 所示，OTN 帧的前 16 列为开销单元，总共拥有 4×16 个字节，包括帧定位开销、OTU*k* 层开销、ODU*k* 层开销和 OPU*k* 层开销。OTN 具有比 SDH 更加丰富的各种管理开销，从而进一步提升了操作维护管理(OAM)能力。OTN 开销和告警与性能将在 8.2.5 节详细介绍。

3) FEC 单元

FEC 单元位于 OTN 帧结构的 3825～4080 列(最后一列)。FEC 的作用是给 OTN 帧加入冗余校验信息，从而实现传输信息误码的纠正。

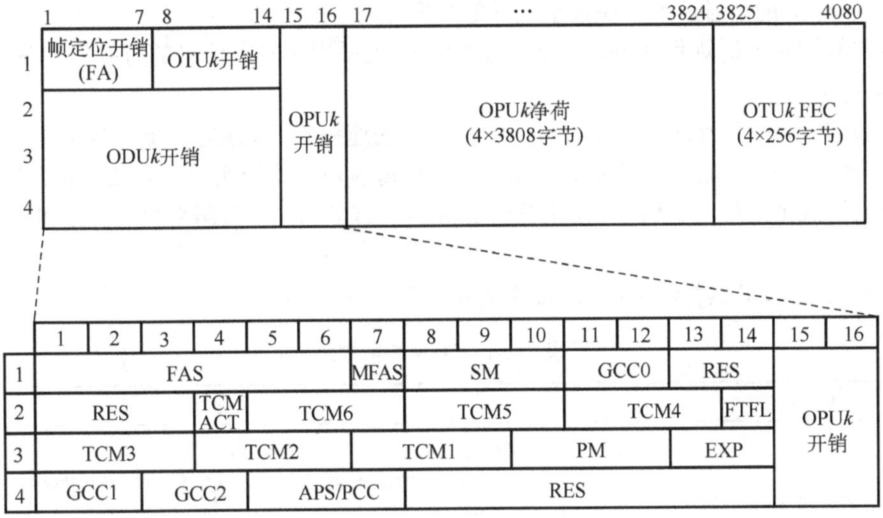

图 8-2-6　OTN 的帧结构

2. OTN 的映射与复用

OTN 可以接入多种不同类型的业务信号，包括 SDH、ATM、以太网业务等。为保证不同种类的客户信号在 OTN 中传输，需要将这些客户信号进行打包处理，即通过多次映射和复用，将客户信号包装成与 OTN 相匹配的光传送模块。在通信中，复用是指将低阶通道信号适配进高阶通道，将多个高阶通道适配进复用段的过程。映射则是指将一个业务信号映射进相应的标准容器，即业务信号的比特经过变换关系变成容器中唯一位置的比特。

OTN 中客户信号的传输是通过光传输模块(OTM)来实现的，OTM 的映射和复用结构如图 8-2-7 所示。

G.709 建议定义了客户信号映射到 OTN 传送模块的规则，制定了不同的映射方式，包括异步映射规程(asynchronous mapping procedure，AMP)、比特同步映射规程(bit-synchronous mapping procedure，BMP)、通用映射规程(generic mapping procedure，GMP)，以及通用成帧规程(frame mapped generic framing procedure，GFP-F)等。

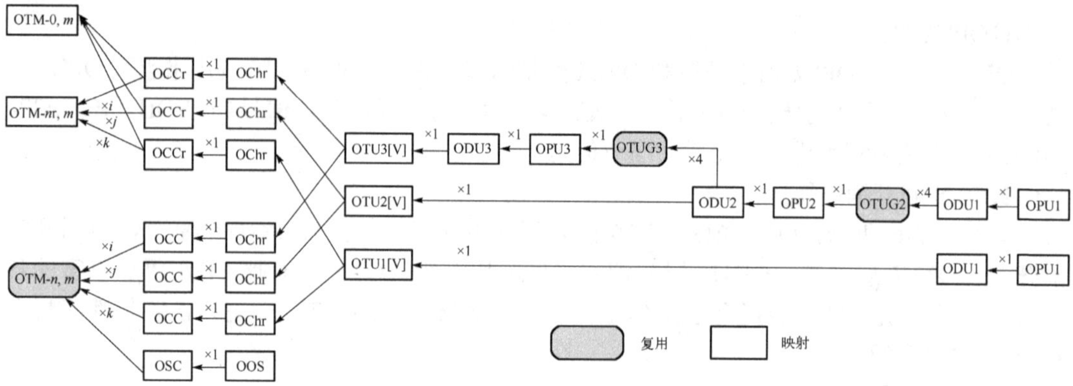

图 8-2-7　OTM 的映射和复用结构

(1) 异步映射规程(AMP)：映射两端时钟分别由本地产生，用于服务层信号(server)和客户层信号(client)的信号速率存在较小差异的情况。

(2) 比特同步映射规程(BMP)：映射前后信号均采用客户层信号的时钟作为参考时钟，前后频率完全同步。

(3) 通用映射规程(GMP)：映射可以解决更大的速率差，要求客户侧信号必须小于 OPU*k* 的负载速率。GMP 一般使用 Sigma-Delta 算法使得客户侧信号匹配上 OPU*k* 的负载速率。

(4) 通用成帧规程(GFP-F)：用于分组业务的封装，例如，可用来封装长度可变的 IP 分组或以太网帧。

各映射方式及其具体应用如表 8-2-1 所示。

表 8-2-1　OTN 映射方式

映射方式	应用
异步映射规程(AMP)	1. 低阶的 ODU*j* 到高阶的 ODU*k* 映射； 2. 将 STM-16、STM-64、STM-256 固定比特率(CBR)信号映射到对应的 OPU 容器中； 3. 将连续模式下的 GPON 恒定比特率客户信号映射到 OPU*k*
比特同步映射规程(BMP)	1. 将 STM-16、STM-64、STM-256 固定比特率(CBR)信号映射到对应的 OPU 容器中； 2. 将 FC-1200 恒定比特率客户信号映射到 OPU2e； 3. 将 10GBASE-R 恒定比特率客户信号映射到 OPU2e； 4. 将其他恒定比特率客户信号映射到 OPUflex
通用映射规程(GMP)	1. 将 1.238 Gbit/s 及以下的恒定比特率客户信号映射到 OPU0； 2. 将 2.488 Gbit/s 及以下的恒定比特率客户信号映射到 OPU1； 3. 分别将 2.5、10.0、40.1 或 104.3Gbit/s 恒定比特率客户信号映射到 OPU1、OPU2、OPU3 或 OPU4
通用成帧规程(GFP-F)	将数据分组流(如以太网、MPLS、IP)映射到 OPU*k*

OTN 中存在两种复用方式：时分复用和波分复用。时分复用指 ODU*k* 的时分复用功能，采用异步映射方式，其基本规则为 4 个 ODU1 复用成 1 个 ODU2，4 个 ODU2 复用成 1 个 ODU3。低速 ODU 到高速 ODU 复接的能力，提升了波长的带宽利用率，不但节省了波长资

源，在客观上也满足了驱动低阶 ODU 网络级调度的需求。波分复用指光层中的多波长复用，OTN 中波分复用过程简述如下：将 OTU*k* 信号映射到光通路信号(OCh/OChr)，随后 OCh/OChr 进一步映射到光通路载波(OCC/OCCr)，多路 OCC/OCCr 波分复用到一个 OTM 信号中进行传输，如图 8-2-7 所示。

图 8-2-8(a)给出了 ODU1 到 ODU2 的复用过程：ODU1 净荷加上 ODU1 开销(OH)形成 ODU1 信号，ODU1 信号通过 ATM 判决开销(judgment overhead，JOH)异步映射到光通路数据支路单元 ODTU12。然后，4 个 ODTU12 信号时分复用到光通路数据单元支路单元群 ODTUG2，之后信号被映射到 OPU2。OPU2 信号加上 ODU2 开销后，可扩展为 ODU2 信号。

图 8-2-8(b)给出了 ODU1 与 ODU2 到 ODU3 的复用过程，最多 16 个 ODU1 或最多 4 个 ODU2 可以按照规则复用到 ODU3，详细复用过程如下：一个 ODU1 信号加上 ATM 判决开销可映射到光通路数据支路单元 ODTU13；同时，一个 ODU2 信号通过 ATM 判决开销异步映射到光通路数据支路单元 ODTU23；ODTU13 和 ODTU23 信号通过时分复用可拓展成光通路数据支路单元群 ODTUG3。进一步加上 OPU3 开销，可映射为 OPU3，然后该信号在映射成 ODU3。

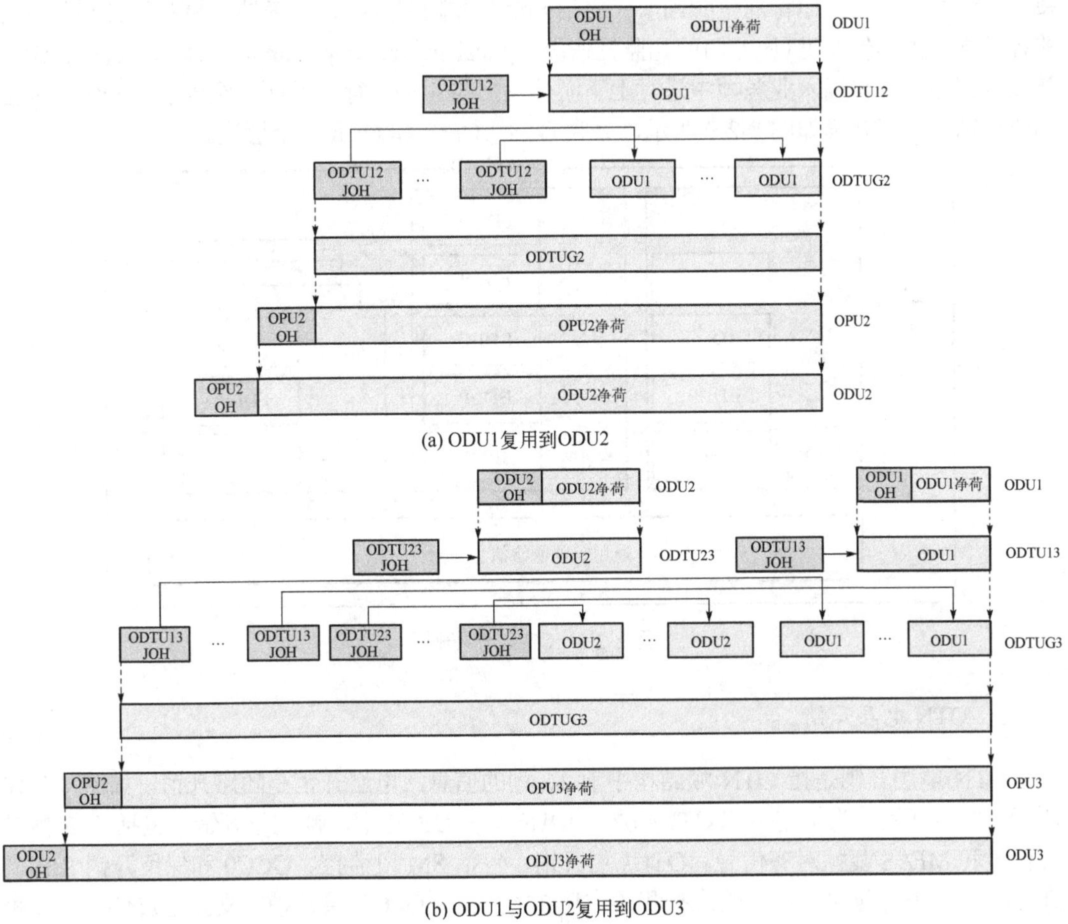

(a) ODU1复用到ODU2

(b) ODU1与ODU2复用到ODU3

图 8-2-8　OTN 的复用结构

8.2.5 OTN 的开销

OTN 帧结构中定义了丰富的开销，除了和客户信号映射相关的 OPU*k* 开销区域外，还定义了包含 6 层 TCM 处理的 ODU*k* 开销，以及 OTU*k* 的开销。使用 OTN 丰富的开销，可方便实现对业务状态进行端到端的监视或对其中部分重点范围进行监视，方便进行业务管理，一旦出现故障，可以快速保护业务并定位故障根源。

OTN 在电层和光层均有相关开销，可对各个客户层的业务进行端到端的监视。光层开销包括 OTS、OMS、OCh 层次的开销，可方便定位到不同光纤范围的故障。电层开销包括 OTU*k*、ODU*k*、OPU*k* 层次的段监测(section monitoring，SM)、通道监测(path monitoring，PM)、串联连接监测(tandem connection monitoring，TCM)等开销，可方便定位到不同光纤范围和设备不同电路板的故障。

1. OTN 光层开销

OTN 标准目前对光层只是规定了需要有哪些开销，暂时并没有定义 OTN 光层帧结构和每个具体开销的字节比特的位置细节。光层开销为非随路开销，非随路开销是指开销与业务路径不同，由其他通道(如专门的光监控信道(optical supervisory channel，OSC))进行传递。随路开销是指开销插入业务帧中进行上下游传递，与业务同行，后面介绍电层的开销主要是随路开销。光层开销如图 8-2-9 所示，分为 OTS、OMS 和 OCh 三个层次。

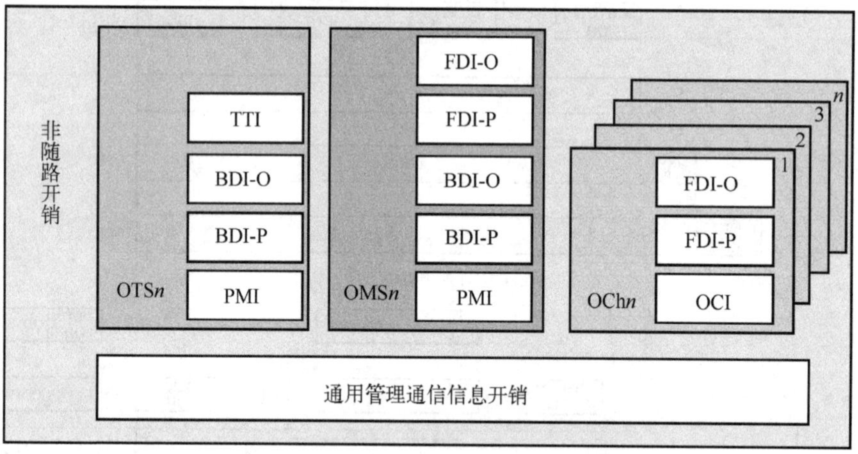

图 8-2-9 OTN 光层开销

2. OTN 电层开销

OTN 电层开销是指 OTN 帧结构中前 16 列的信息，电层开销是随路开销。如图 8-2-10 所示，电层开销分为帧定位和 OTU*k* 层、ODU*k* 层和 OPU*k* 层。帧定位开销，包括 FAS 帧对齐信号和 MFAS 复帧对齐信号。OTU*k* 层开销，包括 SM 段监控、GCC0 和保留开销 RES。ODU*k* 层开销，包含光通道的维护和操作功能的信息。OPU*k* 层开销，支持客户信号适配相关的开销。

	1	2	3	4	5	6	7	8	9	10	11	12	13	14	15	16
1	FAS						MFAS	SM			GCC0		RES		OPU*k* 开销	
2	RES			TCM ACT	TCM6			TCM5			TCM4			FTFL		
3	TCM3			TCM2			TCM1			PM			EXP			
4	GCC1		GCC2		APS/PCC			RES								

图 8-2-10　OTN 电层开销

知识拓展

核心知识解析

8.3　路由与波长分配

8.3.1　RWA 的基本概念

基于波长路由的光网络被用来作为大范围区域网络的光骨干网，如国家性的或全球覆盖性的网络。接入站点通过一个对波长不敏感的交换或者路由节点接入到网络中，整个光骨干网的体系结构和运行维护对接入站点来说是透明的，如图 8-3-1 所示。这里的接入站点不一定是终端设备，可以看作对众多本地业务的聚合设备。

为了便于建模，通常把一个交换或路由节点以及与它们相连的接入站点作为一个整体单元，表示为节点(node)。节点间通过光路相互通信。本章中，术语“光路”和“连接”不做区分。因为在这种网络中，为了在源和目的节点之间建立一个连接，就必须在它们之间建一条光路。

在网络中，为每一对节点之间都建立一条专用的光路是不现实的，而且一根光纤能支持的波长数量也是有限的；因此，在网络中可以建立的光路数目是有限的。那么，在给定网络拓扑结构的情况下，究竟需要在哪些节点对之间建立光路？需要建立多少光路？这类问题应该由网络运营者根据网络中接入站点之间的业务量大小来确定。假如这些需求光路的集合已被确定，需要在网络中为每一个光路选路，并给这些路径分配波长，这就是路由与波长分配(routing and wavelength assignment，RWA)问题。

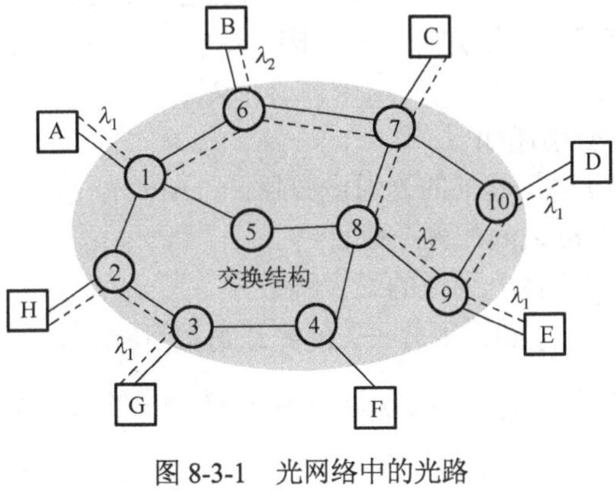

图 8-3-1　光网络中的光路

□-接入站点，包括发射机和接收机；○-交换节点，包括光交换机、光放大器、波长转换器

RWA 问题可定义为：在给定一组需要在网络上建立的光路，以及给定最大可用波长数量限制的情况下，如何来决定具体的路径和分配合适的波长以使可建立的光连接最多(或使所需

的波长数量最少，或使连接的阻塞概率最低)。在研究 RWA 问题的资料中，通常将网络支持的业务分为两类。①静态业务：给定一组连接建立请求，需要为这些请求寻找路由并在其路由上分配波长，以使某些性能指标达到最优(如全网的吞吐量最大、所需的波长数和光纤数最少等)。②动态业务：光路请求随机到达和离开网络，相应的性能指标通常是光路的阻塞率。因此，按照所支持的业务类型，RWA 问题可分为静态 RWA 和动态 RWA 问题。接下来将分别讨论这两个问题。

8.3.2 静态 RWA 问题

本节将介绍 RWA 问题中的静态选路与波长分配(static routing and wavelength assignment，SRWA)部分。对于 SRWA 问题，假设网络的业务类型是静态的，即所有节点对之间的连接请求是预先给定且不随时间变化的，而且当所有连接建立好之后，连接将保持不变。此时网络不会建立新的连接，也不会拆除已建好的连接。对网络本身来说，这样的连接可以是单纤连接，也可以是多纤连接。SRWA 问题的研究适合广域网(或光骨干网)，因为对广域网来说，其业务流量基本是确定的。SRWA 的输出结果是所有的源目的节点对之间的光通道的路由以及给这些光通道集合所跨越的光纤链路分配的波长。

1. 问题描述

对于 SRWA 问题，可以给定以下两种条件。

(1) 物理拓扑结构 $G=(V, E)$，其中 V 表示网络节点集合，E 表示链路集合，并且对于任意一条链路 $e\in E$，都对应一定数目的双向(或者单向)光纤。

(2) 光通道建立请求集合 L。

那么，SRWA 问题就是在给定的物理拓扑的基础上，为光通道进行路由选择和波长分配，以求使用最少的波长数目(或波长通道数目)来满足集合 L 的需求。

2. 数学模型

SRWA 问题可以表述为一个整数线性规划(integer linear programming，ILP)问题。为了简化问题表述，假设光通道建立请求都是单向的，光节点处的 OADM 或 OXC 不具备波长转换功能。而且为了缩小搜索空间，在此引入光通道限制条件，即固定节点对之间的最大跳数。

1) 模型中的符号说明

ILP 数学模型中的参数描述如下：

b_{ij} 表示节点 i 到节点 j 之间建立的光通道数目；

P_{lm} 表示节点 l 到节点 m 之间的光纤数目；

h_{ij} 表示节点 i 到节点 j 之间光通道的最大跳数；

$c_{ij}^{(k)}$ 表示节点 i 到节点 j 之间占用波长 k 的光通道数目；

$c_{ij}^{(k)}(l,m)$ 表示节点 i 到节点 j 之间占用从 l 到 m 链路上的波长 k 的光通道数目。

2) ILP 数学模型

优化目标：最小化所需波长数目，即

$$\text{最小化所需波长数}=\text{Min }W \tag{8-3-1}$$

波长通道分配约束条件：

$$\sum_{k=1}^{W} c_{ij}^{(k)} = b_{ij}\text{，}\quad \forall i,j \tag{8-3-2}$$

波长连续性约束条件：

$$c_{ij}^{(k)}(l,m) \leqslant c_{ij}^{(k)}\text{，}\quad \forall i,j,l,m,k \tag{8-3-3}$$

同纤不同波长约束条件：

$$\sum_{(i,j)} c_{ij}^{(k)}(l,m) \leqslant p_{lm}\text{，}\quad \forall l,m,k \tag{8-3-4}$$

光通道连续性约束条件：

$$\sum_{k=1}^{W}\sum_{m}\left[c_{ij}^{(k)}(l,m) - c_{ij}^{(k)}(m,l)\right] = \begin{cases} b_{ij}, & l=i \\ -b_{ij}, & l=j,\ \forall i,j,l \\ 0, & \text{其他} \end{cases} \tag{8-3-5}$$

光通道跳数约束条件：

$$\sum_{(l,m)} c_{ij}^{(k)}(l,m) \leqslant h_{ij}\text{，}\quad \forall i,j,k \tag{8-3-6}$$

变量取值范围：

$$c_{ij}^{(k)} \in \{0,1\}\text{，}\quad \forall i,j,k \tag{8-3-7}$$

$$c_{ij}^{(k)}(l,m) \in (0,1)\text{，}\quad \forall i,j,l,m,k \tag{8-3-8}$$

3. 路由选择子问题

对于求解 SRWA 问题的路由选择子问题，可以采用下面两类算法：求解 ILP 方程组，得到光通道的路由；采用启发式算法进行求解。对于 SRWA 路由选择子问题，常用的启发式算法分为固定路由(fixed routing)和固定备份路由(fixed-alternate routing)两类。

1) 固定路由

固定路由方法是最简单的一种。其基本思想是：无论什么时候，一个节点对之间的光路需求都用一条事先计算好的路径来承载。例如，采用最短路径算法(如 Dijkstra 算法或者 Bellman-Ford 算法)，离线地为每一个节点对计算其最短路径路由。无论何时需要在某个给定节点对之间建立光路，都采用离线计算的那条最短路径来承载。在图 8-3-2 中，实线箭头表示从节点 1 到节点 3 之间的最短路径。

这种方法简单易用、复杂度低，但是缺陷也很明显，一旦出现资源紧张的情况，即使其他路径上存在空闲资源，光路请求也会被阻塞。在动态情况下，这会导致更高的阻塞概率；在静态情况下，则会导致所用的波长数量很大。而且，固定路由也不能处理一个或多个链路出现失效的情况。注意：在图 8-3-2 中，如果固定路由上的两条链路中任一条没有空闲波长或者任何一个链路断了，那么从节点 1 到节点 3 的连接请求都会被阻塞。

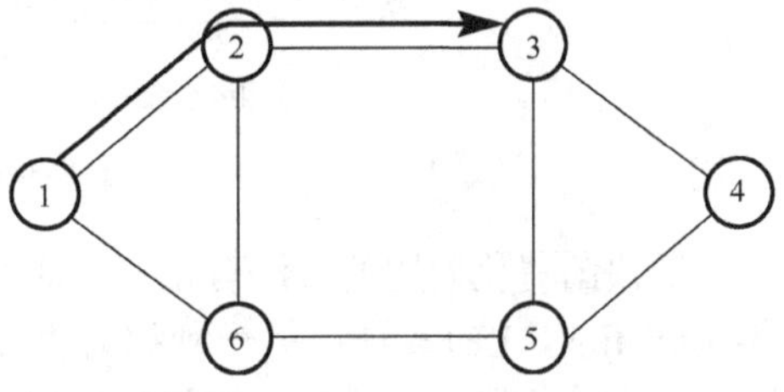

图 8-3-2　节点 1 和节点 3 之间的固定最短路径

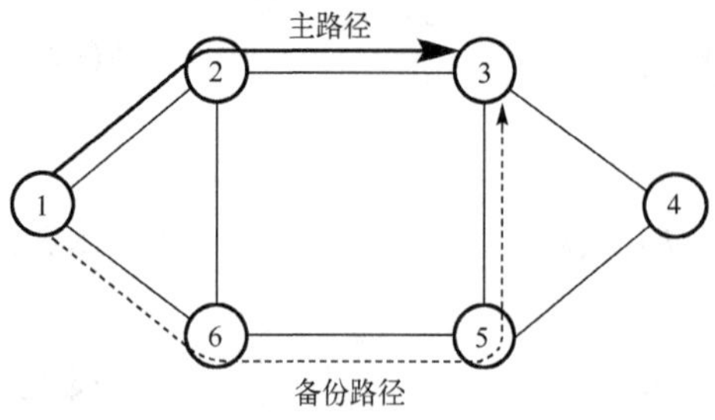

图 8-3-3　节点 1 和节点 2 之间的主路径(实线)和备份路径(虚线)

2)固定备份路由

针对固定路由的缺陷，很自然的考虑是：为每个节点对事先多准备几条路径，而不是只准备一条路径，即固定备份路由方法。在固定备份路由中，网络中的每一个节点都维护一个路由表，路由表中有到每一个目的节点的一定数量的固定路由。主路径定义为从源到目的地的路由表中的第一个路径。其他的备份路径可以与主路径部分重叠，也可以链路分离(link-disjoint)。图 8-3-3 显示了从节点 1 到节点 3 的主路径(用实线表示)和一条备份路径(用虚线表示)。在这个例子中，主路径和备份路径是链路分离的。

当一个连接请求到达时，源节点按序查路由表，直到有一条路径上存在空闲波长，连接即可建立起来。如果所有的备份路径均无空闲波长，那么连接请求就会被阻塞。在大多数情况下，每个节点的路由表都是按照到达目的地的跳数排序的。因此，到目的地的最短路径是路由表中的主路由。固定备份路由算法提供了简单的拆除和建立光路的方法，也可以用来在链路失效的情况下提供一定程度的容错。其另一个优点是与固定路由相比，可以显著地降低连接被阻塞的概率。

4. 波长分配子问题

如果不同的波长用不同的颜色来表达，那么在满足波长连续性约束条件下，使占用的波长最少的问题可以转化为图着色问题。具体转化方法如下：首先，建立辅助图 $G(V, E)$，每一条光路被表示成图中的一个节点。如果两条光路经过了相同的物理光纤链路，那么其对应的节点之间有一条无向边，如图 8-3-4 所示。其次，对于图 G 中的每一个点着色，要求每一对相邻的节点颜色不同。在图 8-3-4 给出的示例中，为 8 条光路着色最少需要用 3 种颜色。

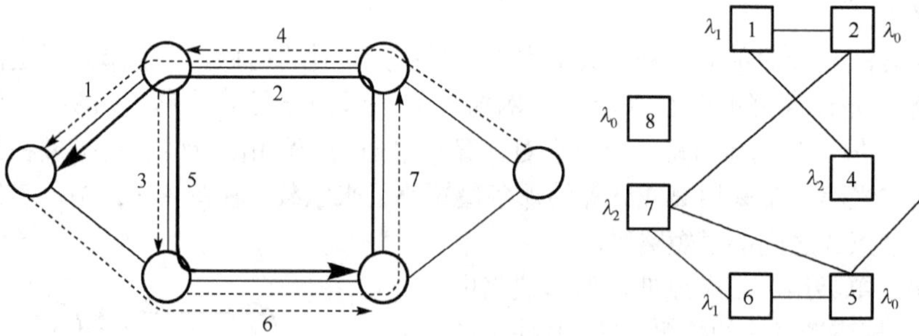

图 8-3-4　光网络辅助图示例

解决图着色问题的方法有很多。这里仅介绍两种比较简单的算法：一种称为“最大最先”(largest first，LF)算法；另一种称为“最小最后”(smallest last，SL)算法。这两种算法都采用了顺序着色策略。该策略的基本思想是：将原图的节点按照一定的原则排序，然后逐个节点地添加到一个“着色图”中。每增加一个节点，就给它着色，并且尽量使用已经用过的颜色。当原图中所有节点都添加到着色图中时，算法终止。LF 和 SL 算法的区别在于节点排序的原则不同。已有资料证明，这两种算法都能达到用最少数目的颜色给所有节点着色的目的。接下来，以图 8-3-4 中的网络为例，具体介绍这两种着色算法。

1) 最大最先算法

LF 算法的一个简单示例如图 8-3-5 所示。最大最先是指按照节点的度数对节点进行降序排序，最大度数的节点首先着色。如果有多个节点具有相同的度数，那么它们的先后顺序任意。按照这种排序方法，图 8-3-5 中的原图节点的着色顺序是：2→5→7→1→4→6→3→8。图 8-3-5 中的第 1 步～第 8 步给出了算法的每个步骤得到的着色图。注意，每次添加一个节点并给它着色时，都尽量使用已经用过的颜色。以第 4 步和第 5 步为例，第 4 步应该添加的节点是 1，第 3 步得到的着色图中，与节点 1 相邻的只有节点 2。因此，节点 1 的颜色不能使用λ_0(节点 2 的颜色)，按照“尽量使用已经用过的颜色”的原则，节点 1 的颜色定位λ_1。同理，第 5 步应该添加的节点是 4，由于 4 同时与 1 和 2 邻接，它只能使用λ_2。

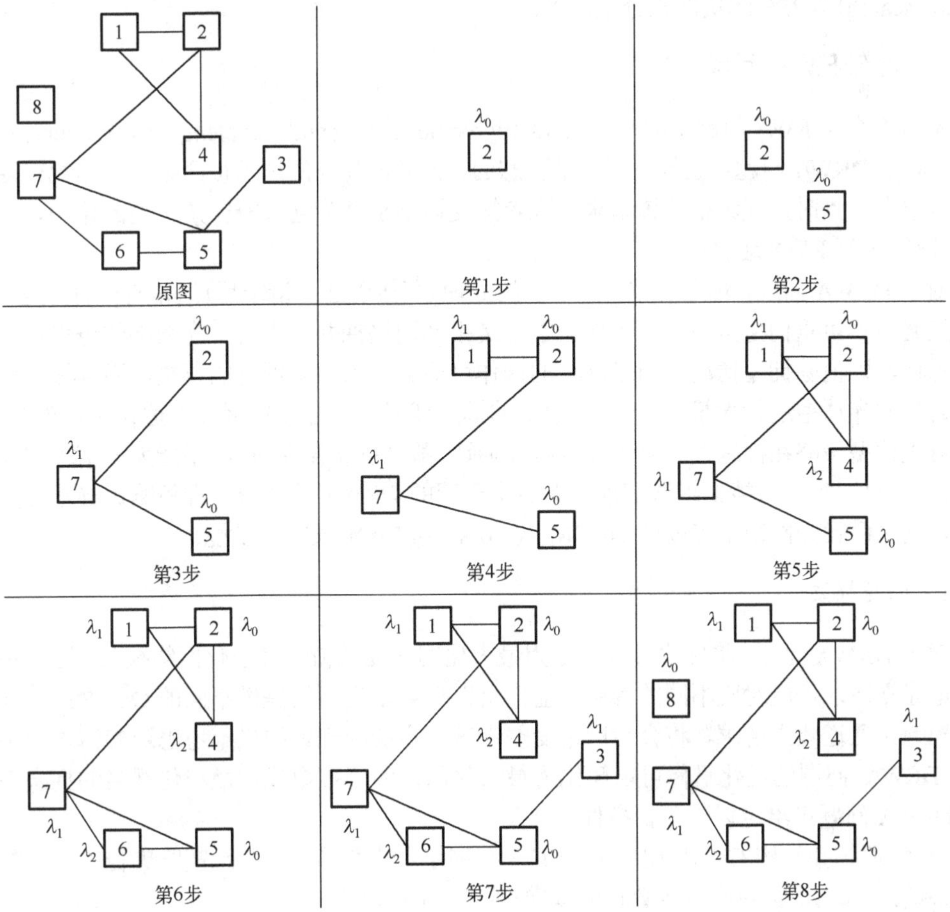

图 8-3-5　最大最先算法示例

2) 最小最后算法

SL 算法同样需要对原图的节点进行排序。但是排序的方法与 LF 算法不同。下面仍然使用图 8-3-5 给出的原图来说明。首先，从原图中找到度数最小的节点，显然应该是 8。然后，删除该节点，在剩余的图中找度数最小的节点，得到节点 3。按照“最小度数最后”的原则，

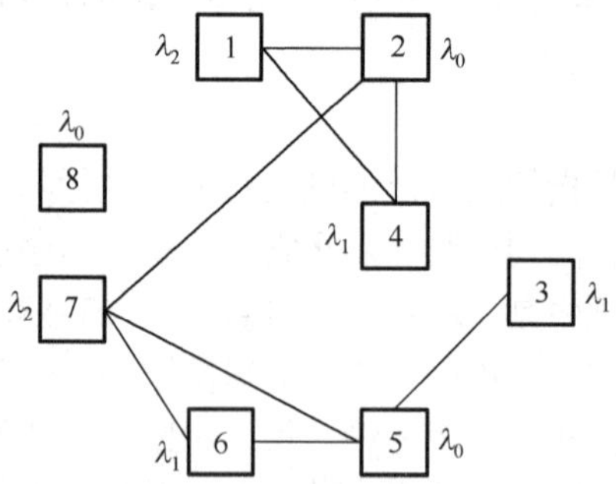

图 8-3-6　最小最后算法示例

这两个节点的着色顺序是先 3 后 8。下一步，从原图中删除节点 3 和节点 8，在剩余的图中找最小度数节点。注意到此时最小度数为 2，而度数为 2 的节点有 1、4、5、6 共 4 个节点，这种情况下，从中任选一个，例如，选 1。如此进行下去，得到的节点着色顺序为：5→6→7→2→4→1→3→8。按照这个顺序逐个将节点添加到着色图中，得到的结果如图 8-3-6 所示。

值得注意的是，虽然最终的颜色不同，但 SL 算法和 LF 算法所使用的颜色数目是一样的，都是 3 种。

除了图着色法以外，还可以使用遗传算法(genetic algorithm)、模拟退火法(stimulated annealing)、禁忌搜索(tabu search)等方法解决波长分配问题。

8.3.3　动态 RWA 问题

本节将介绍 RWA 问题中的动态 RWA(dynamic routing and wavelength assignment，DRWA)问题。对于 DRWA 问题，业务量不再是静态的，光通道建立的请求按照某种分布规律随机达到。当请求达到时，或者拒绝该请求，或者接受该请求并为它选择一条合适的路由，分配可用的波长(进行 RWA 运算)。

对于 DRWA 问题，对光通道建立请求的处理(即接受建立请求后)通常有两种策略：可重构型策略与不可重构型策略。可重构型策略是指当网络拥塞发生时，光网络的逻辑拓扑可以进行重构，以消除拥塞情况。但是这样的操作可能会中断很多现有的连接，而且需要对网络节点之间的光通道进行大量的调整(光通道的拆除或者重新建立)，因此不适合大规模的网络。而不可重构型策略在拥塞发生时不能重构光通道，故当拥塞发生时(即不能为该请求建立路由以及分配波长时)，只能拒绝该请求。下面将介绍的 DRWA 的请求处理策略选择不可重构型策略，同时假设光网络节点处的 OADM 或 OXC 不具备波长转换功能。

1. 问题描述

对于 DRWA 问题，将优化目标选定为最大化网络受益或者最小化网络损失。因为不同的光通道建立请求可能对应不同的网络受益，所以也要求光网络提供不同的 QoS 保证。同样，如果拒绝光通道建立请求，将会给网络受益带来一定的损失。如果不考虑连接请求的不同，那么 DRWA 问题的优化目标可以简化为最大化网络的连接数或者最小化网络的拥塞率。因此，DRWA 问题可给定以下三种条件。

(1)物理拓扑结构 $G=(V, E)$，其中 V 表示网络节点集合，E 表示链路集合，并且对于任意一条链路 $e\in E$，都对应一定数目的双向(或者单向)光纤。

(2)光通道建立请求类型(即是单向请求连接还是双向请求连接)。

(3)建立连接带来的网络收益(或者拒绝连接带来的网络损失)。

那么，DRWA 问题的求解就是在现有网络资源限制下，为目前的网络请求选择合理的路由，并分配合适的波长使得网络受益最大(或网络损失最小)。

2. 求解思路

由于连接请求为动态随机达到，因此对于 DRWA 问题的求解，不能采用整数线性规划或者着色图等处理静态问题的方法。一般来说，应采用启发式算法来解决 DRWA 问题。同样，由于 DRWA 问题是一个 NP 完全(NP-complete)问题，因此可将其分为路由选择子问题与波长分配子问题两个部分分别进行求解。与 SRWA 问题不同，对于 DRWA 问题的路由选择子问题，不仅可以采用固定路由算法和固定备份路由算法，还可以采用算法性能更好的自适应路由算法(adaptive routing algorithm)。而对于 DRWA 问题的波长分配子问题，可采用基于局部信息的波长分配算法、基于全局资源信息的波长分配算法和基于全局光通道信息的波长分配算法三类动态波长分配算法来进行求解。

动态的路由算法(自适应路由)和波长分配算法(如 RCL 算法等)都具有较大的计算复杂度，因此研究 DRWA 问题时往往会偏重研究其中一个子问题，而将另一个子问题简化。例如，当偏重研究自适应路由算法时，通常将波长分配算法选为简单有效的首次命中(first-fit，FF)算法；而当偏重研究动态波长分配算法时，通常选择固定路由算法。类似这样的取舍方法有效地减小了整个 DRWA 算法的计算复杂度。

3. 路由选择子问题

DRWA 路由选择子问题采用的算法可以分为三种：固定路由算法、固定备份路由算法和自适应路由算法。前两种算法在 SRWA 路由选择子问题内容中已经给予了介绍，本小节主要介绍解决 DRWA 路由选择子问题的自适应路由算法。

自适应路由算法是根据网络状态选择源和目的节点对之间的路由，网络状态就是目前网络进程中所有连接的集合。自适应路由算法与固定路由算法、固定备份路由算法相比，在拥塞概率性能方面得到了明显的改善，当然其计算复杂度也会增加，而且更加需要来自控制和管理协议的支持，以便随时更新节点的路由表。下面介绍三种典型的自适应路由算法。

1) 自适应最短代价路由算法

自适应最短代价路由(adaptive shortest-cost-path routing，ASCPR)算法中，每条未被占用的链路的代价标记为 1，已被占用的链路的代价标记为∞，具有波长转换功能的链路的代价标记为 c，没有波长转换时令 $c=\infty$，如图 8-3-7 所示。当网络收到连接请求时，为源和目的节点对之间建立代价最小的路由。如果具有相同最小代价的路由有多条，那么随机选择其中的一条。这种算法适用于具有波长转换功能的网络，通过合适地选择参数 c，当波长冲突发生时(拥塞发生时)，可以采用波长转换技术来解决，这时光通道不必满足波长连续性限制条件。例如，对于节点 1 到节点 3 的连接请求，当采用这种算法时，得出的路由为 1→6→5→4→3。

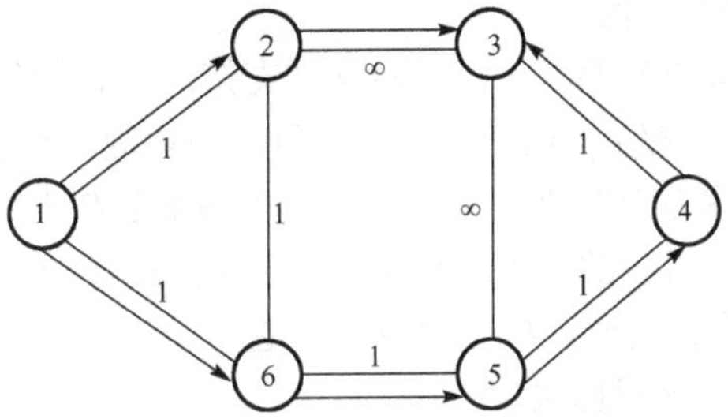

图 8-3-7　自适应最短代价路由算法示例

2) 自适应最小拥塞路由算法

自适应最小拥塞路由(adaptive least-congested-path，ALCP)算法与固定备份路由相似，首先对每一个节点对都事先计算出一组可选路由。当网络接收到连接请求时，在这组可选路由中具有最小拥塞的路由先被选中。链路的拥塞定义为该链路上的可用波长数目。如果可用波长数目越小，那么该链路的拥塞就越大。对一条光通道来说，光通道的拥塞就是该光通道所跨越的一条或几条链路中拥塞的最大值，即这些链路中具有最小可用波长数目的那条链路的拥塞。如果算法出现了僵局，那么将采用最短路径算法打破这种僵局。一般来说，LCP 算法是建立在固定备份路由算法的基础上，用来打破固定备份路由算法僵局的算法。LCP 算法的缺点是计算复杂度高，从算法的执行过程中可以看到，每次选择路由都需要先遍历所有的固定备份路由，然后再做出选择。一种改进的算法是只遍历前 k 条备份路由，这样可以降低计算复杂度。

3) 基于蚁群算法的自适应路由算法

蚁群算法是 20 世纪 90 年代初由意大利学者 M. Dorigo 等提出的一种新型的模拟进化算法，该算法首先用于求解旅行商问题(traveling salesman problem，TSP)。研究表明：蚂蚁具有找到蚁穴与食物源之间最短路径的能力，这种能力是靠其在所经过的路径上留下一种挥发性信息素(pheromone)来实现的。对于一条路径，选择它的蚂蚁越多，则在该路径上蚂蚁所留下的信息素浓度越大，而强度大的信息素浓度会吸引更多的蚂蚁，从而形成一种正反馈。通过这种正反馈机制，蚂蚁最终可以发现最短路径。

为了利用蚂蚁的这一特性进行路由选择，网络中每个节点的路由表用信息素表(pheromone table)来代替。表中的信息素浓度以概率值的形式表示，这有助于更好地理解蚂蚁寻路的原理，这样的选择路由的方式与蚂蚁根据信息素多少选择路径具有本质上的一致性。蚂蚁在一条路径上前进时沿途释放信息素，在此相当于对信息素表中的相应条目进行更新。以信息素表为基础，蚁群自适应路由算法以一定概率选择最短路径。

对基于蚁群算法的自适应路由算法的仿真研究显示，蚂蚁算法具有较强的鲁棒性和搜索性，但同时也存在一些缺点，如收敛速度慢、易出现停滞现象等。针对算法的不足，一些研究者又提出了新的蚁群算法，如蚁群系统(ant colony system，ACS)、最大-最小蚂蚁系统(max-min ant system，MMAS)等。这些算法很大程度地消除了搜索中的停滞现象，改善了算法的性能，更适合求解高维 NP-complete 问题。

4. 波长分配子问题

目前，DRWA 波长分配算法主要可分为 3 类：基于局部信息的波长分配算法、基于全局资源信息的波长分配算法和基于全局光通道信息的波长分配算法。下面首先介绍在这些波长分配算法中所用到的符号及其含义。

假设每条链路支持的光纤数目为 F，每根光纤支持的波长数目为 W，$L(P)$ 表示光通道 P 的链路集合。$L_c(L,\lambda)$ 表示链路 l 上波长 λ 剩余的可用信道数。$P_c(P,\lambda)$ 表示光通道 P 上波长为 λ 的最小可用信道数，称为光通道 P 上波长 λ 的瓶颈数。P^* 表示新到达的连接请求所对应的光通道。$A(P^*)$ 表示 P^* 上对应的可用波长集。$G(P^*)$ 代表与 P^* 具有公共链路的固定路由集合，光通道 $P[P\in G(P^*)]$ 称为光通道 P^* 的相邻光通道。

1) 基于局部信息的波长分配算法

基于局部信息的波长分配算法仅考虑待分配连接请求路由上的波长使用信息，不需要考虑全网的波长使用情况，是最简单的一类算法。此类中常见的算法包括：随机分配(random assignment，RA)算法，首先搜索所有波长的集合，找出可用波长集，再从中随机选择波长分配给光通道；首次命中算法，将波长在可用波长集$A(P^*)$中按固定顺序排列(如按波长由小到大的顺序排列)，对新到达的连接请求要建立的光通道P^*，每次选择波长时均从$A(P^*)$按固定顺序选择可用波长，并将选到的可用波长分配给P^*。

2)基于全局资源信息的波长分配算法

基于全局资源信息的波长分配算法首先对全网所有波长资源的使用情况进行分析，根据分析的结果选取最适合全网状况的一个可用波长。常见的算法包括以下两种。

(1)最大使用(most-used，MU)算法，首先统计全网中所有波长的使用率，然后优先选择使用率最大的可用波长。这种算法有利于将流量集中在少数波长上，这样可以减少网络的波长需求。

(2)最小使用(least-used，LU)算法，首先统计全网中所有波长的使用率，然后优先选择使用率最小的可用波长。这种算法的出发点是将网络流量均匀分摊到各个波长上。

3)基于全局光通道信息的波长分配算法

基于全局光通道信息的波长分配算法在为新的连接请求分配波长时，必须考虑原有的波长通道的建立情况，并根据对原有的波长通道的影响来选择一个可用波长。常见的算法包括以下几种。

(1)最小乘积(min-product，MP)算法：首先对所有的波长编号，然后计算$\prod_{l\in\pi(P)} D_{lj}$，其中$D_{lj}$为链路$l$上占用波长$j$的光纤总数，$\pi(P)$为光通道$P$所跨越的所有链路。算法优先选择能使乘积项最小且编号较低的波长。当每条链路的光纤数目为1时，MP算法就蜕化为FF算法。

(2)最轻承载(least-load，LL)算法：首先对所有的波长编号，然后计算$\max_{j\in A(P^*)}\min_{j\in\pi(P^*)}(W-D_{lj})$的值。算法优先选择满足上述公式且编号较小的波长。LL算法的出发点是将最空闲的波长分配给最繁忙的链路段。

(3)最大总和(max-sum，MS)算法：该算法选择波长的原则是选择该波长后，全网的其他通道的剩余可用波长数目总和最大。

(4)最小影响(least influence，LI)算法：该算法选择波长的原则是选择该波长后，对全网其他通道的影响(相关通道造成的瓶颈总和)最小。

(5)相对容量损失(relative capacity loss，RCL)算法：类似于MS算法，RCL算法也是针对提升网络其他链路的空闲容量的算法。只是MS算法致力于将网络其他链路的绝对空闲容量最大化，而RCL算法致力于将网络其他链路的相对空闲容量最大化。

表8-3-1给出了各种波长分配算法的计算复杂度的比较，表中L表示链路数目，N表示节点数目，W表示可用波长数目。

表 8-3-1　各种波长分配算法的计算复杂度比较

波长分配算法	计算复杂度
随机分配(RA)	$O(W)$
首次命中(FF)	$O(W)$
最大使用(MU)	$O(NW)$

续表

波长分配算法	计算复杂度
最小使用(LU)	$O(LW)$
最小乘积(MP)	$O(NW)$
最轻承载(LL)	$O(LW)$
最大总和(MS)	$O(N^3W)$
最小影响(LI)	$O(N^3W)$
相对容量损失(RCL)	$O(N^3W)$

8.4　光网络的生存性

核心知识解析

8.4.1　光网络生存性需求

随着信息化建设不断发展，光通信网络建设四通八达。光网络上的光纤、光器件、电路单板、设备难免会出现损坏和故障，光网络故障统计如图 8-4-1 所示。

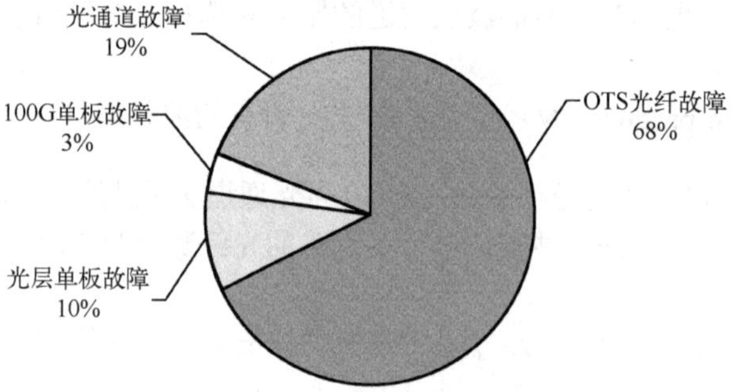

图 8-4-1　光网络故障统计

(注：根据 2017 年现网故障统计数据)

网络的故障不能造成客户通信业务的中断。传送网单根光纤/链路容量高达 Tbit 量级，如果业务不能得到保护和及时恢复，受影响的客户就会成千上万，经济损失难以估量。网络故障时业务快速可靠的保护倒换是传送网高品质重要需求，需要把业务倒换到备份路由，电信级倒换时间小于 50ms。国内外网络运营商对光网络的可靠性都有严格的要求，根据业务性质不同，重要业务要求网络可用性达到 99.99%甚至更高。

传统的光网络保护主要是对光通道提供 1+1 保护，也有 1∶1 和 1∶N 保护，如传统 SDH 的复用段保护(multiplex section protection，MSP)、子网链接保护(sub-network connection protection，SNCP)和 OTN 的 SNCP 保护等。网络组网通常是组复用段环网或 SNCP 环网，主链路出现故障时业务倒换到备份链路，倒换的时间小于 50ms。这种 1+1 或 1∶1 环网，只有主备两条链路，如果同时出现故障，业务不可避免会被中断。

光传送网络作为现代通信网络的底层传输部分，承载着语音、数据、专线等各种类型的业务。随着人们对高品质业务需求的不断提升，高可靠和低时延是光传送网的基本要求，因此 OTN 网络智能化自动交换光网络(automatically switched optical Network，ASON)，是现代光传送网发展的必然趋势。

ASON 在 OTN 网络上支持智能协议和灵活的业务带宽调整，业务路径可选择，断纤故障时可重路由恢复，并可基于业务优先级(service-level agreement，SLA)提供差异化的处理，满足不同层次客户需求。ASON 可提供多种保护能力不同的业务，包括钻石、银、铜级业务。不同可靠性要求的业务可以采用不同的业务级别，更灵活地满足业务承载的不同需求，如表 8-4-1 所示。

根据 SLA 服务等级要求，OTN 网络组网采用静态 1+1 SNCP 与 ASON 配合，提供 SNCP+ASON 重路由保护能力。

静态业务：光业务单元(optical service unit，OSU)管道 1+1 保护，满足快速保护倒换。

动态业务：ODU*k* 隧道(ASON)重路由抗多次断纤，增强网络多次故障的保护能力。

表 8-4-1　SLA 业务保护要求

业务等级		业务特质
钻石级	永久 1+1	提供两条互为保护的路径，任意一条故障即重路由恢复寻找新的保护路
	重路由 1+1	两条互为保护路径，第一次故障保护倒换，两条路径都故障启动重路由恢复
	1+1 保护	提供两条互为保护路径，无重路由恢复
银级	重路由恢复	提供一条工作路径，发生故障后启动重路由恢复功能，寻找新的工作路由恢复业务
铜级	非恢复无保护业务	提供一条工作路径，发生故障后不重路由，业务中断

8.4.2　SONET/SDH 网络中的保护技术

SONET/SDH 网络广泛使用保护技术来提供业务保障。每个需要保护的连接都配置两条路径：工作路径和保护路径。保护路径有时也称备份路径。正常情况下，业务由工作路径承载，如果工作路径发生故障，则启用保护路径传输数据。

如果连接是双向的，有时在两个方向上的业务都需要从工作路径倒换到保护路径上去，即便故障只发生在工作路径的一个方向上。这就需要一个在源节点和目的节点进行沟通的信令协议：自动保护倒换(automatic protection switching，APS)协议。例如，如图 8-4-2 所示，一个故障只影响从 A 到 B 的工作路径，不影响从 B 到 A 的工作路径。在 A 上的发送者不会意识到该故障的存在。一个简单的 APS 协议工作如下：节点 B 上的接收器检测到工作路径上的故障，节点 B 在工作路径上停止发送，将业务倒换到保护路径上去。那么，节点 A 上的接收器会检测到信号的丢失，并且也将业务倒换到保护路径上去。

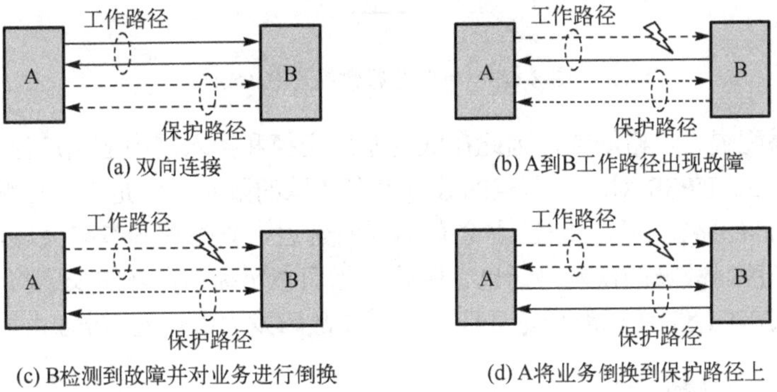

图 8-4-2　自动保护倒换协议示例

大多数 SONET/SDH 网络采用环状拓扑。这种拓扑结构能够为任意一对节点之间提供两条完全分离的路径。检测到故障后，任意一对节点都可以切换到环的另一半上去，从而避开发生故障的节点或链路。因此，这种环状的 SONET/SDH 网络也称自愈环(self-healing ring，SHR)。

应用最为广泛的自愈环有三种：二光纤单向路径倒换环(two-fiber unidirectional path-switched ring，UPSR)、二光纤双向链路倒换环(two-fiber bidirectional link-switched ring，BLSR/2)和四光纤双向链路倒换环(four-fiber bidirectional link-switched ring，BLSR/4)。接下来介绍这些自愈环的构造和保护机制。

1. 单向路径倒换环

在 UPSR 中，邻接的节点之间有两条光纤。例如，可以将顺时针方向的光纤用作工作光纤，另一个反方向的光纤用作保护光纤。对每一个连接来说，业务是在工作路径和保护路径两条路径上同时传送的。目的端同时在工作光纤和保护光纤上检测信号，并在两者间选择信号质量较好的进行接收。如果工作路径上出现了链路故障或者节点故障，目的端就倒换到保护路径继续接收数据，这个方案称为 1+1 专用路径保护方案。图 8-4-3 显示了四个节点的 UPSR。

UPSR 的保护方案是很容易实现的，每两个节点之间不需要信令通信，并且故障恢复所需要的时延很短。但是，这种结构的资源利用率不高，有一半的容量专用于保护。例如，如果连接是双向的，并且需要一个波长的带宽，那么环上的两根光纤中，各有一个完整的波长信道必须专用于该连接，一半用于工作路径，另一半用于保护路径。因此，任意两个连接之间都不可能共享保护带宽，这是 UPSR 的主要缺陷。

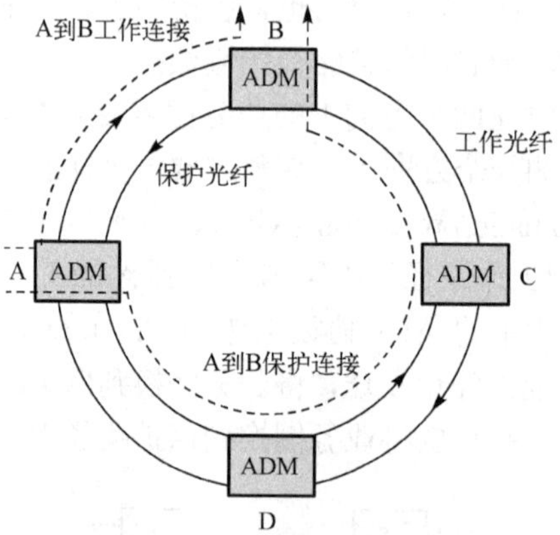

图 8-4-3　单向路径倒换环(UPSR)

UPSR 容易配置、价格低廉，因此在低速本地交换和接入网中应用广泛。典型的环速度是 OC-3 和 OC-12。UPSR 对环上节点的数目没有特殊的限制。但是信号在顺时针的路径(工作路径)和逆时针的路径(保护路径)上会有不同的延迟，具体差异有多大取决于环的物理长度，而且环的长度对故障的恢复时间也有影响。因而在实际中，环的长度将会受限于对恢复时延的要求。SONET/SDH 标准规定，业务必须在故障发生以后的 60ms 内被恢复。

2. 双向链路倒换环

图 8-4-4 显示了一个四光纤双向链路倒换环。环上的两个邻接节点间有 4 条光纤，其中两条

承载工作业务，另两条作为保护。通常情况下，两个节点之间的业务是通过最短路径来发送的。例如，从节点 A 到节点 B 的业务会被顺时针传送，并且从节点 B 到节点 A 的业务沿逆时针方向传送。如果只是工作光纤发生故障，业务将会被倒换到同一链路的保护光纤上去，这种情况称为复用段倒换(span switching)。如果两个节点之间的工作光纤和保护光纤同时发生故障，那么两个节点之间的业务会被倒换到环的另一个方向的保护光纤上去，这种情况称为环倒换(ring switching)。注意，工作光纤和保护光纤通常处于同一光缆中，因此同时被切断的可能性很大。

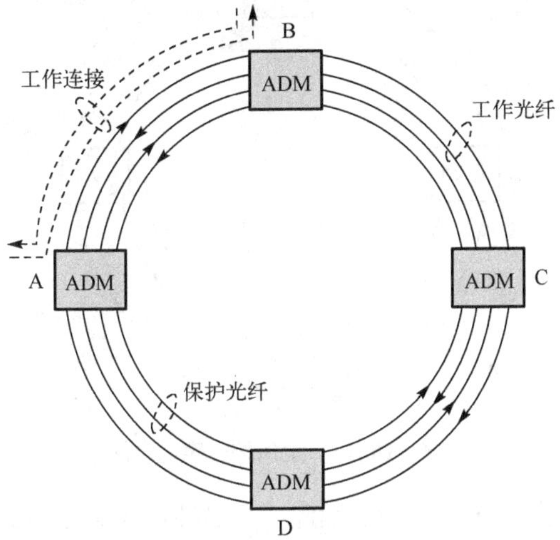

图 8-4-4　四光纤双向线路倒换环(BLSR/4)

图 8-4-5 显示了一个二光纤的双向链路倒换环。环上的两个相邻节点间有两条光纤，每个方向上一条。在每条光纤上都有一半的容量被用于保护。在这种情况下，复用段倒换是不可能的，但是环倒换机制仍可以工作，并与 BLSR/4 一样。当工作路径上发生链路故障时，业务将会占用环的另一个方向上的保护容量进行传输。在 BLSR 中，只有发生故障时保护容量才会被使用，这种方案称为 1∶1 保护。

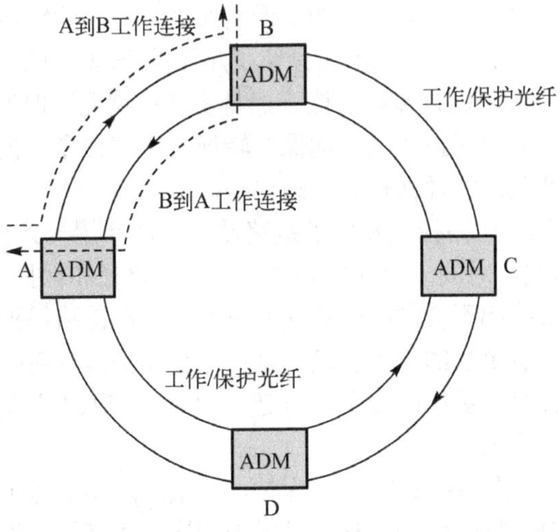

图 8-4-5　二光纤双向链路倒换环(BLSR/2)

BLSR 上的保护带宽是可以共享的，只要对应的连接在空间上是分离的即可。图 8-4-6 给出了一个这样的例子。在图 8-4-6 中的逆时针方向上，链路(A，D)和(D，C)上的保护带宽可以被连接 1 和连接 2 共享。此外，在正常运行中，保护带宽可以被用来承载低优先级的业务。当进行保护倒换时，这些低优先级业务占用的带宽将被抢占。

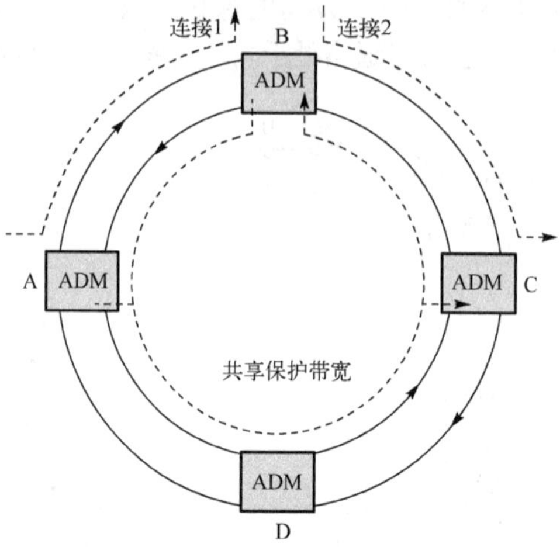

图 8-4-6　BLSR/2 上保护带宽的空间重用

BLSR 中节点标识使用 4bit 的地址，因此一个 BLSR 只能支持 16 个节点。环的物理长度取决于对恢复时间的要求。如果需要较长的环(如在海面下的应用)，60ms 的恢复时间就不能严格保障了。

8.4.3　WDM 网状网络中的保护与修复技术

存在两种典型的故障恢复机制：保护(protection)和修复(restoration)。如果备用资源(路径和波长)是预先计算并且提前预留的，就称为保护机制。与之对应的，故障发生后，修复机制需要对每个被中断的连接都动态寻找另一路径以及空闲的波长。

一般情况下，动态修复机制具有更高的资源利用率，并且能够适应不同种类的故障。保护机制在恢复时间方面具有优势，并且由于预留了足够的资源，只要满足一定的条件(如单故障)，保护机制可以保证 100%的恢复，而这一点是修复机制无法保证的。保护机制可以被分为环状保护和网状保护。环状保护包括自动保护转换技术和自愈环技术。环状保护和网状保护都可以被进一步分成两类：路径保护和链路保护。

在路径保护中，一旦工作路径上发生了链路故障，就启用一条预先计算的保护路径(也称备份路径)进行数据传输。对同一个连接来说，其工作路径和保护路径必须是链路分离的，以保证任何单一的链路故障都不会同时中断这两条路径。在链路保护中，业务仅仅绕过中断的那条链路。链路保护具有更短的保护切换时延；路径保护具有更高的资源利用率，而且恢复业务所经过的路径往往具有更低的端到端时延。图 8-4-7 对比了节点 1 和节点 4 之间的连接在链路保护和路径保护中的情况。

此外，还有另一种形式的保护：子路径保护，其基本思想是将工作路径划分为一系列的分段，然后分别为这些分段提供保护。与路径保护相比，子路径保护的可扩展性更好，而且具有更短的恢复时延，但是资源利用率有所降低。

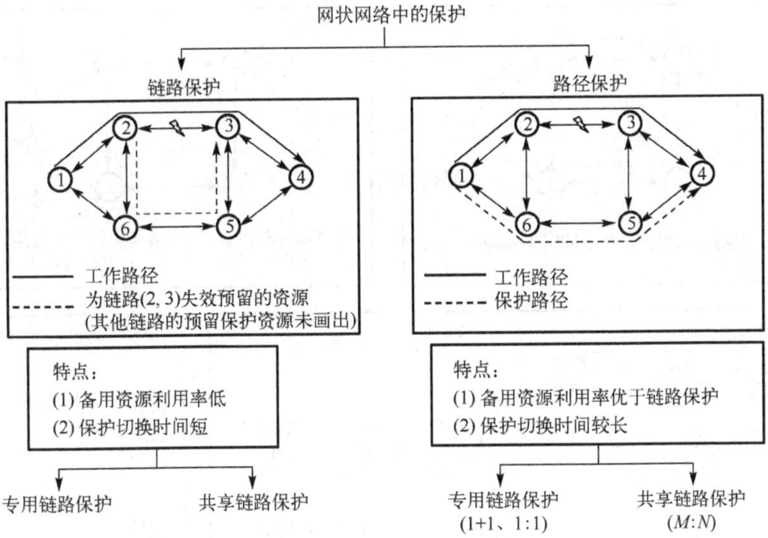

图 8-4-7　链路保护与路径保护

按照保护资源的占用情况，保护方案还可以分为专用保护和共享保护两种。在专用保护中，保护路径所预约的资源是独占的，相互之间不能共享。与之对应，在共享保护中，备用资源是可以共享的。例如，工作路径 P1 由备份路径 P2 提供保护，而工作路径 P3 对应的保护路径是 P4。只要 P1 和 P3 是链路分离的，那么在单故障假设下，如果 P1 中断，P3 就不可能中断，反之亦然。因此，P2 和 P4 如果存在重叠的链路，那么在这些重叠链路上只需预约一份资源即可。需要注意的是，如果使用共享保护，备份路径上的 OXC 不能预先配置，因为同一链路上的保护资源可能被不同的保护路径使用。只有在故障发生之后，才能确切地知道应该如何配置 OXC 上的交叉连接关系。因此，共享保护的恢复时间会更长一些，但是其资源利用率高于专用保护。

如果采用专用保护，那么业务可以在节点对之间的两条路径(工作路径和保护路径)上同时传输，而目的端可以很容易地根据信号质量选择接收其中的一条。如果其中一条路径中断，目的端也可以很快切换到另一路径上接收。这种形式的保护通常称为 1+1 保护。显然，1+1 保护的恢复时延很短，而且两端的节点之间不需要信令协议。如果业务仅仅在工作路径上传输，那么当工作路径中断时，源和目的节点都需要切换到备份路径上去。这种形式的保护通常称为 1:1 保护。共享保护也称 M:N 保护，指 M 条工作路径共享 N 条备份路径。图 8-4-8 给出了 1+1、1:1、M:N 路径保护方案的示例，并且对它们之间进行比较。

保护方案还可以分为“可复原的”和“不可复原的”两种。如果发生了故障，业务应该从工作路径转换到备份路径上去。在可复原的保护方案中，当工作路径上的故障被修复以后，业务会被重新切换到工作路径上。而在不可复原的保护方案中，业务在余下的服务时间内会一直使用备份路径传输。专用保护既可以是可复原的，也可以是不可复原的。共享保护通常是可复原的。因为在共享保护方案中，同样的保护资源有可能同时为多条工作路径提供保护。其中一条工作路径中断后，会占用这部分共享的保护资源。一旦该工作路径的故障被排除，就应该尽快将这部分保护资源释放掉。否则，如果其他工作路径发生故障，就会因保护资源被占用而无法进行有效的恢复。但是，在可复原的保护方案中，数据的传输可能经历更多的切换过程，而有时这是用户不希望发生的。

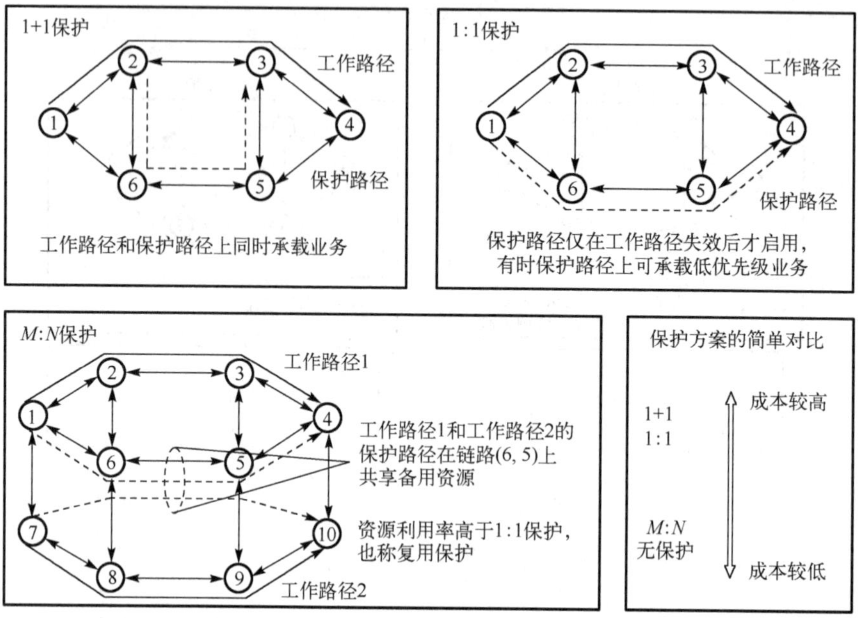

图 8-4-8　1+1、1:1 和 M:N 路径保护示例及比较

动态修复也可以分为基于链路、基于路径和基于子路径几种类型。在链路修复情况下，与故障链路邻接的两个节点负责动态地找到一条能将这两个节点连接起来的光路，并分配相应的波长。注意，如果这两个节点不能进行波长转换，那么该光路所使用的波长必须与被中断的连接上使用的波长一致。在路径修复情况下，当链路发生故障时，经过该链路的所有连接的源节点和目的节点都会被通知这个故障，然后由这些源节点(或者目的节点)各自独立地重新建立保护光路。在子路径修复情况下，如果链路发生故障，那么该路径所属的子路径的两个端节点负责建立将它们重新连接起来的保护光路。在上述三种方案中，链路修复是最快的，路径修复是最慢的，而子路径修复介于两者之间。图 8-4-9 总结了保护和修复方案的分类情况。

基于环状拓扑的保护方案恢复时延很短，并且很容易建造和运行。但是，现今的主干网的拓扑结构越来越复杂，并且业务正变得越来越分散。在这样的网络中，网状保护方案比自愈环方案具有更高的带宽利用率。已有研究表明，网状保护机制与环状保护机制相比，带宽利用率可以提高 20%～60%。

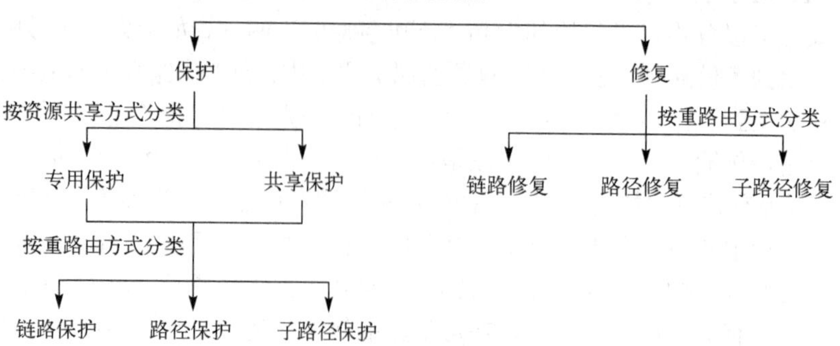

图 8-4-9　保护和修复的分类

8.4.4　OTN 中的保护与修复技术

光网络技术从传统 SONET/SDH、WDM 向 OTN 演进，OTN 保护技术可以划分为 OTN 光层保护技术、OTN 电层保护技术和光电结合的自动交换光网(ASON)技术。OTN 光层和电层保护位置如图 8-4-10 所示。

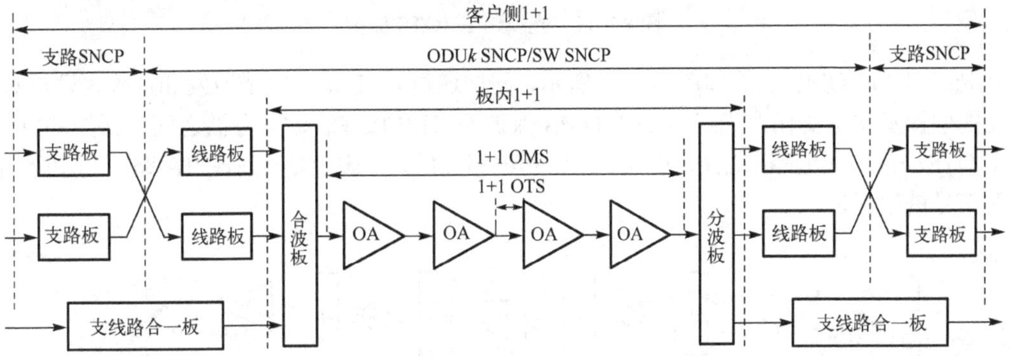

图 8-4-10　OTN 光层和电层保护

OTN 光层保护技术通过光功率检测实现线路的快速保护，根据 ITU-T G.783 和 ITU-TG.841 标准，自动切换恢复时间小于 50ms。根据保护实现方式、保护位置的不同划分，OTN 光层保护包括光线路保护和光通道保护，如表 8-4-2 所示。

表 8-4-2　OTN 光层保护

保护类型	保护子类型		描述
光层保护	光线路保护	1+1 OTS	当线路光纤故障时，系统利用分离路由对信号进行保护
		1+1 OMS	当光放大单元和线路光纤故障时，系统利用分离路由对信号进行保护
	光通道保护	板内 1+1	通过运用光层保护类单板或 OTU 单板的双发选收功能，当工作通道的信号出现故障时对业务进行保护
		客户侧 1+1	通过运用光层双发选收功能，在线路侧故障、单板故障情况下对业务进行保护

光层保护通常基于 1+1 保护的工作原理(光线路保护中的 1∶1 保护已经很少使用)。1+1 保护的工作原理是“并发优收”，即发送端同时将光信号送入工作和保护通道，而接收端选择接收来自工作通道的信号，当工作通道发送故障时，接收端就发生倒换，接收来自保护通道的信号。

1. 光线路保护

光线路保护是指在相邻站点间利用分离路由对线路光纤提供保护，通常可分为 1+1 光传送段(optical transmission section，OTS)保护和 1+1 光复用段(optical multiplex section，OMS)保护。

光线路 1+1 OTS 保护如图 8-4-11 所示，通过占用工作及保护两对线路光纤的方式实现对线路信号的保护，1 个工作通道专用 1 个保护通道，从而实现双发选收。光通道中使用专门的光线路保护(optical line protection，OLP)单元完成双发和选收。OLP 单元在光放大器之间(光纤两端)，仅保护站点间的光纤故障。当线路光纤故障时，系统利用分离的路由对信号进行保护。光线路 1+1 保护不需要遵循 APS 协议。

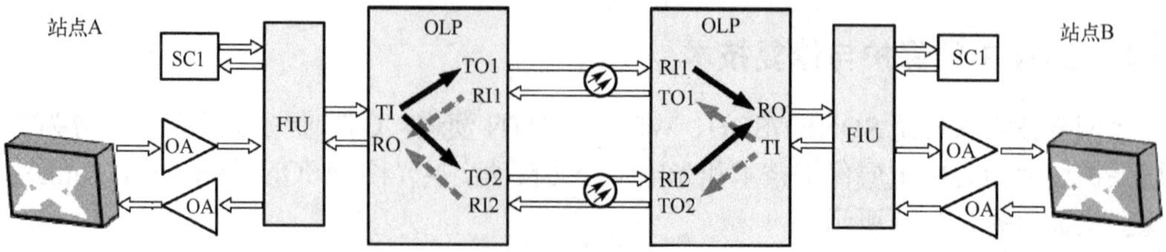

图 8-4-11　光线路 1+1OTS 保护

光线路 1+1 OMS 保护如图 8-4-12 所示，同样通过 OLP 单元完成双发和选收，只是 OLP 单元的位置发生了变化。光线路 1+1 OMS 保护的 OLP 板在合波与分波之间，保护 OMS 和多个 OTS。主用光链路(光放大单元、FIU 和线路光纤)故障时切换到备用链路，利用分离路由对信号进行保护。

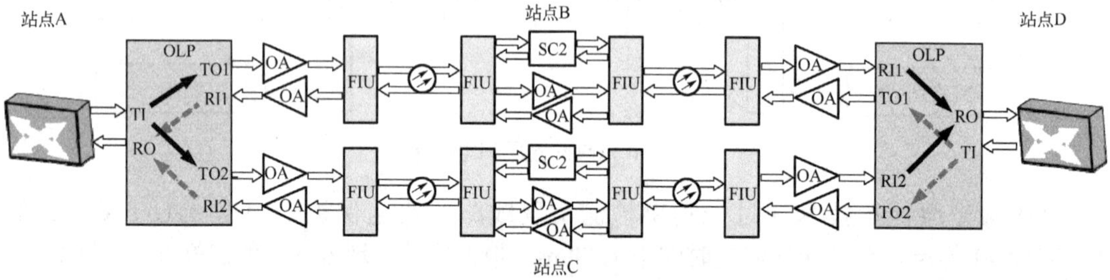

图 8-4-12　光线路 1+1 OMS 保护

2. 光通道保护

光通道保护是指在波分复用(WDM)中，对光信号的一个通道进行“并发优收”的保护。一个“通道”是指 DWDM 信号中的一个波长信号。通常光通道保护可分为板内 1+1 保护和客户侧 1+1 保护。

板内 1+1 保护是在合波之前与分波之后进行双发选收，保护 OMS 段业务，同时保护合分波单板、光放大器站点等光层单板。主用光链路(合分波、光放大、FIU 和线路光纤)故障时切换到备用链路，路由分离对信号进行保护。板内 1+1 保护是通过合波之前的 OUT/线路单板做双发选收，或者采用 OLP 板配合不具有双发选收功能的 OTU 单板/线路板实现的板内 1+1 保护，如图 8-4-13 所示。

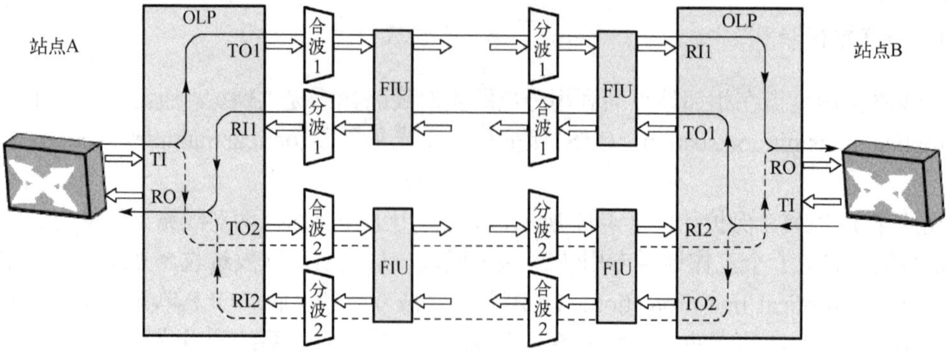

图 8-4-13　板内 1+1 保护

客户侧 1+1 保护的保护位置是客户侧业务，客户业务(单路)经过 OLP 或 DCP 板(DCP=OLP×2，提高单板集成度)进行双发到不同的 OTU(工作波长和保护波长)，通过切换到保护波长进行客户业务的传输保护，如图 8-4-14 所示。

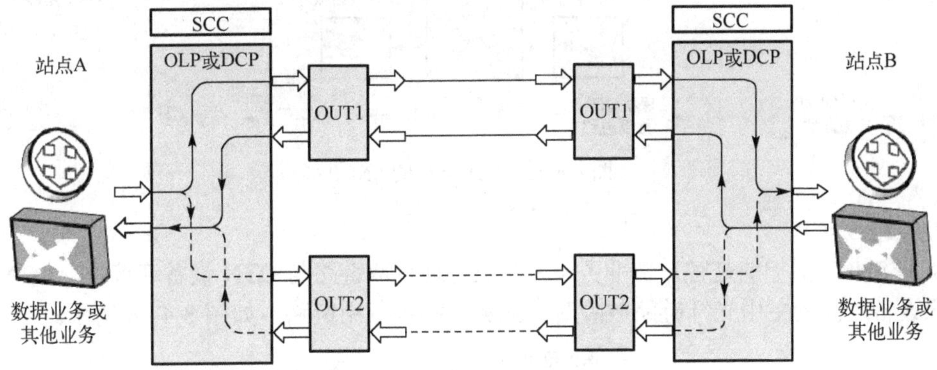

图 8-4-14　客户侧 1+1 保护

OTN 同样提供灵活的电层保护能力。OTN 电层保护主要有 ODU*k* 层的 SNCP 和支路 SNCP。SNCP 在 OTN 中的配置保护连接方面具有很大的灵活性，能够应用于干线网、中继网、接入网等网络，以及树形、环形、网状的各种网络拓扑。

1) ODU*k* 层的 SNCP

基于 OTN 电层 ODU*k* 层的 SNCP，其保护结构为“1+1”方式，即每一个工作连接都有一个相应的备用连接，采用的是双发选收的工作方式。

根据监视方法不同，SNCP 可以分为固有监视(inherent monitoring SNCP，SNC/I)、非介入监视(non-intrusive monitoring SNCP，SNC/N)、子层监视(sub-layer monitoring SNCP，SNC/S)等类型，其监视方法和描述如表 8-4-3 所示。

表 8-4-3　ODU*k* 层的 SNCP

监视方法	描述
SNC/I：固有监视	保护 ODU*k* 链路上的业务(如服务层路径和服务层/ODU*k* 适合的功能)，不检测 ODU*k* 本层的故障； 通过从服务层网络获得的固有数据来间接监视连接
SNC/N：非介入监视	端到端的保护 ODU*k* 的路径(ODU*k*P)层或者 ODU*k* 的 TCM(ODU*k*T)子层上的业务，检测 ODU*k* 本层的故障； 通过非介入监视(非侵入性)的原始特征信息来直接监视连接
SNC/S：子层监视	保护 ODU*k* 的 TCM(ODU*k*T)子层上的业务，只有保护域内可以触发倒换，接入的 ODU*k* 层的故障不会触发倒换； 部分的原始路径子层能力是可以修改的，通过子层中创建的路径来直接监视需要关注的连接

ODU*k* 层的 SNCP 运用 ODU*k* 交叉完成双发选收(图 8-4-15)，对线路板和 OCh 光纤进行保护，交叉粒度为 ODU*k* 信号。

当对端线路板检测到波分侧故障时，下插切换指令给交叉板，触发交叉板选收主备链路。在 ODU*k* 层的 SNCP 倒换的触发条件中，LOS 是指电信号长 0 长 1，而不是光信号 LOS。

通常 SDH 设备主备交叉板的设备保护由单板自动完成，主控不需要参与；当保护波分链路 ODU*k* 业务时，WDM 设备需要主控及支线路板参与，遵循 APS 协议。SDH/OTN 电层交叉通常配置为主备交叉板同时工作(热备份)，保护过程中主备交叉同时切换。

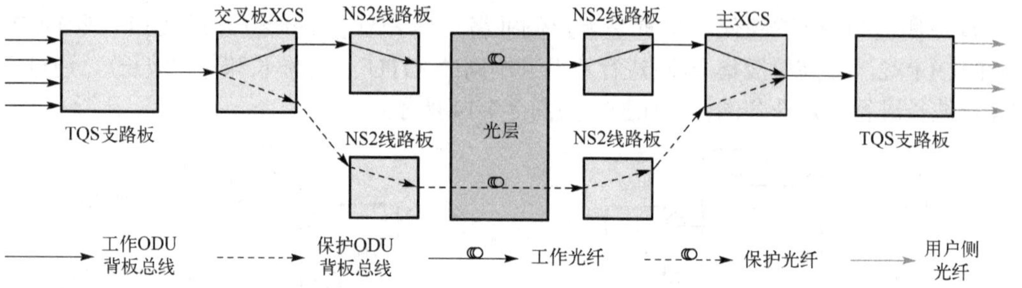

图 8-4-15　ODUk 层的 SNCP

2) 支路 SNCP

支路 SNCP 保护的是客户侧业务，客户业务通过双链路与 OTN 设备连接，当 OTN 设备与客户设备之间的主用光纤链路故障时，业务切换到备用链路，如图 8-4-16 所示。

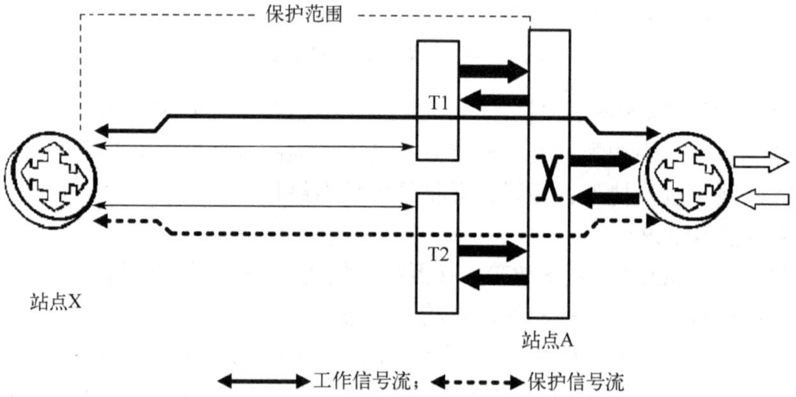

图 8-4-16　支路 SNCP

在正常工作状态下，客户侧站点 X 同时发送业务到 OTN 支路板 T1 和 T2。OTN 线路板建立到 T1 的交叉连接作为工作通道，到 T2 通道的连接作为备用通道。当 T1 检测到光纤故障时，OTN 交叉板建立线路板与支路板 T2 的交叉，删除与 T1 板的交叉。线路板选收保护通道的信号。

8.4.5　生存性路由与波长分配问题

在具有波长连续性限制的 WDM 网状网络中，如果采用端到端路径保护方案，则应为一对需要建立光路的节点之间找到一对链路分离的路径（分别作为工作路径和保护路径），并且为这两条路径分配适当的波长，这个问题称为生存性路由与波长分配（survivable routing and wavelength assignment，S-RWA）问题。

通常情况下，应该选择具有最小代价的一对分离路径。与单条路径的代价类似，一对路径的代价为工作路径和保护路径经过的所有链路的代价之和，但这只适用于专用保护的情况。对于共享保护的情况，路径对的代价计算方法稍有不同。此时，连接的代价应该包括工作路径的代价，以及保护光路中一部分链路的代价之和，在这部分链路上，该连接没有与别的连接共享保护带宽。路径对可以从一系列预先确定的备份路径集合中选择，也可以根据网络的当前状态动态地计算。链路上的代价有很多不同的定义方法，具体选择哪一种取决于优化的目标。例如，链路代价如果定义为常量 1，可以得到最小跳数的路径对；如果定义为距离，可以最小化传播延迟；如果定义为链路上的利用率，可以平衡网络的负载；或者也可以直接定义为实际的设备和链路成本等。

波长分配问题可以在路径对确定后再进行，例如，采用 8.3.3 节中介绍的启发式方法。因此，求解 S-RWA 问题的关键就是如何计算一对链路分离的路径，称为“链路分离路径对”问题。下面描述两个求解该问题的算法。

第一个算法称为两步算法。顾名思义，该算法分为两个步骤。首先，用最短路算法计算工作路径。然后，从图中删除工作路径上的所有链路，并在裁减后的图上计算最短路，作为保护路径。两步算法存在一些缺陷。由于两个步骤是顺序执行的，无法循环，因此当需要调整工作路径才能保证计算出保护路径时，该算法并不适用。其结果是，有时的确存在两条链路分离的路径，但该算法却找不到。而且，即使能找到两条满足要求的路径，其总代价也不一定是最小的。

图 8-4-17 给出了两步算法的一个计算示例，其中未能计算出从节点 1 到节点 6 的一对链路分离路径，而这样的一对路径是存在的。图 8-4-17 中链路旁边的数字表示链路代价。在第一步中，路径(1, 2, 5, 6)被计算出来作为工作路径，代价为 3，如图 8-4-17(a)中的虚线所示。在第二步中，删除工作路径上的链路，得到如图 8-4-17(b)所示的裁减图。显然，节点 1 和节点 6 在这个裁减图上不存在可达的路径。因此，两步算法失败了。但是如图 8-4-17(c)中虚线所示，一对链路分离的路径是的确存在的，即路径(1, 2, 3, 6)和路径(1, 4, 5, 6)。

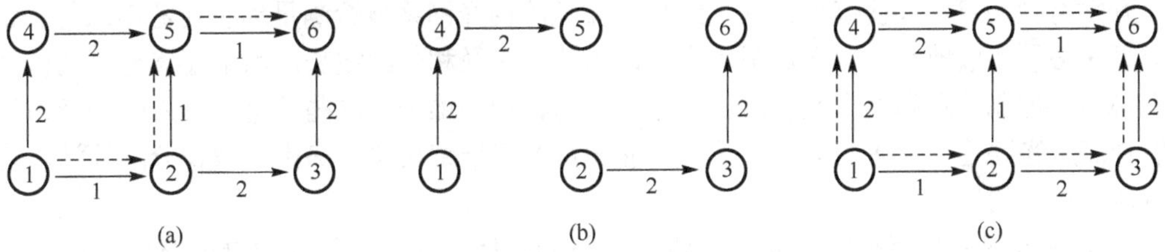

图 8-4-17 两步算法计算示例

第二个算法称为一步算法。已经证明，该算法计算出的路径对不仅是链路分离的，而且代价总和是最小的。给定图 G，以及源节点 S 和目的节点 D，一步算法通过以下 4 个步骤计算最小代价链路分离路径对。

第 1 步：采用 Dijkstra 算法计算以节点 S 为根的最小代价路径树。令 d_{SU} 表示从 S 到节点 U 的最小代价。

第 2 步：按照下述方法将原图 G 转换为辅助图 G′。G′中的任一链路 (U,V) 的代价 c'_{UV} 按如下公式计算：$c'_{UV}= c_{UV} + d_{SU}- d_{SV}$，其中 c_{UV} 是原图中链路 (U,V) 的代价。沿着第 1 步中计算出的 S 和 D 之间的最小代价路径，将该路径上的所有链路反向。

第 3 步：在图 G′中计算从 S 到 D 的最小代价路径。

第 4 步：假定原图 G 中的最小代价路径为 T，辅助图 G′中的最小代价路径为 T'。删除 T 和 T' 重叠的链路，T 和 T' 中剩下的链路刚好构成一个圈，这个圈由从 S 到 D 的两条链路分离路径构成，这两条路径就是要求解的最小代价路径对。

图 8-4-18 给出了一步算法的一个计算示例，其中需要计算从节点 1 到节点 6 的一对链路分离路径。这个示例与两步算法计算失败的示例(图 8-4-17)是一样的。图 8-4-18(a)中链路旁

边的数字表示链路代价，而节点 U 旁边的数字表示从节点 1 到节点 U 之间的最小代价(算法第一步的计算结果)。图 8-4-18 中的虚线给出了以节点 1 为根的最小代价路径树。从中可以看出，节点 1 到节点 6 的最小代价路径是 T=(1, 2, 5, 6)。经过图转换以后(算法第二步)，从节点 1 到节点 6 之间的最小代价路径是 T'=(1, 4, 5, 2, 3, 6)，如图 8-4-18(b)所示。移除重叠的链路(2, 5)，图 8-4-18(c)显示了两条链路分离的路径，即路径(1, 4, 5, 6)和路径(1, 2, 3, 6)。

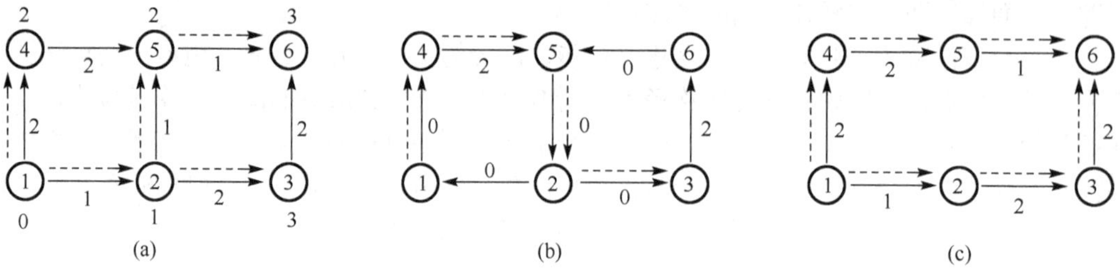

图 8-4-18　一步算法计算示例

一步算法由标准的 Dijkstra 算法和一个图转换过程组成；两步算法也需要执行 Dijkstra 算法和图的裁减过程，这两个算法的计算复杂度是相同的。

8.5　光网络的控制与管理

核心知识解析

开发有效的算法和协议来建立光路，是波长路由光网络能否满足动态业务需求的关键。这类算法必须有效地利用网络资源为连接请求计算路径和分配波长。用于配置光路的信令协议也必须对控制信息和网络状态信息进行有效的管理和维护，这些信息的有效性和及时性，是能否满足光路建立请求的另一个关键。前面章节已详细讨论了路由和波长分配算法，这里重点讨论相关的协议。

为了使光网络具有按需、动态地建立光路的功能，很多组织在发展网络管理控制协议和标准方面都做出了大量的努力。例如，国际电信联盟(ITU)正发展一种称为自动交换光网络(ASON)的体系结构，互联网工程任务组(Internet Engineering Task Force，IETF)也正在发展广义多协议标签交换(generalized multi-protocol label switching，GMPLS)协议。光互联网论坛(Optical Internetworking Forum，OIF)则把国际电信联盟和互联网工程任务组的工作结合起来。

光互联网论坛正致力于将用户到网络的接口(user-to-network interface，UNI)和外部网络到网络接口(external network-to-network interface，E-NNI)标准化，他们已经发布了 UNI 的 1.0 和 2.0 版本，以及 E-NNI 的 2.1 版本。目前 OIF 的主要工作是进一步完善 UNI2.0，其主要的研究点包括呼叫和连接的分离问题、多样性路由的双归属问题、无中断的连接调整操作、1∶N 的信令保护、对以太网业务的支持、对 G.709 接口的支持以及 UNI 接口的发现程序等内容。另外，OIF 还将进一步完善 E-NNI2.0/2.1，完善 E-NNI 接口的标准化工作。

ASON 是由国际电信联盟电信标准化部门(ITU-T)提出的。ASON 不是一种协议，也不是协议的集合，它仅仅是一个参考体系结构，因此 ASON 不能直接实施。ASON 这个结构中定义了光网络控制平面中的组成部分，以及这些组成部分之间的交互作用。ASON 的某些部分故意没有被标准化，主要是为了便于运营商们提供增值服务。正如 ITU 的众多项目一样，ASON 以一种自顶向下的风格发展，开始于一个完整详尽的需求描述，继而转向高层结构，然后才是各部分细节。只有这些细节被详细定义后，才能判断协议是否满足这个体系结构。因此，真正适用于ASON体系结构的控制和管理协议还有待于在未来制定。

IETF目前正致力于研究GMPLS机制，GMPLS是一个一般化的控制框架结构，它可用于建立各种类型的连接，包括建立光路。GMPLS起源于多协议标记(MPLS)。为了扩展到GMPLS，IETF对现有的路由协议和信令协议做了大量的修改工作，特别是对开放最短路径优先(open shortest path first，OSPF)路由协议、带约束的标签分配协议(constraint-based routing label distribution protocol，CR-LDP)和资源预留协议(resource reservation protocol，RSVP)进行了改进和加强。OSPF路由协议是一种链路状态协议，它周期性地将网络中链路的状态以链路状态公告(link state advertisement，LSA)的形式广播给每个节点，网络中的节点利用这些链路状态信息进行路由计算。RSVP是一种基于IP的信令协议，被用来在路由器上为用户进行资源预约。CR-LDP的主要作用是为LSP的建立分配控制标签，通常在传输控制协议(transmission control protocol，TCP)上运行。OSPF、CR-LDP、RSVP具有足够的灵活性，使得它们能够很容易地实现多种路由和信令机制，包括在光网络中建立光路。

近年来，软件定义网络(sofware defined network，SDN)发展迅猛，通过SDN范式引入的数据和控制平面的分离，使集中控制获得了动力，并带来了网络控制的根本变化。这种方法已经逐渐扩展到光网络控制。基于“SDN+光”的软件定义光网络(SDON)，能够更好地适应新型超大容量光网络智能化发展的要求。SDON可以根据用户或运营商的需求，利用软件编程的方式对光网络的结构和功能进行动态订制，完成光网络设备配置、调制格式适配和带宽灵活分配，达到光层资源虚拟化与按需提供的目的。

下面首先简单介绍网络控制管理的基本功能，然后讨论信令和资源预约机制，最后介绍软件定义光网络的基本概念和构架。

8.5.1 基本功能

网络控制管理的基本功能包括资源管理、路由计算、信令和故障管理四个方面。

资源管理协议负责进行网络资源的发现、更新以及维护。如果是分布式的控制机制，则上述工作在网络节点完成；如果是集中式的控制机制，则上述工作在网络控制管理系统中完成。资源的发现可以通过链路管理协议(link manager protocol，LMP)完成，LMP定义了相邻节点之间如何进行链路信息的交换，以及如何进行节点之间的功能协商。资源的更新通常由路由协议中的链路状态通告机制实现，如OSPF路由协议中的LSA。

路由计算模块负责为连接请求选择路径。选择的策略由运营商的业务量工程目标确定。业务量工程目标反映了网络运营商在多个路径可选择的情况下，如何决定哪条路径更符合网络运营商的利益。

信令协议负责进行连接的建立、修改以及拆除。节点中的控制实体收到信令消息时，通常会触发一些本地操作。例如，当收到一个连接建立的消息时，就会触发时隙和波长的分配。在异构的WDM网络中，为一个连接请求而计算的路由，通常描述为一系列的中间节点，以及连接这些节点的候选链路集合。由于每个这样的链路集合中可能包含许多候选链路，当中间节点需要配置光交叉连接(OXC)时，中间节点就需要从候选集合中选择一条链路来建立连接。如果链路集合为光路集合，就可以根据光路集合中每条光路的可用容量和连接请求所需要的带宽进行链路的选择。

光网络的故障管理功能无疑是控制和管理协议的关键。由于前面章节已就这方面的内容讨论了很多，因此这里不再赘述。

8.5.2 信令和资源预约

为了完成光路的建立，需要在节点之间通过信令协议交换各种控制信息，并在各个节点上完成波长资源的预约。通常，信令协议与 RWA 计算模块是紧密相关的。信令协议可以按照资源预约的方式分为两类：一类称为并行预约；另一类称为逐跳预约。逐跳预约又可以进一步分为两种：一种沿着从源到目的地的方向进行，称为前向预约；另一种沿着从目的地到源的方向进行，称为反向预约。另外，信令与资源预约协议还可以根据是否使用全局信息来分类。

1. 并行预约

并行预约的基本思想是：在路径所经过的所有链路上同时进行波长预约。这类方案通常采用链路状态路由协议。为保障链路状态路由协议的可执行性，需为每个节点维护全局拓扑信息以及网络当前的状态，其中包括在每条链路上的波长使用情况。根据这些全局信息，可以计算出节点到达目的节点的最佳路径。然后，源节点给这条路径上的所有节点都发送相应的控制消息，试图并行地在这些链路上预留需要的波长。在收到资源预约请求消息后，每个中间节点会尝试进行指定波长的预留，并且回送给源节点一个是否预约成功的确认信号。如果源节点收到来自每个中间节点的成功确认，就表示该光路可以成功建立。

并行预约策略的优点是缩短了光路的建立时间，因为所有的中间节点可以同时处理资源预留请求；其缺点是需要全局信息，因为它必须提前知道路径和波长的信息，然后才能进行资源的预留。

2. 逐跳预约

在逐跳预约方案中，控制信息沿着选定的路径逐跳传送。每个中间节点都要在转发给下一跳之前对这个控制信息进行处理。当控制信息到达目的节点时，目的节点对其进行处理，然后传回源节点。根据逐跳转发的方向，逐跳预约可以分为前向预约和反向预约两种。

在前向资源预约策略中，控制信息从源节点沿着路径逐跳转发到目的节点，并且逐跳地进行波长资源的预约。如果源节点维护了整个网络的状态信息，它也就知道了每条链路上有哪些波长是空闲的。因此，源节点可以在发送连接建立消息时，直接指定需要预约哪个波长。如果节点只知道邻接链路的状态信息(没有全局信息)，那么源节点只能使用保守的资源预约方法。即由源节点选择路径上第一条链路上使用的波长，然后逐跳地进行预约，后续的各个链路必须预约相同的波长。显然，不能保证在整条路径的所有链路上该波长都处于空闲状态。如果波长被阻塞，源节点就会选择另外一个不同的波长并重新尝试建立连接。这种方法的缺陷就在于建立连接的时间可能会很长，因为成功建立光路之前，可能需要进行多次资源预约的尝试。

另外一种前向预约策略采用激进的预约方式，即“过预约”来避免进行反复的尝试。其基本思想是：当资源预约信息到达一个节点时，该节点预约全部的空闲波长，最终由目的节点选择其中的一个波长，然后沿着反向路径释放其余的空闲波长。这种策略可能导致网络资源在很短的时间内全部被预约，从而阻塞后续连接请求。

为了防止网络资源的过度预约，反向预约策略采用的方法是：资源的预约反向进行，而前向控制消息的逐跳转发负责进行状态的收集。也就是说，源节点向目的节点发送控制消息但不预约任何资源，这些控制消息将沿着一条或者多条路径进行波长状态信息的收集。目的节点利用这些信息决定最终采用哪条路径和哪个波长，然后目的节点沿着选定的路径向源节点发送资源预留消息。这些消息只有在经过各个中间节点时，才真正进行波长的预约。

反向资源预约策略可能存在的缺点是，当多个连接几乎同时需要被建立时，一条链路上的波长资源在前向状态收集过程中是空闲的，但在反向资源预约时已被其他连接占用。因此，同样可能导致多次尝试，从而增加建立连接所需要的时间。

8.5.3　软件定义光网络

1. 基本概念

软件定义光网络的核心思想就是从软件定义网络引申而来的，它的出现最早可追溯到 2006 年。软件定义网络作为一种新型的网络架构，完成了控制和传输的分离，从而实现了网络和应用的创新。软件定义网络是实现上层应用程序与网络资源交互，并更好地控制底层硬件设备的一种手段。软件定义网络架构主要由应用层、控制器部分以及底层物理层资源三部分构成。在整个架构中，开发者可以根据需求灵活地在最上层的应用层添加或者开发应用扩展到整个平台；而 SDN 控制器作为整个网络架构的核心部分，以软件平台的方式存在并享有集中的控制权，其算法、逻辑、规则均可配置。交换机在接收到控制器发来的指令后，更新本地规则，完成数据流的转发。由于控制信息可以预见，因此不需要通过硬件内部的芯片进行转发处理，从而降低了硬件的要求和成本。一旦网络需要动态的更新拓扑和路由信息，控制器就可以利用端到端的监控能力重新分配资源和流量。底层的物理层资源通过 Switch 代理来收发消息，并且转发给硬件节点。因此，硬件节点的信息和状态也都要提前上报给控制器，以便控制器可以更加合理地分配资源。

软件定义光网络是指光网络的结构和功能可依据用户或运营商的需求，利用软件编程方式进行网络规划和资源分配，从而达到反应快速、合理利用资源、灵活提供服务的目的。其核心在于光网络元素的可编程特性，包括业务处理可编程、控管策略可编程和传输器件可编程。由于光层和电层属性不同，在如今的 SDON 中，人们依据光的特性把 OpenFlow 协议从 IP 层扩展到光层，从而使 SDN 架构下的控制器能够控制光网络节点，以满足光网络的特殊需要。同时，光网络对 SDN 的带宽和能效等性能提升起到了积极的推动作用。国内外对 SDON 的相关问题都进行了大量的研究。关于网络架构方面，有基于 GMPLS+OpenFlow 的架构，也有仅基于 OpenFlow 的架构，同时还有不同架构下大量算法和策略的研究，如光网络弹性多约束的路由频谱分配问题和光网络分层多域的优化问题等。除此之外，软件定义光网络和虚拟化的结合，也使两种技术互相促进，物理层资源的虚拟化让控制器可以更加灵活地控制和分配物理链路资源。

2. 核心技术

1) 开放灵活的业务编排

随着光网络技术的不断发展，网络业务呈现出多样化的趋势。一方面，光网络需要承载语音、上网业务等传统的电信级业务，这些业务占据了大量的光网络资源，且灵活性很差；

另一方面，随着数据中心方向的深入，光网络面对的不再是简单的客户端到服务器(client-to-server)的连接请求，而更多是面向服务器到服务器(server-to-server)连接提供，这种业务形式需要光网络能够具备多用户并发访问，以及快速的业务服务能力。特别是随着网络虚拟化技术的发展，网络操作者能够根据不同用户的需求，如QoS、时延、带宽等，设计并提供不同的虚拟网络给用户。

在现有的网络架构下，当服务提供需要增加新的业务时，运营商需要人工去修改运营支撑系统(operation support system，OSS)，所以当业务种类更新换代频繁时，笨拙的OSS将成为新业务快速上线的“绊脚石”。因此，光网络需要具备强大的业务编排(service orchestration)能力。开放灵活的业务编排是SDON的灵魂，SDON将网络应用部署与特定的网络环境解耦合，不同的应用程序通过统一的北向接口(如RESTful接口)，实现业务灵活、快速地接入。

2)异构互联与多域控制

光网络和IP网络作为骨下承载网络的两个层面，多年来一直独立发展，二者的联系仅集中在光层为IP层提供静态配置的物理链路资源，IP层看不到光层的网络拓扑和保护能力；光层也无法了解IP层的动态业务连接需求。基于IP与光的多层异构网络互联一直以来是通信网络研究的重点。

另外，从大规模光组网开始，多域性一直是光网络不可避免的研究点，主要体现在两个方面：同一运营商不同地域之间的网络互联和不同运营商之间的网络互联。设备接口、网络部署的差异性，导致不同运营商之间互联困难，特别是针对跨地域、跨运营商的资源调度突显出灵活性很差的特点。

软件定义光网络能够有效地解决多层多域异构网络之间的互联互通问题。2014年，开放网络基金会(Open Networking Foundation，ONF)下设的光传送网络工作组提出了面向对象的交互控制接口(control virtual network interface，CVNI)，可以实现异构多域网络信息抽象化和跨域网络控制集成化，从而在异构与多域网络之间建立起具备统一控制能力的新型异构网络体系架构。不同设备商的单域控制器通过CVNI与运营商的多域控制器相连，该接口有效屏蔽了底层不同运营商网络对各自设备的控制方式，实现了物理资源的统一调配。跨层资源联合调度与优化是SDON的关键，通过将不同的网络资源，如带宽、连接状态等进行逻辑抽象，形成有别于以物理形态存在的虚拟网络资源，并将这些虚拟资源提供给上层应用。

3)可编程光传输与交换

可编程的光传输与交换设备是SDON的核心，是数据平面实现软件控制的保障。随着软件定义光学的发展，光纤通信系统中的模块与器件性能具备可调谐能力。光收发机的波长、输入输出功率、调制格式、信号速率、前向纠错码类型选择，以及光放大器的增益调整范围等参数都可以实现在线调节。光路已经发展成为物理性能可感知、可调节的动态系统，从而实现光层智能。此外，光网络正朝着带宽粒度更精细化的方向发展，灵活栅格技术的出现打破了传统波长通道固定栅格的限制，可以实现“四无”(无色、无向、无栅格、无阻塞)光交换。波长间隔无关的可编程ROADM技术在全光交换过程中的应用打破了传统波长通道50 GHz、100GHz的间隔划分，可支持全光汇聚与疏导，为实现高谱效率、速率灵活的光路配置和带宽管理提供了全新思路。

发展软件编程的光路交换技术，满足灵活栅格分配的要求，提出大容量、多维度、多方向的全光分插复用节点方案，设计具备方向无关、波长无关、竞争无关和栅格无关等特征的高度可重构节点交换结构，并通过采用高性能的可编程光路选择滤波集成组件等技术，支持不同间隔和码型光信号的可编程传输和交换。2013 年 12 月，ONF 白皮书给出了 SDON 的南向接口建议，即控制数据平面接口(control data plane interface，CDPI)，实现了光网络底层传输和交换设备的统一可编程控制。

SDON 是对光网络智能化的延伸与增强，代表光网络的控制平面由单纯的交换智能向同时考虑业务智能、传输智能的综合方向发展。为了适应这一角色的变革，SDON 需要在业务编排策略、异构网络互联、可编程光传输及交换设备等关键技术上实现突破。

3. 分层构架

典型的 SDON 分层架构如图 8-5-1 所示，这种架构被分为四个平面：数据平面、控制平面、管理平面和应用平面。数据平面除了硬件设备外，只需分配一个设备代理，用于将数据控制平面接口(data plane control interface，D-CPI)中的通用协议转化为硬件设备的专有控制协议，比 GMPLS 协议精简得多。控制平面则采用集中式控制器的机制，控制器内安装有基本功能模块，实现建路、拆路等网络基本功能，此外还可以根据应用的需求安装相应的特定功能模块，扩展性极强。管理平面与原来类似，通过管理接口对传送平面、控制器平面、应用平面和数据通信网络(data communication network，DCN)进行管理，实现配置、性能、告警、计费等功能。网络应用可由设备商、运营商或第三方厂家等任意商家进行开发，如虚拟网络业务、BoD 业务、故障分析和流量分析等。对于模块间接口，SDON 架构仅关注南北向两类接口，分别是 D-CPI 和应用控制平面接口(application plane control interface，A-CPI)，接口主要用于提供资源模型和组网策略配置，相较于 GMPLS 架构中的各类接口简化了很多。

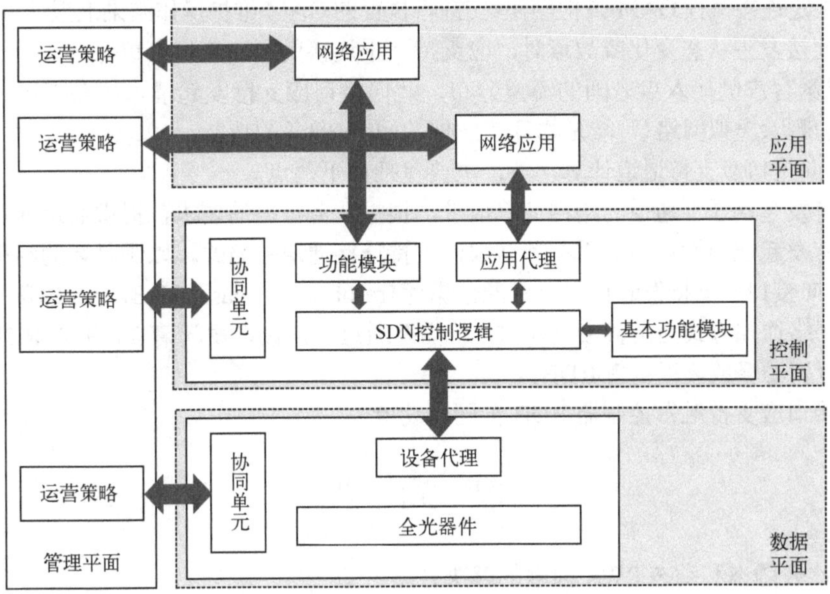

图 8-5-1　SDON 分层架构

1) 南向接口

控制器南向接口是控制器和转发设备之间的接口。控制器通过南向接口实现配置、状态、告警和性能管理功能。与传统的设备管理南向接口相比，控制器南向接口关注和业务配置管理相关的资源及资源状态、告警和性能管理功能。

控制器南向接口可实现如下功能。

(1)控制器可通过南向接口获取本地网络的拓扑和资源信息。

(2)通过南向接口，控制器可完成本地网络连接和业务相关的控制功能，包括业务和连接的建立、删除、调整，QoS、OAM和保护等参数的配置，连接的保护恢复控制等。

(3)控制器可获取本地网络的告警信息。

(4)控制器可获取本地网络的性能信息。

2)北向接口

控制器北向接口包括中间控制平面接口(intermediate plane control interface，I-CPI)和A-CPI。北向接口应支持的基本功能包括网络拓扑获取、业务请求和发放、连接控制、通道计算和虚拟网络服务等，如下所示。

(1)北向接口应支持上层控制器获取和查询网络拓扑功能，包括获取顶层子网及包含的全部节点、链路、端口等资源的标识符和相关详细参数信息。

(2)北向接口应支持业务的请求和发放功能，主要包括如下两点。

①支持创建、修改、删除点到点、点到多点、多点到多点业务。

②支持获取和查询全部的或指定的业务。

(3)北向接口应支持端到端连接控制功能，主要包括如下几个方面。

①支持创建、删除点到点、点到多点、多点到多点连接。

②支持创建、修改、删除子网连接(sub-network connection，SNC)。

③支持查询指定的连接参数，获得连接的当前状态和性能。

④对指定连接执行OAM维护操作，支持将执行的OAM维护操作结果上报给上层控制器。

⑤当连接发生状态变化或故障时，应支持上报连接的通知或告警事件。

(4)根据客户侧接入点之间的流量分布，北向接口应支持发起请求，在指定的网络中创建、修改和删除虚拟网络(可能是物理或虚拟的网络)业务的功能。

(5)北向接口应支持通道计算功能，主要包括如下两点。

①支持发起连通性通道的路由计算请求，根据业务策略的要求，提供通道计算功能。

②支持发起连通性通道的重配置请求，支持连接通道的修改，以满足新的约束条件。

(6)北向接口应支持发起控制器资源数据库(resource database，RDB)更新的请求。当RDB不是基于网络通知方式而是直接更新时，就需要通过北向接口发起请求，更新RDB。在连接删除后进行资源释放，以更新RDB。

北向接口应支持触发控制器RDB再同步功能。

习 题 八

8.1 比较静态和动态RWA问题的解决方案。

8.2 梳理光骨干网的组网结构，试探讨发展趋势。

8.3 考虑图8-3-1中的网络拓扑，假定光路请求如下：

(a) C→7→8→9→E；

(b) A→1→5→8→9→E；

(c) H→2→1→5→8→7→C；

(d) B→6→7→8→9→E；

(e) A→1→6→7→10→D；

(f) G→3→2→1→6→B；

(g) H→2→3→4→F。

试用最少数目的波长为这些光路着色。

8.4　比较两种网络恢复机制的异同点。

8.5　总结 OTN 光层和电层保护的内容与功能。

8.6　分析 SDON 系统构架及接口功能。

8.7　请简述 G.872 建议的 OTN 分层模型包含哪些层。

8.8　在 OTN 中，光传送模块(OTM)是用于支持 OTN 接口的信息结构，请问 OTM 接口分为哪几种类型？各有什么特点？

第 9 章　光纤接入网

接入网(access network，AN)是指核心网到用户网最后一段路程的传输网络，其长度一般为几百到几千米，因而被形象地称为“最后一公里”。随着智能家居、远程教育、数字医疗、视频会议等新兴应用的快速发展，人们对网络带宽以及传输速率提出了更高的要求。光纤具有容量大、传输性能好、保密性强等优点，非常适合作为高速、宽带业务的传输介质，因此光纤接入得到广泛的应用，并且光纤接入网(optical fiber access network，OAN)已经成为宽带接入的主要解决方案。

概念解析

核心知识解析

9.1　光纤接入网的基本概念

从整个通信网来看，全网可以划分成公共骨干网(public backbone network)、核心网(core network)和用户驻地网(customer premises network，CPN)，介于核心网与用户驻地网之间的部分统称为接入网，通信网中接入网的位置如图 9-1-1 所示。

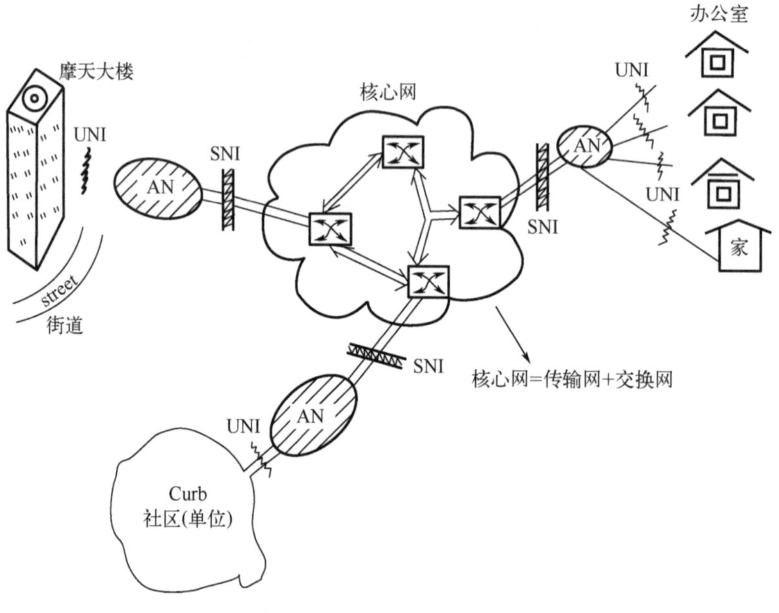

图 9-1-1　通信网中的接入网

1995 年 7 月，ITU-T G.902 建议对 AN 的定义如下：接入网由业务节点接口(service node interface，SNI)和用户网络接口(user network interface，UNI)之间的一系列传送实体(如线路设施和传输设施)组成，为传送电信业务提供所需传送承载能力的实施系统，可经由网管接口 Q_3 进行配置和管理。接入网的范围可以由三个接口来定界，如图 9-1-2 所示。接入网的用户侧通过 UNI 和用户相连，网络侧通过 SNI 和业务点相连，管理侧通过 Q_3 接口和电信管理网(telecommunication management network，TMN)相连。

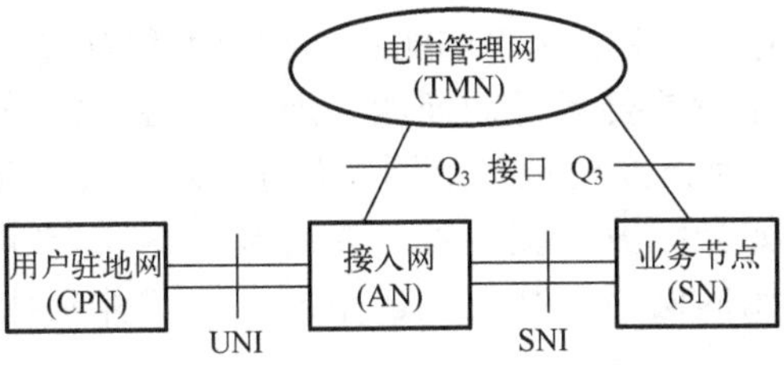

图 9-1-2　接入网在电信网中的定界

9.1.1　光纤接入网的定义

光纤接入网(OAN)泛指采用光纤传输技术的接入网，定义为共享相同网络侧接口并由光纤传输系统支持的所有接入链路，如本地交换机(或远端交换模块)与用户之间全部(或部分)采用光纤通信技术的系统。

9.1.2　光纤接入网的基本结构

图 9-1-3 所示为光纤接入网的参考配置。其中，OLT 为 OAN 提供与网络侧业务节点之间的接口，连接一个或多个光分配网(optical distributing network，ODN)。ODN 为 OLT 和光网络单元(optical network unit，ONU)之间建立了光链路，完成光信号的功率分配，同时提供光路监控等功能。ONU 位于 ODN 和用户设备之间，其主要功能是提供用户侧的接口，并且连接一个 ODN，具有光/电转换功能以及相应的维护和监控功能。适配功能(adaptation function，AF)为 ONU 和用户设备提供适配功能，具体物理实现时可以包括在 ONU 内，也可以完全独立。图 9-1-3 中，从给定网络接口(V 接口)到单个用户接口(T 接口)之间的传输手段的总和称为接入链路，A 表示 AF 与 ONU 之间的参考点，R 表示光接收参考点，S 表示光发射参考点，V 表示用户接入网与业务节点间的参考点，T 表示用户网络接口参考点，Q_3 表示网管接口。

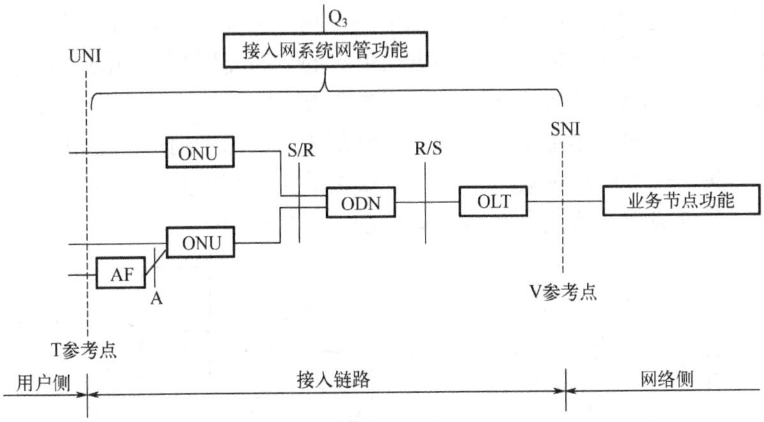

图 9-1-3　光纤接入网的参考配置

9.1.3　光纤接入网的拓扑结构

光纤接入网的拓扑结构指传输线路和节点之间的结构，表示了网络中各节点的相互位置与相互连接的布局情况。由于网络的拓扑结构对网络功能、造价及可靠性等具有重要影响，因此是网络设计中首要考虑的问题。通信网络主要采用总线型、星型和环型这三种基本的拓扑结构。用光纤构筑接入网，充分展现了光纤通信技术的优势和特色，特别是光纤无源器件，如光纤波分复用器、光纤耦合器、光纤星型耦合器和光纤滤波器等，可以提供高性价比的网络拓扑结构。下面介绍几种光纤接入网中具有代表性的拓扑结构。

1. 总线型结构

总线型结构如图 9-1-4 所示，其中有一条共享主干信道，该信道可使用一根双向传输的光纤或两根单向传输的光纤作为通信线路。各个用户终端用光纤耦合器连接到共享信道。采用时分复用或波分复用技术使各个节点共用一条信道。这种串联的网络结构的优点是共享主干光纤、节省成本、扩展或者删减节点容易、节点之间不会相互干扰、单个节点失效不影响整个网络的正常通信；缺点是存在损耗累积，由于各节点共用总线带宽，传输速度会随着用户的增多而下降，一旦主干光纤发生故障，将会影响到整个网络。

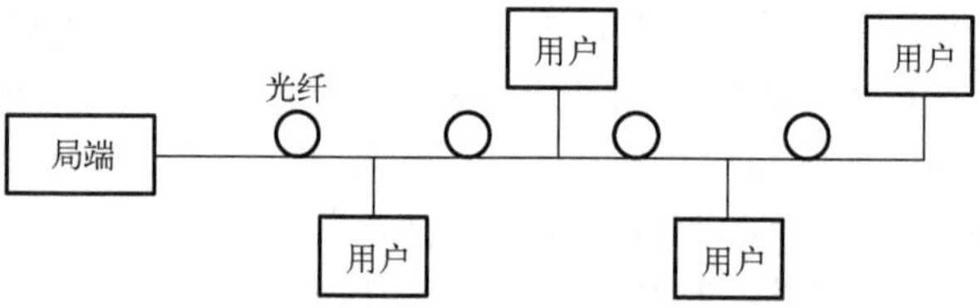

图 9-1-4　总线型光纤接入网结构

2. 星型结构

星型结构可分为有源、无源、单星型、双星型以及多星型结构。单星型结构是利用光纤实现中央节点(局端)和每一个用户直接连接，形成以局端为中心向四周辐射的点对点结构，如图 9-1-5 (a)所示。这种结构的优点在于每个用户相互独立互不影响、保密性好、易于升级扩容、业务适应性强；缺点是每个用户都需要单独的一根光纤和专用的光源与检测器，成本太高。多星型结构是单星型结构的改进结构，如图 9-1-5(b)所示。在每一条光纤链路中设置远端分配节点，远端分配单元主要负责将信息分别传送至每个用户，节点可以由有源和无源器件组成，节点越多代表网络规模越大。这种结构的优点在于共享光纤，且能够灵活使用有源和无源节点，降低成本；缺点是网络结构复杂，不易管理。

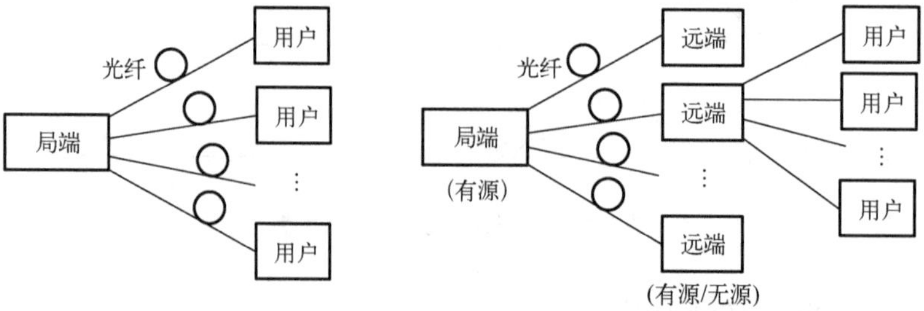

(a) 单星型　(b) 多星型

图 9-1-5　星型光纤接入网结构

3. 环型结构

环型结构如图 9-1-6 所示，每个节点和两侧的节点通过光纤连接，构成一个封闭的环路结构，其中每个节点可单向或者双向传输。这种结构优势在于安全性好、可靠性高；缺点是建设困难、费用高。

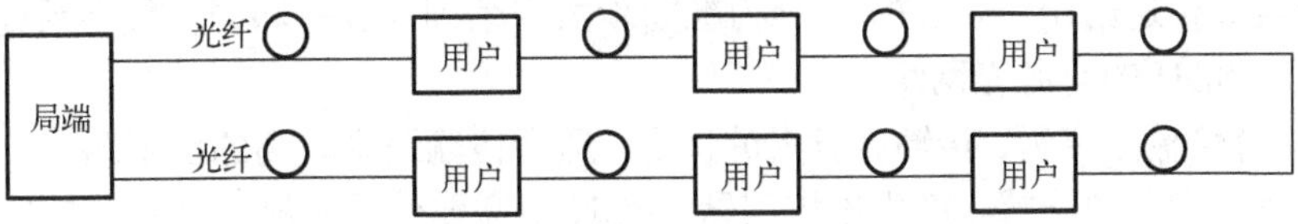

图 9-1-6　环型光纤接入网结构

4. 树型结构

树型结构中采用较多的光分路耦合器，即光无源分路器，因此也称无源光网络，其结构如图 9-1-7 所示。其特点是在树干上的光纤可以共享，由于除了局端和用户终端之外，网络中不包括任何有源器件，因此对带宽、波长和传输方法没有任何限制，可以支持各种带宽业务，然而该网络结构复杂，使得故障检测比较困难。

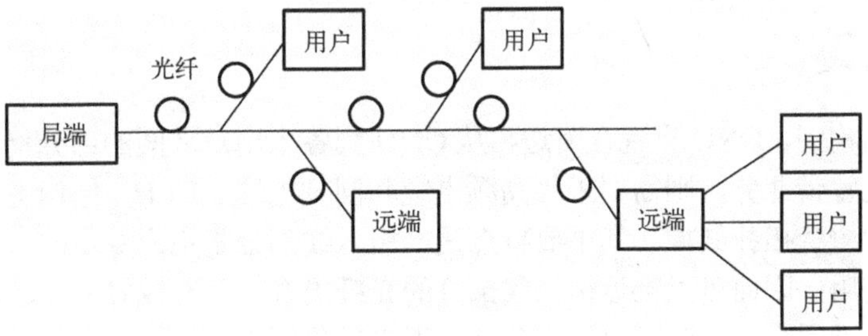

图 9-1-7　树型光纤接入网结构

5. 其他结构

在实际运用中，除了上述拓扑结构外，人们还可以根据实际业务或成本要求来设计网络，在满足业务要求的基础上寻求成本的最低化，常常是采用混合结构组网，如星型总线网络结构、双星和双环-星型结构、物理星型-逻辑环型结构等。

9.1.4　光纤接入网的分类

光纤接入网从系统分配上可以分为无源光网络(passive optical network，PON)和有源光网络(active optical network，AON)两类。

PON 指在 OLT 与 ONU 之间的 ODN 中不含任何电子器件和电源，全部由光分路器等无源器件组成。它通常组成点到多点的树型拓扑结构，其下行采用时分复用方式、上行采用时分多址接入方式。ONU 设备通过光分路器并接在光纤网络上，OLT 直接将信号发送至各个 ONU。信号经过光分路器、无源光功率分配器等传送至用户，信号在传输过程中无再生放大，能实现透明传输，信号处理全部由局端和用户端设备完成。PON 发展至今已有多种形式，如

ATM 无源光网络(ATM PON，APON)、宽带无源光网络(Broadband PON，BPON)、以太网无源光网络(Ethernet PON，EPON)和吉比特级无源光网络(Gigabit PON，GPON)等。

AON 指 ODN 中含有电子器件和电子电源等有源电子器件，属于点到多点的光纤通信系统。在 OAN 中，ONU 设备串联在光纤网络中，上级 ONU 将信号进行光-电-光变换后，再传送至下级的每个 ONU。它将本地交换机送来的信号在光纤系统中进行分路后，再通过复用设备经由用户接口传送给用户。AON 可分为准同步数字系列(PDH)和同步数字系列(SDH)，现通常都是基于 SDH 的有源光网络。

AON 具有传输距离远、传输容量大的优点，适合传输速率较高的应用场景，但是有源设备易受电磁信号和雷电干扰，产生维护问题。PON 不需要使用高昂的有源设备，能够大大降低光纤接入成本。虽然在性能和传输距离上无法和 AON 媲美，但是凭借其低廉的成本和维护简单的优点，PON 已经逐渐成为当前主流的光纤接入技术。

9.1.5　光纤接入网的应用类型

OAN 由于其应用类型的多样性也可称为 FTTx 接入网，在不同的应用需求下根据 ONU 的不同位置可以将 OAN 分为光纤到路边(fiber to the curb，FTTC)、光纤到大楼(fiber to the building，FTTB)、光纤到办公室(fiber to the office，FTTO)、光纤到家(fiber to the home，FTTH)、光纤到房间(fiber to the room，FTTR)等不同的应用类型。

1. 光纤到路边

在 FTTC 结构中，ONU 设置在路边，从 ONU 到各个用户之间的部分仍采用双绞线或者铜缆，若要传输宽带业务，则需要采用高频电缆和同轴电缆。FTTC 结构主要适用于点到点或者点到多点的树状拓扑结构。其主要特点是：引入线部分是用户专用的，现有的同轴电缆或双绞线仍能利用，因而可以推迟引入线部分的光纤投资，具有较好的经济性。由于其光纤化程度已十分靠近用户，因此可以较充分地体现光纤化所带来的一系列优点，如节省管道空间、易于维护、传输距离长、带宽大等。预先铺设一条很靠近用户的潜在宽带传输链路，一旦有宽带业务需要，可以很快地将光纤引至用户处，实现光纤到家的战略目标。同样，如果考虑经济因素，也可以用同轴电缆将宽带业务提供给用户。

2. 光纤到大楼

FTTB 是一种基于优化光纤网络技术的宽带接入方式，可以看作 FTTC 的一种变形，其不同之处在于 FTTB 将 ONU 直接放在大楼(building)内。FTTB 是一种点到多点的结构，光纤直接铺设到楼，适合高密度用户区，也更容易满足宽带业务传输需要。

3. 光纤到办公室

将 FTTC 结构中的 ONU 替换为无源光分路器，并且将 ONU 移至办公室，就构成了 FTTO 结构。其面向大企事业用户，业务需求量大，因此适用于点对点或环状结构，在经济上易于实现，发展较快。

4. 光纤到家

FTTH 是指将 ONU 放置在用户家里，业务需求量小，因而结构上适合点到多点方式。

它是一种全光纤网，是一种理想的业务透明网络，用户可以拥有较大的传输带宽，能够满足任何宽带综合业务的接入。由于本地交换机和用户中间没有有源电子设备，因此成本得到较大的降低，并且易于维护。

前沿视角

5. 光纤到房间

FTTR 是近年来新出现的 PON 接入技术，它是基于光纤网络提出的新一代家庭组网解决方案，其实质是光进一步走进房间，替代传统电力线、Wi-Fi 和网线等组网。FTTR 借助光纤本身体积小、重量轻、30 年超长寿命、不受电磁干扰、带宽无限演进等特性，为家庭组网演进提供了新的可能。顾名思义，FTTR 将原有的家庭网络覆盖由原有的网线方案升级为光纤方案，结合 Wi-Fi 信号调优，减少干扰和不必要的穿墙衰减，使带宽性能发挥到极致，如同每个房间都在独享一张光纤网络，实现一劳永逸。

FTTR 解决方案优势得益于以下三大关键技术：新一代 Wi-Fi 技术、eAI 嵌入式人工智能 (embedded artificial intelligence)、Wi-Fi 无缝漫游。对于新一代 Wi-Fi 技术，以 Wi-Fi 6 技术为例，网络通过 OFDMA、DL/UL 多用户多输入多输出 (multi-user multiple-input multiple-output，MU-MIMO)、高阶 QAM 调制等技术使 4K 视频、VR、在线教育、在线办公等应用比以前更可靠，不但支持接入更多的客户端，同时还能均衡每个用户带宽。MU-MIMO 使用信道的空间分集在相同带宽上发送独立的数据流，与 OFDMA 不同，所有用户都使用全部带宽，从而带来多路复用增益。eAI 嵌入式人工智能技术为 FTTR 的 ONT 在线游戏、在线办公、在线教育等场景提供了智能识别和智能加速功能，保障这些业务的数据优先转发，大幅降低网络丢包和时延，给客户带来高品质体验。

9.2　光纤同轴电缆混合接入网

光纤同轴电缆混合 (hybrid fiber coaxial，HFC) 接入网是将光纤和以太网电缆结合在一起的宽带通信网络，自 20 世纪 90 年代初开始在全球范围内被有线电视运营商采用。HFC 被称为第二代有线电视系统，它使用光纤电缆作为前端和馈线分配系统，并使用同轴电缆作为客户端连接。HFC 系统主要用于通过同轴电缆和光纤传输视频、音频、数据等交互业务。

9.2.1　HFC 接入网的基本结构

HFC 组网典型设计如图 9-2-1 所示，其中远程光纤节点连接到同轴电缆。在该网络设计中，主干电缆主要用于远程光纤节点与放大级联之间的传输，确保 HFC 网络的高效信号分发。分布电缆和供电电缆负责将信号从放大级联传输到用户家庭。HFC 是一种分层的网络设计。每个总站包括光“接收器-发射器”对，通过长段光纤连接到远程光纤节点。远程光纤节点将接收到的下行光信号转换为电信号，并将其放置在连接的同轴电缆上。同样地，当远程光纤节点接收到同轴电缆上传来的上行电信号时，将其转换为光信号并放置在连接的光纤上。远程光纤节点通过连接的光纤与总站的发送和接收激光器相连，并通过连接的同轴电缆与用户的终端连接。

HFC 光纤同轴电缆混合接入网是一种常用的宽带接入技术，它将光纤和同轴电缆结合起来，既能满足用户高速宽带接入的需求，又能降低网络建设和运营成本。未来，随着 5G、物联网等新技术的发展，HFC 网络将继续发挥重要作用。同时，随着光纤技术的不断进步和普

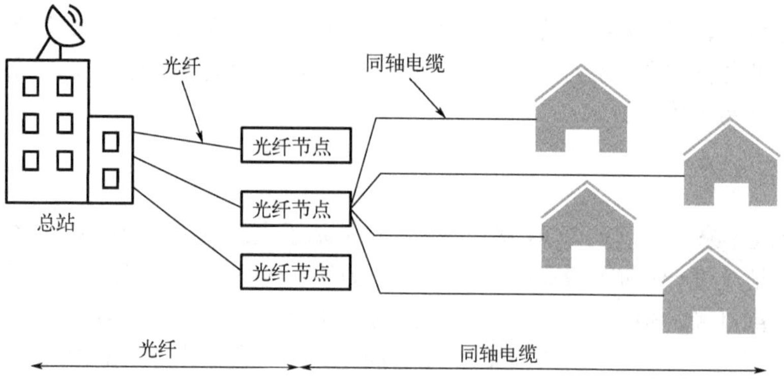

图 9-2-1　一种典型的 HFC 组网设计

及，HFC 网络也将逐渐向全光网络演进。此外，在网络安全、用户体验、数据传输速率等方面，HFC 网络也将不断进行升级和改进，以满足用户不断增长的需求。

9.2.2　HFC 双向光纤传输系统的结构

图 9-2-2 所示为 HFC 双向光纤传输系统。HFC 双向光纤传输系统是一种结合了光纤和同轴电缆的网络架构，用于同时支持下行和上行信号的传输，其主要包括下行收发光端机、上行收发光端机、调制解调器和网管系统等组成部分，结合了光纤和同轴电缆的网络架构，用于同时支持下行和上行信号的传输。前端信号经下行收发光端机送向用户端，用户端反向信号经上行收发光端机送向中心前端设备；同一台光端机下的用户被分为四个电缆小区，各个电缆小区的回传信号经过电频分复用后由上行光纤传输系统传输到中心前端设备：传输系统的工作状态由网管系统进行监控和管理，前端设备和网管主机的数据传输用双绞线，用户端设备和网管主机之间通信经过上下光纤传输系统来实现双向传输。

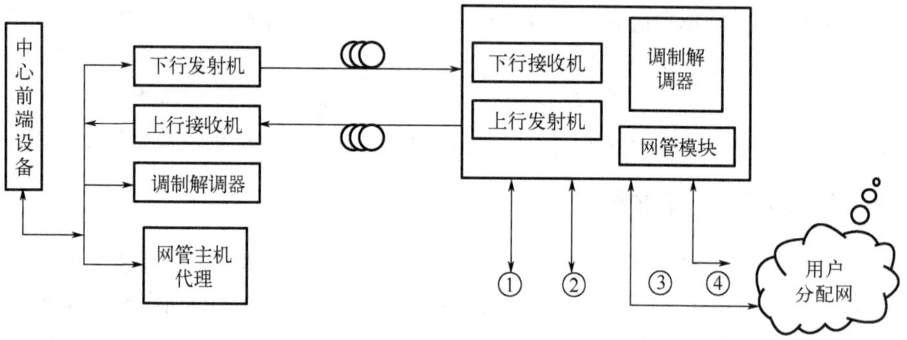

图 9-2-2　HFC 双向光纤传输系统

下面解释系统中的部分专业名词。

1) 上行传输

在 HFC 系统中，上行传输(upstream transmission)是指从用户终端向总站发送信号的方向。用户终端使用设备(如调制解调器)将数据或语音信号转换为电信号，并通过同轴电缆发送回远程光纤节点。在远程光纤节点，电信号被转换为光信号，并通过光纤传输回总站。上行信号可以包括用户的互联网请求、电话呼叫等。上行数据速率的限制长期以来一直是 HFC 的软肋。

2) 下行传输

下行传输(downstream transmission)是指从总站向用户终端发送信号的方向。下行信号从总站的光纤设备发出，经过光纤传输到远程光纤节点。在远程光纤节点，光信号被转换为电信号，并通过同轴电缆传输到用户终端。下行信号可以包括有线电视信号、宽带互联网数据和其他媒体内容。

3) 光纤节点

光纤节点(fiber node)是 HFC 系统中的关键组件，用于连接总站与用户终端之间的光纤和同轴电缆传输系统。光纤节点具有光电转换器的功能，将下行光信号转换为下行电信号并放置在同轴电缆上。同时，它将上行电信号转换为上行光信号并放置在光纤上。光纤节点还可以执行信号调理、频率过滤等功能，以保证信号的质量和稳定性。

4) 同轴电缆

同轴电缆(coaxial cable)是 HFC 系统中传输信号的主要介质。它具有两个同轴的导体，其中一个导体用于传输信号，另一个用于屏蔽和保护信号免受外部干扰。同轴电缆承载着从光纤节点传输的下行信号和从用户终端传输的上行信号。通过结合光纤和同轴电缆，HFC 双向传输系统具备了大带宽和双向通信的能力。光纤提供了高速、高容量的传输介质，而同轴电缆提供了经济实惠且广泛部署的接入方式。

9.2.3 HFC 双向光纤传输系统的频谱分配

HFC 系统传输的上下行频谱如图 9-2-3 所示，表 9-2-1 为具体频谱分配表。

由于传统的模拟广播电视占用了 45～550MHz 频带，在 HFC 双向网络中，为了不影响模拟电视节目，上行用户信号带宽被限制在 45MHz 以内，大量用户(实际情况是 500～2000 户)共用这一带宽，使得上行信道很拥挤。为解决此问题，一种方法是增加双向传输的上行频带，但这势必压缩下行带宽，增加是有限的；考虑到上行带宽是由同轴电缆的双向传输引起的，而上行光纤的带宽很宽，所以采用变频复用方式来增加上行带宽且不影响下行带宽。把一个光节点下的用户分为四个独立的同轴电缆小区，每个用户小区单独占用 5～42MHz 频带，上行信号先变频混合再送入光发射机，经光纤传输及光接收后送进下变频解复用器恢复出 4 路用户信息，送给前端设备。上行频谱变换原理如图 9-2-4 所示。

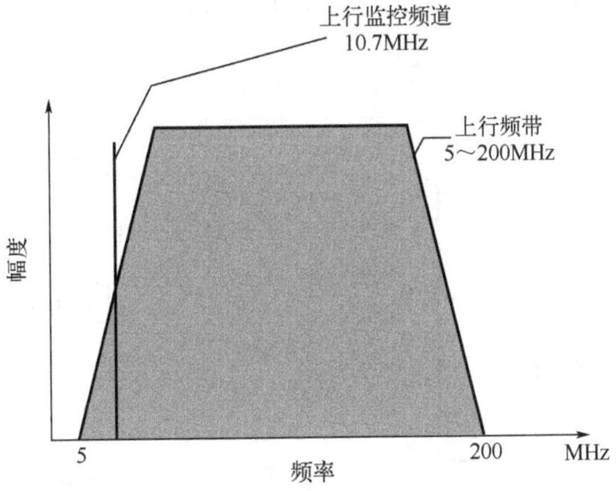

(a) HFC上行光纤传输频谱分配图

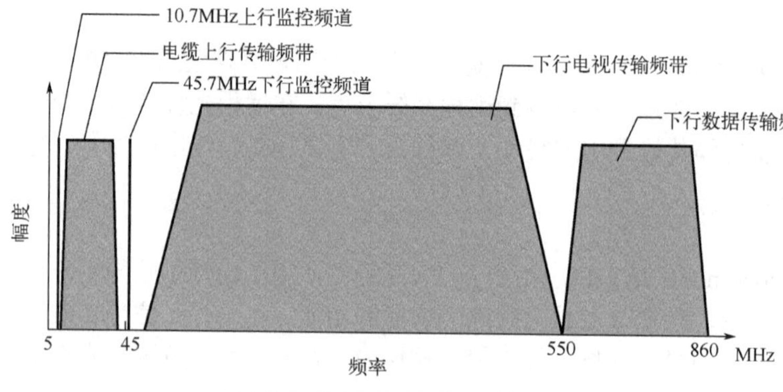

(b) HFC下行及同轴电缆频谱分配图

图 9-2-3　上下行频谱分配图

表 9-2-1　频谱分配表

项目	下行频带/MHz	上行频带(光缆)/MHz
电视信号传输频带	45～550	—
数据传输频带	550～860	5～200(5～45,55～95,105～145,155～195)
网管传输频带	45.7	10.7

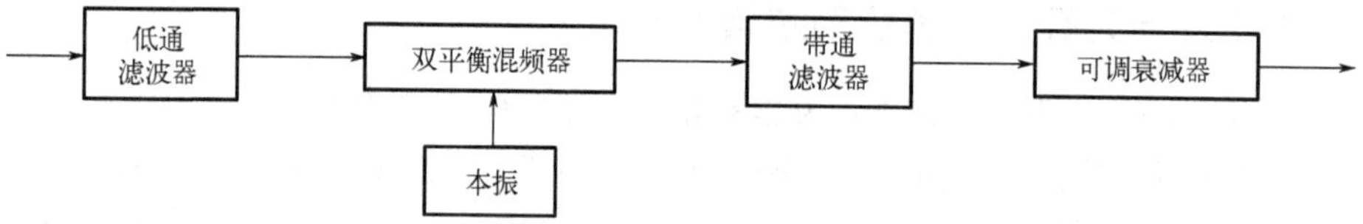

图 9-2-4　频谱变换结构原理

9.3　无源光网络

核心知识解析

9.3.1　PON 的基本组成

PON 是一种点到多点结构的无源光网络，其基本结构如图 9-3-1 所示，主要由光线路终端(OLT)、光分配网(ODN)和光网络单元(ONU)组成。

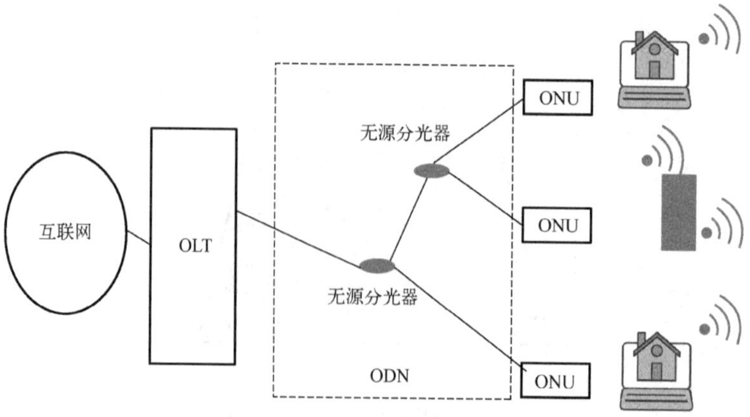

图 9-3-1　PON 的结构

1. 光线路终端

OLT 位于中心机房，与 ODN 连接，对 ONU 集中管理。OLT 具有与交换机接口类似的功能，可以完成上、下行光/电和电/光转换，分配和控制各信道的连接，并对各个光电接口实施监控，提供操作、维护及管理功能。

如图 9-3-2 所示，OLT 包括三大功能层，即核心层、业务层和公共层。OLT 核心层功能包括传输复用功能、基于包的转发交换功能和 ODN 接口功能。传输复用功能提供在 ODN 上发送或接收业务通路所要求的功能。基于包的转发交换功能为 OLT 的 ODN 侧的可用带宽与 OLT 网络侧的可用带宽提供连接功能，根据需要提供二层或三层的交换。

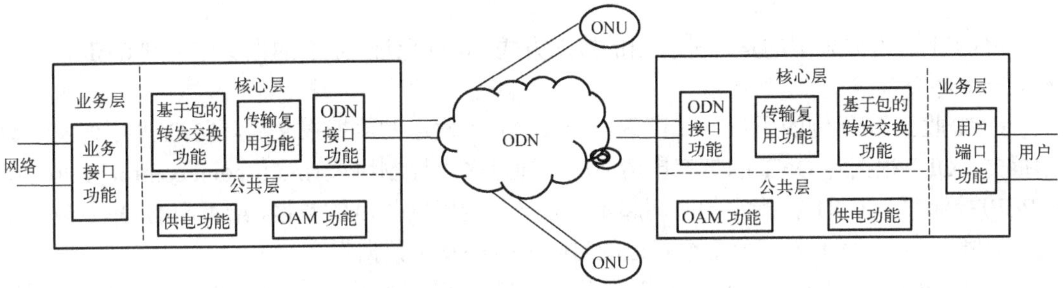

图 9-3-2　OLT 和 ONU 的功能框图

当前 OLT 具有以下特点：①支持更高速率，现在已经有了支持 10Gbit/s 或者更高速率的 OLT 设备；②具有更高密度和可扩展性(OLT 端口密度通常取决于 OLT 设备的大小和型号，例如，华为的 MA5800-X7 是一种大型 OLT 设备，可以支持多达 14400 个用户的接入)；③具备更加智能的管理和控制(自动化配置管理、远程监控、故障诊断等)能力；④拥有更加灵活的部署方式(支持云部署)。

概念解析

2. 光分配网

OLT 和 ONU 之间建立的光传输通道，实现光信号功率分配、波长复用等功能，完全由光纤无源器件(包括光纤、无源分光器等)组成，这也是无源光网络(PON)名称的由来。ODN 从局端到用户终端可分为两点三段，两点指光分配点和光接入点，三段分别指馈线光缆、配线光缆和入户光缆。目前，ODN 已经发展至第三代，即 ODN3.0。ODN3.0 是一种新的光分发网络技术，它支持更高速的光纤传输，可以达到每个光口 100Gbit/s 以上的传输速率。采用更先进的光学器件和光纤技术，可以实现更长的传输距离，达到数十千米。用更小尺寸的光分纤箱和更高密度的分光器，可以实现更高的连接密度。

ODN 的主要功能是实现从 OLT 到 ONU/ONT 的链路连接，由光缆、光配线架(optical distribution frame，ODF)、光缆接头盒(closure)、光缆交接箱(fiber distribution terminal，FDT)、光分路器(splitter，SPL)、分纤箱(fiber access terminal，FAT)、光纤终端盒(access terminal box，ATB)等组成。

3. 光网络单元

ONU 提供与 ODN 之间的光接口，实现 OAN 用户侧的接口功能，完成下行光到电、上行电到光的转换，实现各类业务的接入。ONU 可以位于用户住宅的室内或用户所在地的室外，提供传递系统处理的各种不同业务所需的手段，其功能框图如图 9-3-2 所示。ONU 由 3 部分组成，定义为核心层、业务层和公共层。ONU 核心层功能包括：传输复用功能、ODN 接口功能、基于包的转发交换功能。传输复用功能提供从 ODN 接口来的和到 ODN 接口的输入、输出信号的鉴别和分配所要求的功能，提取和输入与这个 ONU 有关的信息；基于包的转发交换功能可对来自或传送给不同用户的信息进行交换，根据需要提供二层或三层交换功能与各种不同的用户端口相连。

9.3.2 PON 的工作原理

1. 上行工作原理

PON 上行方向采用的是时分复用的接入方式，这样保证 ONT 的报文上传到 OLT 过程中不会产生冲突。

ONT 收到 UNI 侧的用户单元设备如 PC、AP 等发送的数据报文后，向 OLT 申请发送数据报文。OLT 根据各 ONT 的带宽申请情况，通过多点控制协议(multi-point control protocol，MPCP)控制每个 ONT 在指定的时间起始点发送指定时间长度的数据，给不同的 ONT 分配不同的时隙，各个 ONT 就在分配给自己的时隙内有序发送数据报文。

通过 OLT 控制的时分复用方式，多个 ONT 可以共享整个上行带宽，而且 PON 还有光纤长度测距等关键技术，能够确保多个 ONT 在同一个光纤上不会出现发送碰撞而退避等问题。

2. 下行工作原理

在下行方向，OLT 发送的数据报文通过分光器(一个无源光分路器或几个光分路器的级联)广播到各个 ONT，发往不同的 ONT 的报文携带不同 ONT 的标识，各 ONT 根据报文中的 ONT 标识选择取出发给自己的数据报文，丢弃其他 ONT 的无效报文。

为了保证 PON 下行方向的报文安全，每个 ONT 的 UNI 接口发往用户设备的报文只是这个用户设备所需要的报文，其他不是发往这个用户设备的报文已经在 ONT 的 PON 端口丢弃，不会发往该 ONT 的 UNI 接口。

此外，OLT 和 ONT 之间还做了增强安全处理，OLT 和不同 ONT 之间采用不同的密钥来加密报文并进行发送，其他的 ONT 虽收到别的 ONT 的报文，但是没有密钥便无法识别，从而保障了业务的安全性。

9.3.3 PON 的关键技术

1. 复用技术

1) TDM-PON

TDM-PON (time division multiplexing-passive optical network)是一种基于时间分割多路复用技术的无源光网络，其原理为：在 TDM-PON 系统中，光信号从光线路终端 OLT 出发，经过光纤传输到用户处的 ONU。OLT 向 ONU 发送和接收数据的过程分为下行链路和上行链路，如图 9-3-3 所示。

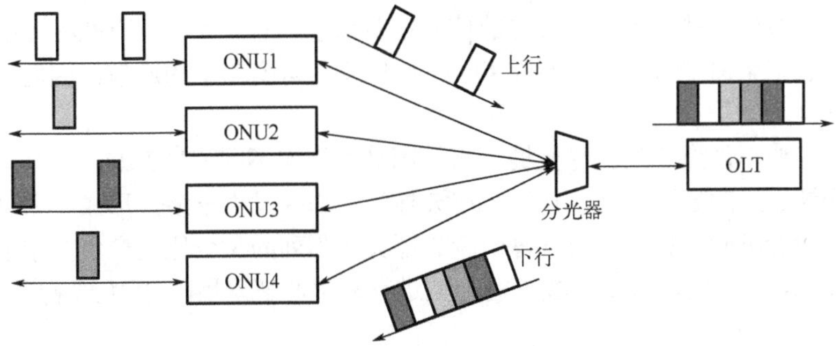

图 9-3-3　TDM-PON 示意图

在下行链路中，OLT 接收到骨干网上的数据包，通过无源光分路器进行广播。数据被分成若干时隙，在每个时隙内的数据被转换成光信号后，通过光纤传输到 ONU。ONU 通过解析特定字段，获得属于自己的数据单元。

在上行链路中，ONU 通过相应的时隙发送数据到 OLT。由于 TDM 技术各用户信号位于同一频段，可能会在耦合过程中产生冲突。为避免数据碰撞，每个 ONU 只在授予时隙中发送数据，通过不同 ONU 缓冲数据包队列长度动态分配所需时隙数量，优化信道利用率。

TDM-PON 为了实现带宽的有效共享，OLT 需要精确获取各 ONU 的传输时延，以避免不同 ONU 的时域重叠，这里需要使用测距技术，控制多点接入过程，例如，使用 IEEE 802.3d 的多点控制协议(MPCP)。TDM-PON 系统采用一种被动的光网络结构，光信号在传输过程中不需要进行信号转换或放大，因此网络成本低、信号传输质量高。

2) WDM-PON

WDM-PON (wavelength division multiplexing-passive optical network)是一种新型无源光网络技术，WDM 技术早期广泛应用于光骨干网和城域网的大容量传输。WDM-PON 中，每个 ONU 独占一个波长，OLT 中有多个不同波长的光源，如图 9-3-4 所示。

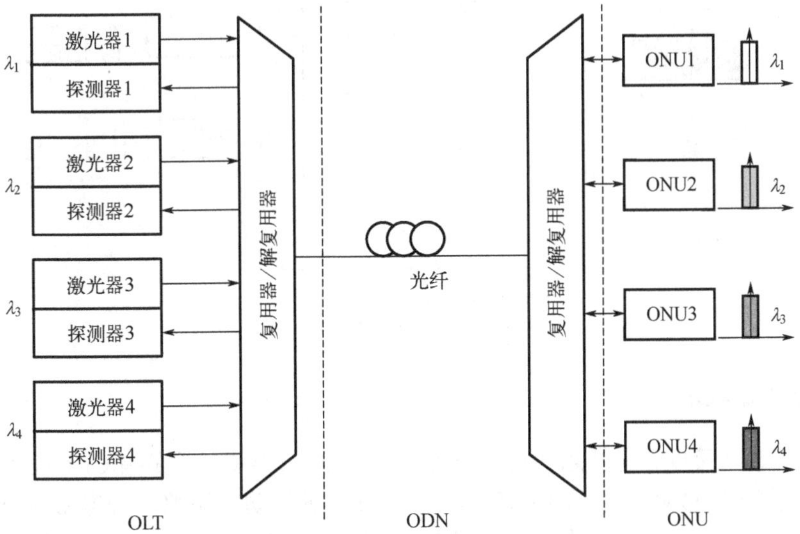

图 9-3-4　WDM-PON 示意图

在上行链路中，OLT 采用波分解复用器和接收阵列接收来自各个 ONU 的数据，ONU 在各自波长上发送数据，不同ONU所发送的信号在时域叠加且互不干扰。WDM-PON中的ONU可以在各自波长下全速率通信，且不同 ONU 可以支持可变速率的通信，因此增加了组网的多样性和灵活性。

在下行链路中，通过阵列波导光栅，将不同波长转向不同 ONU 方向。具体来说，当一束多波长的光波进入波导阵列时，它们会在波导中传播并发生干涉，形成一系列的谐振峰。这些谐振峰对应着不同波长的光波，每个波长都会在阵列的某个位置产生一个谐振峰。通过这种方式，AWG 可以实现对多个波长的光波进行复用和解复用，从而实现高速数据传输和光纤通信。

3) FDM-PON

对厂商来说，直接使用 WDM-PON 方案来满足下一代 PON 仍然是不经济的，因为不同波长的信号之间需要一个较大的频率保护带，避免带外泄漏和激光频率漂移，这使得频谱效率低。虽然 WDM-PON 可以提供更灵活的带宽分配，但需要多个波长和有色光学器件，这带来了额外的成本和操作复杂性。针对这种频谱效率低的问题，FDM-PON (frequency division multiplexing-passive optical network) 作为一种新型无源光网络技术开始被广泛研究，如图 9-3-5 所示。FDM-PON 既保持了 WDM-PON 的优点，又能充分利用波长资源，还可以提高 PON 的部署灵活性。其与 WDM-PON 的区别在于，WDM-PON 基于多波长传输，对激光器需求多，但对器件带宽需求低；而 FDM-PON 对波长要求较低，系统可以使用更少的激光器和探测器，但对器件带宽需求高。

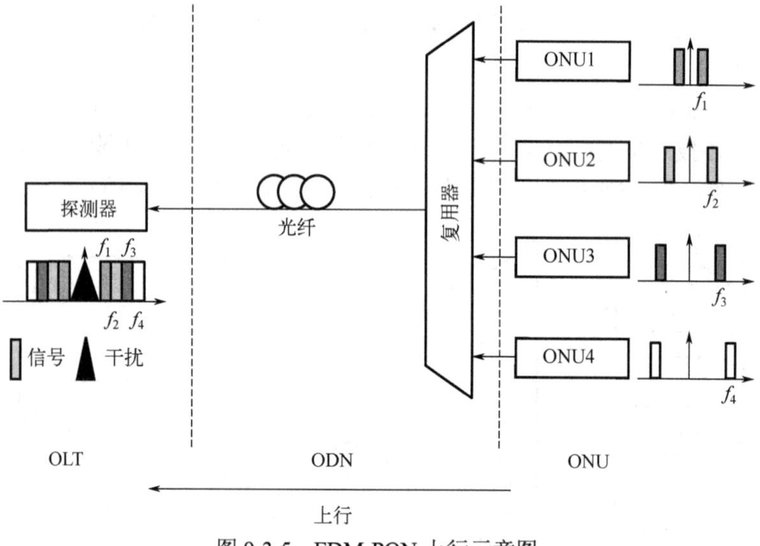

图 9-3-5　FDM-PON 上行示意图

2. 带宽分配技术

带宽分配技术可以分为静态和动态两种类型。静态 DBA 技术是指 OLT 设备在网络规划时就分配好了每个 ONU 设备的带宽资源，并且不进行动态调整。动态带宽分配(dynamic bandwidth allocation，DBA)技术则是根据实时的网络负载情况和 ONU 设备的请求动态调整带宽资源的分配，通常采用轮询方式实现。OLT 设备周期性地轮询每个 ONU 设备的请求，并根据请求情况和网络负载情况动态调整带宽资源的分配。这种方式可以实现公平和高效的带宽利用，同时避免了分配过度或分配不足的问题。

DBA 技术用于动态分配带宽资源，实现公平和高效的带宽利用。DBA 技术通常由 OLT 设备来实现，它可以根据 ONU 设备的实际需求和网络的负载情况来动态调整带宽资源的分配。在 PON 中，上行带宽是由 ONU 设备向 OLT 设备请求的，因此 DBA 技术主要用于上行带宽的分配。

3. 突发光电技术

PON 上行方向采用时分复用的方式工作，每个 ONU 必须在许可的时隙才能发送数据，在不属于自己的时隙必须关闭光模块的发送信号，才不会影响其他 ONU 的正常工作。

对于 OLT 侧上行接收，必须要根据时隙突发接收每个 ONU 的上行数据，因此为了保证 PON 系统的正常工作，ONU 侧的光模块必须支持突发发送功能，OLT 侧的光模块必须支持突发接收功能。

ONU 侧的光模块应支持快速地打开和关闭突发发送功能，防止此 ONU 的发送信号干扰到其他的 ONU。

OLT 侧：由于每个 ONU 到 OLT 的距离不同，每个 ONU 到达 OLT 的光信号衰减也不同，因此 OLT 在不同时隙接收到的光信号的功率是不同的。因此，这对 OLT 光模块接收提出了更高的要求：接收模块能在各个 ONU 上行时隙切换的较短时间内快速动态调整接收阈值，使其能正确接收到不同 ONU 的光信号。

如果 OLT 侧的光模块不具备光功率突变的快速处理能力，则会导致距离较远、光功率衰减较大的 ONU 的光信号到达 OLT 时，由于光功率电平小于阈值而恢复出错误的信号(高于阈值电平才认为有效，低于阈值电平则无法正确恢复)。

4. 低时延技术

针对未来新业务及新场景的需求，光接入网除大带宽需求以外，也需要考虑低时延特性。因此，在 ITU-T 50G PON 标准的制定中，多个低时延相关的技术都被提出并落实在相关标准中。目前主流的两种技术是：单帧多突发技术和独立注册通道技术。这些低时延 PON 技术不仅可以应用在 50G PON，而且可以应用在当前的 10G PON 上，通过这些低时延技术方案的引入，PON 系统的最大时延可由原来的毫秒量级降至百微秒量级，甚至更低。

1) 单帧多突发技术

在 TDM PON 系统中，上行采用时分多址接入(time division multiple access，TDMA)的复用机制。OLT 负责分配及调度 ONU 的上行发送时隙，ONU 只能在 OLT 分配的时隙之内发送上行数据。由于 PON 系统是点到多点的物理拓扑连接方式，OLT 的接收时隙需要合理地分配给所有的 ONU。对于某个特定的 ONU，其上行时隙窗口是有限的，某一个上行时隙结束至下一个时隙开始的期间，是属于其他 ONU 的发送时隙，该特定 ONU 是不能发送任何上行数据的，在此期间需要发送的数据将在 ONU 本地缓存，等待下一个时隙到来再发送。因此，上行时隙间隔对 ONU 的上行时延有较大的影响。

在 ITU 体系的 TDM PON 系统中，ONU 的上行时隙分配报文位于每个下行帧帧头固定开销的 BWmap 中，每个 BWmap 可以完成该下行帧所对应的 125μs 上行时隙分配。当在每 125μs 的帧中，ONU1 只有 1 个上行发送时隙时，其发送间隔可以达到 125μs，最大上行时延也是 125μs；当每 125μs 的帧中，ONU1 有 4 个上行发送时隙时，各个时隙之间的间隔是 $125/4=31.25(\mu s)$，上行时延可以缩减到原来的 1/4。

2) 独立注册通道技术

TDM PON 系统中引入时延和抖动的另外一个因素是新 ONU 的注册和测距过程，为了保证能够允许新 ONU 的接入，OLT 会定期开启静默窗口，在此期间，已上线的 ONU 不允许发送上行数据，只有未注册的 ONU 才允许发送注册请求消息。由于典型 PON 系统允许的 ONU 距离需要覆盖 0～20km，故在光纤上传输的往返时延差达到 200μs。因此，在 ONU 注册阶段，静默窗口大小通常是 250μs，其中 200μs 为不同 ONU 到达 OLT 的往返时延差，2μs 是不同 ONU 的响应时间差，剩余 48μs 为 ONU 在收到授权开窗时额外做的随机时延，用于降低距离相近的 ONU 在上行注册时的冲突概率。除了注册外，当 ONU 需要测距时，OLT 也需要利用上行静默窗口来完成。

由于注册/测距窗口是不允许正常 ONU 发送上行数据的，而如果此时 ONU 有上行业务需要发送，只能等待静默窗口结束再发送，因此 PON 系统的注册/测距窗口会引入额外的时延，通常情况下，该时延为 250μs。

为了避免注册/测距开窗引入额外时延和抖动，一种有效的方法就是引入额外的一个波长通道。OLT 和 ONU 都具备两个上行通道，其中一个上行通道用于正常的业务和管理；另一个通道用于注册/测距，同时该注册/测距通道也可以用于发送上行业务。

此外，网络可靠性技术、ONU 节能技术等也是 PON 运行的关键技术。

9.3.4 EPON

1. EPON 的系统结构及技术特点

以太网无源光网络(EPON)，顾名思义，是使用无源光网络(PON)的拓扑结构实现以太网的接入。EPON 标准是由 IEEE 802.3EFM 工作组发布的 IEEE 802.3ah，在该标准中，它采用点到多点结构、单纤双向传输，在以太网上提供各种业务。EPON 在物理层使用了 PON 技术，在数据链路层使用以太网协议，因此 EPON 综合了 PON 技术与以太网技术的优点：低成本、大带宽、扩展性强、灵活快速的服务重组等。

EPON 系统主要由光线路终端(OLT)、光分配网(ODN)和用户侧的光网络单元(ONU)组成，其系统网结构如图 9-3-6 所示。OLT 和 ONU 之间仅有光纤、光分路器等无源器件，因此 EPON 可以有效节省建设和运营维护成本。根据 ONU 在接入网中所处的位置的不同，EPON 通常具有光纤到交接箱(FTTCab)、光纤到楼宇/分线盒(FTTB/C)、光纤到户(FTTH)、光纤到办公室(FTTO)等几种应用类型。在 EPON 中，OLT 到 ONU 的方向为下行方向，反之为上行方向。下行方向是点到多点(P2MP)的拓扑结构，采用广播方式传输数据。OLT 发送的以太网数据经过一个 1∶n 的无源光分路器或几级分路器传送到每个 ONU，n 的典型取值是 4～32(具体由光功率预算决定)。在下行方向，OLT 既可看作一个交换机或路由器，又可视为一个多业务提供平台(multi-service provisioning platform，MSPP)，它提供面向无源光纤网络的光纤接口，可以连接公共电话交换网络(public switched telephone network，PSTN)、视频业务和 IP 网络。除了提供网络集中和接入的功能外，OLT 还可以针对用户的服务质量(QoS)的不同要求进行带宽分配、网络安全和管理配置。在 EPON 中，OLT 和 ONU 之间的距离最大可达 20km。

在上行方向，由于无源光合路器的方向特性，ONU 的数据只能送达 OLT 而不会到达其他的 ONU。此外，为了避免各个 ONU 的数据产生冲突并且提高网络利用率，EPON 采用时

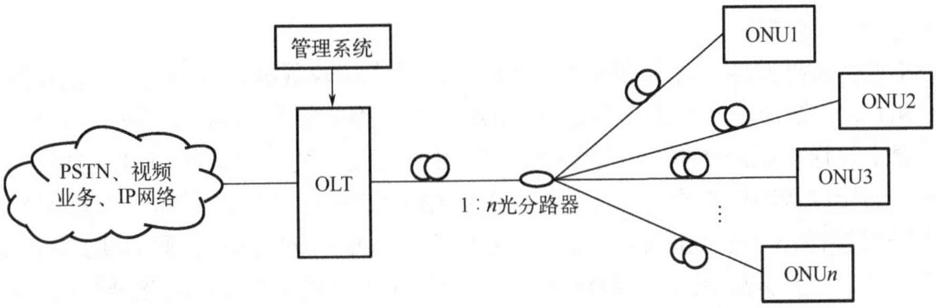

图 9-3-6　EPON 接入网结构

分多址接入(TDMA)方式传输上行信号。EPON 中的 ONU 采用了技术成熟的以太网络协议，实现成本低廉的以太网第二层或第三层交换功能。此类 ONU 可以通过层叠来为多个最终用户提供共享高带宽。在通信过程中，不需要协议转换，就可实现 ONU 对用户的数据透明传送。ONU 也支持其他传统的 TDM 协议，而且不增加设备和操作的复杂性。在带宽更高的 ONU 中，将提供大量的以太网接口。

EPON 中的 OLT 和所有的 ONU 由网元管理系统(element management system，EMS)管理。网元管理范围有故障管理、配置管理、计费管理、性能管理和安全管理等。

2. EPON 工作原理

1) 下行(广播方式)

EPON 中，下行数据发送原理如图 9-3-7 所示。在 ONU 注册成功之后，系统会为其分配一个唯一的逻辑链路标识(logical link identifier，LLID)，并以此作为接收多点控制协议(MPCP)下发给自己 ONU 下行数据的依据。ONU 在接收数据时，仅接收符合自己 LLID 的帧或广播帧。由于下行采用广播方式，需要通过加密解决数据安全问题，常用的方法是采用三重搅动方式提高数据安全性。

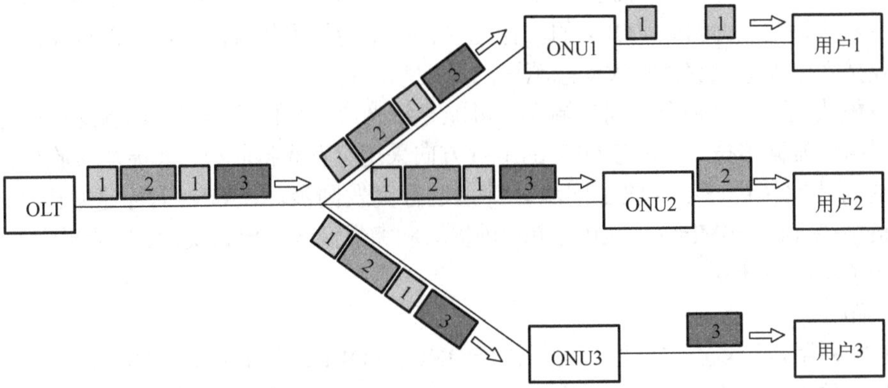

图 9-3-7　EPON 下行传输原理

在波长规划方面，为了实现与 1G EPON 的共存，10G EPON 没有使用前者所用的 1490nm 的下行波长，同时避开光时域反射仪(optical time-domain reflectometer，OTDR)的测试波长(1600～1650nm)，IEEE 802.3av 标准选择 1577nm 作为 10G PON 的下行波长。因此，下行方向 1-Gbit/s 信号和 10-Gbit/s 信号为波分复用(WDM)方式。

2) 上行 (TDMA 方式)

EPON 上行数据发送原理如图 9-3-8 所示。OLT 在接收数据前，会比较 LLID 注册列表，以确认 ONU 的数据合法性。上行采用 TDMA 方式，因此每个 ONU 在由局方管理系统统一分配的时隙中发送自己的数据帧，避免数据在 OLT 发生冲突。OLT 和 ONU 之间的距离是它们首次建立连接时测距所得到的。不同的 ONU 至 OLT 的距离可能不同，因此各个 ONU 至 OLT 的光链路损耗 (optical link loss，OPL) 也不相同。OLT 应根据与不同 ONU 之间的距离进行不同的补偿。在图 9-3-8 中，各 ONU(用户) 按照 OLT 分配的时隙经过光分配网 (ODN) 汇聚到主纤接入 OLT。时隙采用 802.3 的帧结构，由包头、净荷、帧校验序列 (FSC) 组成。

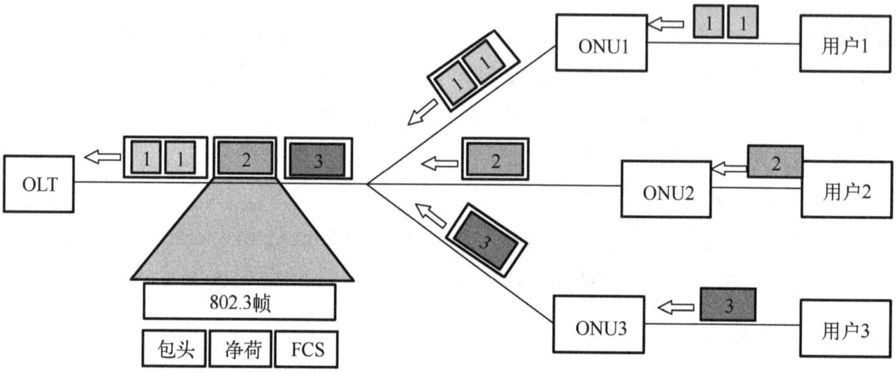

图 9-3-8　EPON 上行传输原理

3. EPON 关键技术

1) 突发接收和同步技术

由于 EPON 上各个 ONU 至 OLT 的距离各不相同，各个 ONU 到 OLT 的 OPL 不同。OLT 和 ONU 可能使用的是不同厂商的设备。此外，各个 ONU 发送信息也是突发的，ONU 模块应支持突发传输功能。因此，OLT 的上行光接收机不能采用传统的方法，而要用特殊的突发模式接收技术来保证能够接收大动态范围的光功率。

突发模式的光信号来自不同的端点，可能导致光信号相位的偏差，消除这种微小偏差的措施是采用突发同步技术。只有 OLT 的上行方向采用突发光接收机，才能从接收到的突发脉冲串中的前几比特快速地提取出同步时钟，进行突发同步。EPON 上行速率由 APON 的 155Mbit/s 提高到 1250Mbit/s，加上同步时钟提取和突发同步的电路实现，只能采用串行处理，这就增加了实现的难度。

2) 测距

EPON 采用点到多点的拓扑结构，各个 ONU 与 OLT 之间的距离不相等，最短的可以是几米，最长的可达 20km。为了实现 TDMA 接入，OLT 需要有一套测距功能来测试每一个 ONU 与 OLT 之间的逻辑距离，并据此来指挥 ONU 调整其信号发送时延，使不同距离的 ONU 所发送的信号能在 OLT 处准确地复用在一起。目前一般使用比较成熟的数字计时技术的带内开窗测距法。

3) 动态带宽分配技术

上行信道中的传输是采用 TDMA 方式来共享光纤的。EPON 分配给每个 ONU 的上行接入带宽由 OLT 控制决定。各个 ONU 收集来自用户的信息，并向 OLT 发送数据，不同的 ONU 占用不同的时隙，提高上行带宽的利用率。带宽分配与分配给 ONU 的窗口大小和上行传输速率有关。带宽分配又分静态和动态两种，静态带宽由窗口尺寸决定；动态带宽根据 ONU 的需要，由 OLT 分配决定。根据不同用户的业务类型与业务特点合理分配信道带宽，使其在带宽相同的情况下可以承载更多的终端用户，从而降低用户成本，最有效地利用网络资源。

4) 安全性和可靠性

EPON 下行信号以广播的方式发送给所有 ONU，每个 ONU 可以接收 OLT 发送给所有 ONU 的信息，这就必须对发送给每个 ONU 的下行信号单独进行加密。OLT 可以定时地发出命令，要求 ONU 更新自己的密钥，OLT 就利用每个 ONU 发送来的新密钥对发送给该 ONU 的数据信元进行加密，保证每个 ONU 从接收所有 ONU 的信息中，按照自己的密钥译出属于自己的信息，使下行信息安全地到达目的地，确保每个 ONU 的隐私。加密算法主要有数字加密标准(data encryption standard，DES)、高级加密标准(advanced encryption standard，AES)等。

4. EPON 分类

1) EPON 概述

电气电子工程师学会(Institute of Electrical and Electronics Engineers，IEEE)组织定义了 EPON 系列的标准，包括 EPON、10G EPON。

EPON 是基于以太网的 PON 技术，其将以太网和 PON 技术结合，在物理层采用 PON 技术，在数据链路层使用以太网协议，利用 PON 的拓扑结构实现以太网接入。

EPON 的线路速率是对称 1.25Gbit/s，上行方向采用 1310nm 波长窗口(1260～1360nm 波长)，下行方向采用 1490nm 波长窗口(1480～1500nm 波长)，如果采用第三波长方式实现有线电视(cable TV，CATV)业务的承载，则使用 1540～1560nm 波长。

EPON 目前的应用市场范围相对较窄，主要用于中国、日本、韩国运营商市场，以及一些 Cable 业务运营商市场。

2) 10G EPON

随着宽带业务的普及和互联网业务的蓬勃发展，用户对带宽的需求不断提升，原有的 EPON 带宽已经不能满足最终用户的需求，需要 10G EPON 技术提供更高的带宽。

10G EPON 分为非对称模式和对称模式两种模式。

(1) 10G EPON 非对称模式：下行线路速率是 10.3125Gbit/s，上行线路速率是 1.25Gbit/s，主要应用于家庭用户场景。

(2) 10G EPON 对称模式：下行线路速率是 10.3125Gbit/s，上行的线路速率也是 10.3125Gbit/s，该模式除了满足家庭用户场景之外，也可以满足企业用户的接入应用。

10G EPON 支持 10G EPON ONU 和 EPON ONU 在同一个 ODN 下共存，支持不同种类的 ONU 平滑演进。10G EPON 和 EPON 下行方向通过波分共存，上行方向通过时分共存。10G EPON 上下行的波长可分为以下两种类型。

(1) 10G EPON 非对称模式：下行方向采用 1577nm 波长窗口(1575～1580nm 波长)，与 EPON 的下行 1490nm 波长窗口(1480～1500nm 波长)不冲突，所以在下行方向是通过波分方式共存的。10G EPON 非对称 ONU 的上行和 EPON 的上行线路速率都是 1.25Gbit/s，并采用同样的 1310nm 波长窗口(1260～1360nm 波长)，EPON ONU 和 10G EPON ONU 在上行方向通过时分方式共存。

(2) 10G EPON 对称模式：下行方向和非对称模式的下行是相同的，均采用 1577nm 波长窗口，与 EPON 的 1490nm 波长窗口进行波分共存。10G EPON 对称模式的上行速率由 1.25Gbit/s 提升至 10.3125Gbit/s，并选用了 1270nm 波长窗口（1260～1280nm 波长），10G EPON OLT 的接收侧采用宽接收，支持 1260～1360nm 的波长范围，故对称 10G EPON ONU 和 EPON ONU 此时必须通过时分方式进行共存。

9.3.5 GPON

1. GPON 概述

吉比特级无源光网络（GPON）是基于 ITU-T G.984.x 系列标准的新一代宽带无源光综合接入标准，具有大带宽、高效率、大覆盖范围、用户接口丰富等优点，也被大多数运营商视为实现接入网业务宽带化、综合化改造的技术。GPON 也是园区网络中以太网交换的替代方案。GPON 用两层光网络取代了传统的三层以太网设计，而无需接入层和分布层以太网交换机。GPON 的结构与 EPON 基本一致，主要由局端的 OLT、用户侧的 ONU 和 ODN 组成。ODN 由光纤、光分路器和光连接器无源光器件组成，在网络中向用户分发信号。GPON 系统的 ONU 可放置在交接箱、楼宇/分线盒、家庭和公司/办公室等不同位置形成 FTTO、FTTH 和 FTTB/C 等几种应用类型。在 GPON 中，OLT 通过单根光纤连接至 ODN，ODN 再将数据分发至各 ONU。GPON 采用 WDM 技术在一根光纤上传输上行/下行波长不同的数据，下行波长是 1480～1500nm，而上行波长是 1290～1330nm，支持的最大传输距离是 20km。在下行方向，数据采用广播方式，OLT 将数据经 ODN 分发至各个 ONU。GPON 的分光比例为 1∶64，可升级为 1∶128，具体由路径损耗限制。在上行方向，各个 ONU 的数据采用时分多址接入（TDMA）方式接入传输至 OLT。

光功率作为 GPON 的一部分，必须考虑其损耗。而 GPON 中损耗可能包括：分路器的内部损耗、光纤损耗（1310nm 和 1490nm 每千米的损耗约为 0.35dB）、熔接损耗（>0.2dB）、连接器损耗（0.6dB）和光纤弯曲损耗等。

2. GPON 传输原理

1) 下行传输

GPON 的下行传输与 EPON 中一致，含有以不同 ONU ID 为标识的数据包从 OLT 采用广播方式转发至各 ONU，各 ONU 可根据自己的 ID 接收自身相应的数据。GPON 的下行传输采用连续操作模式，即使在没有用户流量通过 GPON 的情况下，光纤中也会传输一个持续的信号。

图 9-3-9 给出了 GPON 的下行帧格式。下行帧时长为 125μs，包含下行物理控制块（PCBd）及载荷（payload）部分，载荷透明承载 ATM 信元及 GEM 帧。ONU 依据 PCBd 获取同步等信息，并依据 ATM 信元头的 VPI/VCI 过滤 ATM 信元，依据 GEM 帧头的 Port ID 过滤 GEM 帧。

2) 上行传输

GPON 的上行传输采用 TDMA 传输。OLT 根据其与各 ONU 的距离分配时隙，ONU 则基于授权的时隙向上游发送数据包。GPON 中的动态带宽分配（DBA）技术帮助 OLT 实时监控拥塞、带宽使用和配置情况。图 9-3-10 给出了 GPON 的上行帧结构。上行物理层开销（physical layer overhead upstream，PLOu）用于突发传输同步，包含前导码、定界符、BIP、PLOAMu

指示及 FEC 指示，其长度由 OLT 在初始化 ONU 时设置。ONU 在占据上行信道后首先发送 PLOu 单元，以使 OLT 能够快速同步并正确接收 ONU 的数据。PLSu 为功率测量序列，长度为 120 字节，用于调整光功率。PLOAMu(PLOAM upstream)用于承载上行的 PLOAM 信息，包含 ONU ID、Msg ID(指明 PLOAM 消息的类型)、Message 及 CRC，长度为 13 字节。PCBu 包含 DBA 域及 CRC 域，用于申请上行带宽，共 2 字节。Payload 域填充 ATM 信元或者 GEM 帧。

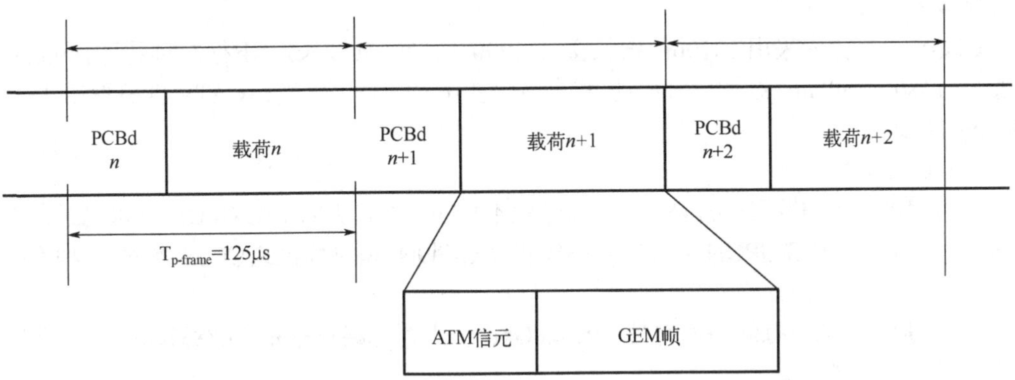

图 9-3-9　GPON 的下行帧结构

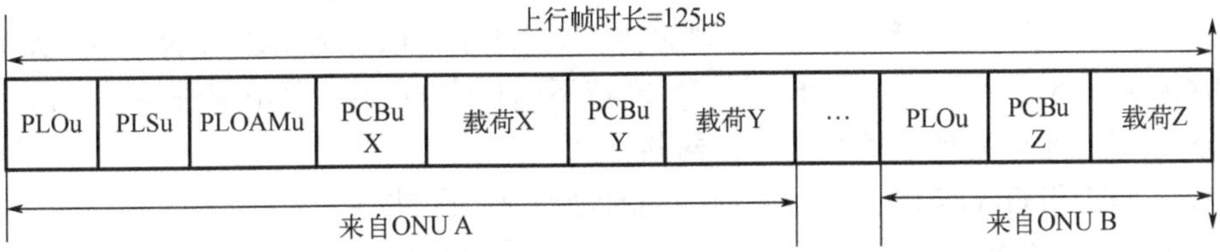

图 9-3-10　GPON 的上行帧结构

3. GPON 分类

1) GPON 概述

ITU-T 定义了 GPON 系列标准，包括 GPON、10G GPON 系列(单波长速率为 10Gbit/s，包括非对称的 XG-PON、对称的 XGS-PON 和多波长的时分波分堆叠复用 PON(time wavelength division multiplexing passive optical network，TWDM PON)，后续会演进到更高速率的 50G PON。

GPON 采用了 P2MP 结构的无源光网络，能够提供下行 2.48832Gbit/s、上行 1.24416Gbit/s 的速率。GPON 标准是由 ITU-T 制定的，在 ITU-T 中，运营商占据主导地位，更关注已有业务在 GPON 上的支持，因此 GPON 标准除了关注以太网业务在 PON 上的传输之外，也关注以前的语音、E1 专线等各种业务在 PON 上的承载，对 PON 上承载业务的 QoS 保证等提出了较高的要求。GPON 更适用于支持多业务承载，是目前主流的 FTTH 建设方案，并且已具有成熟的产业链，同样情况下的建设和部署成本更具竞争力。

GPON 采用了简单、高效的适配封装，引入了(GPON encapsulation mode，GEM)帧的封装，提供了更高的带宽利用率。GEM 帧是 GPON 中最小的业务承载单元，所有业务都封装在 GEM 帧上进行传输，通过 GEM Port 标识。

(1) 每个 GEM Port 由一个唯一的 Port ID 来标识，由 OLT 进行全局分配，即每个 GPON 端口下的每个 ONU 不能使用 Port ID 重复的 GEM Port。

(2) GEM Port 标识的是 OLT 和 ONU 之间的业务虚通道，即承载业务流的通道。

除了上述的将以太网帧映射到 GPON 的 GEM 帧之外，GPON 的 GEM 帧还可以承载传统电话业务(plain old telephone service，POTS)、E1、T1 等多种格式的信元，可以更好地支持多种业务承载。

GPON 上行方向采用 1310nm 波长窗口(1290～1330nm 波长)，下行方向采用 1490nm 波长窗口(1480～1500nm 波长)，也可以和有线电视(CATV)业务共存(CATV 业务使用 1540～1560nm 波长)。

2) 10G GPON

随着宽带业务的发展，GPON 也存在带宽不足的情况，所以 10G GPON 技术已经在高价值区域规模部署，10G GPON 分为非对称模式(XG-PON)和对称模式(XGS-PON)两种不同的模式。

(1) XG-PON 的下行线路速率是 9.95328Gbit/s，上行线路速率是 2.48832Gbit/s，主要应用于家庭用户的上网场景。

(2) XGS-PON 的下行线路速率是 9.95328Gbit/s，上行线路速率也是 9.95328Gbit/s，该模式除了满足家庭用户的上网场景之外，也可以用于企业用户的接入应用，还可用于移动承载等。10G GPON 由于采用了和 GPON 不同的波长，因此也可以支持 XG-PON ONU、XGS-PON ONU 和 GPON ONU 在同一个 ODN 下共存，支持不同种类的 ONU 平滑演进。其中，10G GPON 和 GPON 通过一个外置或者内置的合波器共存。

10G GPON 和 GPON 的上下行方向都是通过波分方式共存。

(3) XG-PON 和 XGS-PON 的下行速率都是 9.95328Gbit/s，下行方向采用 1577nm 波长窗口(1575～1580nm 波长)，与 GPON 的下行 1490nm 波长窗口(1480～1500nm 波长)并不冲突，通过波分方式共存。

(4) XG-PON ONU 的上行速率是 2.48832Gbit/s，XGS-PON ONU 的上行速率是 9.95328Gbit/s，两者都是采用 1270nm 波长窗口(1260～1280nm 波长)，和 GPON 的 1310nm 波长窗口(使用 1290～1330nm 波长)波分共存。XG-PON ONU 和 XGS-PON ONU 采用相同的波长窗口，通过时分共存，不同的 ONU 占用不同的时隙发送报文。

3) 50G PON

随着 PON 业务承载内容的不断丰富，需要在 10G GPON 的基础上发展下一代的更高速的 PON 系统。特别地，针对 5G 移动前传和企业专线业务，需要支持到 50Gbit/s 的 PON。

50G PON 分为非对称模式和对称模式两种模式。

(1) 非对称 50G PON 的下行线路速率是 49.7664Gbit/s，上行线路速率是 24.8832Gbit/s 或 12.4416Gbit/s，主要应用于普通企业客户或未来的家庭用户的上网场景。

(2) 对称 50G PON 的下行线路速率是 49.7664Gbit/s，上行的线路速率也是 49.7664Gbit/s，该模式除了满足家庭用户的上网场景之外，也可以用于企业用户的接入应用，还可用于 5G 移动前传等。50G PON 的下行中心波长为 1342nm，上行波长有两个选项与现有的 GPON 或者 10G GPON 波分共存。当与 GPON 共存时，上行采用和 GPON 不同的波长，中心波长为 1300nm，此时可以同时支持 GPON ONU 和 50G PON ONU 在同一个 ODN 下共存；当与 10G GPON 共存时，上行采用了和 10G GPON 不同的波长，中心波长为 1270nm，此时可以同时支持 XG-PON ONU、XGS-PON ONU 和 50G PON ONU 在同一个 ODN 下共存，支持不同种类的 ONU 平滑演进。其中，共存通过一个外置或者内置的合波器共存。

50G PON 和现有的 GPON 或 10G GPON 的上下行方向都是通过波分共存的。50G PON 上行的 3 种速率的 ONU 通过时分共存，不同的 ONU 占用不同的时隙发送报文。

4. GPON 和 EPON 标准的比较

表 9-3-1 对 GPON 和 EPON 标准的主要参数进行了比较。

表 9-3-1　GPON 和 EPON 标准主要参数的比较

技术参数/PON 分类	GPON	EPON
相关标准组织	ITU-T G.984 标准组	IEEE 802.3ah 工作组(EFM 工作组)
支持的速率等级	下行 1.25Gbit/s 或 2.5Gbit/s 上行 155Mbit/s、622Mbit/s、1.25Gbit/s 或 2.5Gbit/s	上下行对称 1.25Gbit/s
支持的 ODN 等级	Class A、Class B、Class C 15/20/25dB	Class A、Class B 15/20dB
分路比	64～128	16～32
协议和封装格式	ATM 或 GFP 封装格式	以 802.3 协议为基础
距离	10～20km	10～20km
同步方式	每 125μs 下行同步标志	时钟标签法
业务能力	Ethernet、ATM、TDM	Ethernet、TDM(比较困难)
QoS 保证	容易	难

针对 GPON 和 EPON 技术的不同特点，可以对这两种技术做出以下分析。

单从协议上比较，EPON 标准是以 802.3 体系结构为基础，与 GPON 标准相比，其协议分层更简单，系统实现更容易，系统成本更低。

GPON 支持多种速率等级，可以支持上下行不对称速率，上行不一定要支持 1Gbit/s 以上的速率，因此与 EPON 只能支持对称 1Gbit/s 的单一速率相比，GPON 对光器件的要求较低，从而可降低成本。EPON 只支持 Class A 和 Class B 的 ODN 等级，而 GPON 可支持 Class A、Class B 和 Class C，因此 GPON 可支持高达 128 的分光比和长达 20km 的传输距离。

目前，基于 EPON 和 GPON 技术的 10G PON 技术作为千兆光接入网的主流技术正在全面部署。

前沿应用案例

9.4　新型 PON 技术

本节将在 9.3 节的无源光网络原理、关键技术介绍等的基础上，沿着新型 PON 发展涉及的系统架构、支撑通信算法和技术走向进行介绍。

9.4.1　PON 系统发展现状

PON 系统标准的发展历程如图 9-4-1 所示。G-PON 的后续系统是 10G PON，它有两个标准化版本：XG-PON（ITU-T G.987 系列）和 XGS-PON（ITU-T G.9807 系列）。虽然 XG-PON 标准于 2010 年发布，但直到 2016 年左右才开始得到大规模的部署。在 XG-PON 系统完成后，业界进一步考虑并开发了一个可以支持至少 40Gbit/s 速率的 PON 标准，即下一代 PON 2(next generation PON 2，NG-PON2)。但是，NG-PON2 标准并未取得商业成功，这是因为在标准化的过程中，当时的 TDM-PONs 系统中的经济型系统组件所能支持的最大传输速率只有 10Gbit/s。因此，至少 40Gbit/s 的 PON 标准意味着人们需要引入 WDM-PON 或 FDM-PON 体系结构。然而，纯 WDM-PON 体系结构由于无法与当时的 ODN 兼容而被放弃。虽然 2015 年完成的 ITU-T G.989 系列标准提出的 NG-PON2 系统将在 4 个波长上实现时间和波长分集复用(TWDM)，但多波长 PON 系统存在的突发模式波长漂移和带外光学干涉的问题导致系统成本的额外增加(需要更严格的波长规划和温控激光器)，NG-PON2 标准始终未得到大规模的商业部署。但尽管如此，NG-PON2 标准的提出依然具有重要意义，它推动了高速 PON 系统的标准化，定义了一种更高速率 PON 的解决方案，并且是开始在 PON 收发器中引入数字信号处理(DSP)技术的重要转折点。

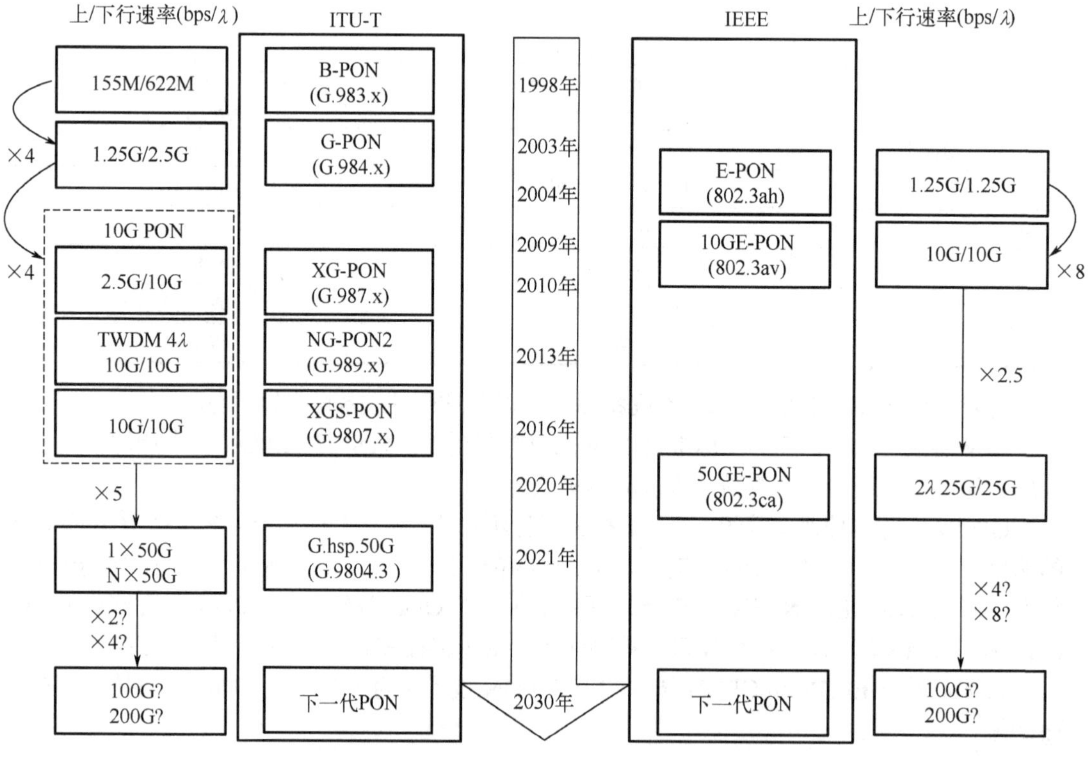

图 9-4-1　ITU-T 和 IEEE 的 PON 标准发展历程

在 NG-PON2 标准化后，IEEE 802.3ca 项目组开始指定 100GE-PON。然而，当时的 PON 系统为降低色散大多使用 O 波段传输。考虑到当时最具成本效益的是 25Gbit/s/λ 的系统组件，因此 100GE-PON 的实现至少需要 8 个波长，事实上，O 波段难以满足这些波长需求。因此，最终的项目目标被降低到了 50Gbit/s 的总容量(50GE-PON)，并于 2020 年完成了标准化工作(需要 O 波段上的 4 个波长)。在 50GE-PON 标准化工作的同时，人们对单通道 25Gbit/s PON (25G-PON)也产生浓厚的兴趣。该系统可以看作 50GE-PON 系统的简化，因为它只支持其中一个波长通道。这可能是在不需要 DSP 进行自适应均衡条件下可以实现的最高速的单通道 PON 系统。ITU-T G.9804 系列也在 2021 年提出了 50G-PON 系统标准。与 50GE-PON 不同，此标准考虑选择非归零通断键控（non-return-to-zero on-off keying，NRZ-OOK）调制格式并引入 DSP 实现 50Gbit/s/λ 传输。

随着容量需求的不断增长，受经济型 PON 系统器件的速率限制，多波长 PON 技术也受到了广泛的关注。ITU-T 和 IEEE PON 都曾涉及多波长领域，但方式不同。NG-PON2 系统与 50GE-PON 系统都有多个波长，但 NG-PON2 系统中的每个 ONU 只使用一对波长，而 50GE-PON 系统旨在实现 ONU 间的协同工作。然而，由于简单的单波长 PON 系统已经满足了当时的市场需求，因此这两种系统标准均未实现大规模部署。事实上，作为 NG-PON2 的继承和扩展，ITU-T G.9804.4 系列除了定义一个 50Gbit/s/λ 的 PON 系统之外，还将定义一个多波长的总速率为 50Gbit/s 的 PON 系统。它是否能够得到应用的决定因素是对可支持超过 50Gbit/s 的 PON 系统的需求是否先于 50Gbit/s/λ PON 系统出现。

波长的选择是多波长 PON 系统的主要问题之一。这个问题有两种可能的解决方案，一种是在 O 波段定义一个新的多波长 PON 系统，因为 O 波段利用其低色散特性可实现基于 DSP 的强度调制与直接探测（intensity modulation direct detection，IM-DD）PON 系统传输。然而，这种方案带来了波长共存问题，因为 O 波段的可用波长有限，频谱拥挤且不利于后续系统升级。另一种方案是使用 C+L 波段（如 NG-PON2 系统中下行通道使用 L 波段，上行通道使用 C 波段），但这就要求尽可能降低色散的影响，其中相干技术由于其良好的色散鲁棒性、高接收灵敏度和高链路预算，将成为这种方案最终实现的关键技术。然而，相干系统的高复杂度和高成本同样是制约相干 PON 系统商业化的关键问题。为解决这一问题，低成本的相干 PON 方案得到了广泛的研究。对于这两种解决方案的选择，目前业界尚未有定论。

对于未来 PON 标准的发展，如果坚持选择 4 波长传输，则 50Gbit/s/λ PON 系统之后显然是 200Gbit/s PON 系统。然而，目前最受青睐的依然是单波长 PON 系统，因此 100Gbit/s/λ PON 系统（100G-PON）或 200Gbit/s/λ PON 系统（200G-PON）或许将成为较为流行的研究选择。

9.4.2　强度调制与直接探测 PON

到目前为止，IM-DD 系统由于其简单且低成本的系统结构备受 PON 系统的青睐。随着 50Gbit/s/λ PON 系统的标准化，下一代 PON 系统的演进需要用到 DSP 技术来提高接收灵敏度。接下来分别针对几个应用于超过 50Gbit/s/λ 的 PON 系统的关键技术进行简要介绍。

1. 调制技术

目前所有的 PON 类型，包括 50G-PON，都定义了 NRZ-OOK 为调制格式，其他调制格式如四元脉冲幅度调制（4-level pulse amplitude modulation，PAM-4）、双二进制（duobinary，DB）、无载波调幅/调相（carrierless amplitude/phase modulation，CAP）调制和多载波技术（如频分复用（FDM）和离散多音（discrete multi tone，DMT））也都在 25G-PON 和 50GPON 的开发过程中进行了详细的分析。OOK 最终成为标准调制格式的原因在于其相比于其他调制格式的调制解调方法更为简单，受器件非线性的影响更小。此外，它的主要优点还包括可获得更高的接收灵敏度，这对满足苛刻的 PON 系统功率预算要求来说是至关重要的。

随着 100G-PON 甚至 200G-PON 标准化的推进，光电（O/E）器件的带宽限制可能导致 OOK 不再适用，而 DB 调制是 NRZ-OOK 的主要替代方案。DB 调制可以相对简单地从二进制调制中推导出来并可以实现比 OOK 信号更优秀的色散和带宽限制容忍性。DB 调制由传统 NRZ 的两电平转换为三电平发送(将原逻辑“0”电平转换为“+1”和“-1”)，信号需要的带宽仅为原来的一半。在传统的方法中，需要 3 个块来将 OOK 转换为 DB：预编码器、编码器和半比特率滤波器。在接收端，双二进制信号被解码回 OOK。如果解码过程中包含一个自适应均衡器并使用编码的双二进制信号进行训练，那么带宽条件甚至可以放宽到比特率的 1/4。双二进制结构如图 9-4-2 所示，其中图 (c)为一种简化的电 DB(EDB)，其只需要发射机中的一个预编码器即可完成编码。当信道带宽大于比特率的一半时，EDB 在背靠背下相比于 OOK 仅有 2dB 的灵敏度损失。但当信道带宽小于比特率的 30%时，EDB 的性能即可超过 OOK。

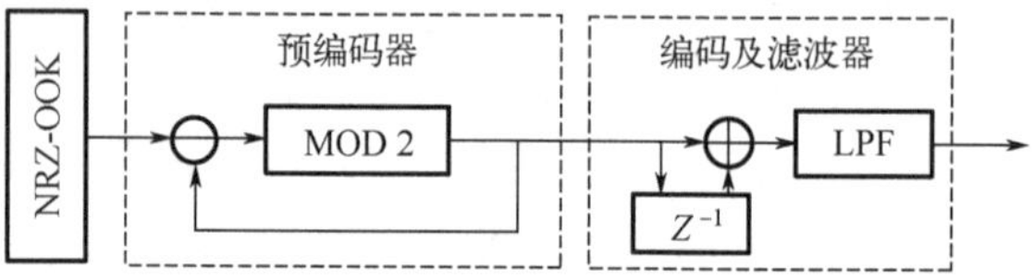

(a) 传统DB编码

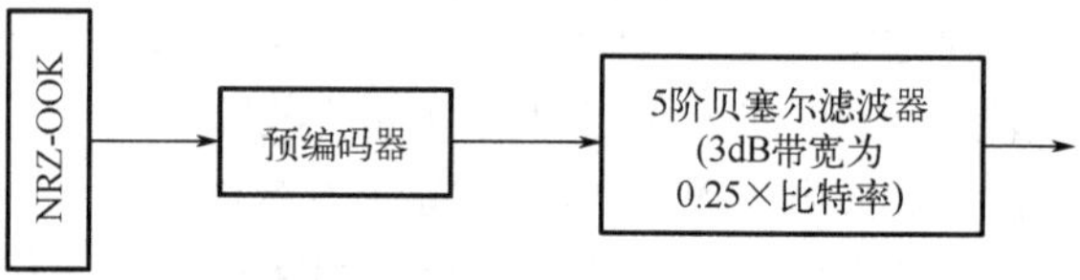

(b) DB编码方案变体

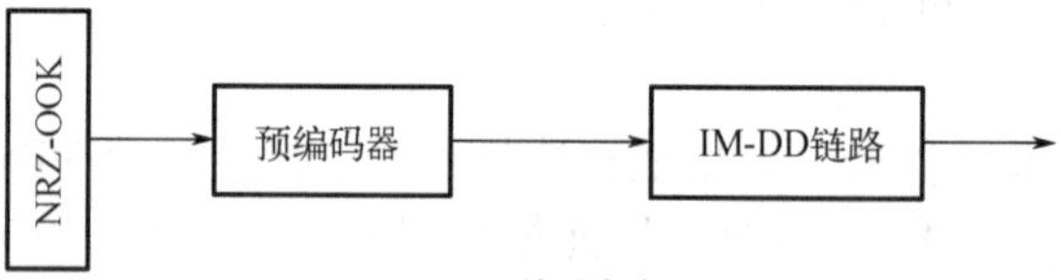

(c) EDB编码方案

图 9-4-2 DB 编码方案及其变体

PAM-4 由于相对于 OOK 固有的灵敏度损失(>5dB)并不适合用作 50G-PON 的调制格式，但在速率增长到 100Gbit/s 后，PAM-4 的灵敏度损失可以通过编码增益性能更好的 FEC 方案补偿。PAM-4 的替代方案包括 CAP、OFDM 和 DMT 方案。研究表明，在 50Gbit/s 的情况下，PAM-4、CAP 和 DMT 在 O 波段工作时具有非常相似的性能，其中 PAM-4 最为简单，而 CAP 和 DMT 的色散容忍性更高。

此外，目前大部分 OFDM 和 DMT 方案在 PON 中应用的讨论都没有达到标准化和商业化的水平。这可能是由 OFDM/DMT 信号传输和检测的高线性度要求，以及光学系统固有的峰峰值限制等技术原因导致的(IM-DD 系统不能很好地匹配 OFDM/DMT 信号典型的高峰均功率比)。

2. 速率自适应技术

当 PON 允许 ONU 灵活调整传输速率时，为了使传输性能最优化，需要采用一系列速率自适应技术。传统速率的调整依赖于比特率的调整，要实现速率的连续可调，发射机成本必然会大幅提升。在 ONU 波特率恒定的情况下，可以通过调制格式的变化来调整 ONU 发送速率，然而数字调制格式的频谱效率不连续性导致信道未被充分利用，概率整形技术是解决这一问题的关键技术。在多载波调制中，还可以根据信道的频率选择性，灵活地配置每一个子载波的速率，基于传统调制格式调节的多子载波速率自适应技术称为比特载入(bit-loading)技术，而基于概率整形的多子载波速率自适应技术称为熵载入(entropy-loading)技术。两类技术均基于注水算法思想。

3. 色散补偿技术

直接探测(DD)技术中的平方律检测会导致色散引起的线性损伤被转化为非线性损伤。对于 10Gbit/s 的无均衡 IM-DD 系统，这种转化发生在约 50 千米光纤传输处(C 波段)。在目标传输距离为 20km 的 XGS-PON 中，色散并不是一个问题。然而，对于 50G-PON 系统，色散的影响变得至关重要，C 波段上的 20km 光纤传输的累积色散已无法将无均衡 OOK 信号的色散代价维持在 1dB 以下，即使在 O 波段传输也难以实现这个目标。因此，对于 50G-PON 系统，需要新的提高色散容忍性的方法，如使用色散容忍性更高的调制格式(DB 调制)、引入 DSP 技术(均衡技术)和啁啾管理技术等。

当 PON 发展到 100G-PON 甚至更高时，会进一步加剧色散的影响。实际上，考虑到均衡技术会引起额外的系统噪声，在 PON 系统发展到 50Gbit/s/λ 之后，想要补偿这种由色散引起的固有灵敏度损伤，增加调制格式和使用啁啾管理是可行的办法。

4. 非线性失真抑制技术

光纤和光电子器件是非线性失真的主要来源，尤其是在光/电转换过程中。而在接收端，由于色散和平方律检测的相互作用，产生了非线性噪声。此外，由于饱和增益和噪声功率的依赖性，引入 SOA 作为前置放大器同样会引入非线性失真。在超过 50Gbit/s 的 PON 系统中非线性失真问题变得不可忽略。

抵消非线性影响的非线性技术主要有：基于沃尔泰拉非线性均衡(volterra nonlinear equalization，VNLE)的前向和后向均衡器、神经网络(neural network，NN)，以及非线性预编码(tomlinson-harashima precoding，THP)。同时，还有两种简化的解决方案：多项式和查找表。

5. 上行突发接收技术

与所有其他光纤传输相比，PON 系统在上行传输时处于突发模式。在上行数据传输中，不同 ONU 的传输距离不同，传输的信号受到的信道损伤和功率损耗也不同。这就导致 PON 系统上行突发模式接收的条件较为苛刻，各条件如下所示。

(1) 最坏情况下接收光功率变化范围高达 20dB。

(2) 针对不同的流量大小，突发持续时间也有很大的变化。

然而想要成功实现突发模式接收，就要求在下一次突发数据接收之前，当前接收数据应完成以下处理(总收敛时间<400ns)。

(1) 快速完成功率收敛和调平。

(2) 快速完成相位偏差校正(采样相位存在较大的随机性)。

(3) 即使在不同的符号间干扰(intersymbol interference，ISI)影响下，均衡器也要快速收敛并完成数据的解调。

为了应对这些挑战，需要专门开发接收机光电子器件以处理非常快速的自动增益控制电路和相位/时钟恢复。此外，基于 DSP 的接收机面对这些挑战也出现了较大的技术问题，如均衡器收敛时间过长等。为解决这些问题，一些研究提出了适用于 PON 上行的自适应均衡器变体。例如，为了缩短均衡器收敛的时间，在每个 ONU 的开始阶段训练一组前向均衡器(feedforward equalizer，FFE)抽头值，收敛后存储在内存中，然后在每次突发开始时由 FFE 提供抽头值。另一种处理方案是基于更复杂的自适应算法的发展，如比典型的最小均方(least mean square，LMS)方法更快地收敛的自适应算法：递归最小二乘和一系列改进的 LMS 算法等。

9.4.3 相干 PON

到目前为止，IM-DD 系统一直是 PON 系统的首选，因为与当前的相干系统相比，它较为简单且成本低。然而，由于色散的限制，IM-DD 系统很难进一步从 50G-PON 发展到 100G-PON。一些趋势表明 IM-DD PON 系统的数据速率容量正在达到 100Gbit/s 的上限。虽然一些研究已经给出可以达到 100Gbit/s/λ 以上的 IM/DD PON 系统，但它们通常强依赖于复杂的 DSP。随着数据速率的进一步提高(最高可达 400Gbit/s/λ)，即使采用先进的 DSP 技术，IM/DD PON 系统的接收灵敏度也难以满足高速 PON 的功率预算要求。有研究已经证明使用与当前的 50G-PON 方案复杂度相似的接收端 DSP(如 FFE 或判决反馈均衡器(decision feedback equalizer，DFE))几乎不可能实现 100Gbit/s 的 C 波段传输，而即使在 O 波段传输也几乎没有为最坏情况留出足够的系统裕度。

与 IM/DD PON 相比，相干系统能够轻松满足超过 100Gbit/s 数据速率 PON 系统的功率预算要求。然而，将相干技术应用于 PON 系统，还存在三个主要障碍：低成本、低功耗、上行的突发模式操作。

下面主要针对收发机器件简化和算法简化，简要介绍可能应用于高速 PON 系统的关键技术。

1. 低成本相干发射机

相干 PON 的发射机部分成本和复杂度主要来自三个部分：数模转换器(digital-to-analog converter，DAC)的功耗、I/Q 相干光的复杂度以及接收机 DSP。

高分辨率 DAC 会产生很高的系统功耗，并且 DAC 功耗会随着分辨率的增加而线性增长，同时 DAC 的硬件成本和尺寸会随着分辨率的增加呈指数级增长。因此，低分辨率 DAC 对于成本敏感的 PON 更具现实意义，尤其是对上行链路而言。然而，低分辨率 DAC 往往会导致高的量化噪声，因此近年来人们对量化噪声消除技术进行了许多的探索和研究。主流的量化噪声消除技术主要有三种：delta-sigma 调制器技术、数字分辨率增强器(digital resolution enhancer，DRE)技术、误差反馈噪声整形技术(error-feedback noise shaping，EFNS)。

Delta-sigma 调制器在高倍过采样情况下可有效降低带内量化噪声，通过加入误差反馈回路进一步对噪声整形，可使得带宽内量化噪声进一步降低。然而，delta-sigma 调制器需要 8～16 倍的相对较高的过采样比(over-sampling ratio，OSR)，这使得它在高速系统应用中不切实际。以色列本古里安大学的 Yaron Yoffe 基于量化是非线性确定性操作的基本假设提出了数字分辨率增强器(DRE)技术以提高 DAC 的有效分辨率。DRE 无须高倍过采样即可获得较好的量化噪声抑制效果，将 DRE 与削波方法相结合可进一步提高有效信噪比。但由于 DRE 算法需要通过维特比算法搜索最小量化误差路径，因此复杂度较高且需要信道响应已知，这对 PON 系统而言同样难以接受。误差反馈噪声整形 EFNS 技术是一种无须过采样即可实现量化噪声和削波噪声整形的方法。此技术在不使用削波时类似于误差反馈结构的 delta-sigma 调制器。该算法通过整形量化噪声和削波噪声使得信号带宽内的噪声减小，在通过低通滤波器滤除高频分量后即可显著提高有效信噪比。这种具有低过采样比，计算复杂度较低且处理延迟较小的 EFNS 技术有望成为下一代 PON 系统中处理量化噪声的首选方案。

另外，IQ 调制器的复杂度也高于强度调制器。为降低复杂度，有研究提出将发送信号 DP-QPSK 替换为 DP-PAM4 信号。如此一来，DP-PAM4 发射机需要的 DAC 和射频驱动器数量减少了一半，并使用两个马赫-曾德尔调制器(mach-zehnder modulator，MZM)取代了两个 IQ 马赫-曾德尔调制器(IQ-MZM)。除了降低器件成本之外，在调制器中减少 IQ 分束器和合束器的数量可以帮助避免 6dB 的功率损失。仿真结果显示在 FEC 阈值为1.25×10^{-2}时，DP-PAM4 系统与 DP-QPSK 系统相比，接收灵敏度损失约为 2.5dB。但由于 DP-PAM4 的输出功率可以高出 6dB，因此 DP-PAM4 系统实际上比 DP-QPSK 系统提高了 3.5dB 的链路预算。

2. 低成本相干接收机

传统相干系统中使用双偏振 IQ-MZM 作为发射机，结合偏振和相位分集内差相干接收机，可以检测信号的振幅、相位和偏振变化，从而实现高阶调制和多维度复用。传统的偏振与相位分集相干接收机如图 9-4-3(a)所示。该方案的优点是可以实现高接收灵敏度，高链路预算以及可以使用 DSP 来获得对设备和通道损伤(色散、偏振模式色散和偏振旋转等)的高鲁棒性。然而，它的复杂度对 PON 系统而言太高，特别是对于 ONU 端，这种高复杂度和高成本极大地限制了相干技术在 PON 系统中的应用，因此降低相干接收机成本成为相干技术顺利商业化的关键。

介于 IM-DD 和全相干系统之间的方法是简化相干体系结构。在简化相干系统中，单偏振外差接收机结构较为简单(仅包含一个 3dB 耦合器、一个平衡探测器和一个 ADC)，接收灵敏度高。然而，这种简单接收机实现的前提是系统必须对接收信号的偏振状态不敏感。此

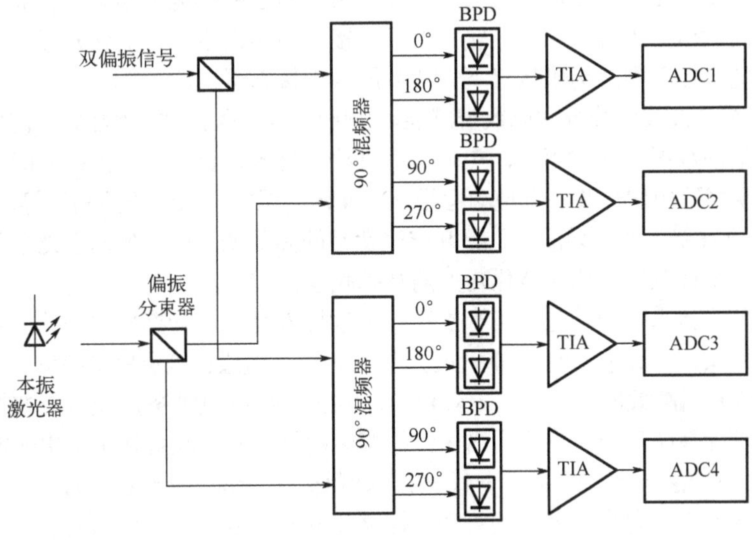

(a) 偏振与相位分集内差相干接收机

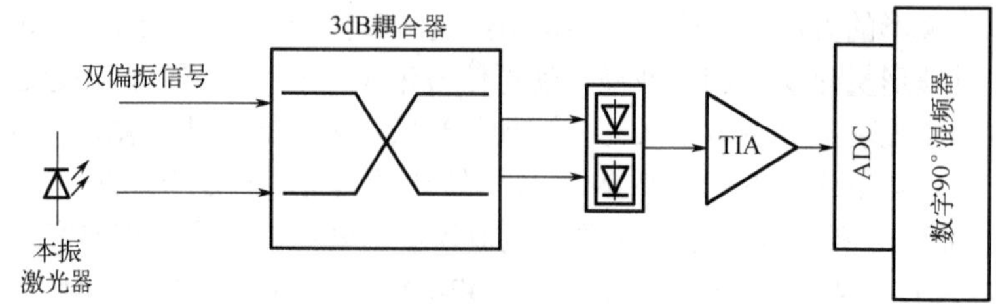

(b) 相位分集外差相干接收机

图 9-4-3 不同相干接收机配置

TIA-跨阻放大器；ADC-模数转换器

外，考虑到偏振分束器(polarization beam splitter，PBS)的单片集成在实际生产中实现难度较高，人们更多地关注没有 PBS 也能实现偏振无关相干接收的方法，如 Alamouti 编码、DGD 预失真等。事实上，对 PON 系统而言，考虑到 OLT 设备成本由所有用户共同承担，在发射机侧获得偏振不敏感似乎是降低总体成本的最可能的方法。因此，在所有的发射机偏振不敏感方案中，结合 Alamouti 编码的单偏振外差接收机是实现相干技术应用于下一代 PON 系统的有效方案。

相干接收机的关键问题之一是低复杂度的 DSP 设计，以降低 ASIC 的功耗。首先，考虑传统的偏振与相位分集相干接收机，其中关键的 DSP 功能块是 IQ 不平衡补偿、静态和动态信道损伤均衡、定时恢复、频偏补偿、载波相位恢复和 FEC 解码。降低均衡器的复杂度可以有效降低 DSP 功耗。

3. 接入网智能化技术

近年来，各种数字业务应用推陈出新，总体趋势是朝着高品质业务、个性化服务方向发展。同时，业务多样化和高品质的发展，使传统接入网在网络能力匹配、新业务敏捷上线、用户体验主动高效运营等方面仍存在较大挑战。接入网亟需进行智能化升级，遵循智能化的设计目标和智能光接入网架构来构建下一代智能全光接入网。

通过引入 AI、大数据等技术以数智赋能，强化用户体验主动管理能力，使数据成为关键生产要素，并借助数据与知识驱动，实现网络自动、自愈、自优、自治；使能宽带新业务、新场景，并实现极致用户体验、全自动运维、精准客户保障、高效资源利用等，最终提供“0 等待、0 故障、0 接触”的高效服务，提升家庭宽带的高品质体验，加速全光接入网向千行百业渗透，成为各个行业数字化智能化转型的基础底座。

下一代智能光接入网架构包含三个层次：基础接入网层、管控析层和算力网络层。

基础接入网层：由数字化的 ODN、网元和业务管道组成；该层提供超宽、承载差异化的管道，同时支持利用高效的采集机制，从 ODN、网元、网络到业务层获取必要的网络参数信息，助力网络管理系统形成与物理网络一致的孪生网络架构并具备数字孪生的能力。

管控析层：智能光接入网是下一代光接入网(next generation optical access network，NGOAN)的“大脑”，包含接入网的管理、控制和分析平台，完成接入网的设备管理、告警管理、故障管理、业务发放以及性能分析，具备较高的自动化处理能力，并对运营支撑系统 OSS 和操作人员提供友好的北向接口和人机操作界面，使能操作自动、故障自愈、体验自优，支撑未来接入网走向智能自治。

算力网络层：接入网部署分散海量的算力，为确定性低时延的网元间连接提供多点计算协同的可能性，再结合算力全局调度以及域外算力节点形成全局算力网络，从而实现高效的云-边-端算力任务协同，对行业和家庭宽带生态应用提供一个普适的算网服务。

习　题　九

9.1　请描述有源光网络和无源光网络的特点，并论述二者各自的优势。

9.2　简述 EPON 和 GPON 的定义及区别。

9.3　结合教材、IEEE/ITU-T PON 协议，梳理 PON 的类型及发展过程。

9.4　光接入网的基本组成是什么？对比不同拓扑结构光接入网的优劣。

9.5　下图为一个 PON 的光路，下行 OLT 到 ONU 的光波长为 1550nm，假设链路中连接器总插入损耗为 1dB，请计算光信号从 OLT 传输到 ONU3 所经历的传输损耗。假设 OLT 端输出光功率为 0，所有 ONU 端接收机的接收灵敏度为−15dBm，请计算 PON 系统的功率预算及 ONU3 的功率裕度(其中 1550nm 处光纤损耗α = 0.2dB/km，3dB 分配器将光功率按 1∶1 的比例分配)。

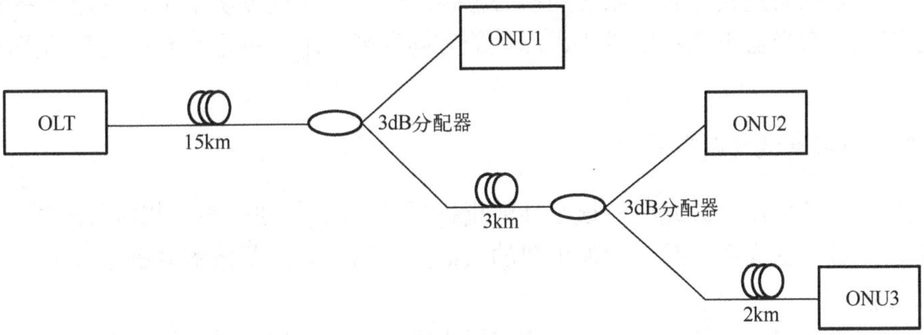

图题 9.5

9.6　简述自零差检测 PON 的工作原理和系统优势。

9.7　PON 的国际标准由哪两家组织提出？其中，EPON 和 GPON 标准分别由什么组织提出？

9.8　请简述 PON 的关键技术。

9.9　请尝试推导图 9-4-3 中接收信号的解析表达式，并分析信号和干扰分量。

前沿应用案例

第 10 章　光纤通信新技术

随着科技的飞速发展，人们对超高速、超长距离、超大容量数据传输的需求日益增长。作为信息传输的重要基础，光纤通信技术也在不断发展进步。近年来，光纤通信领域涌现了一系列令人瞩目的新技术。本章将简要介绍近年来光纤通信领域的新型器件、新型光再生技术、空分复用光纤传输技术，以及数字信号处理增强的高速光纤通信技术。

10.1　新型光通信器件

10.1.1　新型光源

光纤通信以光波作为载波、以光纤作为传输介质实现超大容量的信号传输。作为信号载波产生装置的激光器是光纤通信系统的核心器件之一，很大程度决定了光纤通信系统的传输性能。近年来，激光器正朝着集成化、高性能方向发展，本节将重点介绍几种新型单片集成激光器。

1. 单片集成窄线宽激光器

面向光纤通信应用，激光器的核心性能指标(如线宽、频率噪声、相对强度噪声等)和体积功耗是衡量激光器优劣的两个最为重要的关键点，也是激光器技术演进过程中改进、突破和发展的方向。

一方面，激光器核心性能很大程度决定了光纤通信的通信容量。根据香农理论，所有通信系统的容量都由传输带宽和信噪比决定，对光纤通信系统而言，激光源性能是决定光通信网络容量的关键因素。例如，激光器的线宽是一个非常关键的参数，相干光通信希望激光器能保持很窄的线宽特性，线宽越窄，信道的噪声越低，传输系统的容量越大、误码率越低。另一方面，目前的光纤通信正向着短距离通信方向扩展，其在城域网、局域网方向的应用也越发多样化，包括光纤入户、数据中心、5G 通信等众多应用。短距高速光纤通信要求光模块尽可能小，其对光模块的集成度提出了更高的要求。目前的高密度封装方案已逐步无法满足未来的小封装需求，对激光器的体积功耗提出了更高的要求。因此，在保证激光器核心性能提升的同时，还需保证激光器体积和功耗不显著增大。

激光器最核心的结构主要包括增益介质和光学谐振腔(如光学微腔)，其中光学谐振腔是决定激光器频率噪声性能的关键。目前已实现大规模商用的Ⅲ-Ⅴ族化合物半导体激光器已有半个世纪的发展历史，其波长范围覆盖了从深紫外到远红外波段。例如，InP 基器件的发光波长范围为 1250～1700nm，覆盖了两个石英光纤通信窗口。Ⅲ-Ⅴ族单片集成窄线宽激光器通过在外延片上集成布拉格光栅、多模干涉耦合器等结构，实现单纵模、窄线宽模式的激射，具有极高的集成度。但是，Ⅲ-Ⅴ族材料制备的波导损耗较大，难以直接实现高精细度、高品质因子光学腔的制备，极大限制了激光线宽水平。Ⅲ-Ⅴ族化合物半导体激光器的典型线宽为百 kHz 量级。为了进一步压窄激光器线宽水平，需利用其他材料平台制备高性能光学腔，例如，氮化硅波导损耗极低，非常适合制备高 Q 值光学微腔，但是氮化硅材料本身无法提供增益，因此需要将氮化硅微腔与Ⅲ-Ⅴ族增益介质集成到一起，如何高效地将增益介质和高性能光学腔组合在一起，是高性能激光器面临的主要技术挑战。近年来，随着光子集成技术的快速发展，高性能激光器已发展出独立光学器件封装、混合集成，以及异质集成等几种不同技术方案。

1) 基于独立光学器件的窄线宽激光器

激光器通常由增益介质和光学谐振腔两部分构成，光学谐振腔提供窄带光信号注入增益介质，在实现稳定单模激光输出的同时抑制输出激光的频率相位噪声。因此，增益介质决定了激光功率大小，光学谐振腔决定了激光器线宽噪声水平。

光学谐振腔大体上可以分为 FP 标准具型、衍射光栅型、体布拉格光栅型、光纤布拉格光栅和回音壁模式光学微腔型等。与Ⅲ-Ⅴ族单片集成激光器相比，这些光反馈器具有极高的精细度和品质因子，可实现超窄线宽激光的输出。同时，通过控制光反馈器还可实现激光波长的调控，具有很高的灵活性。图 10-1-1 展示了一种基于高 Q 值回音壁模式光学微腔提供反馈的自注入锁定激光器工作原理。通过将光学微腔的谐振模式与 DFB 激光器对准实现自注入模式锁定，最终的激光输出线宽低至几赫兹。

可以看出，超高品质因子和精细度的光学谐振腔的制备是实现这类激光器的关键，通过优化光学谐振腔的性能，可以实现超窄线宽激光的产生。但是，对基于独立光学器件封装的窄线宽激光器而言，光学谐振腔件与增益芯片一般利用微透镜实现耦合，这极大增加了激光器制造的难度，也增大了激光器的成本和体积。

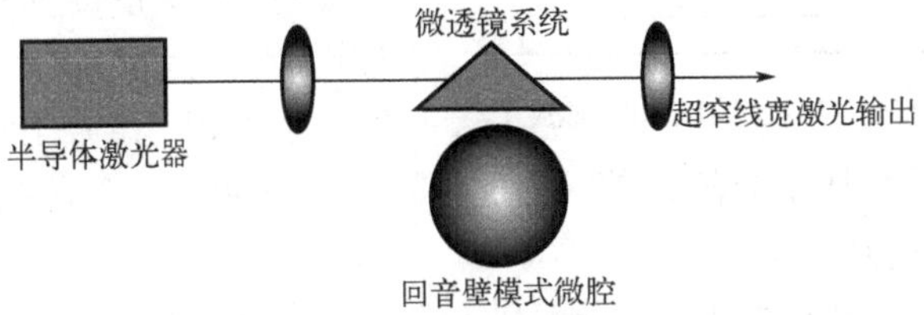

图 10-1-1　基于自注入锁定的窄线宽激光器原理图

2) 单片混合集成的窄线宽激光器

在基于独立光学器件封装的窄线宽激光器技术方案中，由于 FP 标准具型、回音壁模式光学微腔型等光学谐振腔的体积限制，其在体积、成本，以及可靠性方面都无法满足下一代光纤通信系统的需求。近年来，随着光子集成技术的快速发展，研究人员提出在低传输损耗波导平台上制备高品质因子光学微腔，替代传统的 FP 标准具型、回音壁模式光学微腔型等独立光学微腔器件，并利用光自注入锁定原理实现单片混合集成的窄线宽激光器。在这种新的技术方案中，集成波导型光学微腔和增益介质均是芯片级结构，可以通过芯粒-晶圆键合、微转印、倒装芯片集成等技术将两者固定在同一个热沉上形成准单片集成的光学结构，更有利于实现高集成度、小体积、准片上集成的窄线宽激光器。

为了实现高性能片上集成光学腔的制备，比较常见的技术方案可以分为三类。

(1) 绝缘体上硅(silicon on insulator，SOI)平台：它具有非常高的折射率差，可实现小尺寸以及小弯曲半径的光学器件，并且与 CMOS 工艺兼容，借助成熟的微电子加工工艺平台可以实现大规模批量生产，具有低成本、高集成度、高可靠性的优势。同时，通过 CMOS 工艺可以实现硅基光电子和微电子的单片集成，发挥光电子在信息高速传输和微电子在信息高效处理的优势，充分实现微电子与光电子的融合和取长补短，实现性能更优的光电集成芯片。

(2) 二氧化硅平面光路(planar lightwave circuit，PLC)平台：它是基于二氧化硅材料，采用集成光学技术制备各种光波导结构，以实现某种功能波导器件。与 SOI 材料相比有着具有相对较小的折射率与更低的传播损耗，这意味着 PLC 平台可以实现更高品质因子光学微腔。但是，二氧化硅 PLC 平台的折射率差较小，基于 PLC 平台的光器件尺寸相对较大。

(3) 氮化硅(silicon nitride)平台：氮化硅有着比 SOI 平台更低的损耗，以及比二氧化硅 PLC 更大的折射率差，并兼容 CMOS 工艺，其为集成光学微腔的制备提供了新的可能性。但是这种材料制备的波导一般是薄膜材料，芯层厚度非常低，需要使用低压气相沉积(low pressure vapor chemical deposition，LPCVD)工艺，生长难度比较大。

目前，基于上述三种不同材料平台体系的混合集成激光器技术均有相关研究报道，实现了优良的线宽、体积、损耗等性能。例如，2021 年，John E. Bowers 等在氮化硅平台实现了损耗小于 0.001dB/cm 的超低损耗氮化硅波导，并利用该波导制备了 Q 值大于 10^8 的超高 Q 值微环腔。通过将光微环腔作为光反馈器，DFB 激光器作为有源介质，制备了如图 10-1-2 所示的准单片集成的窄线宽激光器，实现了亚 Hz 量级线宽的激光输出。

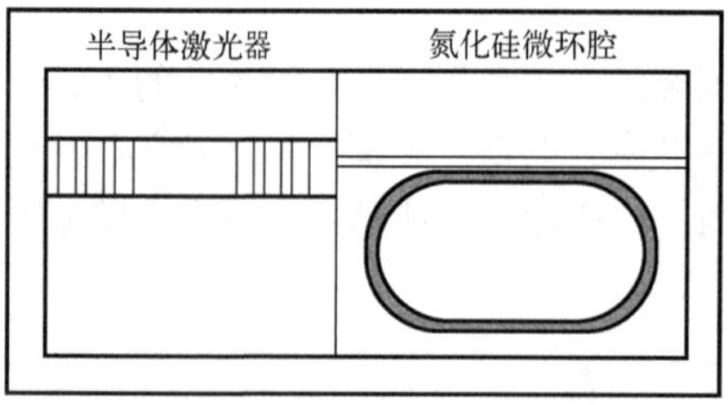

图 10-1-2　基于氮化硅平台的混合集成窄线宽激光器

与Ⅲ-Ⅴ族化合物半导体激光器、基于独立光学器件的窄线宽激光器相比，混合集成激光器具有以下优势。

(1) 光学反馈部分和有源增益介质部分均为芯片级结构，更有利于实现高集成度，小体积，准片上集成的窄线宽激光器。

(2) 光学耦合方式相比于分离光学器件更为简单和灵活，耦合光路更为紧凑和简单，系统的稳定性和可靠性更高。

(3) 随着集成技术的快速发展，低损耗波导制备工艺更加成熟，突破了Ⅲ-Ⅴ平台损耗较高的限制，极大提高了光学微腔的品质因子，显著提升了集成化激光器的线宽水平。

但是，单片混合集成窄线宽激光器技术本质上是采用精密光学封装技术将有源增益芯片和光学微腔芯片耦合在一起；因此，该技术仍然面临抗外界干扰能力差、耦合工艺步骤复杂、难以大批量制备等难题。

3) 异质集成的窄线宽激光器

为了解决混合集成技术耦合工艺复杂、难以大批量制备的难题，研究人员提出了直接在硅材料上生长特定材料作为激光器的增益介质的技术方案，即异质集成技术。在混合集成技术中，激光器或增益材料并不是直接在硅材料上生长制作的，而是采用特定的工艺，如芯粒-晶圆键合、微转印技术等，将激光器或其增益材料转移至硅光芯片上，构成片上光源。与此相反，异质集成技术则是通过特殊的工艺，直接在硅材料上生长增益材料作为激光器的增益介质，实现片上光源的制作。

经过几十年的发展，硅基技术已形成了较为成熟的制造技术，已实现各种无源波导器件、高速调制器，以及探测器等器件的制备。但是，由于硅基平台为间接带隙材料，其发光效率低，难以制作高性能的发光器件。于是在硅基衬底上异质集成Ⅲ-Ⅴ族半导体材料作为光源是目前最有潜力的解决方案。目前，在硅基衬底上异质集成Ⅲ-Ⅴ族半导体材料已取得了重要突破，但是依然面临不小的挑战。异质集成技术面临的主要挑战是硅材料与Ⅲ-Ⅴ族半导体材料间严重的晶格失配，这将导致位错、反相畴等缺陷，严重限制激光器的寿命和性能。

目前，异质集成的窄线宽半导体激光器已取得较大突破，基于各种不同光学结构的窄线宽激光源已实现制备。例如，2021 年，美国加利福尼亚大学圣巴巴拉分校的 John E. Bowers 等在单一硅衬底上，实现了磷化铟/硅(InP/Si)半导体激光器和超低损耗氮化硅微环谐振器的异质集成，成功将半导体激光器的线宽从 60kHz 压缩到 25Hz，该异质集成激光器的结构示意图如图 10-1-3 所示。

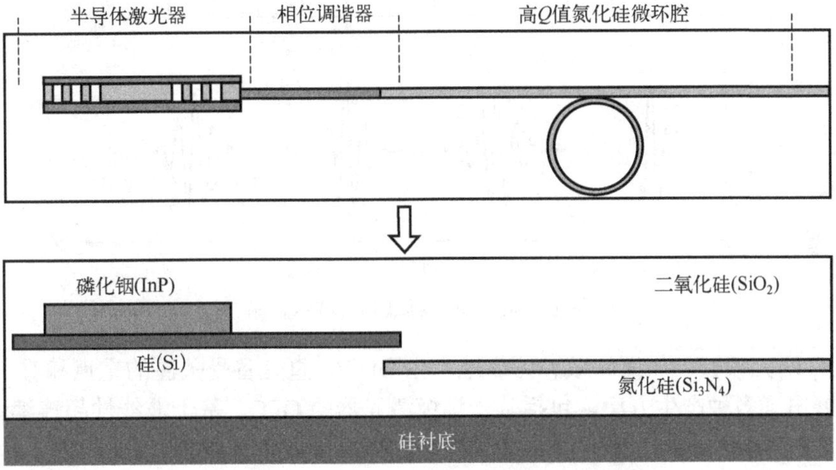

图 10-1-3　单一衬底下异质集成窄线宽激光器示意图

2. 新型单片集成多波长激光器

WDM 技术是保障光纤通信系统实现大容量、高带宽信号传输的核心技术，而低成本、高可靠、高性能的光电子器件是波分复用系统成功的关键。波分复用系统主要包含多波长光源、光放大器、光接收器、光波分复用器等，其中多波长光源是重中之重，直接关系到传输系统的通信性能。传统的光学系统基于分离的光学器件，依靠自由空间光路或光纤连接实现系统性功能。而集成光电子学的发展，使光电器件走向芯片化、小型化，并在诸多方面展现出优势，如可重复性、能耗、可靠性、价格等。近年来，随着光子集成技术的快速发展，各种新型多波长激光源不断涌现，推动传统分立器件向单片集成发展。

1)集成微腔克尔光学频率梳

传统波分复用光通信网络通常采用多个半导体激光器模块组成多波长光源阵列，这种光源阵列中的不同激光器间相互独立运行，由其输出的多波长激光源波长稳定性差，光源间频率相位随机抖动，没有相干性，且体积大、功耗高，严重限制了光通信容量的进一步提升。面向下一代先进光通信技术的需求，新型的理想多波长光源应具备频率稳定性、相位噪声小、多载波间相位相干的特点，同时具备可集成、低成本、低功耗等特性。

近年来出现的光学频率梳(optical frequency comb，OFC)技术在很大程度上符合上述新型多波长光源需求。OFC 技术是物理学近几十年来的一次重大突破，因其巨大的科研和实用价值，光频梳技术领域的两位物理学家约翰·L.霍尔(John L. Hall)和提阿多·W.汉斯(Theodor W. Hänsch)更是被授予 2005 年诺贝尔物理学奖。在频域，OFC 由大量等间距且具有高度相干性的离散光谱线组成，其构造了一把高精度的光学频率尺子，实现了光频与微波频率的连接。在时域，由于 OFC 的所有梳齿具有固定的相位关系，它们在空间中互相叠加，形成飞秒(fs)量级的超短脉冲，如图 10-1-4 所示。

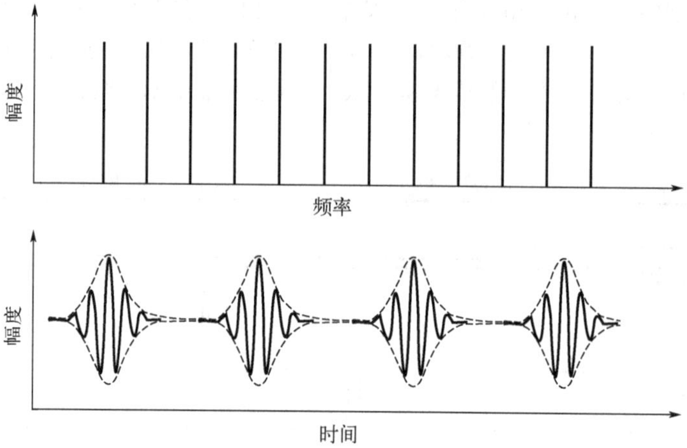

图 10-1-4　OFC 频域和时域示意图

在 OFC 研究领域，如何高效、可靠地产生 OFC 一直是备受关注的重点和难点。目前，OFC 已发展出了多种产生方案，包括基于锁模激光器的 OFC、基于非线性超连续谱的 OFC，以及基于光电调制的 OFC。但是，这些方案存在光梳梳齿间隔小、谱线功率低，同时相关设备结构复杂、体积庞大、价格昂贵的缺点，并不适合作为光纤通信光源。近年来出现的基于氮化硅微环腔的克尔光梳由于兼具高性能(梳齿间隔灵活可调、相位噪声低等)和片上集成的独特优势，正逐渐从众多方案中脱颖而出，有望成为下一代光纤传输系统采用的新型 WDM 光源。与基于锁模激光器和电光调制等方案的 OFC 不同，微腔克尔光梳通过利用光学微腔中的克尔非线性效应(四波混频、级联四波混频等)实现光梳产生。图 10-1-5 展示了微腔克尔光梳产生的原理图，该系统主要包括泵浦激光器和光学微腔两部分。

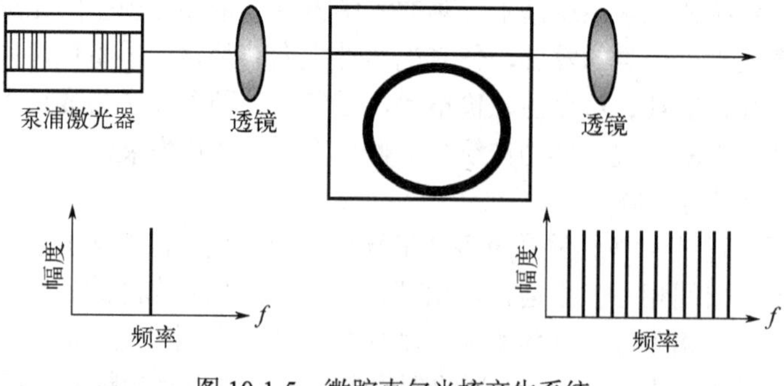

图 10-1-5　微腔克尔光梳产生系统

图 10-1-6 展示了克尔光梳的具体产生流程：泵浦光注入光学微腔后，通过调谐泵浦光波长，进入光学微腔的谐振峰。此时，在光学微腔中，通过四波混频效应，一束泵浦连续激光可以产生包含成百上千根不同频率梳齿的宽谱光源，即实现克尔光梳的产生(Ⅰ-Ⅲ)。然后，当泵浦光频率进入微腔谐振模式红失谐区时(即泵浦光频率小于微腔谐振峰频率)，克尔非线

性参量增益与光学微腔损耗以及克尔自相位调制与光学微腔色散达到动态平衡，克尔光频梳演化成耗散克尔光孤子，实现克尔光梳模式锁定，此时克尔光梳具有最佳的噪声性能(Ⅳ-Ⅴ)。

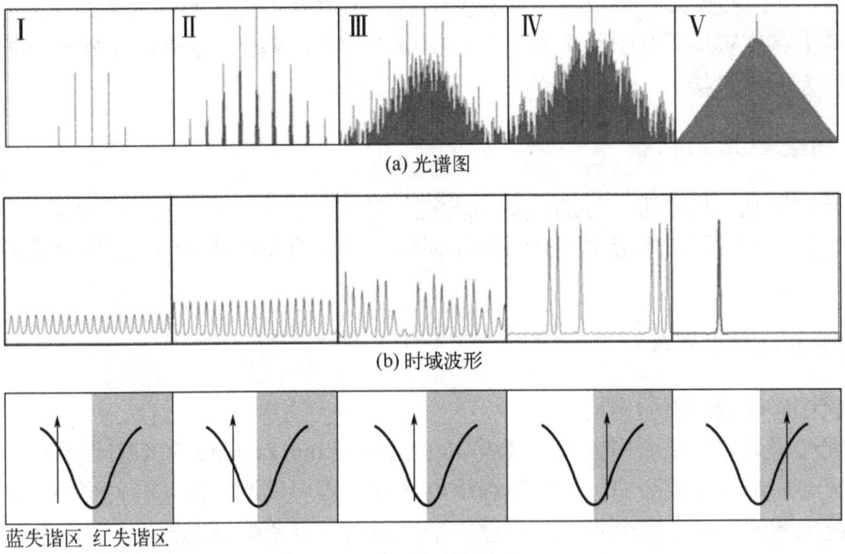

图 10-1-6　克尔光梳产生流程

图 10-1-7 展示了一个重复频率为 100GHz 的孤子锁模微腔克尔光梳的典型光谱图，光谱谱宽大于 100nm，且具有平滑的 $sech^2$ 函数型光谱包络。从图 10-1-7 中展示的 C 波段光谱细节可以看出，克尔光梳在 C 波段具有良好的平坦度，是一种良好的 WDM 光源。

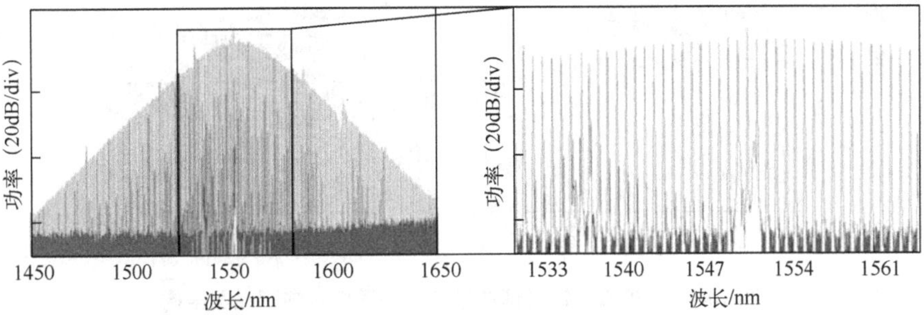

图 10-1-7　微腔克尔光梳光谱

2) 基于薄膜铌酸锂的片上电光频梳

传统电光调制光学频率梳通常采用多个分立的强度/相位铌酸锂调制器实现，面临体积大、功耗高、成本高的困境，同时基于该方案产生的电调光梳的光谱宽度也受到了极大的限制，通常只有几纳米宽，难以满足光纤通信器件小型化、集成化的需求。传统铌酸锂调制器通常采用体铌酸锂材料制备完成，其体积较大，无法实现单片集成。近年来，随着铌酸锂薄膜制备技术的快速进步，薄膜铌酸锂晶圆制造技术逐步成熟，极大地推动了薄膜铌酸锂集成器件的发展。目前，基于薄膜铌酸锂材料的各种集成光学器件已相继出现，如铌酸锂薄膜波分复用器、铌酸锂薄膜电光调制器、铌酸锂薄膜光学微腔等。

对多波长激光源而言，薄膜铌酸锂材料的出现也为多波长激光源实现提供了一种崭新的技术方案。基于薄膜铌酸锂技术，研究人员提出了一种可单片集成的电光调制光频梳发生器，可实现宽带光频梳的可靠产生。该技术方案利用微加工工艺，在铌酸锂薄膜材料上制备高效电光调制器，从而实现单片集成的光频梳发生器。2019 年，美国哈佛大学的研究人员在薄膜铌酸锂材料上首次实现了基于片上光学微腔的电光频梳，该电光频梳具有 80nm 的光谱宽度，器件尺寸仅为 mm 量级。

10.1.2　新型电光调制器

电光调制器是实现基带信号加载到光载波上的核心器件，近年来，电光调制器正朝着集成化、小型化方向发展。本节主要介绍薄膜铌酸锂调制器和硅基调制器两种新型单片集成调制器。

1. 薄膜铌酸锂调制器

1) 薄膜铌酸锂调制器的结构

薄膜铌酸锂调制器是利用铌酸锂薄膜(thin-film lithium niobate，TFLN)制备而成的电光调制器，其核心材料也是铌酸锂，同样是利用电光效应实现调制，但其几何形态以及波导制备工艺和传统铌酸锂调制器完全不同，是近年来出现的一种新型调制器。

电光调制的基本原理是通过施加外部电压，利用电光效应等物理现象，改变材料的折射率，实现对光场相位的控制，从而实现调制功能。因此，为了实现对光场的调制，首先需利用相应材料制备光波导。铌酸锂的一个重要特性就是化学性质很稳定，故而传统铌酸锂材料很难通过刻蚀等工艺加工微结构，通常使用质子交换或者扩散工艺制作波导(图 10-1-8(a))，这种工艺制备的波导折射率差较小($\Delta n \approx 0.02$)，对光场的限制能力较弱，因此波导器件往往体积较大且调制电压较高。

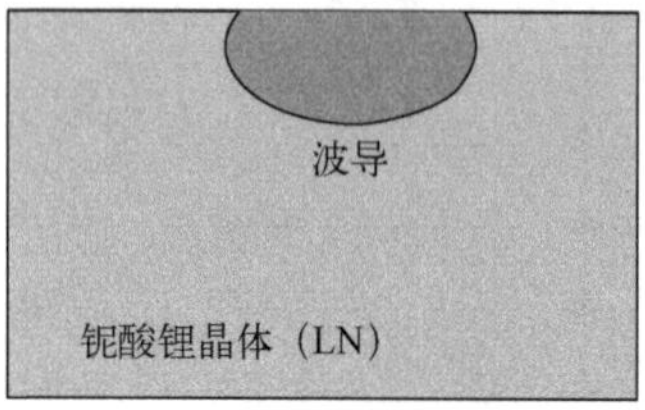

(a) 扩散型铌酸锂波导

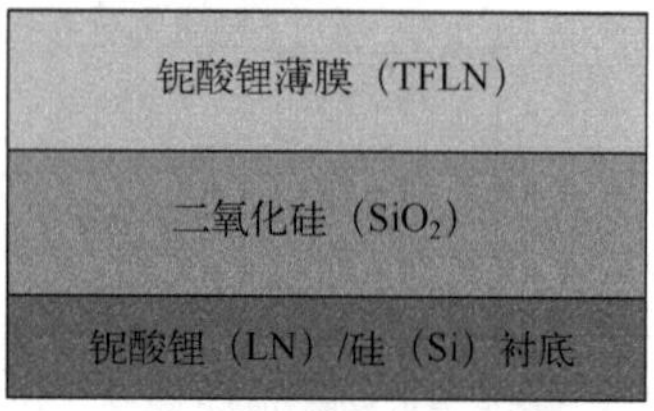

(b) 薄膜铌酸锂晶圆

图 10-1-8　扩散型铌酸锂波导结构和薄膜铌酸锂晶圆结构

近年来，随着微加工工艺不断成熟，薄膜铌酸锂晶圆制备工艺已取得突破性进展，为单片集成电光调制器的制备提供了可能性(图 10-1-8(b))。薄膜铌酸锂晶圆的制造工艺和传统 SOI 晶圆制造工艺类似，通常基于“smart-cut”技术实现。另外，铌酸锂材料化学性质稳定、质地坚硬、难以实现刻蚀，这是铌酸锂波导制备的主要挑战。近年来，随着研究人员的不断探索，已发展出了多种不同的波导制备工艺，比较常见的主要包括脊加载(rib-loading)技术和刻蚀(etching)技术。

脊加载波导是由两种不同材料组成的脊型波导，如图 10-1-9(a)所示。在这种混合型波导中，铌酸锂薄膜层作为平板波导，另一种以键合工艺加载的材料作为脊层。加载的材料通常为氮化硅(Si_3N_4)、二氧化钛(TiO_2)、聚合物材料等，其中 Si_3N_4 材料的折射率与铌酸锂折射率非常接近，且 Si_3N_4 波导传输损耗低，是目前最具前景的加载型混合波导方案。

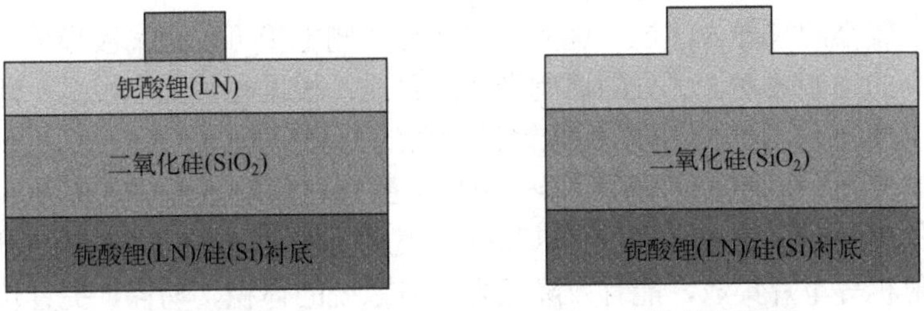

(a) 脊加载波导　(b) 刻蚀型波导

图 10-1-9　常见的两种薄膜铌酸锂波导

刻蚀型波导与加载型混合波导不同，该技术直接对铌酸锂薄膜进行刻蚀，制备波导结构。目前，主流的刻蚀技术有电子束刻蚀工艺和深紫外光刻(deep ultraviolet lithography，DUV)工艺。采用电子束刻蚀工艺可以获得更为平滑的波导侧壁，波导损耗更低。根据相关报道，目前已实现损耗低至 0.2dB/cm 的铌酸锂波导制备。图 10-1-9(b)展示了分别采用电子束刻蚀工艺和 DUV 工艺制备的铌酸锂波导的扫描电子显微图。

利用上述波导加工工艺，可根据实际需求制备出不同光学结构的电光调制器，实现不同的调制特性。图 10-1-10(a)为相位调制器，其仅仅由一条铌酸锂直波导构成，用于控制输入光场的相位；图 10-1-10(b)为马赫-曾德尔调制器，图 10-1-10(c)为微环谐振腔型调制器。

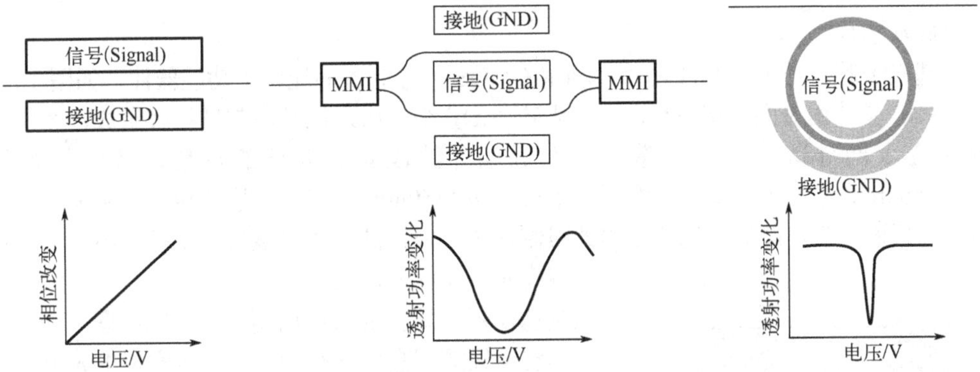

(a) 相位调制器　(b) 马赫-曾德尔调制器　(c) 微环谐振腔型调制器

图 10-1-10　调制器光学结构及其调制曲线

2) 薄膜铌酸锂调制器的性能

(1) 尺寸和功耗。传统铌酸锂调制器受限于加工制备技术，对光场的限制能力太弱，这使得其调制效率较低，尺寸和功耗无法进一步降低。新型薄膜铌酸锂型电光调制器，通过在薄膜铌酸锂晶圆上制备波导，对光场的限制能力强，波导两侧电极距离小，使得电光调制效率获得了极大提升，调制器的功耗大幅降低，同时也为小型化、集成化铌酸锂调制器的研发奠定了基础。新型薄膜铌酸锂调制器的尺寸远小于传统铌酸锂调制器。

(2) 调制效率。电光调制器的调制效率通常用半波电压(V_π)和调制长度 L 的乘积来表征，其大小用于衡量调制器的功耗性能和器件体积。半波电压是电光调制器的基本指标，对于相位调制器，V_π 代表输入输出光场相位改变 π 的电压值；对 MZM 干涉型调制器，V_π 代表 MZM 从导通到关闭的电压。传统铌酸锂调制器 $V_\pi L$ 的典型值约为 10V·cm，而薄膜铌酸锂调制器的 $V_\pi L$ 值已实现低于 2V·cm。因此，薄膜铌酸锂拥有更低的半波电压、更小的 $V_\pi L$ 值。

(3) 调制带宽。与传统铌酸锂调制器相比，薄膜铌酸锂波导对光场的限制能力更强，光场可以被约束在较小的波导内，这一优势使得波导两侧电极可以距离波导更近，从而铌酸锂调制器获得更高的调制效率、更大的调制带宽。目前，根据相关文献报道，薄膜铌酸锂的调制带宽已突破 100GHz，远大于传统铌酸锂调制器的调制带宽。

(4) 混合集成度。传统铌酸锂调制器采用体铌酸锂材料制备而成，无法实现单片集成。而薄膜铌酸锂的另外一个核心优势是可以和硅基集成器件、半导体激光器等实现异质结集成，从而实现光发射机等单片集成，能有效降低光通信系统的体积、功耗，提升传输性能，助力光通信网络突破带宽和容量瓶颈。

2. 硅基调制器

除了薄膜铌酸锂调制器外，另外一种极具潜力的片上集成调制器是硅基调制器。硅基调制器是利用硅基光子芯片技术研制的新型调制器。硅基光子芯片是基于硅和硅衬底组成的硅晶圆材料，利用互补金属氧化物半导体(complementary metal oxide semiconductor，CMOS)工艺，在同一个绝缘体上硅晶圆(silicon on insulator，SOI)上，制备各种功能的集成光器件和电路器件的光电子技术。硅基光子芯片既可利用微电子技术在低成本、大规模集成方面的优势，又兼具光信号传输带宽高、传输速率快、抗干扰性能强、功耗低等优点，是后摩尔定律时代实现片上光互连最具有潜力的方案之一，在大容量光通信、全光信息处理、量子信息等领域极具潜能。

1) 硅基芯片

硅基光子芯片是采用 SOI 晶片，利用 CMOS 工艺制备的光电子功能器件。如图 10-1-11 所示，SOI 晶片由表面硅层(Si)、二氧化硅(SiO_2)绝缘层，以及底部硅衬底组成，光电元器件制备在表面硅薄膜层。硅基波导在近红外波段具有较低的损耗，且硅的折射率(3.48@1550nm)远大于二氧化硅的折射率(1.45@1550nm)。因此，基于 SOI 制备的光波导具有极大的折射率差，能够将光场牢牢地限制在波导内，波导的极限弯曲半径很小，故而可以实现大规模光子器件的片上集成。

图 10-1-11　SOI 晶片结构

硅基调制器与薄膜铌酸锂调制器的调制原理不同，铌酸锂调制器利用铌酸锂晶体固有的光电效应实现电光调制。而硅材料属于间接带隙材料，不具有光电效应，因此早期主要用于制备无源元器件，直到硅中的自由载流子色散(free carrier dispersion，FCD)效应被发现，才证明了硅基材料制作高速有源器件的可能性，开启了硅基高速有源器件的高速发展之路。FCD 效应是指硅基波导中的自由载流子浓度会改变硅波导的有效折射率，从而实现对光场相位的调控。通常情况下，可以在硅基波导两侧制备 PN 或 PIN 电极结构，实现波导中载流子浓度的调控。对于硅基调制器，核心是如何实现对硅基波导中的自由载流子浓度实现高效的调控。

2) 硅基调制器设计

硅基调制器的设计主要包括两个方面：光学结构设计和电学结构设计。首先是光学结构设计，与上一小节薄膜铌酸锂调制器（图 10-1-10)类似，硅基调制器的光学结构也包含直波导相位调制型、MZM 干涉型和微环谐振型等，需要根据实际需求选择最合适的光学结构。其次是电学结构设计，硅基调制器基于硅波导 FCD 效应，因此波导中自由载流子浓度调控技术是关键，直接关系到调制器性能的优劣。目前，硅基波导 FCD 效应实现方式可归为三类，分别是载流子注入型、载流子耗尽型和载流子积累型。

载流子注入型硅基调制器的电学结构通常采用 PIN 结构，如图 10-1-12(a)所示。通过在脊型硅波导两侧进行 P 型和 N 型掺杂，形成 PIN 结。调制过程中，在 PIN 结两侧施加正向偏压，在电压的作用下，P 区空穴和 N 区电子分别进入波导中心本征区(即 I 区)，I 区也是导光区域，光场被牢牢限制在此区域。随着 I 区载流子浓度增加，在 FCD 效应的作用下，波导的折射率发生改变，实现对光场相位的调控。由于波导折射率改变区域(即 I 区)与光场导光区域具有较大的重叠，因此该类型调制器的调制效率较高。但是受限于电子-空穴对的复合时间，其调制速率不高，通常只有几吉赫兹。当然，由于正向偏压电压越大，自由载流子的迁移速率越快，因此可以通过增大正向偏压电压值，提高调制器的调制速率，但是这样会导致器件功耗的增大。另一种技术方案是采用预加重的方法来驱动调制器。预加重技术可以显著增大载流子注入型硅基调制器的调制速率，但是会极大增加系统复杂度。

载流子耗尽型硅基调制器和载流子注入型硅基调制器基本相同，如图 10-1-12(b)所示，不同之处是载流子耗尽型波导通常采用 PN 结电学结构。该类型器件的脊型波导区域分别实施 N 型和 P 型掺杂，平板波导区两侧则进行 P++和 N++重掺杂。另一个不同点是载流子耗尽型工作在反向偏压模式。当施加反向偏压时，PN 结的内建电场增强，耗尽区内自由载流子浓度减小，波导折射率随反向偏压改变而发生改变，从而实现对光场的相位调控。与载流子注入型相比，载流子耗尽型的载流子浓度变化比较小，因此该型调制器的调制效率较低。由于调制效率不高，载流子耗尽型调制器的尺寸一般较大。但是，受益于较高的载流子耗尽速率，载流子耗尽型硅基调制器可以实现很高的调制带宽。

载流子积累型又称 MOS 型，可以克服载流子注入型载流子复合速率较低的缺陷，实现较高的调制速率。载流子积累型硅基调制器的典型结构如图 10-1-12(c)所示，在 P 型区和 N 型区中间产生一层 SiO_2 绝缘层，从而形成电容结构。当施加外部电压后，自由载流子将在绝缘层两侧聚集，从而改变波导的有效折射率，实现调制。

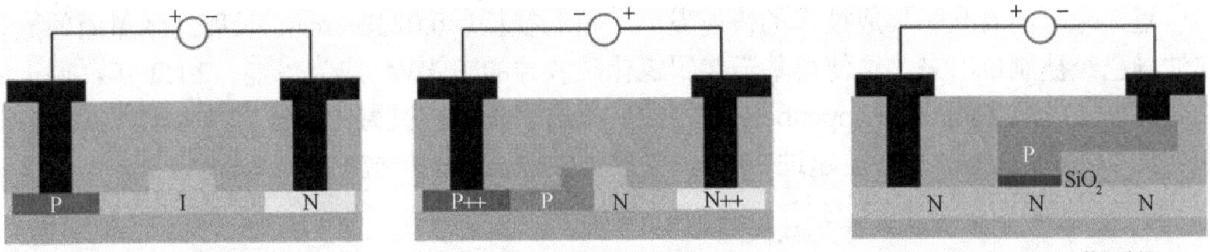

图 10-1-12　调制器

10.1.3　新型光放大器

当前光放大器的发展趋势之一是朝着小型化、集成化方向发展，本节将介绍基于掺铒氮化硅波导的片上光放大器和基于集成波导的参量光放大器。两种方案实现光放大的基本原理不同，前者利用掺杂铒离子的能级跃迁实现光放大，后者利用集成波导中的非线性效应实现光放大。

1. 基于掺铒氮化硅波导的片上光放大器

掺铒光纤放大器的发明深刻地影响了信息传输系统的发展，是光纤通信系统最核心的器件之一。传统的掺铒光纤放大器是利用掺铒光纤作为有源介质，在外部泵浦光的激励下，实现对微小光信号的放大。掺铒光纤作为 EDFA 核心元器件，其制备加工工艺已经相当成熟。但是，如何将这种稀土离子掺杂技术拓展到集成波导，还面临着不小的挑战。

掺铒波导光放大器(erbium doped waveguide amplifier，EDWA)与传统 EDFA 基本相同，主要包括泵浦激光器(980nm 或 1480nm)、光耦合器，以及掺铒波导，如图 10-1-13 所示。泵浦激光器用于产生波长为 980nm 或 1480nm 的泵浦光，输入掺铒波导后，使得铒离子发生能级跃迁；光耦合器用于泵浦激光器和信号光合束。从图 10-1-13 中还可以发现，虽然掺铒波导是片上集成器件，但是泵浦激光器和光耦合器还是独立光模块。未来随着集成光子技术的进一步发展，还可进一步实现泵浦激光器、光耦合器，以及掺铒波导的异质结集成，实现真正意义上的单片集成 EDWA。

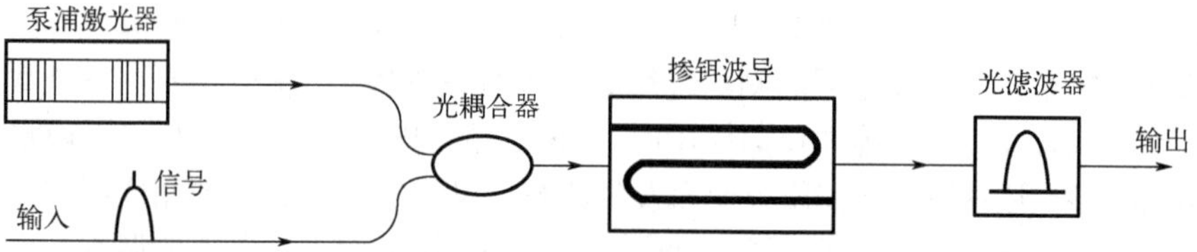

图 10-1-13　掺铒波导光放大器结构示意图

目前，掺铒集成波导光放大器面临的主要挑战之一是放大器增益低、饱和输出功率低，远小于传统商用 EDFA。例如，已报道的基于掺铒 Al_2O_3 波导、TeO_2 波导的片上放大器的典型输出功率均远小于 1mW。导致该矛盾的主要原因是掺铒波导的损耗较大，限制了掺铒波导的长度，从而导致集成掺铒波导光放大器的增益较低。因此，如何实现高铒浓度、低损耗、长距离掺铒波导的制备，是单片集成掺铒光放大器技术突破的关键。

近年来，随着光子集成技术的快速发展，超低损耗(<0.02dB/cm)、长度达米量级的氮化硅波导已经被制备出来，这使得基于掺铒氮化硅波导的 EDWA 成为可能。2022 年，瑞士洛桑联邦理工学院 Tobias J. Kippenberg 教授团队报道了基于掺铒氮化硅波导放大器，其输出功率达到 145mW，小信号增益超过 30dB，光放大性能已媲美传统 EDFA。

2. 基于集成波导的参量光放大器

1) 基本概念和结构

光学参量放大器(optical parametric amplifier，OPA)是一种基于光学非线性效应的光放大器。与 EDFA 利用铒离子能级跃迁实现光信号放大不同，OPA 一般利用非线性介质中的四波混频过程，通过多束不同频率激光间的能量转换，实现对小信号的低噪声放大。图 10-1-14(a)为 OPA 的基本原理图，在非线性介质的输入端，泵浦光和信号光(即待放大的光场)被同时输入到非线性介质。泵浦光的光功率通常更高，用于提供能量。在非线性介质内，泵浦光和信号光发生简并四波混频，即两个泵浦光子湮灭，同时产生一个信号光子和一个闲频光子。在这一过程中，伴随着泵浦光能量的消耗，将产生与信号光具有相同频率的光场，从而实现光信号的放大。

光学参量放大器的结构主要包括泵浦激光器、非线性介质、光耦合器和光滤波器，如图 10-1-14(b)所示。泵浦激光器提供高功率泵浦光，在非线性介质中通过四波混频效应提供增益，实现光信号放大；非线性介质是泵浦光和信号光发生四波混频过程的器件，通常采用高非线性光纤、光子晶体光纤等具有较高非线性系数的材料；光耦合器用于泵浦光和信号光合束；光滤波器放置于非线性介质输出端，用于滤出放大后的信号光。

(a) 参量放大原理示意图

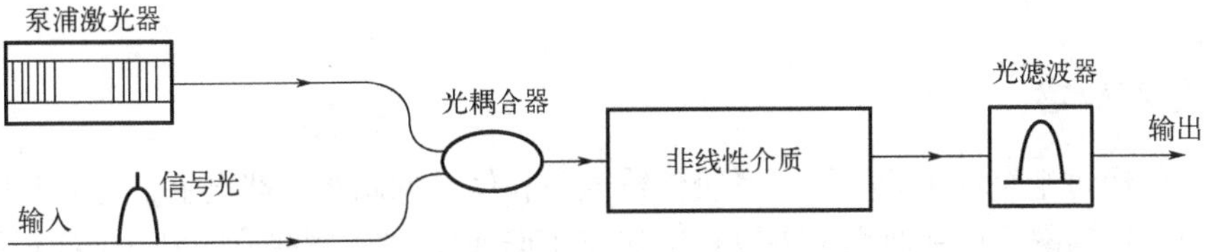

(b) 参量放大器基本结构

图 10-1-14　参量放大原理示意图和参量放大器基本结构示意图

2) 基于集成波导的光学参量放大器

非线性介质是决定光学参量放大器性能优劣的关键，目前常采用的非线性介质主要有高非线性光纤、光子晶体光纤、硅基波导、氮化硅波导等，在这些非线性介质中，集成波导凭借其独特的优势，被认为是实现光参量放大的理想非线性介质。相比于高非线性光纤等介质，集成波导具有以下几点优势。

(1) 高非线性系数。集成波导通常具有极小的有效模场面积，这使得光场可以被限制在很小的空间内，能够极大增强光与物质的相互作用。因此，与高非线性光纤相比，在相同的功率条件下，集成波导可以获得更高的非线性效率，从而实现更大的光增益。

(2) 灵活的色散设计。光学参量放大器通常要求非线性介质具有反常色散特性，因此光参量放大器需要进行色散设计。非线性介质一般通过控制波导色散实现对整体色散值的调控，集成波导具有很大的折射率差，这使得波导横截面尺寸具有很大的自由度，可以更加灵活的控制集成波导的色散值。

(3) 体积小、功耗低、可单片集成。单片集成是集成波导的核心优势之一，可与其他光子功能器件集成在同一光子芯片上，实现更复杂的、集成度更高的功能器件和系统。

目前，光参量放大器已在多种不同材料体系的集成波导中实现，常见的主要是氮化硅波导和硅基波导。

(1) 氮化硅波导。氮化硅波导具有低损耗、高折射率差、透明窗口宽(从近紫外到红外波段均是透明的)、与 CMOS 工艺兼容的优势。相比于其他集成波导平台，超低损耗是氮化硅波导的核心优势，目前氮化硅波导的损耗已低至 0.01dB/cm。该优势使得利用氮化硅波导制备超长尺寸的集成波导成为可能，可显著提升参量放大器的增益。例如，2022 年，Tobias J. Kippenberg 等在紧凑的 5mm×5mm 硅片上制备了长度达 2m 的超低损耗 Si_3N_4 集成波导，并成功实现了 12dB 的光参量增益。

(2) 硅基波导。硅基波导利用硅作为波导材料，外面覆盖了一层二氧化硅，如图 10-1-12 所示。硅基波导的折射率 (n=3.4) 比氮化硅波导的折射率 (n=1.98) 更高，因此拥有更大的非线性系数，非常适合光学非线性研究。但是，在光通信 C 波段，硅基波导具有很强的双光子吸收，在吸收入射光场光功率后，会在波导内产生自由载流子，自由载流子会导致自由载流子吸收损耗，带来额外光强损失，限制了硅基波导的非线性效率。目前，提出了两种不同的载流子吸收损耗抑制方案：第一种是通过在硅波导两侧制备 PIN 电极，并施加反向偏压，从而抑制自由载流子浓度增大，减小损耗；第二种是采用脉冲泵浦，即泵浦光为周期性光脉冲，从而抑制自由载流子的积累。

10.2　全光信号再生技术

10.2.1　基本概念

光纤通信经过半个世纪的发展，系统传输速率和信号调制格式都发生了巨大变化。特别是近十年来，各国网络运营商逐渐将现有单载波 10G/40G 骨干网络升级到 100G，而信号调制方式采用正交相移键控 (quadrature phase shift keying，QPSK)，光纤通信系统正式进入相干通信时代。随着网络带宽和传输距离的不断提升，光信号处理技术成为光纤通信发展的瓶颈之一。目前成熟的信号处理方法是通过光/电转换后在电域进行信号处理的光/电/光处理模式，但该方法并不能满足骨干网络核心交换节点中高速信号处理需求。随着单波长信号速率向 400Gbit/s 甚至 1Tbit/s 方向迸发，核心交换节点将更加依赖全新的高速实时信号处理技术。

信号在经过长途光纤传输后，受到光纤色散、损耗、非线性效应以及 EDFA 自发辐射噪声等因素的影响，会出现幅度噪声、脉冲畸变、定时抖动等问题，因此需要通过再生技术恢复其信号质量。全光再生技术可直接在光域完成信号质量提升功能，避免了光/电变换过程引入的带宽瓶颈、高能耗等问题，特别适用于长途传输链路，如海底光缆等通信应用场景。全光再生技术包括再放大、再定时和再整形三大功能，根据实现的功能点不同，可划分为 2R (reamplification，reshaping) 再生 (再放大、再整形) 和 3R (reamplification，retiming，reshaping) 再生 (再放大、再定时、再整形)，其结构如图 10-2-1 所示。对于全光 2R 再生器，利用光判决门单元的非线性功率转移特性来降低劣化信号“0”和“1”电平上的噪声。若进一步提供再定时功能，即实现 3R 再生，可解决劣化信号的定时抖动问题。再放大过程可采用 EDFA 来实现，该器件已经非常成熟，是现有光纤通信系统最重要的全光器件。因此，本节主要探讨全光再生技术中的时钟提取、非线性光判决门两个功能单元。

时钟提取单元直接从输入的劣化信号中提取出高质量的光时钟信号。因此，时钟提取单元应具有如下两个特性。第一，对输入信号质量具有较大的容忍程度。经过长途光纤传输后信号质量将大幅下降，因此在实际应用中的时钟提取单元需要能够满足劣化信号的时钟提取需求。第二，提取的时钟信号具有较低的相位抖动和幅度噪声。时钟的相位抖动特性直接影响到再定时性能，而幅度噪声对后续光判决门效果产生影响。因此，只有满足上述两个条件的时钟提取单元才能够应用于实际的光纤通信网络系统。

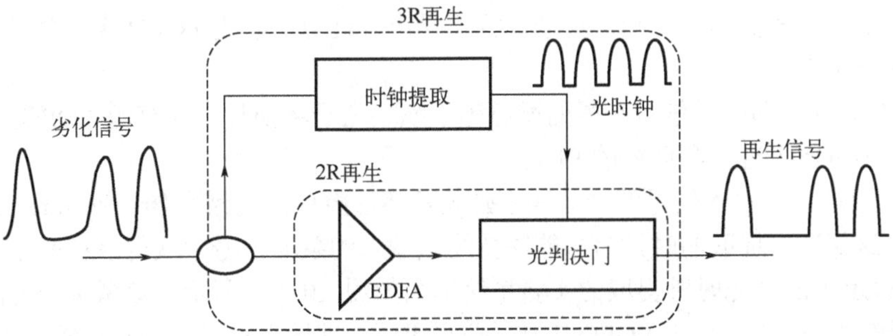

图 10-2-1　全光再生结构示意图

非线性光判决门单元所具有的非线性功率转移特性是实现整形功能的关键，在时钟信号的作用下还能够提升相位抖动性能。基于非线性光判决门的信号再生示意图如图 10-2-2 所示。具有理想阶跃功率转移函数(power transfer function，PTF)特性的全光再生器是人们追求的目标，然而不同非线性效应具有各自独特的 PTF 关系。因此，实际的光判决门器件并不能对所有类型的劣化信号都产生良好的再生效果。这需要根据不同的劣化特性，选取最能够提高信号质量的再生方案。下面将从时钟提取和非线性光判决门两个单元分别介绍全光再生技术要点以及发展情况。

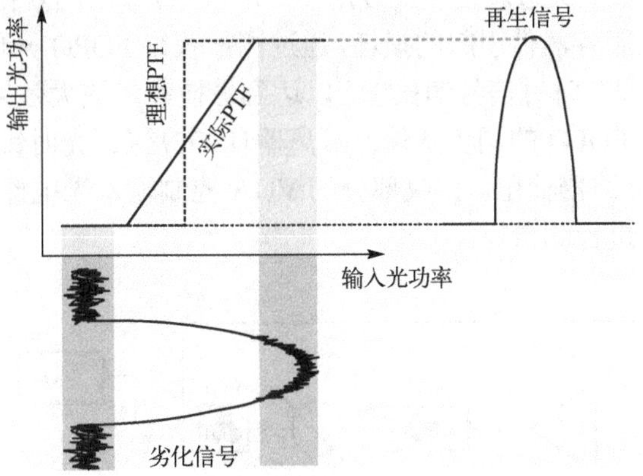

图 10-2-2　基于非线性光判决门的信号再生示意图

10.2.2　全光时钟提取

全光时钟提取技术可以直接从输入的光信号中获得相同速率的光时钟，是全光 3R 再生中再定时功能的核心器件之一。目前全光时钟提取主要采用如下方案：法布里-珀罗(FP)滤波器、光锁相环、自脉动分布反馈激光器和光纤参量振荡器(fiber optical parametric oscillator，FOPO)等。与前面几种方案相比，FOPO 具有信号处理带宽高、时钟波长可调等优点，但受限于光纤材料限制，也具有稳定性差、集成度低等问题。下面以 FOPO 为例，介绍全光时钟提取过程中所涉及的关键技术。

1. FOPO 结构及原理

FOPO 主要利用高非线性光纤提供的参量增益实现模式锁定，可以从输入的归零码(return to zero，RZ)信号中提取出相同速率的光时钟信号。该器件提取的时钟信号具有较大的波长可调范围、较低的信号相位抖动和幅度噪声等优点。利用 FOPO 实现全光时钟提取，需要满足两个条件。

(1)增益条件，即时钟信号获得的增益等于或略大于环损耗。在有源 FOPO 结构中，增益主要来自参量放大过程和环内的 EDFA。

(2)同步条件，即输入信号的调制速率必须是环形腔自由光谱区(free spectral range，FSR)的整数倍，这保证了提取的时钟信号能够持续从输入的泵浦信号中获得参量增益。

基于 FOPO 的全光时钟提取的实验系统框图如图 10-2-3 所示，该系统分为信号输入和 FOPO 环形腔两个部分。由于 FOPO 工作特性的要求，其输入信号必须具有较强的时钟分量，即光 RZ 信号。信号输入部分主要实现光 RZ 信号的产生、放大和偏振控制：光 RZ 信号(波长为 λ_{in})通过高功率光放大器(HP-EDFA)和可调光衰减器(variable optical amplifier，VOA)进行功率控制；隔离器(isolator，ISO)避免反向传输光对输入信号的影响；偏振控制器(polarization controller，PC)用以改变 RZ 输入信号的偏振态，获得最大参量放大效果。输入的光 RZ 信号通过 99∶1 光分路器后，99%的能量耦合进 FOPO 进行全光时钟提取，而 1%的能量连接光功率计(power meter，PM)进行功率监控。FOPO 环形腔部分主要实现时钟提取功能：输入信号通过复用器(multiplexer，MUX)进入 500 米长的高非线性光纤(high nonlinearity fiber，HNLF)。通过参量放大过程，在解复用器(DeMUX)输出端获得波长为 λ_c 的时钟信号。环内 EDFA 主要用于克服各器件引起的损耗，通过测量获得 FOPO 开环损耗(不包括 EDFA)。环内偏振控制器(PC2)调节时钟信号偏振态，以达到最佳参量放大效果；可调延迟线(TODL)用于调节环长，以满足 FOPO 的同步条件；隔离器(ISO2)保证光时钟信号在环内单向传输；时钟信号由 50∶50 光分路器输出。接收部分的 VOA 控制输入光电探测器的光功率，而信号质量通过示波器(DSA)进行测量。

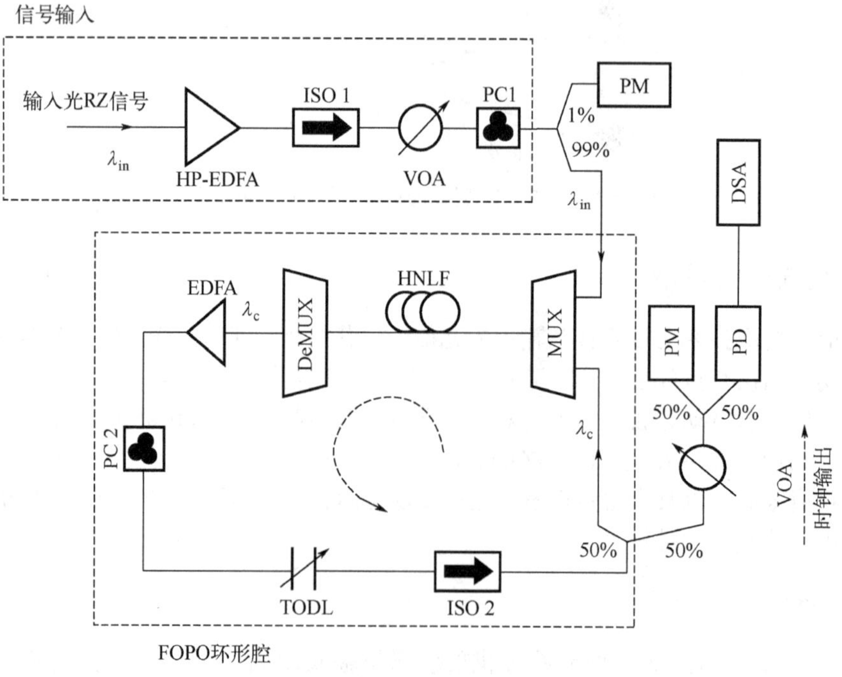

图 10-2-3　基于 FOPO 的全光时钟提取实验系统框图

以输入 10Gbit/s 的光 RZ 信号为例，通过调节高功率放大器、偏振控制器和可调延迟线最终获得 10GHz 光时钟信号，其频谱和波形结果如图 10-2-4 所示。从频谱结果可知信号的边模抑制比高达 50dB，这表明提取的时钟具有较高的信号质量。进一步通过示波器测量其相位抖动均方根值(RMS)为 0.013UI，幅度噪声 RMS 为 $0.046V_{pp}$，验证了 FOPO 系统能直接从输入信号中提取出高质量的时钟信号。但随着测试时间的增加，受到外界环境因素扰动或输入信号不稳定的影响，提取的时钟质量逐渐降低，直至无法使用。因此，研究各因素对基于 FOPO 时钟提取性能的影响，有助于改善该类型器件的连续工作性能。

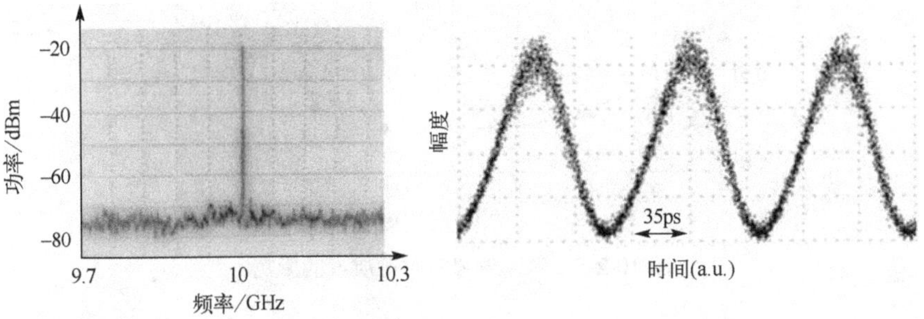

(a) 频谱　(b) 时域波形

图 10-2-4　提取的 10GHz 光时钟信号

2. 稳定性因素分析

讨论影响 FOPO 时钟提取性能因素的关键还将归结到增益和同步两个核心条件上。将影响因素分为两类：一是输入信号的参数变化，包括调制频率、泵浦光功率和偏振态；二是 FOPO 环形腔的改变，包括环长以及腔内偏振态。

1) 输入信号参数

首先讨论输入信号调制频率变化对时钟质量的影响。实验中输入光时钟信号的调制频率 f=10GHz，并优化泵浦光功率达为 12.5dBm，通过调节环内 TODL 满足同步条件，此时可以获得最佳时钟输出。进一步改变信号调制频率，通过示波器测量频率偏移对时钟质量的影响，实验结果如图 10-2-5 所示，横坐标基准频率为 10GHz。在改变信号调制频率过程中，输入泵浦光功率保持不变。为增加实验结果的可比性，被测试信号光功率保持在−8dBm。由图 10-2-5 可以看出，随着输入信号频率偏移量的增大，使其与环形腔自由频谱范围出现频率失谐，导致提取的时钟信号相位抖动和幅度噪声变大。若以相位抖动 RMS 达到 0.025UI 为界，基于 FOPO 的时钟提取可以容忍输入信号的调制频率变化范围为 8.2kHz，小于 ITU-T 对速率为 9.95328Gbit/s 同步数字系列 SDH 传输系统所允许的±20ppm 频率偏移。因此，还需要采用其他动态补偿技术，进一步提高 FOPO 对输入信号频率变化的容忍度。

保持信号调制频率不变，通过调节泵浦光功率考察时钟质量对注入光功率的依赖特性，结果如图 10-2-6 所示。可以看出，FOPO 对于泵浦光功率具有一定的容忍度，在适当的泵浦光功率变化范围内，时钟信号的相位抖动和幅度噪声相对较低。仍以 0.025UI 的相位抖动 RMS 为界，泵浦光功率的优化工作区间为 9.4～14.3dBm(约 5dB)。当泵浦光功率较低时，提取的时钟信号无法获得足够的参量增益，光信噪比变差导致时钟的相位抖动和幅度噪声高；但过高的泵浦光功率会激发起受激布里渊散射，导致部分泵浦光在腔内反向传输，也会影响提取的时钟信号质量。可见，系统输入部分若采用具有自动功率控制(automatic power control，APC)功能的 HP-EDFA，可以有效降低输入信号功率变化所导致的时钟信号性能劣化。

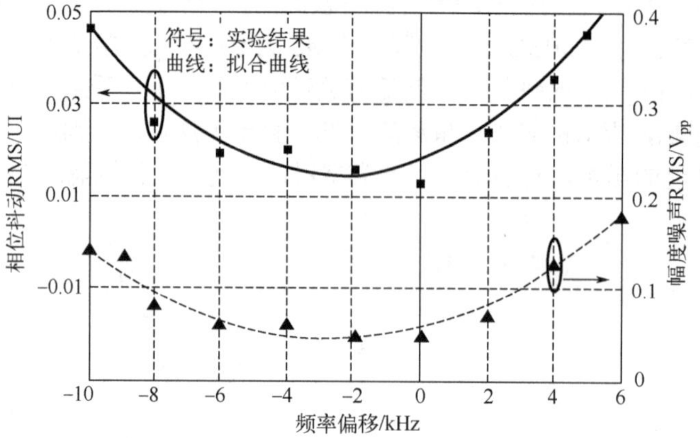

图 10-2-5　频率偏移对时钟质量的影响

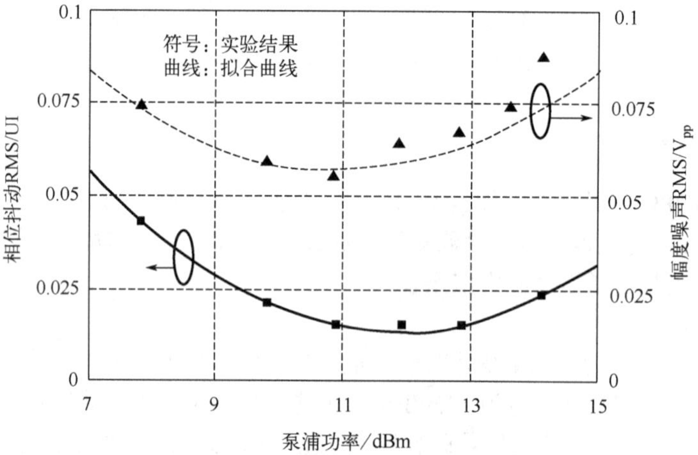

图 10-2-6　注入泵浦光功率对时钟质量的影响

保持信号调制频率和泵浦光功率不变，调节信号注入端的偏振控制器考察时钟质量对信号偏振态的依赖关系。实验中先将泵浦信号调节为线偏振光，利用偏振分析仪测得其方位角为−90°，然后通过调节 FOPO 环内可调延迟线和偏振控制器，使 FOPO 工作在最佳时钟提取状态。接着改变线偏振泵浦光的方位角，测量其对时钟质量的影响，结果如图 10-2-7 所示。由于参量增益的偏振相关性，随着输入泵浦光方位角偏离−90°，时钟信号获得的参量增益会逐渐降低，光信噪比下降，最终劣化时钟信号质量。同样以相位抖动(RMS)达到 0.025UI 为界，时钟信号能够容忍泵浦光方位角变化约为 20°。

2) FOPO 环形腔参数

外界环境温度等因素的扰动会使环形腔内光纤折射率发生变化，影响 FOPO 时钟提取的性能。通过调节 FOPO 环形腔内的可调光延迟线，能够模拟光纤环长的变化。下面讨论 FOPO 环形腔参数变化对时钟质量的影响，其中输入信号调制频率f=10GHz、泵浦光功率为 12.5dBm

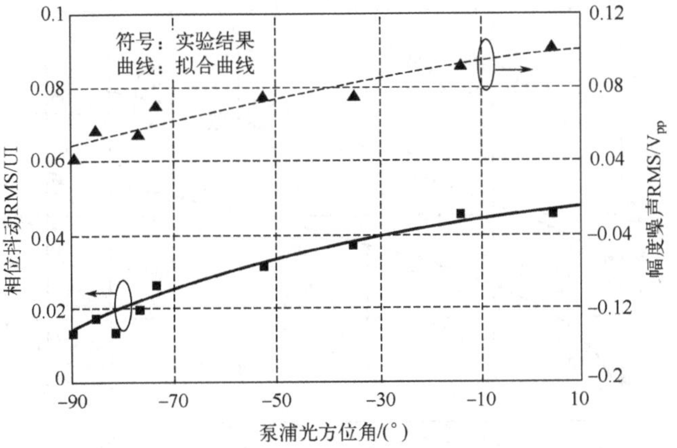

图 10-2-7　泵浦光偏振态对时钟质量的影响

以及偏振态均保持不变。首先利用 TODL 调节环长，使 FOPO 工作在同步条件附近，并记录延迟时间对时钟质量的影响，测量结果如图 10-2-8 所示。以相位抖动(RMS)达到 0.025UI 为界，在 3.4～10.3ps(对应于环长变化约 2mm)延迟范围内，可得到较好的时钟信号质量。由光纤长度随温度变化关系 $\Delta L = L\cdot(\delta n/\delta T)\cdot\Delta T$ 可知，上述环长变化对应的温度改变约为 0.37℃其中硅基玻璃折射率随温度变化 $\delta n/\delta T = 1.1\times10^{-5}(1/℃)$。可见，要实现稳定的 FOPO 全光时钟提取，需要精确地补偿环长的改变。

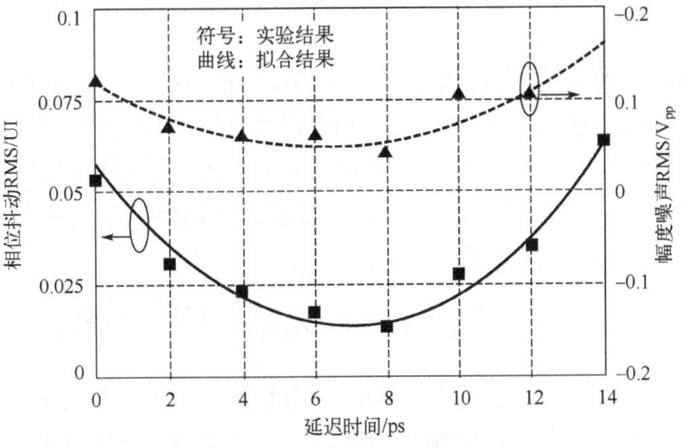

图 10-2-8　环长变化对时钟质量的影响

下面讨论 FOPO 光纤环形腔内导波光偏振态变化对时钟质量的影响。先将 FOPO 腔内的偏振控制器换为由钇铁石榴石(yttrium-iron garnet，YIG)晶体和螺线管磁场加载装置构成的在线可调装置。通过调节螺线管的驱动电流大小，最大可以产生磁感应强度 B = 370Gs 的直流磁场，在该磁场范围内 YIG 晶体引起光方位角旋转 45°，而损耗变化小于 1dB。图 10-2-9 给出了腔内光偏振态变化对时钟质量的影响。当磁感应强度 B = 0Gs 时，调节输入信号参数、FOPO 腔长，得到最佳的时钟输出，并将此时的偏振态方位角记为 0°。若仍以相位抖动(RMS)达到 0.025UI 为界，提取的时钟信号可以承受腔内信号方位角变化约 14°。由于参量放大的偏振相关性，腔内信号偏振态变化将降低时钟信号获得的参量增益，因此时钟的相位抖动和幅度噪声有所增加。

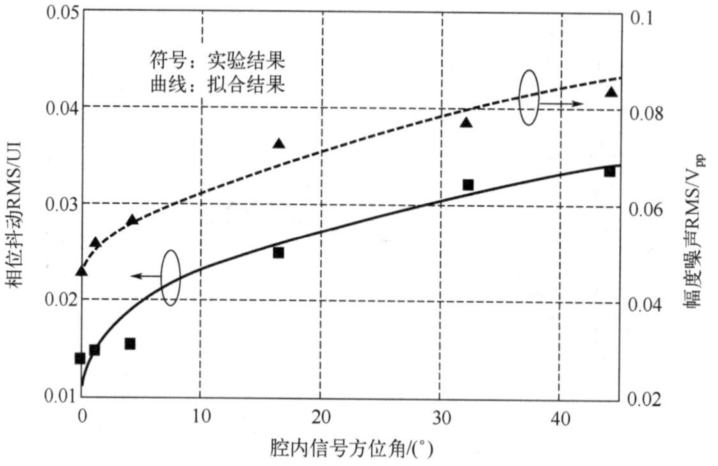

图 10-2-9 腔内信号方位角变化对时钟质量的影响

10.2.3 非线性光判决门

非线性光判决门作为再整形单元的核心器件，提供非线性的功率转移特性，利用该特性可以设计实现幅度噪声抑制、消光比提升等功能。目前通过光纤克尔非线性效应的 SPM、XPM 或 FWM 均可获得非线性光判决门，而其中基于 FWM 的再生器件具有扩展为 3R 再生或多通道再生的潜力。因此，本节以高非线性光纤中实现的 FWM 为例，介绍该类非线性光判决门的工作原理与特性。

首先对基于 FWM 效应的多种全光再生方案特性进行对比。在简并 FWM 过程中，高功率泵浦光和低功率探测光在 HNLF 中通过 FWM 效应可以得到闲频光和高阶四波混频光。数据信号、连续光/时钟信号可以作为泵浦光和探测光，而再生信号可以是闲频光或高阶四波混频光，因此将存在 4 种再生方案，如表 10-2-1 所示。在该情况下可将泵浦光功率 P_{pump}、探测光功率 P_{probe} 和闲频光功率 P_{idler} 的关系表示为

$$P_{\text{idler}} = \eta\gamma^2 P_{\text{pump}}^2 P_{\text{probe}} \exp(-\alpha L)\left\{\frac{[1-\exp(-\alpha L)]^2}{\alpha^2}\right\} \tag{10-2-1}$$

式中，转换系数 η 与光纤损耗 α、色散相关；γ 为非线性系数；L 为 HNLF 长度。根据该公式可获得上述 3 种功率的关系为：闲频光功率与泵浦光功率的平方成正比，而仅与探测光功率的一次方成正比。因此对于数据泵浦 FWM 再生方案(Ⅰ)，再生闲频信号的消光比将是输入信号的两倍，即实现消光比提升效果。根据方案的对称性，再生方案(Ⅳ)也具有类似的效果。而对于余下的两种方案，其消光比保持不变。由式(10-2-1)还可以看出，FWM 转换效率与光纤色散参数相关，即相位匹配条件将制约输入信号的波长范围。在实验过程中，为获得较高的转换效率，HNLF 的色散和色散斜率均需要精确设计，才可能在较大带宽范围内获得足够的功率转换特性。

为进一步说明 FWM 转换特性对再生性能的影响，图 10-2-10 给出了表 10-2-1 所示的 4 种方案所对应的功率转移函数仿真结果。从 4 种功率转移曲线来看：再生方案(Ⅰ)和(Ⅳ)与理论预期一致，在对数坐标系中获得的功率转移函数斜率 k 可以达到 2，提供消光比提升功能；方案(Ⅱ)和(Ⅲ)虽然不能改善信号消光比，但该类方案可提供“0”电平和“1” 电平上

幅度噪声的抑制能力。再生方案的选择除了考虑上述功能之外，还需要根据再生条件和要求进行对比。例如，当系统需要支持多通道再定时功能时，时钟泵浦 FWM 方案与数据泵浦方案相比，大幅节省所需的时钟信号数量，简化再生器结构。

表 10-2-1　基于简并 FWM 的 4 种再生方案

方案	泵浦光	探测光	再生信号
Ⅰ (CDI)	数据	连续光/时钟	闲频光
Ⅱ (CDH)	数据	连续光/时钟	高阶四波混频光
Ⅲ (DCI)	连续光/时钟	数据	闲频光
Ⅳ (DCH)	连续光/时钟	数据	高阶四波混频光

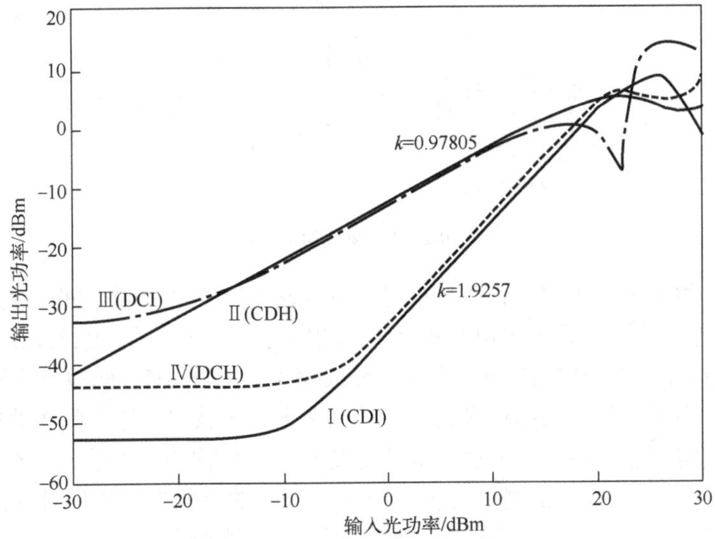

图 10-2-10　4 种再生方案的功率转移特性

10.2.4　新型全光再生技术

前两节介绍的全光时钟提取和非线性光判决门方案主要面向传统的 OOK 信号，提供幅度再生和定时抖动抑制功能。近年来，伴随着相干光通信技术的不断发展，全光再生方案也需要向着多电平幅度和相位再生方向演进。下面就从多电平幅度再生器和多电平相位再生器两个角度介绍新型全光再生技术。

目前主要采用非线性光环镜(nonlinear optical loop mirror，NOLM)方案实现多电平幅度再生器。NOLM 再生器利用光纤非线性效应中的 SPM 过程实现多重光开关效果，达到多电平幅度再生的功能，其核心是图 10-2-11 所示的萨格纳克干涉结构。在该器件中主要包括三个部分：光耦合器(optical coupler，OC)、功率调控器(power tuner，PT)和高非线性光纤。在仅考虑只有单束光注入的情况下，即 E_p=0 时，NOLM 再生器的透射光功率 P_T 和反射光功率 P_R 分别为

$$P_T = C_p[1-2\beta(1-\beta)(1+\cos\phi_\beta)]P_{in} \quad (10\text{-}2\text{-}2)$$

$$P_R = 2C_p\beta(1-\beta)(1+\cos\phi_\beta)P_{in} \quad (10\text{-}2\text{-}3)$$

式中，C_p 是功率系数；β 是 OC 的耦合比；ϕ_β 是相位系数，它也是输入光功率 P_{in} 的函数。

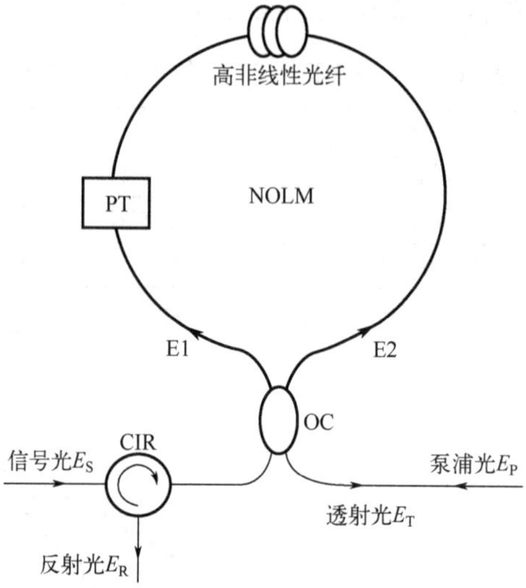

图 10-2-11　NOLM 原理图

NOLM 再生器的多电平幅度再生功能是由其振荡型 PTF 曲线决定的。利用式(10-2-2)、式(10-2-3)可以分别计算出透射光功率和反射光功率对输入功率的依赖关系，如图 10-2-12 所示。比较图 10-2-10 和图 10-2-12 可以看出，NOLM 再生器的 PTF 曲线呈现振荡输出特性，在该振荡型 PTF 中可以利用局部最大值附近的功率平坦区域实现幅度噪声的抑制。因此，在 NOLM 再生器中得到多少局部最大值，就可实现多少个电平的幅度再生，这就是多电平幅度再生器的工作原理。需要指出的是，虽然在 NOLM 结构的透射端口和反射端口均可以获得振荡型 PTF 转换关系，但反射端口所获曲线振荡剧烈，限制了噪声抑制范围，引起不必要的信号畸变。因此，通常采用 NOLM 再生器的透射端口特性实现多电平幅度再生。

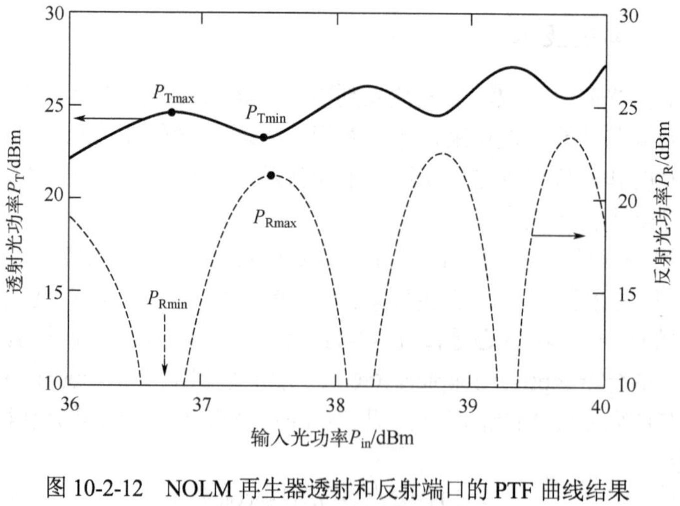

图 10-2-12　NOLM 再生器透射和反射端口的 PTF 曲线结果

与多电平幅度再生器类似，多电平相位再生器也需要获得多阶相位噪声抑制曲线。根据研究发现，相敏放大技术(phase sensitive amplifier，PSA)是实现多阶相位再生的理想方案。理想情况下的转移函数应具有阶跃特性，图 10-2-13 示意了如何由一条直线和锯齿函数组合形成阶跃函数，其表达式为

$$y_{\mathrm{s}}(x)=y(x)+\frac{1}{\pi M}\sum_{k=1}^{\infty}\frac{(-1)^{k+1}}{k}\sin[-2\pi Mk\cdot y(x)] \tag{10-2-4}$$

由式(10-2-4)可以看出获得阶跃型转移曲线需要产生周期性的变化关系。针对相位转移特性可将其进一步表示为

$$|A_s|\cdot\exp(\mathrm{i}\varphi_{\mathrm{s}})=\exp(\mathrm{i}\varphi)+\frac{1}{M-1}\exp[-\mathrm{i}\varphi\cdot(M-1)] \tag{10-2-5}$$

式中，φ_{s} 是 M 阶量化输出相位；$|A_{\mathrm{s}}|$是其幅度响应函数。由式(10-2-5)可知只要获得原始输入相位的 M−1 阶共轭信号，就可以通过信号叠加实现 M 阶相位再生。

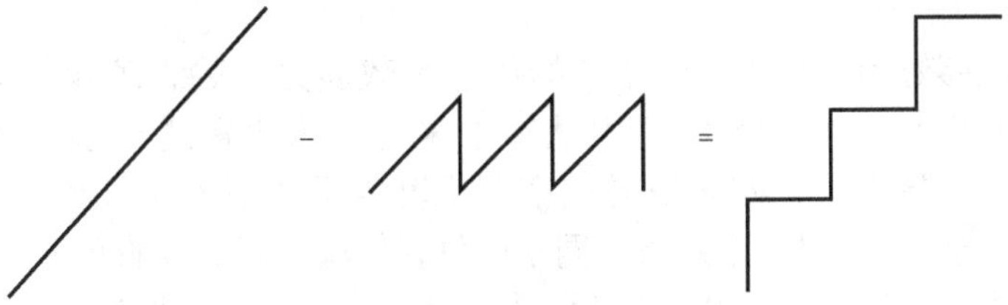

图 10-2-13　阶跃函数示意图

产生 M−1 阶共轭信号成为全光多电平相位再生的核心问题。利用 FWM 过程可以实现相位共轭功能，为满足高阶相位再生需求，需要获得更高阶的 FWM 产物，因此高阶相位再生系统包括两个部分：谐波发生器和 PSA 再生器。图 10-2-14(a)给出了如何通过级联 FWM 产生高次共轭谐波的频谱示意图。实验中需要将输入信号与泵浦 1 注入 HNLF 之中进行 FWM 作用，根据再生所需的相位阶数，选择 M−1 阶的共轭产物。图 10-2-14(b)给出

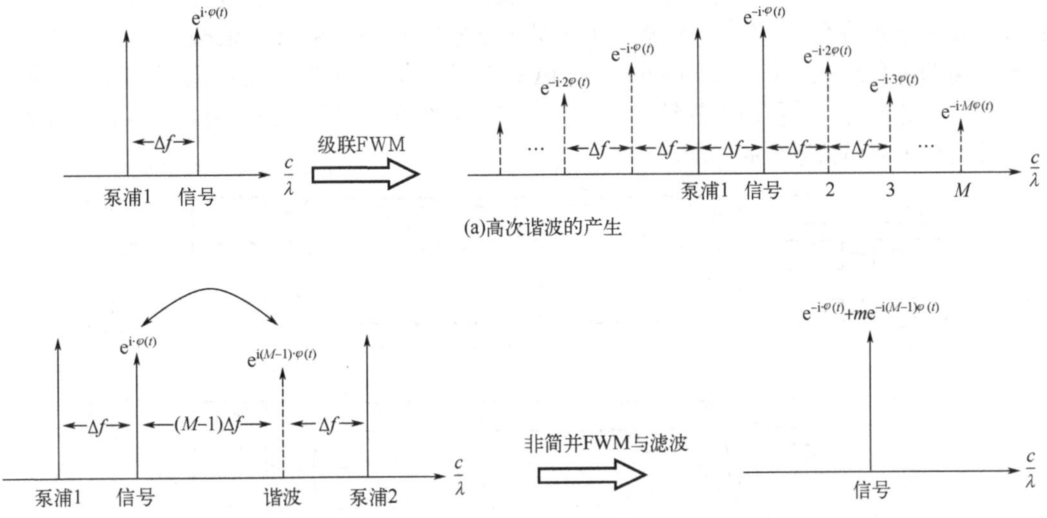

图 10-2-14　高阶相位再生

了相敏再生频谱示意图。在 PSA 过程中除了需要上述泵浦 1、信号光和谐波信号之外，还要注入泵浦 2，用于产生非简并 FWM 效应，最终在原始波长处获得相位再生信号。由于两路泵浦之间需要稳定的相位关系，因此泵浦 2 可通过如下方式产生：①由光梳发生器首先产生两路泵浦，其中一路用于级联 FWM 过程产生谐波信号，而在 PSA 过程中再注入另外一路泵浦；②在级联 FWM 过程中获得 *M* 阶共轭产物，通过注入锁定技术去除该信号的调制信息，再经过功率放大后作为泵浦 2 输入到后续 PSA 再生器之中。PSA 相位再生过程中由于受到温度扰动等因素的干扰，泵浦光和信号光之间的相位关系会随着工作时长的变化发生偏移，因此还需要反馈系统对泵浦光相位进行实时动态补偿。

前沿视角

10.3　空分复用光纤传输系统

10.3.1　技术背景

受光纤非线性效应制约，单模光纤的信息承载能力已趋近理论极限，单模光纤长距传输容量将逐步接近 100Tbit/s，但从需求来看，未来需进一步将光纤容量推进到 Pbit/s 量级。一个重要的发展方向是通过空间维度复用的新型光纤传输技术(SDM)，即空分复用技术。光空分复用技术是指不同空间位置传输不同信号的复用方式，它是光纤通信经历了时分复用、波分复用、相干光通信技术后的又一个重要技术突破。在光纤传输其他维度已难以继续突破的情况下，空分复用技术为光纤传输系统容量提升提供了新的发展方向，是突破当前光纤传输容量极限的一个重要技术方向。空分复用技术通过在“同一条路”上增加“车道”数量的方式，达到数倍承载“车”流量的效果。

空分复用技术主要有三种增加空间信道的实现方式。第一种是多芯空分复用，如图 10-3-1(a)所示，在同一个光纤包层内同时排布多个纤芯，每一个纤芯都是一个独立的传输信道。第二种是少模空分复用，如图 10-3-1(b)所示，通过增大纤芯直径，使其可以同时支撑多个空间模式的传输。这里每一个独立的导模就是一个独立的传输信道。根据光纤内本征矢量模式叠加方式的不同，光纤内传输的模式又可以分为线偏振(linear polarization，LP)模式以及轨道角动量(orbital angular momentum，OAM)模式。第三种则是纤芯和模式两个维度相结合的少模多芯光纤，是前两者的结合，这种方式可以结合多芯光纤和少模光纤各自的优势，进一步实现了复用信道数的增加。

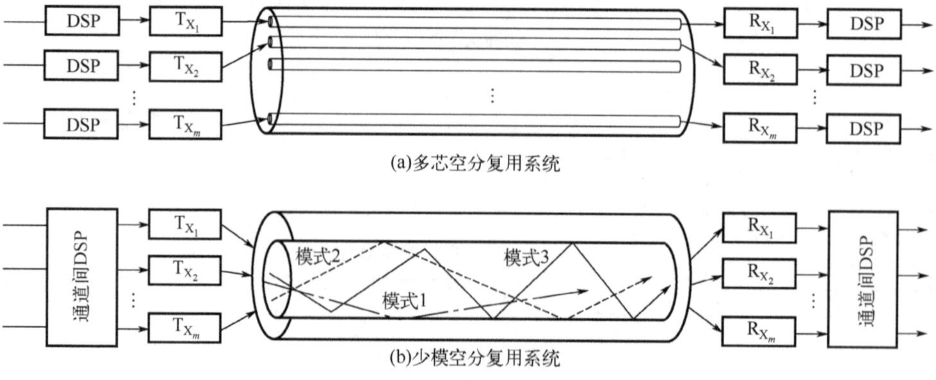

(a)多芯空分复用系统

(b)少模空分复用系统

图 10-3-1　多芯空分复用系统和少模空分复用系统

基于多芯光纤的空分复用技术可以有效拓展单纤的空间维度，有望提升系统容量和能效比。在提供相同系统容量的情况下，多芯光纤可以通过增加纤芯数目，减少单芯传输的波长数量，降低纤芯功率密度，减小传输非线性效应影响。多芯通信系统有基于低串扰多芯和耦合多芯传输的两种方案。低串扰多芯光纤的设计目标是减小芯间耦合，降低接收端数字信号处理算法的复杂度。耦合多芯通信系统有望提升光放大器的能量效率，但要保证接收算法的复杂度可控，因此对多芯光纤的耦合特性要求较高。

光纤中支持的各种空间模式理论上可以各自独立传播，因此光纤模式可以作为信息复用的全新维度，结合波分复用和偏振复用技术进一步扩大通信容量。然而，在光纤实际制作和成缆铺设的过程中，加工误差、外部环境扰动等因素会引起空间传播模式之间的耦合，导致模式间产生信息串扰，引发系统误码。需要通过精准的建模及合理的系统设计，结合光电器件、编码算法等一系列创新技术来解决。

总体来看，当前多芯光纤相比于少模光纤通信技术成熟度更高，通过多芯可达到 Pbit 量级(10^{12}bit/s)千公里和 10Pbit 量级短距通信传输。

与 WDM 技术相比，空分复用传输系统具有如下两个优势。

(1)可大幅提升光网络传输容量。传统波分复用光纤传输系统传输容量已逐步逼近理论极限，而空分复用技术可在 WDM 技术的基础上，通过空间与模式的多维度复用，进一步扩展信号复用维度，理论上可以在原来的基础上将光纤网络的传输容量再提升两个量级，有望解决日益严峻的光通信扩容难题。

(2)与现有光通信技术兼容，扩容技术难度较低，可实现平滑过渡。空分复用技术在现有 WDM 网络的基础上，通过空间与模式的多维复用进一步扩展光网络容量。因此，不同空间维度的信道在光调制、光解调等核心环节的相关技术与现有技术方案无太大差别，可直接沿用，扩容成本较低。

接下来将具体介绍多芯光纤传输系统和少模光纤传输系统，以及空分复用光传输系统面临的挑战。

10.3.2　多芯光纤传输系统

多芯光纤传输系统由多芯光纤、多芯复用/解复用器和多芯放大器等关键器件组成。

1. 多芯光纤

多芯光纤分为弱耦合多芯和强耦合多芯两类，如图 10-3-2 所示。弱耦合多芯光纤的包层直径较大(250μm)，各纤芯间隔较远(大于 30μm)，芯间耦合较弱；强耦合多芯光纤的包层直径较小(125μm)，各纤芯间隔较近(小于 30μm)，芯间耦合较强，纤芯密度较高，依赖多入多出(MIMO)算法补偿串扰多芯光纤。

弱耦合多芯光纤类似于多根光纤并行传输，但长距离传输微弱的串扰仍然会积累；由于光纤中传播的光场能量不完全局限于纤芯之中，部分光场能量存在于包层，纤芯间互相有能量泄漏，以倏逝场耦合(evanescent field coupling，EFC)的形式转移到相邻纤芯之中，造成芯间串扰，带来信损伤。因此，可以通过各类型纤芯分布设计降低芯间串扰，趋近多路独立信道传输效果，结构如图 10-3-3 所示。

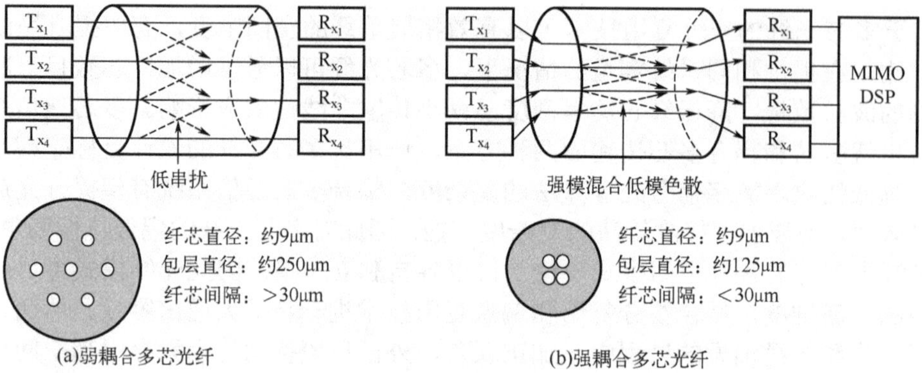

图 10-3-2　弱耦合多芯光纤和强耦合多芯光纤

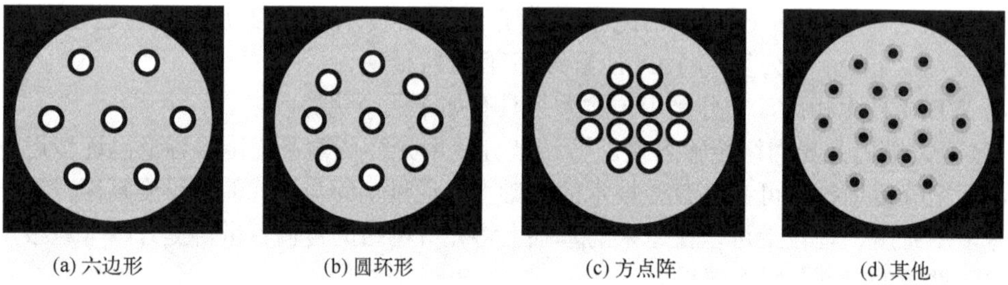

图 10-3-3　不同排布的多芯光纤

强耦合多芯光纤各纤芯芯间耦合强，需要通过 MIMO 算法补偿串扰，带来算法上的复杂度。强耦合的光纤设计主要是围绕如何降低 MIMO 复杂度进行，核心点是如何降低模式间的传输群时延。通过选取适当的纤芯间距，可以获得最佳的低群时延/强耦合传输效果。

强耦合虽然给算法上带来了复杂度，但也有系统上的积极因素，例如，光信号能量在多个纤芯间来回耦合，增加了等效模场面积，光纤非线性影响降低；纤芯排布更紧密，在相同的光纤包层空间内提升了复用密度。

2. 多芯复用/解复用器

多芯复用/解复用器用于将多芯光纤的各纤芯分别与多根单模光纤相连，实现多芯信号的扇入和扇出。常见的复用器制备方式主要包括熔融拉锥型和激光直写波导型技术。

熔融拉锥型复用器：将多根单模光纤插入玻璃毛细管加热拉锥后截断，确保截面与目标多芯光纤匹配，如图 10-3-4 所示。

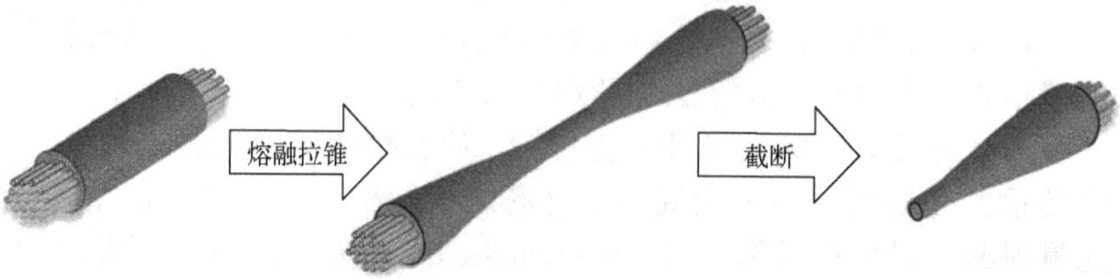

图 10-3-4　熔融拉锥型复用器制备过程

激光直写波导型复用器：用飞秒激光刻写石英玻璃等材料改变局部折射率，实现多个单模通道向多芯光纤转换，结构如图 10-3-5 所示。

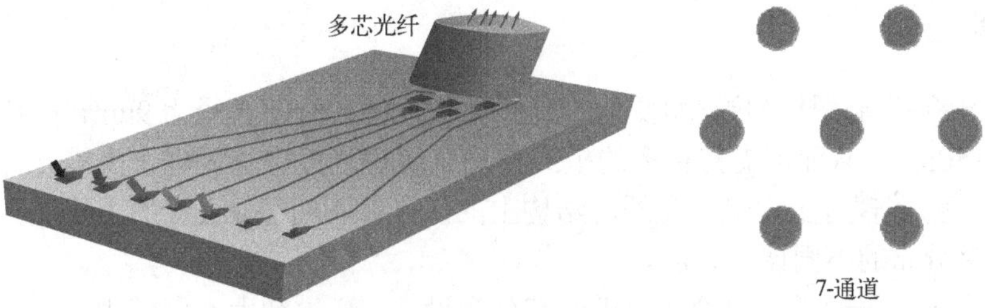

图 10-3-5　激光直写波导型复用器示意图(以 7 芯光纤为例)

3. 多芯光放大器

多芯放大是希望通过一根多芯铒纤实现多个纤芯信号的放大，多芯光放大器在结构上分为纤芯泵浦和包层泵浦两种类型。

纤芯泵浦类似当前的 EDFA，用单模 980nm 泵浦光打入每个纤芯，泵浦效率高，可以沿用传统 EDFA 的光器件及调控机制，但是尺寸、成本及功耗随纤芯数目增加而直线上升。纤芯泵浦结构如图 10-3-6(a)所示。

包层泵浦采用多模 980nm 泵浦光将整个多芯铒纤粒子数反转，采用非制冷多模泵浦激光器，可降低成本、功耗和体积，噪声系数比较低，但泵浦效率也不高，泵浦-信号合束等无源器件需单独开发。包层泵浦结构如图 10-3-6(b)所示，所有纤芯由包层传输光提供泵浦。

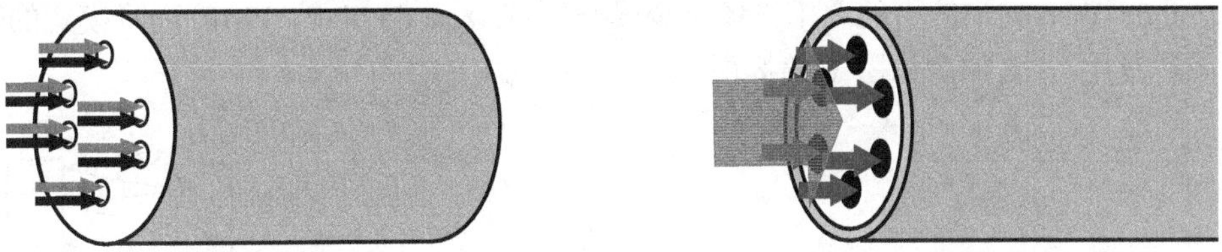

(a) 纤芯泵浦结构　　(b) 包层泵浦结构

图 10-3-6　多芯放大器泵浦结构

4. 多芯光纤通信的研究现状

弱耦合多芯光纤通信系统可应用于如数据中心内部的 km 级短距通信场景，避免了传统波分复用的彩光器件/温控处理，以及强耦合多芯光纤通信复杂的 MIMO 联合接收算法等问题；但需要解决精密、低损的光纤连接/熔接和多芯复用/解复用等难题。

强耦合多芯光纤通信系统可以在有限空间提升信道密度，并有望提升光放大器能效(包层泵浦技术)。近年来，多个报道宣称强耦合多芯光纤通信系统突破上万千米传输，在超长距跨洋海缆通信场景受到关注。

10.3.3　少模光纤传输系统

少模光纤传输系统是指利用少模光纤中的每个模式可以支持波分复用传输，*N* 个模式可以支持 *N* 倍的单模波分复用系统的通信容量的光传输系统。例如，支持 10 模式的少模系统，再叠加 120 波 800Gbit/s 线路速率的波分复用能力，单纤传输容量可到 960Tbit/s。

少模光纤传输系统由少模光纤、少模复用/解复用器、少模放大器等关键器件组成。

1. 少模光纤

少模光纤纤芯直径比单模光纤更大，一般单模光纤的纤芯直径为 9μm，少模光纤的纤芯直径为 10～50μm，从而可支持更多的模式传输。少模光纤也有弱耦合少模光纤和强耦合少模光纤两类。强/弱耦合少模光纤在纤芯结构上的区别并不明显，设计的主要差异点来自对光纤纤芯折射率分布的不同调控方法。

弱耦合少模光纤通常采用阶跃型折射率分布设计，通过增大不同模式之间的有效折射率差，使其传播常数差异变大；接收端不使用 MIMO 或只使用低维(2×2、4×4) MIMO。强耦合少模光纤通常采用渐变型折射率分布设计，通过降低不同模式之间的有效折射率差，使其传播常数差异变小；接收端使用 MIMO 算法对所有复用模式进行联合处理。

2. 少模复用/解复用器

少模复用/解复用器是少模系统的关键器件，可实现多路少模信号的扇入和扇出功能。常见的少模复用/解复用器包括：光子灯笼复用器、多平面光转换(multi-plane light conversion，MPLC)复用器和定向耦合复用器。

光子灯笼复用器：多根单模光纤熔融拉锥后形成大芯径的少模纤芯，各单模光纤中单模模场经超模演变，分别匹配至少模光纤中不同高阶模式，结构如图 10-3-7 所示。

MPLC 复用器：利用反射/透射式相位片对空间光场进行多次相位调控，实现单模光纤(single mode fiber，SMF)中的单模光场至少模光纤(few mode fiber，FMF)高阶模式的转换及复用(或解复用)，其原理如图 10-3-8 所示。

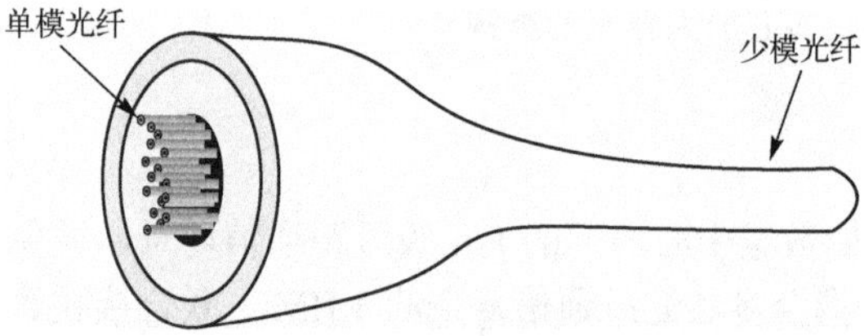

图 10-3-7　光子灯笼复用器结构示意图

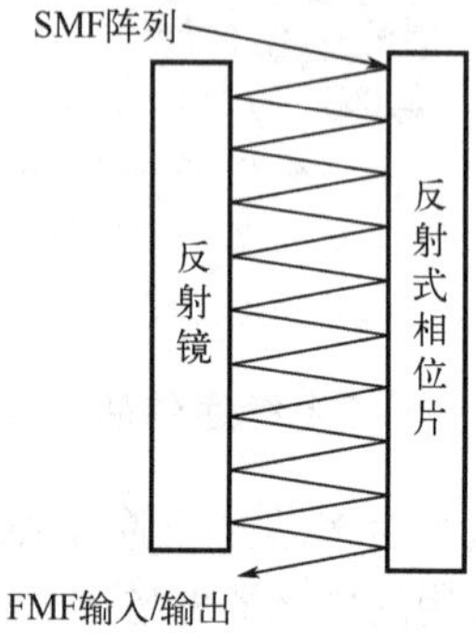

图 10-3-8　MPLC 复用器

定向耦合复用器：基于熔融拉锥或侧边抛磨工艺，将多根 SMF 分别与同一根 FMF 连接，利用相位匹配条件分别实现单模至不同高阶模的定向转换，如图 10-3-9 所示。LP 对应光纤中激发的线偏振模(linearly polarized mode，LP)。

3. 少模光放大器

少模光放大器与单模光放大器的最大不同是需要解决的核心问题，即如何对不同模式进行均匀放大。当前解决这个问题的典型方法有三类：少模增益光纤折射率分布的操控设计、少模增益光纤中铒离子掺杂浓度的分布调控和少模光放大器泵浦光的模式分布设计。

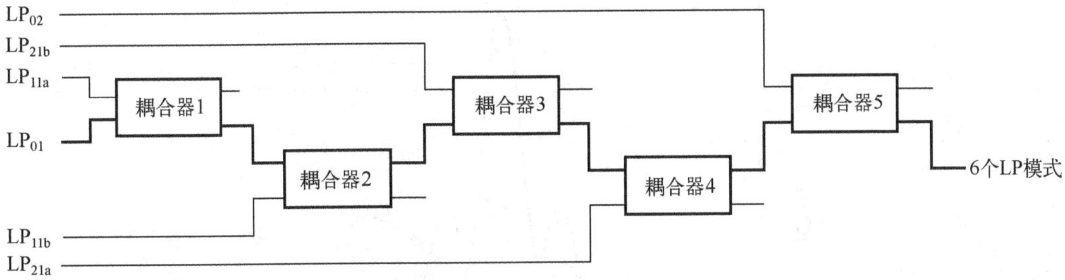

图 10-3-9　定向耦合复用器

少模增益光纤折射率分布的操控设计：环形纤芯折射率分布设计，使不同模式的光场分布尽量重合，便于均匀放大，其结构如图 10-3-10 所示。

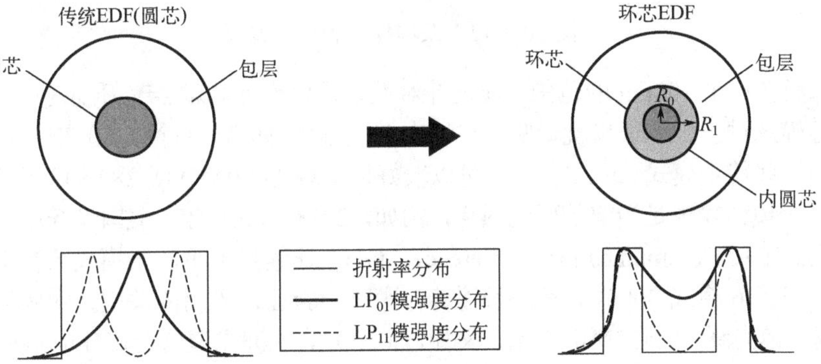

图 10-3-10　环形纤芯折射率分布设计示意图

少模增益光纤中铒离子掺杂浓度的分布调控：环形铒离子掺杂设计，针对特定空间区域的模场分布进行增益补偿，达到整体均衡效果，如图 10-3-11 所示。

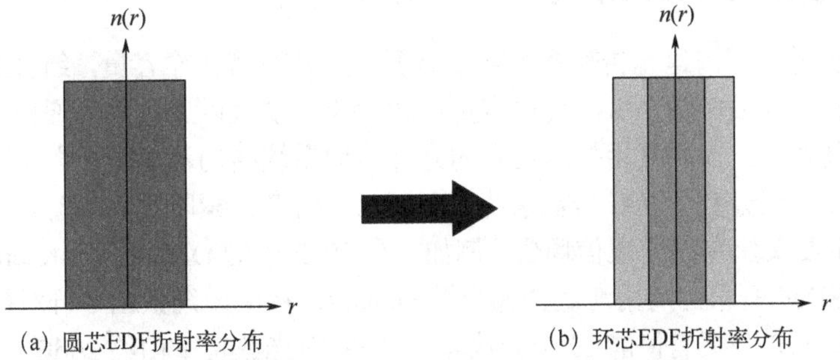

图 10-3-11　铒离子掺杂浓度设计示意图

少模光放大器泵浦光的模式分布设计：使泵浦光场与信号模式分布尽量匹配，确保均衡放大，如图 10-3-12 所示。

4. 少模光纤通信的研究现状

弱耦合少模传输有望简化未来空分复用通信系统接收算法的整体架构，将 MIMO 维度控制在不超过 4×4；但其由于光纤和系统维持模式弱耦合/低串扰条件的巨大挑战，传输距离较

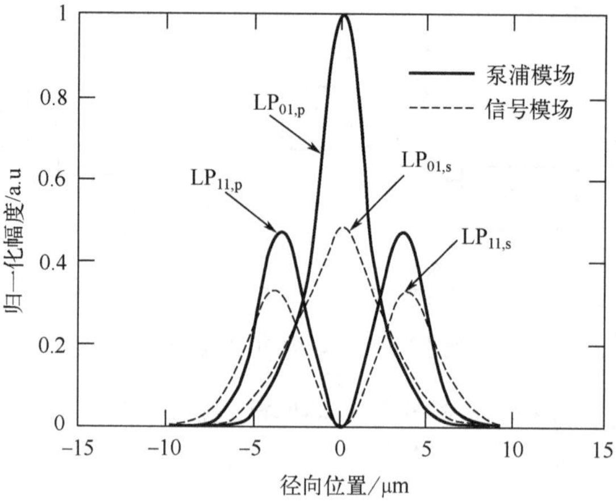

图 10-3-12　泵浦模式设计示意图

为受限，一般在小于 100km 的范围。通过针对性地优化设计弱耦合光纤及复用器件，并对复用模式进行筛选进一步降低串扰影响，可以在较低维度(如 2～3 个模式)实现大于 100km 传输；若选用一些特定模式(如 $LP_{01/02}$)，可以较好地实现无 MIMO 或 2×2 的商用算法兼容性。

强耦合少模传输也是当前的研究热点，例如，2018～2020 年，美国光纤通信展览会及研讨会(Optical Fiber Communication Conference，OFC)连续报道了基于模式轮换实现长距传输的案例，实现了 6 模式 3000km 环路长途传输距离的验证，采用的关键技术包括模式轮换传输、低时延少模光纤、12×12MIMO 等。又如，2020 年，欧洲光通信会议(European Conference on Optical Communication，ECOC)报告了同期少模通信最高容量水平，15 模式的 125μm 包层单纤芯容量达 1.01Pbit/s(实验距离为 23km)，采用的关键技术包括宽带少模光纤、高维模式复用器、30×30MIMO 等。

10.3.4　空分复用光纤传输系统的应用与挑战

利用空分复用光纤构建光传输系统可以显著提升光通信传输容量，结合 DWDM、多芯、少模技术构建的大容量传输系统，传输容量可达 Pbit/s 量级以上，是光通信产业下一步容量提升的有效手段之一。多种复用技术结合的光纤传输系统结构示意图如图 10-3-13 所示。

在当前阶段，空分复用光纤传输系统大多还处于研究探索阶段，同时，产业界也在探索其价值场景，主要聚焦在海缆通信场景，例如，在 2022 年的 OFC 中，Infinera 宣称部署了第一条空分复用 SDM 概念的商用海底传输光缆 Dunant，将单缆纤数由 8 纤对提升至 12 纤对，利用泵浦共享实现 8 个泵浦使能 12 个光放输出；每纤对光放功率由约 20dBm 下降至 18dBm，单纤容量由 27.8Tbit/s 下降至 25.6Tbit/s，但系统总容量由 222.4Tbit/s 提升至 307.2Tbit/s。同时，日本的 NEC+OCC 完成了弱耦合四芯光纤 SC520 规格海缆(12 纤对 SMF+4 纤对 4C-MCF)模拟环境传输验证，四芯光纤成缆后损耗、色散、串扰等参数基本无劣化(0.177dB/km@1550nm)，包层直径为 125μm，但较大的 45μm 芯间距致使单熔点损耗 0.3dB；实验采用集成四芯光放大，5350km 环路传输后总芯间串扰小于−25dB，基本无串扰代价。

空分复用技术在 WDM 技术的基础上，通过进一步引入空间维度，将单根光纤的传输容量又提升数十倍，有望解决未来数据传输容量危机，是超大容量光纤技术的发展方向，但该技术目前仍然面临着许多问题亟须解决，主要包括以下三个问题。

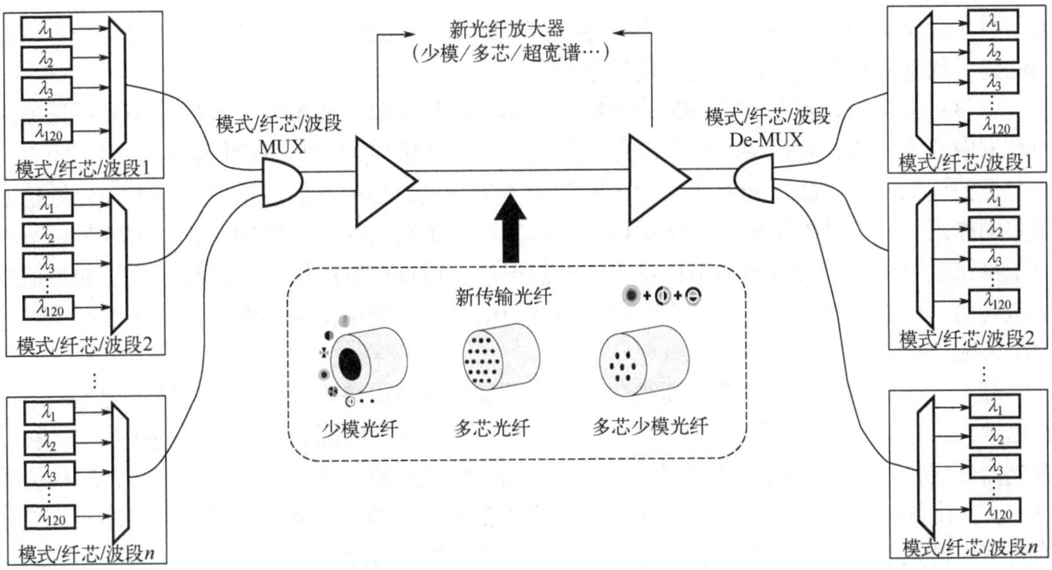

图 10-3-13　大容量光纤通信系统结构示意图

(1) 纤芯/模式间的串扰问题。对于多芯光纤，多路信号通过不同的纤芯在同一个包层结构中传输，某个纤芯中的信号易发生横向耦合，进入到相邻的纤芯中，造成传输信号的干扰，导致光信号传输质量的劣化。对于多模光纤，由于光纤制备过程的不完美或光纤弯曲、扭转等，在同一个纤芯内同时存在多个导模传输信号时，会引起模式间能量耦合，因此在实际应用中模式耦合是不可避免的。其难点在于，不同空分维度的串扰依靠 MIMO 算法解决，算法复杂度随着系统空间复用维数和传输时延的增长而急剧上升。现有解决方法主要通过光层系统和算法的联合实现，其中一种方案是通过抑制串扰，降低 MIMO 算法的维数复杂度；另一种方案则是接受串扰，简化 MIMO 算法的时延复杂度。

(2) 纤芯/模式间的功率不平坦问题。该问题也可以从光层和算法两个方面入手。光层思路：通过能量滤除(弱耦合)或交换(强耦合)，降低光纤的模式相关损耗和放大器的模式相关增益。算法思路：利用空时编码对多维信道进行混编，或采用干扰消除算法对不同信道进行迭代修复，实现功率均衡。

(3) 网络节点的信号处理问题。多芯光纤在使用过程中需要将多芯光纤与多根单模光纤进行连接，实现多路信号的接收。解决方式为通过扇入扇出的耦合器件，一端为多芯光纤，另一端为对应芯数的多根常规单模光纤进行互连。

此外，空分复用光传输系统还面临着大量的工程挑战，包括光纤光缆及接续问题和高性能、低成本、稳定可用的关键器件可获得性问题等。

期望面向未来，以传输光纤为创新起点，依托光层器件、收发算法技术突破，可以打造平滑升级、灵活扩容、容量大幅提升的全新光通信体系。

10.4　数字信号处理增强的高速光纤通信

近年来，数字信号处理(digital signal processing，DSP)技术的高速发展与日趋成熟，在光纤通信向高速、大容量、超长距发展中发挥了重要的作用，并成功实现商业化，成为光纤通信系统最重要的使能技术之一。根据接收方式的不同，光纤通信系统大体上可以分为直接探测光纤通信系统与相干探测光纤通信系统。

强度调制与直接探测 IM-DD 的光纤通信由于结构简单、成本低，备受短距光纤通信，如数据中心光互联、光纤接入网等应用场景的青睐。在强度调制与直接探测系统中，随着传输容量的增加，一方面，光电器件的带限效应愈加明显；另一方面，平方律探测与光纤色散的共同作用导致信号拍频串扰。这两种效应严重限制了直接探测系统的高速、大容量传输。为了克服带限效应与信号拍频串扰带来的性能损伤，通过在发射机预均衡与接收机的自适应信道均衡，可以消除带限效应带来的码间串扰与信号间拍频串扰的影响，从而实现高速光纤短距传输。

相干光传输具有高灵敏度、高线性度、高频谱效率等优势，然而信号传输过程中仍不可避免地经历了多种信号损伤，这些损伤来源于元器件和光纤的固有属性(光纤色散、非线性、调制器非线性)，也来源于各种客观存在的动态随机效应(偏振扰动、本振频偏、光源相位噪声、收发设备时钟抖动等)。基于数字信号处理的信号损伤恢复，可以在不改变硬件系统设计的前提下，灵活地部署补偿模块，实现发送数据的无失真传输。

DSP 技术最为成功的应用在于相干光通信系统，通过数字相干解调中的一系列数字信号处理，如色散补偿、时钟恢复、信道均衡、载波恢复与相位噪声补偿等，可以补偿光纤传输过程中的性能损伤。

10.4.1　数字收发机的信号处理

数字相干收发机的数字信号处理流程如图 10-4-1 所示。在发送端，DSP 首先通过串并转换器(serializer/deserializer，SDS)将需要发送的数据码流进行预处理，将数据码流映射

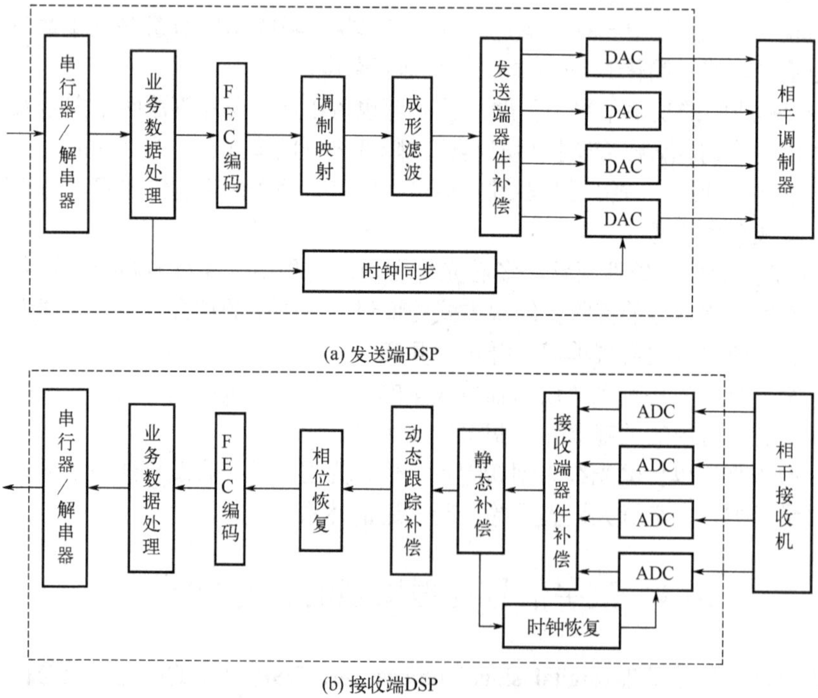

图 10-4-1　相干光通信收发端 DSP 流程

为不同的调制格式，进行该映射的主要目的为通过映射复用降低对信号的波特率及器件的带宽要求，同时也可以通过该映射更好地适配光传送系统的要求。进行映射后的符号进行脉冲成型及发送端器件非理想的补偿后就可以通过数模转换器(DAC)发送至相干调制器。

在接收端，DSP 不仅需要处理接收端器件的非理想补偿，还需要对整个光系统中的损伤进行补偿，通常将损伤分为几乎非时变的静态损伤和随时间变化的动态损伤。静态损伤通常由色散和电/光转换等引起，进行补偿时对补偿系数不需要实时跟踪和改变。动态损伤主要指光纤中的一系列动态变化，如偏振模色散、偏振态旋转等，需要算法进行实时跟踪并动态调节补偿系数。

10.4.2　IQ 不平衡补偿

QPSK 与 QAM 调制格式等都包含同相分量(in-phase，I 路)和正交分量(quadrature，Q 路)两路信息。在理想传输下，I 路和 Q 路信号相互正交，互不干扰。然而，光电器件的非理想特性将给相干光传输性能带来新的挑战。

器件的 IQ 损伤主要包含五类：①I、Q 两路延时不一致；②I、Q 两路的增益不一致；③I、Q 两路的滤波器响应不一致；④I、Q 两路的载波相位不正交；⑤I、Q 两路之间的信号串扰泄漏。在传输过程中，受限于调制器、混频器、光电探测器等器件老化或者工艺缺陷的影响，IQ 两路的幅度可能失配不平衡或者相位存在差异，使得 IQ 两路不再保持正交。IQ 不平衡补偿是在 DSP 中矫正，使两路信号重新保持正交。IQ 不平衡补偿的典型方法是格拉姆-施密特正交化(gram-schmidt orthogonalization procedure，GSOP)。假设 I 路和 Q 路信号的表达式分别为 $I(t)$ 和 $Q(t)$。

首先，对 I 路进行功率归一化：

$$\hat{I}(t)=\frac{I(t)}{\sqrt{P_I}} \tag{10-4-1}$$

式中，P_I 为 I 路信号的平均功率，$P_I=E[I^2(t)]$。

然后，矫正 Q 路：

$$Q'(t)=Q(t)-\frac{\rho I(t)}{P_I} \tag{10-4-2}$$

式中，ρ 为 IQ 两路信号的互相关系数，$\rho=E[I(t)\cdot Q(t)]$。

最后，对 Q 路进行功率归一化：

$$\hat{Q}(t)=\frac{Q'(t)}{\sqrt{P_Q}} \tag{10-4-3}$$

式中，P_Q 为 Q 路信号的平均功率，$P_Q=E[Q^2(t)]$。

IQ 之间的延时偏差(Skew)会导致接收机采样产生偏差，引入 ISI 损伤，造成信号畸变，GSOP 方案无法解决。常用的方法是通过使用多抽头的均衡器进行补偿。使用 $x(t)=I(t)+\mathrm{j}Q(t)$ 表示无损伤发送信号，I、Q 信号在时间上没有对齐可以表达为

$$\begin{bmatrix} I_\mathrm{d}(t) \\ Q_\mathrm{d}(t) \end{bmatrix}=\begin{bmatrix} 1 & 0 \\ 0 & \delta(t-\tau) \end{bmatrix}\otimes\begin{bmatrix} I(t) \\ Q(t) \end{bmatrix} \tag{10-4-4}$$

$x_\mathrm{d}(t)=I_\mathrm{d}(t)+\mathrm{j}Q_\mathrm{d}(t)$ 为包括 IQ Skew 的接收信号，τ 为延时的大小，$\otimes$ 代表卷积。接收的 IQ 信号又可以等价表示为发射的信号与其共轭分量之和：

$$x_{\mathrm{d}}(t)=\frac{x(t)+x^{*}(t)}{2}+\mathrm{j}\left(\delta(t-\tau)\otimes\left[-\frac{\mathrm{j}\left[x(t)-x^{*}(t)\right]}{2}\right]\right)=k_{1}(t)\otimes x(t)+k_{2}(t)\otimes x^{*}(t) \quad (10\text{-}4\text{-}5)$$

式中，$k_1=\dfrac{1+\delta(t-\tau)}{2}$；$k_2=\dfrac{1-\delta(t-\tau)}{2}$；“*”表示共轭。因此，通过引入输入信号的共轭分量，使用二入一出的多抽头广义线性(widely linear，WL)均衡器，就可以实现对 IQ Skew 的均衡。均衡公式为

$$[x]=[h_{xx} \quad h_{xx^{*}}]*\begin{bmatrix} x_d \\ x_d^{*} \end{bmatrix} \quad (10\text{-}4\text{-}6)$$

使用基于最小均方误差准则生成的误差函数可以表示为

$$e_x(k)=T_x(k)-X(k) \quad (10\text{-}4\text{-}7)$$

式中，$T_x(k)$ 代表训练符号；$X(k)$ 为经过均衡器的输出符号。对应地，均衡器的滤波系数可以通过梯度下降法迭代获得：

$$\begin{aligned} h_{xx}(k+1)&=h_{xx}(k)+\mu e_x x_d^{*}(k) \\ h_{xx^{*}}(k+1)&=h_{xx^{*}}(k)+\mu e_x x_d(k) \end{aligned} \quad (10\text{-}4\text{-}8)$$

10.4.3　色散补偿

光纤色度色散对信号传输的影响表现为不同频率传播速度的差异，当宽带信号经过较长距离传输时，高频信号与低频信号将产生时间走离，引起时域脉冲展宽。脉冲展宽可以看作 ISI，故可以通过横向前馈均衡器进行时域或频域自适应估计与补偿。

在色散补偿方面，相比于色散补偿光纤，在相干系统中采用基于数字信号处理的电域色散补偿算法，实现成本更低且对光纤非线性效应的容忍度更高，因此成为数字信号处理流程中必不可少的一环。电域色散补偿算法分为时域均衡算法和频域均衡算法。当系统中色散较大时，频域均衡算法的复杂度较低。

当色散参数、传输距离和数字信号采样率已知时，可以根据采样率计算出信号傅里叶变换(FFT)后每个频率处色散引起的相移，色散带来的频率响应如下：

$$H_{\mathrm{CD}}(f)=\exp\left(-\mathrm{j}\pi D\frac{\lambda^2}{c}Lf^2\right) \quad (10\text{-}4\text{-}9)$$

式中，D、λ、c、L、f 分别表示色散参数、中心波长、光速、传输距离和信号频率。在逐频点进行色散相移补偿后，通过 IFFT 变换回时域。实时通信中，需要对源源不断的接收数据进行分块，采用重叠保留法或重叠相加法，实现信号的线性卷积。2009 年和 2010 年，美国和英国的研究人员相继验证了时域和频域色散补偿算法在相干光通信中的应用。

10.4.4　时钟恢复

在数字通信系统接收机中，为了准确地对接收到的每个码元进行抽样判决，必须要知道每个接收码元确切的起始位置。这就要求在接收机有一个和发射机完全一致的时钟脉冲序列进行定时采样。通常在对接收信号进行处理的初期，由于受到光纤信道损耗（如色散、偏振

模色散等）的影响，发送端时钟与接收机 ADC 采样时钟间的频率偏移会比较大，在没有时钟恢复模块对采样频率进行跟踪和调整的情况下，得到的采样序列将存在一个累计的频率与相位定时误差，系统性能严重劣化。时钟恢复的主要目标是追踪并且消除发送端时钟与接收机 ADC 采样时钟间的频率偏移以及采样时钟的相位抖动。

时钟恢复算法的结构一般有两种：一种是前馈式时钟恢复算法；另一种是反馈式时钟恢复算法。

前馈式时钟恢复算法的结构如图 10-4-2 所示，图中 $x(mT_s)$ 是经过采样后得到的数据，T_s 是 ADC 的采样周期，$y(kT_i)$ 是恢复后的输出数据，$T_i=T/N$，T 是信号的符号周期。在前馈式结构中，采样得到的采样数据是向前传递的，不存在反馈延时。反馈式时钟恢复算法的结构如图 10-4-3 所示，图中 $x(t)$ 是输入到 ADC 上的模拟信号，$x(mT_s)$ 是经过反馈式时钟恢复算法后的数据，图中时钟误差检测模块使用 ADC 采样得到的数据来估计时钟误差。

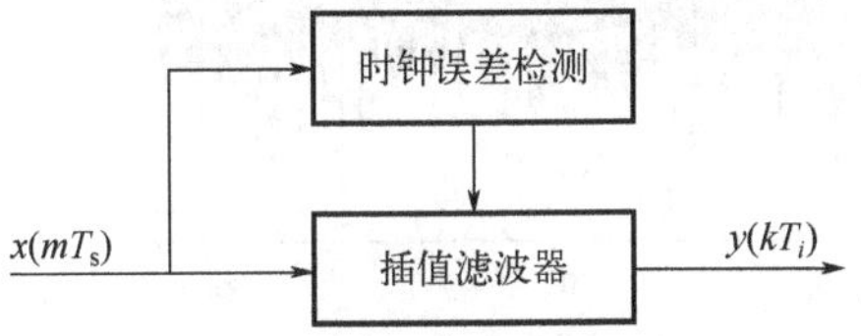

图 10-4-2　前馈式时钟恢复算法的结构示意图

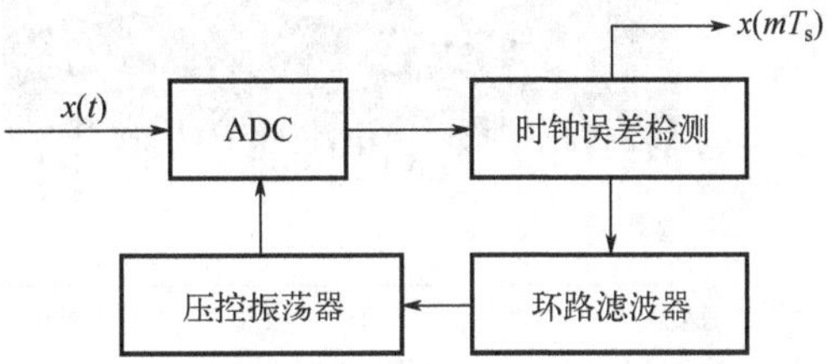

图 10-4-3　反馈式时钟恢复算法的结构示意图

从前馈式时钟恢复算法和反馈式时钟恢复算法中可以看出，时钟误差检测模块是必不可少的一部分。目前，时钟恢复方案在反馈式时钟恢复算法的基础上朝着全数字时钟恢复算法的方向发展。时钟误差检测的常见方法有 M&M 算法、Gardner 算法和数字平方滤波算法等。

10.4.5　频偏估计

相干光通信中，载波与本振中心频率间存在很大偏差，称为载波频偏(carrier frequency offset，CFO)。因此，在 DSP 模块中必须采用频偏估计算法(frequency offset estimation，FOE)对频偏进行估计和补偿。

根据是否使用导频，载波频偏估计可以分为带辅助数据序列(data aided)和不带辅助数据序列盲估计(non-data aided)两大类。目前，由于前馈盲估计频谱利用率更高，更有利于并行处理，因此载波频偏估计主要采用前馈盲估计算法。基于 FFT 的频偏估计算法更能适应不同调制格式和提供更高的估计精度。通过对接收到的信号两边进行四次方操作之后，可得

$$y^4(n)=A\exp\left(\mathrm{j}4\varphi_n+\mathrm{j}2\pi\cdot\frac{4n\Delta f}{R_s}\right)+\delta_n \tag{10-4-10}$$

式中，$A=E[A_n{}^4]$，对于 64QAM 来说，A=1092，这可以看作一个恒定的值；δ_n 可以视为一个均值为 0 的噪声。由此可以看出，四次方后的信号可以大致表示为一个受零均值加性噪声干扰的等振幅复指数函数。基于此，频偏的估计值可以表示为

$$\Delta\hat{f}=\frac{1}{4}\arg\max_{f\in[-R_s/2,R_s/2]}\left|\frac{1}{N}\sum_{n=0}^{N-1}y^4(n)\exp\left(-\frac{\mathrm{j}2\pi fn}{R_s}\right)\right| \tag{10-4-11}$$

式中，$y(n)$ 代表第 n 个接收到的符号；N 是符号总数；$\Delta\hat{f}$ 是估计出的频偏值；由式(10-4-11)

可知，频偏估计值为有 $y^4(n)$ 的频谱峰值对应频率的 1/4。

这种算法称为 4th-FFT 频偏估计算法(4th-FFT FOE)。算法的框图如图 10-4-4 所示。

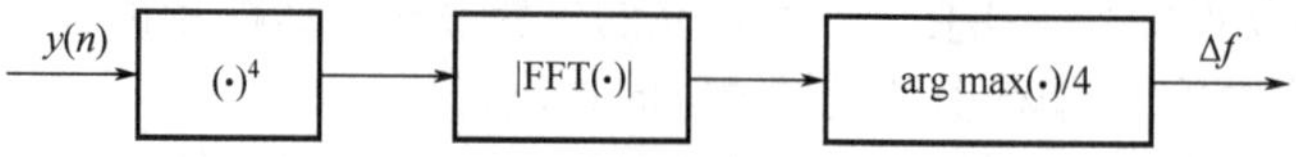

图 10-4-4　4th-FFT 频偏估计算法框图

图 10-4-5 给出了四次方操作前后信号的频谱图，频偏设置为 1GHz。对比两幅图可以发现，四次方之前的频谱无法找到频偏；四次方之后，4GHz 处存在明显的峰值。

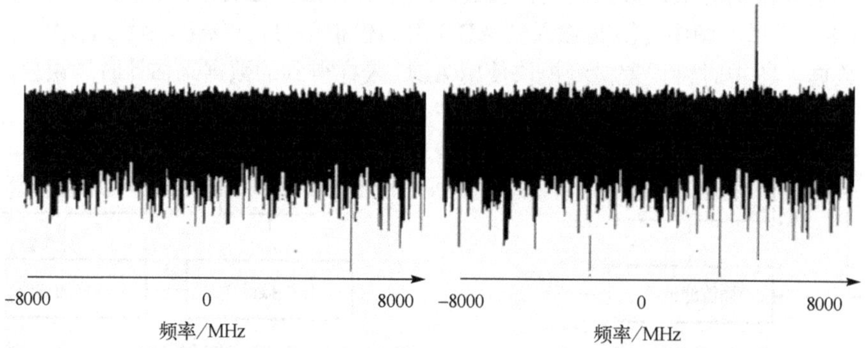

(a) 四次方操作前　　(b) 四次方操作后

图 10-4-5　四次方操作对信号频谱的影响

频偏估计只关注经过四次方操作之后的 M-QAM 信号频谱的峰值对应的频点，通过增大点数计算整个频谱是不必要的。这意味着要提高估计精度，只需要“放大”峰值附近的频谱即可。为此，科研人员提出了两级频偏估计的概念：第一级用较小点数的 FFT 进行粗估计，第二级进行精确估计。为此介绍一种改进的 Zoom-FFT，通过选择合适的频带放大来寻找峰值实现精确的频偏估计。但是，在相干光通信领域，信号带宽高达数十吉赫兹，单独使用 Zoom-FFT 会带来巨大的计算量。为了充分发挥 Zoom-FFT 细化频谱的作用，考虑将 Zoom-FFT 应用于第二级。

Zoom-FFT 的基本流程是频谱搬移、低通滤波、降采样、FFT 计算，如图 10-4-6 所示。

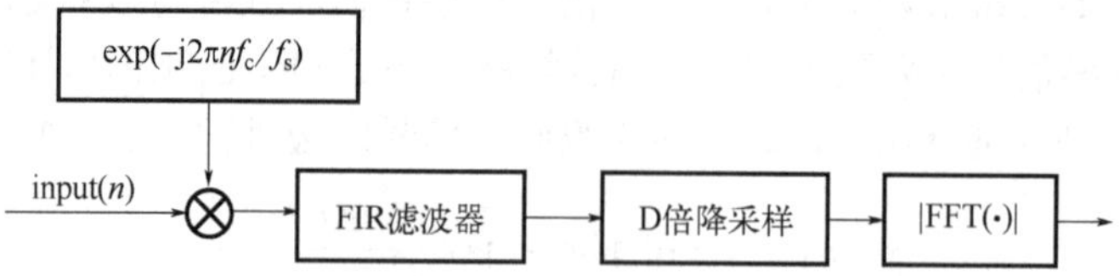

图 10-4-6　Zoom-FFT 的工作流程

图 10-4-6 中，input(n) 为输入的离散符号，f_c 为待细化分析的目标频带的中心频率，f_s 为采样率，D 代表“放大”的倍数。$y^4(n)$ 的频谱如图 10-4-7(a) 所示，经过复调制搬移到基带位置，如图 10-4-7(b) 所示。假设关注的频率范围是 f_1～f_2，则 $f_c=(f_1+f_2)/2$。第一步进行频谱搬移；第二步对移频后的信号进行低通滤波以防频谱混叠；第三步对滤波之后的信号进行降采样，采样率为 f_s/D，也就是每 D 个符号取一个符号；第四步对降采样后的信号做 FFT 进行频谱分析。

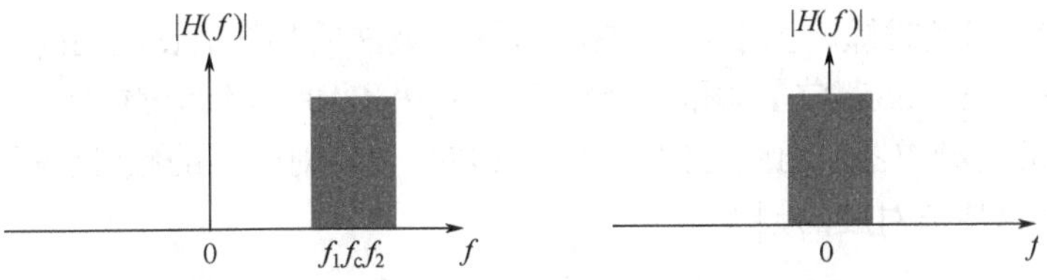

(a) 待处理的信号频谱　　(b) 频谱搬移之后的频谱

图 10-4-7　频谱搬移

研究发现不需要使用 FIR 滤波器，只需要对离散的样本点分段求和即可达到相近的效果，从而改进 Zoom-FFT，降低复杂度。图 10-4-8 展示了基于 FFT+mZoom-FFT(Modified Zoom-FFT，mZoom-FFT)的两级频偏估计算法框图。图 10-4-9 为该算法的第二级 mZoom-FFT 框图。

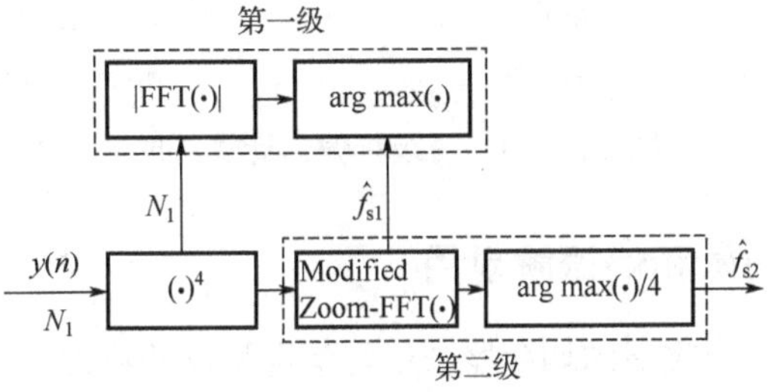

图 10-4-8　FFT+mZoom-FFT 两级频偏估计算法框图

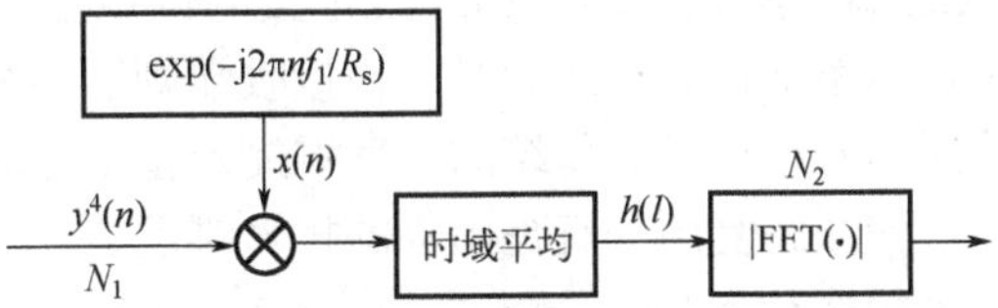

图 10-4-9　第二级 mZoom-FFT 框图

第一级用较小点数的 FFT 粗略估计频偏。经过第一级粗略估计之后，第二级使用 mZoom-FFT 精确定位频谱中的峰值位置。mZoom-FFT 的流程如图 10-4-9 所示，f_1 是待细化频率区间的起点，$f_1=f_{s1}-r_c\delta/2$，其中 $\delta_c=R_s/N_1$ 是第一级的频谱分辨率，N_1 是用到的符号数，f_{s1} 是第一级得到的粗估计频偏。接下来将信号频谱搬移到零频附近。对于经过频谱搬移的信号，Zoom-FFT 使用一个高阶的 FIR 滤波器先进行滤波，再进行 D 倍降采样；mZoom-FFT 对时域信号分段求和得到输出信号 $h(l)$：

$$h(l)=\sum_{k=lD+1}^{(l+1)D} x(n),\quad l=0,1,2,\cdots,\mathrm{floor}\left(\frac{N_1}{D}\right) \tag{10-4-12}$$

在 N_2 点进行 FFT 之前，为了平滑噪声，每 D 个输入符号求和得到一个输出符号。参数 D 取决于符号速率和频率范围，可以表示为

$$D=\mathrm{floor}\left(\frac{R_s}{f_2-f_1}\right) \tag{10-4-13}$$

式中，f_2 是待细化频率区间的终点，$f_2=f_{s1}+r\delta_c/2$。对重采样之后的信号进行 N_2 点的 FFT 获得信号频谱。然后，通过寻找重构的幅度谱峰值对应的频点就可以计算出精确的频偏。与之前

提到的基于 FFT 的算法类似，由于四次方操作，这种算法的频偏估计区间同样为$[-R_s/8, R_s/8]$。这种算法称为 FFT+mZoom-FFT 频偏估计算法。图 10-4-10 为频偏设置是 1GHz，SNR=18dB 时两级中的$y^4(n)$的频谱图，由图可知，mZoom-FFT 可以对恰当的频带进行细化放大，从而更准确地找到频谱峰值对应的频点。

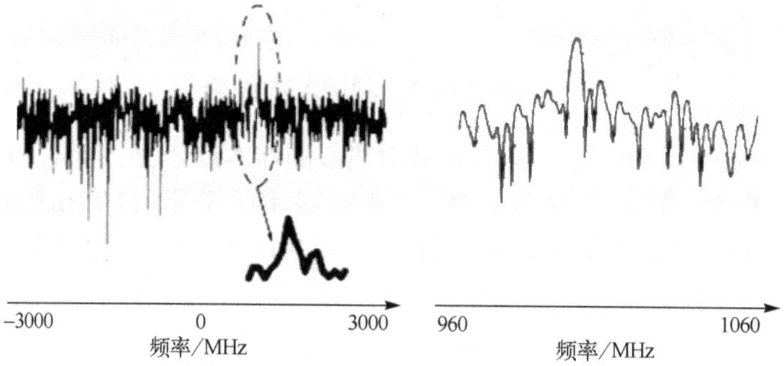

(a) 第一级频谱图　(b) 第二级频谱图

图 10-4-10　两级频偏估计算法的频谱图

10.4.6　信道动态均衡和偏振解复用

信道动态均衡是指接收端的均衡器产生与信道相反的特性，用来抵消由信道的传播特性引起的码间干扰，提升通信系统的性能。

偏振解复用则是在发送端利用光的两个独立且正交的偏振态作为两个互不干扰的信道来传输数据，使得信息传输速率加倍。与此同时，在接收端则需要相应的偏振解复用算法从接收信号中分离出两路的原始发送信号。传统的强度调制及基于差分接收的多进制调制码型的偏振复用光传输系统中，偏振解复用一直是面临的技术难题之一。

另外，残余色散、偏振模式色散(polarization mode dispersion，PMD)及传输系统中的滤波器等造成信号的码间干扰，都会影响到系统的整体性能。尤其是随着光纤通信系统传输速率的飞速增长，不断变化的偏振模式色散成为超高速、超大容量光通信系统发展的一个主要障碍。因此，在实际的光纤通信系统中，往往需要通过动态的信道均衡实现偏振解复用。由于偏振复用系统实际上是一个 2×2 的 MIMO 系统，因此可以借助传统的信道均衡算法结合 2×2 的 MIMO 复用算法实现偏振解复用，如恒模算法(constant modulus algorithm，CMA)以及最小均方误差(least mean square，LMS)算法等。

下面先讨论偏振解复用的基本原理。理想情况下，光纤的传输琼斯矩阵可表示为

$$\boldsymbol{H}=\begin{bmatrix}\sqrt{\alpha}\mathrm{e}^{\mathrm{j}\varphi} & -\sqrt{1-\alpha}\\ \sqrt{1-\alpha} & \sqrt{\alpha}\mathrm{e}^{-\mathrm{j}\varphi}\end{bmatrix} \tag{10-4-14}$$

式中，α和φ分别表示分光比和两个偏振态间的相位差。此时，$\boldsymbol{H}$矩阵满足酉矩阵条件。假设发送端即将发送的偏振复用的光信号为

$$S_{\mathrm{in}}(t)=[S_{\mathrm{in},x}(t)\quad S_{\mathrm{in},y}(t)]^{\mathrm{T}} \tag{10-4-15}$$

式中，上标 T 表示矩阵的转置；下标 x、y 分别表示 X 偏振和 Y 偏振的光信号。

信号经光纤传输之后，接收端接收到的光信号可表示为

$$\begin{bmatrix} S_{\text{out},x}(t) \\ S_{\text{out},y}(t) \end{bmatrix} = \begin{bmatrix} \sqrt{\alpha}\text{e}^{\text{j}\varphi} & -\sqrt{1-\alpha} \\ \sqrt{1-\alpha} & \sqrt{\alpha}\text{e}^{-\text{j}\varphi} \end{bmatrix} \begin{bmatrix} S_{\text{in},x}(t) \\ S_{\text{in},y}(t) \end{bmatrix} \tag{10-4-16}$$

$$\begin{bmatrix} S_{\text{in},x}(t) \\ S_{\text{in},y}(t) \end{bmatrix} = \begin{bmatrix} \sqrt{\alpha}\text{e}^{-\text{j}\varphi} & \sqrt{1-\alpha} \\ -\sqrt{1-\alpha} & \sqrt{\alpha}\text{e}^{\text{j}\varphi} \end{bmatrix} \begin{bmatrix} S_{\text{out},x}(t) \\ S_{\text{out},y}(t) \end{bmatrix} \tag{10-4-17}$$

由式(10-4-16)可以看出，两个本应独立的偏振分量已经混合在一起了，因此需要用数字信号处理算法将它们分离出来。理论上通过右乘一个 $\boldsymbol{H}$ 矩阵的逆矩阵即可有效恢复出原始信号，如式(10-4-17)所示。然而，考虑到实际信道中信道条件的不断变化，需要动态的信道均衡算法持续跟踪信道变化，提供更优的估计精度。

在相干光通信系统中，最常见的偏振解复用及动态均衡器如图 10-4-11 所示，其对应的数学模型如下：

$$X_{\text{out}} = h_{xx}X_{\text{in}} + h_{xy}Y_{\text{in}} \tag{10-4-18}$$

$$Y_{\text{out}} = h_{yx}X_{\text{in}} + h_{yy}Y_{\text{in}} \tag{10-4-19}$$

式中，X_{in} 和 Y_{in} 为输入信号；X_{out} 和 Y_{out} 为自适应动态均衡器的输出；h_{xx}、h_{xy}、h_{yy} 和 h_{yx} 为蝶形滤波器的加权系数。

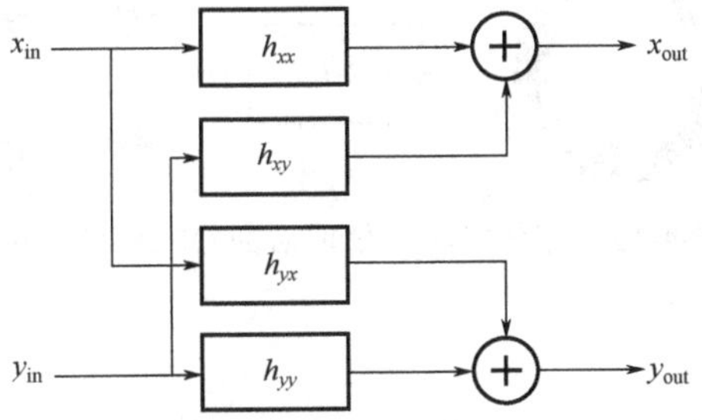

图 10-4-11　偏振解复用中蝶形 FIR 滤波器的结构图

为了实现动态均衡，蝶形结构 FIR 滤波器的加权系数需要根据输入信号进行不断更新。加权系数的更新可以通过数据辅助的方式实现，在传输有效信息之前，先发送一段已知的训练序列，接收端根据接收到的信号与训练序列的对比估计出信道特性，如数据辅助的 LMS 算法，但是传输训练数据符号将导致传输系统频谱利用率的降低。除了基于训练序列数据符号外，许多盲均衡算法也被提出以实现 FIR 滤波器加权系数的更新，其中 CMA 是目前使用最广泛的一种盲均衡算法。针对更高阶的非恒模的 QAM 调制，可以采用级联多模算法(cascaded multi-modulus algorithm，CMMA)和改进的级联多模算法。

10.4.7　相位恢复

除了载波频偏之外，激光器的线宽也会引起相位噪声，称为载波相位噪声(carrier phase noise，CPN)。载波相位噪声附加在调制相位上，使得星座点旋转成环状，无法判决。因此，在判决之前需要对相位噪声进行估计并补偿，从而消除相位噪声的影响。以 QPSK 信号为例，由于 QPSK 信号在复平面的分布只有一个幅度，且调制相位只有 4 个，故 QPSK 对相位噪声有较强的容忍度。对于 QPSK 信号，目前流行的相位噪声估计算法为 Viterbi&Viterbi（V-V）载波相位估计算法（VPE）。高阶 QAM 的星座点在复平面的分布比 QPSK 信号更密集，不同星座点间的欧氏距离更小，调制相位更多，因而对相位噪声容忍性要低得多。

与频偏估计类似，载波相位恢复（carrier phase recovery，CPR）也主要基于前馈结构。典型的算法类型有基于 V-V 的相位补偿算法和盲相位搜索（blind phase search，BPS）算法两大类。BPS 算法可以很方便地用于多种 QAM 信号，并且对线宽的容忍度也很高，但是计算复杂度很高。因此，大多采用基于 V-V 的相位补偿算法。V-V 算法主要是用于 M-PSK 信号的相位估计，适用于 QPSK 调制，其基本原理框图如图 10-4-12 所示。

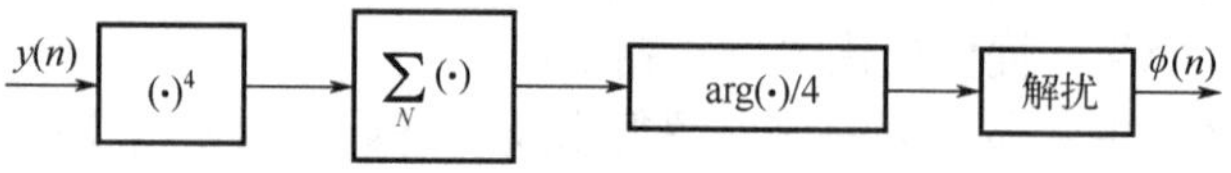

图 10-4-12　基于 V-V 的相位恢复算法示意图

首先采用 M 次幂运算去除调制信号本身的相位信息，其次采用求和的方式减弱加性噪声的影响，取角运算可以估计出相位噪声，最后解扰实现相噪补偿。图 10-4-13 所示为相位噪声补偿前后的 QPSK 信号星座图。对于 M-QAM 信号也可以采用该算法进行相位估计，但是在估计之前，需要对信号进行分圈处理，即 QPSK 分割法。V-V 算法具有结构简单、复杂度低的优点。

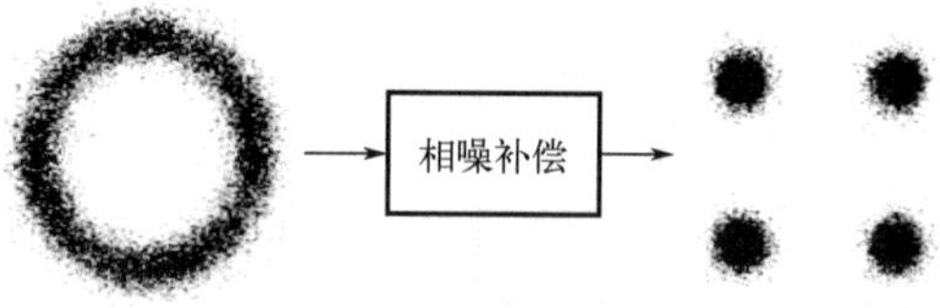

图 10-4-13　相位噪声补偿前后的 QPSK 信号星座图

10.4.8　非线性补偿

相干光通信系统结合数字信号处理技术，可以补偿所有的线性损伤，导致光纤非线性效应成为限制大容量光传输系统的最主要因素，研究如何有效地缓解光纤通信系统的非线性效应，对于逼近香农极限而言具有重要意义。在相干光纤通信系统中，光纤非线性效应的补偿技术可以分为两类：一类是光学补偿技术；另一类是电补偿（数字补偿）技术。

光学补偿技术是利用一些光学上的效应来对光纤传输过程中的非线性效应进行补偿。光学补偿技术里面典型的为光学相位共轭（optical phase conjugation，OPC）。OPC 在理论上可以实现对全波段信号的 SPM、XPM 进行有效的补偿，但是链路中的噪声、高阶色散和偏振模色散等因素极大地影响了 OPC 的性能，限制了其实际应用。另外一种技术则是使用相位调制器来补偿光纤通信系统中 SPM 和 XPM 效应对信号带来的相移。

在电补偿技术中，数字后向传播（digtal backward propagation，DBP）被看作最有前途的一种技术，2008 年最早由 E. Ip 和 J. M. Kahn 提出并推广到双偏振系统中。它最大的问题就在于算法复杂度上，因此有众多的研究都是围绕如何降低其算法复杂度展开。2011 年，L. Li 等考虑到色散对信号脉冲的展宽作用会使得相邻的码元产生串扰，提出了相关 DBP 算法，降低了算法复杂度。2015 年，M. Secondini 等的研究已经能够在 3200km QPSK 传输中将 DBP 算法的分步数降到 1 步。2016 年，S. B. Amado 等将 Volterra 级数和 DBP 算法结合，在 5000km 16QAM 调制的光纤通信系统中，将 DBP 算法所需的分步数降低至五步以下。

10.4.9　信道匹配整形

通过研究可以发现，造成性能差异的主要原因是产品化器件性能差异和现实网络环境的差异。在实验室环境下可以采用性能最好、最可靠的器件，在最稳定的环境下进行测试，以得到非常接近于理论极限的结果。但在真实网络中，情况则与实验室环境完全不同。光纤质量不同、光纤内功率分布不同、放大器的噪声不同、滤波器的曲线不同、光纤链路的环境温度不同、天气情况不同等，每一类的不完美因素都会给实际光网络系统引入一点代价，最终诸多来源不同的代价叠加导致整体系统性能劣化，缩减传输距离或者导致链路彻底失效。因此，对实际网络系统而言，如何消除这些现实网络中种类繁多的不完美因素，补偿其所带来的系统代价，对实际的网络使用者来说，是一个更加现实和更加急迫的问题。为此，产生了新一代相干 oDSP(optical digital signal processing)算法技术——信道匹配整形(channel matched shaping，CMS)。

信道匹配整形是指相干算法基于真实传输链路的情况对信号进行系统级的传输性能优化，以实现信号传输的容量和距离最大化的一种技术。

CMS 技术首先通过检测真实信道的传输效果，获取信道损伤模型信息，然后一方面在发送端对光信号进行压缩、整形以匹配传输信道模型，另一方面在接收端对接收的光信号采取补偿、纠错进行数据恢复。其中，所采用的整形、压缩、补偿、纠错算法均依据真实信道损伤模型，由内置算法实现自动优化设置，达到传输链路实时动态自我优化的效果。同时，CMS 通过快速迭代信道模型参数，能够提升信道模型的精确程度，实现更好的信道匹配效果。整个优化过程完全由 oDSP 芯片自动完成，无须人工干预。

具体来说，CMS 包含以下几项关键技术，用于应对来自三个维度的系统代价。

(1)星座整形：降低系统噪声代价。系统噪声代价主要由发射机、光放大器、驱动芯片等部件引入，难以精确测量，且会随着器件老化、光功率变化而实时改变。解决方案是在星座图上选取匹配信道模型的、更加优质的星座点来传输信号，尽可能避免使用受噪声影响大的星座点，以削弱噪声的影响。

(2)频谱整形：降低信道带宽代价。信道带宽代价是指传输信道中调制器、滤波器、模数转换器/数模转换器、接收机等器件的物理带宽受限导致信号畸变严重所带来的传输代价。解决方案是通过多种频谱整形技术对信道带来的损伤进行匹配补偿，降低其影响。

(3)动态损伤补偿：降低动态干扰代价。真实网络中存在大量不确定因素，如光纤的晃动和碾压、器件的故障和老化、突发的恶劣天气等，这些意外会导致传输信道发生无法预知的剧烈畸变。解决方案以动态损伤整形(dynamic distortion shaping)为基础，算法实时匹配真实的传输信道，对信道变化做快速跟踪补偿，将动态干扰的代价做到最低，提升整体系统的可靠性。

CMS 通过多种技术组合相互补充，自动建立真实网络模型并实时优化，可以迅速调整到与真实信道匹配的最佳设置，解决了滤波代价、抗非线性等问题，传输距离提升 70%以上，满足高速率光信号的传输距离需求。

习　题　十

10.1　试分析全光信号再生技术的优势与特点。

10.2　对于 FOPO 时钟提取单元，影响其工作性能的要素有哪些？它们与 FOPO 工作条件之间的关系是什么？

10.3　多电平幅度再生和相位再生在设计上有何异同点？

10.4　对于空分复用通信系统，影响通信质量的因素有哪些？

10.5　设计一款增益平坦少模光纤放大器，可以从哪些方面优化增益特性？

10.6　简述 IQ 调制器工作原理。

10.7　推导经过相干接收机的输出信号表达式。

10.8　请画出数字相干接收的数字信号处理流程图。

参考文献

胡先志, 张世海, 陆玉喜, 等, 2003. 光纤通信系统工程应用[M]. 武汉: 武汉理工大学出版社.

胡续坤, 2014. EPON 网管系统业务配置管理的研究与实现[D]. 武汉: 武汉理工大学.

蒋雯雯, 2022. 光纤接入网的发展及应用[J]. 数字技术与应用, 40(11): 52-54.

李小羽, 2012. FTTx 与有线宽带应用场景分析[J]. 通信与信息技术(6): 67-70.

刘建国, 2012. 掺饵光纤放大器的平坦性优化研究[D]. 西安: 西安电子科技大学.

邱昆, 1995. 光纤通信导论[M]. 成都: 电子科技大学出版社.

邱昆, 王晟, 邱琪, 等, 2008. 光纤通信[M]. 成都: 电子科技大学出版社.

孙泽豪, 徐巧玉, 张正, 2023. 基于改进 AES 的凿岩台车状态监测数据加密算法研究[J]. 网络安全技术与应用(11): 25-28.

王金华, 2019. 有线通信的光纤接入网技术应用[J]. 电子技术与软件工程(23): 27-28.

韦乐平, 1997. 接入网[M]. 北京: 人民邮电出版社.

武保剑, 2023. 空分复用光纤理论与器件[M]. 北京: 科学出版社.

武保剑, 文峰, 2018. 光调制与再生技术[M]. 北京: 科学出版社.

夏力臣, 高新江, 2004. 高速高饱和 InGaAs/InP 单行载流子光电二极管[J]. 半导体光电, 25(3): 169-173.

熊华平, 曹明翠, 罗志祥, 等, 2003. GPON: 新一代宽带光接入网[J]. 光通信技术, 27(11): 8-10.

余少华, 何炜, 2020. 光纤通信技术发展综述[J]. 中国科学: 信息科学, 50(9): 1361-1376.

袁国良, 2004. 光纤通信原理[M]. 北京: 清华大学出版社.

曾华燊, 2004. 现代网络通信技术[M]. 成都: 西南交通大学出版社.

詹黎, 顾照昶, 邢亮, 等, 2010. 光纤布里渊激光器和放大器的研究进展及其应用[J]. 中国激光, 37(4): 901-911.

张金花, 2019. 大规模光交换芯片中的约束路由算法研究[D]. 成都: 电子科技大学.

张静, 2014. 波分复用光网络中的路由与波长分配问题研究[D]. 重庆: 重庆大学.

张中荃, 2003. 接入网技术[M]. 北京: 人民邮电出版社.

赵永利, 郁小松, 张佳玮, 等, 2017. 软件定义光网络[M]. 北京: 人民邮电出版社.

朱智俊, 2011. 光突发交换网中若干关键技术的研究[D]. 杭州: 浙江工业大学.

AGRAWAL G P, 2002. Fiber-optic communication systems[M]. Hoboken: John Wiley & Sons, Inc.

AGRAWAL G P, 2004. Lightwave technology: components and devices[M]. Hoboken: John Wiley & Sons, Inc.

AMADO S B, GUIOMAR F P, MUGA N J, et al., 2016. Low complexity advanced DBP algorithms for ultra-long-haul 400 G transmission systems[J]. Journal of lightwave technology, 34(8): 1793-1799.

AGRAWAL G P, 2016. 光纤通信系统[M]. 4 版. 贾东方, 忻向军译. 北京: 电子工业出版社.

BRICHENO A T, 1985. Wavelength multiplexing by means of low loss single mode fused taper couplers[C]//International society for optics and photonics (SPIE), San Diego.

CARTLEDGE J C, GUIOMAR F P, KSCHISCHANG F R, et al., 2017. Digital signal processing for fiber nonlinearities[J]. Optics express, 25(3): 1916-1936.

CHOW W, KOCH S W, SARGENT M Ⅲ, 2011. Semiconductor-laser physics[M]. Berlin: Springer.

COUDYZER G, VERPLAETSE M, VAN LOMBERGEN B, et al., 2023. 100 Gbit/s PAM-4 linear burst-mode transimpedance amplifier for upstream flexible passive optical networks[J]. Journal of lightwave technology, 41(12): 3652-3659.

DAHER A, BAGHIOUS E H, BUREL G, et al., 2010. Overlap-save and overlap-add filters: optimal design and comparison[J]. IEEE transactions on signal processing, 58(6): 3066-3075.

DING Y H, PU M H, LIU L, et al., 2011. Bandwidth and wavelength-tunable optical bandpass filter based on silicon microring-MZI structure[J]. Optics express, 19(7): 6462-6472.

ERKILINÇ M S, EMMERICH R, HABEL K, et al., 2020. PON transceiver technologies for ≥50 Gbits/s per λ: Alamouti coding and heterodyne detection[J]. Journal of optical communications and networking, 12(2): A162-A170.

ESSIAMBRE R J, KRAMER G, WINZER P J, et al., 2010. Capacity limits of optical fiber networks[J]. Journal of lightwave technology, 28(4): 662-701.

ESSIAMBRE R J, TKACH R W, 2012. Capacity trends and limits of optical communication networks[J]. Proceedings of the IEEE, 100(5): 1035-1055.

FARUK M S, LOUCHET H, SAVORY S J, 2016. Robust single polarization coherent transceiver using DGD pre-distortion for optical access networks[C]//2016 Asia communications and photonics conference(ACP), Wuhan.

FARUK M S, SAVORY S J, 2017. Digital signal processing for coherent transceivers employing multilevel formats[J]. Journal of lightwave technology, 35(5): 1125-1141.

FUKAZAWA T, OHNO F, BABA T, 2004. Very compact arrayed-waveguide-grating demultiplexer using Si photonic wire waveguides[J]. Japanese journal of applied physics, 43(5B): L673.

GAO J, CHEN P, WU L, et al., 2021. A review on fabrication of blazed gratings[J]. Journal of physics D: applied physics, 54(31): 313001.

GARDNER F, 1986. A BPSK/QPSK timing-error detector for sampled receivers[J]. IEEE transactions on communications, 34(5): 423-429.

HEALY T, GARCIA GUNNING F C, ELLIS A D, et al., 2007. Multi-wavelength source using low drive-voltage amplitude modulators for optical communications[J]. Optics express, 15(6): 2981-2986.

IP E, KAHN J M, 2008. Compensation of dispersion and nonlinear impairments using digital backpropagation[J]. Journal of lightwave technology, 26(20): 3416-3425.

JIN W, YANG Q F, CHANG L, et al., 2021. Hertz-linewidth semiconductor lasers using CMOS-ready ultra-high-Q microresonators[J]. Nature photonics(7): 549.

KAMINOW I P, LI T, WILLNER A E, 2008. Optical fiber telecommunications: systems and networks[M]. New York: Academic Press.

KAO K C, HOCKHAM G A, 1966. Dielectric-fibre surface waveguides for optical frequencies[J]. Proceedings of the institution of electrical engineers, 113(7): 1151-1158.

KAPON E, 1999. Semiconductor lasers. II, materials and structures[M]. New York: Academic Press.

KHONINA S N, KAZANSKIY N L, BUTT M A, et al., 2022. Optical multiplexing techniques and their marriage for on-chip and optical fiber communication: a review[J]. Opto-electronic advances, 5(8): 210127.

KIM I, VASSILIEVA O, AKASAKA Y, et al., 2018. Enhanced spectral inversion for fiber nonlinearity mitigation[J]. IEEE photonics technology letters, 30(23): 2040-2043.

LAU J H, 2019. Heterogeneous integrations[M]. Berlin: Springer.

LI G F, BAI N, ZHAO N B, et al., 2014. Space-division multiplexing: the next frontier in optical communication[J]. Advances in optics and photonics, 6(4): 413-487.

LIANG W, ILCHENKO V S, ELIYAHU D, et al., 2015. Ultralow noise miniature external cavity semiconductor laser[J]. Nature communications, 6: 7371.

LIANG X J, KUMAR S, 2014. Multi-stage perturbation theory for compensating intra-channel nonlinear impairments in fiber-optic links[J]. Optics express, 22(24): 29733-29745.

LIU Y M, PENG Y F, WANG S, et al., 2014. Improved FFT-based frequency offset estimation algorithm for coherent optical systems[J]. IEEE photonics technology letters, 26(6): 613-616.

MUELLER K, MULLER M, 1976. Timing recovery in digital synchronous data receivers[J]. IEEE transactions on communications, 24(5): 516-531.

MUNOZ P, PASTOR D, CAPMANY J, 2002. Modeling and design of arrayed waveguide gratings[J]. Journal of lightwave technology, 20(4): 661-674.

NAKAZAWA M, KIKUCHI K, MIYAZAKI T, 2010. High spectral density optical communication technologies[M]. Berlin: Springer.

NESSET D, 2015. NG-PON2 technology and standards[J]. Journal of lightwave technology, 33(5): 1136-1143.

OERDER M, MEYR H, 1988. Digital filter and square timing recovery[J]. IEEE transactions on communications, 36(5): 605-612.

OKAMOTO K, 2021. Fundamentals of optical waveguides[M]. 3rd ed. Amsterdam: Elsevier.

PRUCNAL P R, 2005. Optical code division multiple access: fundamentals and applications[M]. Boca Raton: CRC Press.

RICHARDSON D J, FINI J M, NELSON L E, 2013. Space-division multiplexing in optical fibres[J]. Nature photonics, 7: 354-362.

RIZZO A, CHENG Q X, DAUDLIN S, et al., 2021. Ultra-broadband interleaver for extreme wavelength scaling in silicon photonic links[J]. IEEE photonics technology letters, 33(1): 55-58.

RODES R, WIECKOWSKI M, PHAM T T, et al., 2011. Carrierless amplitude phase modulation of VCSEL with 4 bit/s/Hz spectral efficiency for use in WDM-PON[J]. Optics express, 19(27): 26551-26556.

RAMASWAMI R, SIVARAJAN K N, 2004. 光网络下卷: 组网技术分析(原书第2版)[M]. 乐孜纯, 译. 北京: 机械工业出版社.

SATO M, ARIKAWA M, NOGUCHI H, et al., 2022. Transceiver impairment mitigation by 8 × 2 widely linear MIMO equalizer with independent complex filtering on IQ signals[J]. IEEE photonics journal, 14(3): 7130911.

SAVORY S J, 2010. Digital coherent optical receivers: algorithms and subsystems[J]. IEEE journal of selected topics in quantum electronics, 16(5): 1164-1179.

SCHOBER R, GERSTACKER W H, LAMPE L H J,2004. Data-aided and blind stochastic gradient algorithms for widely linear MMSE MAI suppression for DS-CDMA[J]. IEEE transactions on signal processing, 52(3): 746-756.

SHIEH W, DJORDJEVIC I, 2009. OFDM for optical communications[M]. New York: Academic Press.

SHU L, YU Z M, SUN K X, et al., 2021. Error-feedback noise shaping for low-resolution high-speed IM/DD and coherent transmission systems[C]//2021 Optical fiber communications conference and exhibition (OFC), San Diego.

SIEW S Y, LI B, GAO F, et al., 2021. Review of silicon photonics technology and platform development [J]. Journal of lightwave technology, 39(13): 4374-4389.

SU Y K, HE Y, CHEN H S, et al., 2021. Perspective on mode-division multiplexing[J]. Applied physics letters, 118(20): 200502.

TAKAHARA T, TANAKA T, NISHIHARA M, et al., 2014. Discrete multi-tone for 100 Gb/s optical access networks[C]//2014 Optical fiber communication conference (OFC), San Francisco.

TAKAHASHI H, SUZUKI S, KATO K, et al., 1990. Arrayed-waveguide grating for wavelength division multi/demultiplexer with nanometre resolution[J]. Electronics letters, 26(2): 87-88.

TAN A S, WYMEERSCH H, JOHANNISSON P, et al., 2010. The impact of self-phase modulation on digital clock recovery in coherent optical communication[C]//36th European conference and exhibition on optical communication, Turin.

TAN D Y, ZHONG L S, ZOU Y, et al., 2022. A novel structure design method of delta-sigma modulator based on genetic algorithm for mobile fronthaul[C]//2022 Optical fiber communication conference (OFC), San Diego.

TAO Z N, FAN Y Y, SU X F, et al., 2022. Characterization, measurement and specification of device imperfections in optical coherent transceivers[J]. Journal of lightwave technology, 40(10): 3163-3172.

TOMSU P, SCHMUTZER C, 2002. Next generation optical networks: the convergence of IP intelligence and optical technologies[M]. 北京: 清华大学出版社.

TOURNIÉ E, BARANOV A, 2012. Mid-infrared semiconductor lasers: a review[J]. Elsevier science and technology: 183-226.

VAN DEN HOUT M, VAN DER HEIDE S, OKONKWO C M, 2020. Digital resolution enhancer employing clipping for high-speed optical transmission[J]. Journal of lightwave technology, 38(11): 2897-2904.

WANG H Y, TORRES-FERRERA P, FERRERO V, et al., 2020. Current trends towards PON systems at 50+ Gbps[C]//2020 Italian conference on optics and photonics (ICOP), Parma.

WANG H Y, TORRES-FERRERA P, RIZZELLI G, et al., 2021. 100 Gbps/λ C-band CD digital pre-compensated and direct-detection links with simple non-linear compensation[J]. IEEE photonics journal, 13(4): 7200908.

XIANG C, JIN W, BOWERS J E, 2022. Silicon nitride passive and active photonic integrated circuits: trends and prospects[J]. Photonics research, 10(6): A82.

XIANG C, LIU J Q, GUO J, et al., 2021. Laser soliton microcombs heterogeneously integrated on silicon[J]. Science, 373(6550): 99-103.

XUE L, LIN R, VAN KERREBROUCK J, et al., 2021. 100G PAM-4 PON with 34 dB power budget using joint nonlinear tomlinson-harashima precoding and Volterra equalization[C]//2021 European conference on optical communication (ECOC), Bordeaux.

YAN W Z, TAO Z N, DOU L, et al., 2011. Low complexity digital perturbation back-propagation[C]//37th European conference and exposition on optical communications, Geneva.

YANG J, WERNER J J, DUMONT G A, 2002. The multimodulus blind equalization and its generalized algorithms[J]. IEEE journal on selected areas in communications, 20(5): 997-1015.

YI L L, LIAO T, HUANG L Y, et al., 2019. Machine learning for 100 Gb/s/λ passive optical network[J]. Journal of lightwave technology, 37(6): 1621-1630.

ZHANG J W, YU J J, SHI J Y, et al., 2017. 64-Gb/s/a downstream transmission for PAM-4 TDM-PON with centralized DSP and 10G low-complexity receiver in C-band[C]//2017 European conference on optical communication (ECOC), Gothenburg.

ZHOU X, YU J J, 2009. Digital signal processing for coherent optical communication[C]//18th Annual wireless and optical communications conference (WOCC), Newark.